国家社科基金后期资助项目

花园幽径句行进错位的
计算语言学研究

Computational Linguistics Research on Processing
Breakdown in Garden Path Sentences

杜家利　于屏方　著

商务印书馆
The Commercial Press

2015 年·北京

国家社科基金后期资助项目
出版说明

　　后期资助项目是国家社科基金设立的一类重要项目，旨在鼓励广大社科研究者潜心治学，支持基础研究多出优秀成果。它是经过严格评审，从接近完成的科研成果中遴选立项的。为扩大后期资助项目的影响，更好地推动学术发展，促进成果转化，全国哲学社会科学规划办公室按照"统一设计、统一标识、统一版式、形成系列"的总体要求，组织出版国家社科基金后期资助项目成果。

全国哲学社会科学规划办公室

序　言

教育部语言文字应用研究所　冯志伟

　　杜家利副教授曾是我的博士生，多年来，他一直在研究花园幽径现象（Garden Path Phenomenon）。此前，他曾出版了《非对称性信息补偿假说——花园幽径模式的困惑商研究》一书，提出了"非对称性信息补偿假说"（Asymmetric Information Compensation Hypothesis），尝试利用"困惑商"（Confusion Quotient）这一概念来解释语言理解过程中出现的花园幽径现象。现在，他和于屏方教授合写的新著《花园幽径句行进错位的计算语言学研究》就要在商务印书馆出版了，我对他们表示热烈的祝贺。

　　本书的重点是研究花园幽径现象中的"行进错位"。那么，什么是花园幽径现象中的行进错位呢？

　　我这里举一个汉语的例子来说明。

　　我们知道，"小王研究鲁迅的文章发表了"这个汉语句子是一个花园幽径句。这个句子的前一个部分"小王研究鲁迅的文章"是有歧义的，这一部分可以分析为"小王/研究鲁迅的文章"，其中，"小王"是主语，"研究鲁迅的文章"是谓语，形成一个主谓结构；这个部分又可以分析为"小王研究鲁迅的/文章"，其中，"小王研究鲁迅的"是定语，"文章"是中心语，形成一个定中结构。语料统计发现，把整个句子的前一个部分理解为主谓结构比之于把它理解为定中结构更为优先，也就是说，大多数人倾向于把前一个部分理解为主谓结构，而不倾向于理解为定中结构。可是，当出现了后一个部分"发表了"的时候，就必须把前一个部分"小王研究鲁迅的文章"理解为定中结构，而不能把它理解为主谓结构，原来居于优先地位的理解被抛弃，而原来居于非优先地位的理解却成为了正确的理解结果，整个句子的理解过程发生了转折，出现了原先预想不到的错位，这就是花园幽径句的行进错位。这种行进错位，在汉语和英语中并不罕见，在理论上和应用上都有研究价值。

关于花园幽径现象中的这种行进错位，国内外学者曾经从心理学和认知科学的角度进行过研究，有丰富的研究成果。杜家利和于屏方另辟蹊径，从计算语言学的角度进行研究，这是他们的创新之处。

在数据结构方面，他们采用良构子串表（Well Formed Substring Table，简称 WFST）来描述行进错位。在良构子串表中，每一个子串在结构上都是合格的，因而也都是良构的，但是这些良构子串形成的整个结构不一定是完全的，这些良构子串甚至不能结合为整个的结构，它们只是形成一个表（table），因此良构子串表可以表示完全结构，也可以表示不完全结构，还可以表示歧义结构。良构子串表能够把剖析过程中那些在局部上良构的中间结构保存下来，不至于因为它们不能形成完全结构而轻易地把它们抛弃，这样就可以有效地描述花园幽径现象中的行进错位。

在算法方面，他们采用递归转移网络（Recursive Transition Network，简称 RTN）来表达行进错位的动态过程。由于语言符号具有递归性，类别相同的语法结构会多次在语言中出现，在语言研究时可以把语法结构加以抽象化，用有限的语法结构和规则来描述无限的、千变万化的句子。递归转移网络正是根据语言符号的这种递归特性研制出来的。在递归转移网络中，主网络可以分解为若干个附属于它的子网络，句子的剖析要经过主网络和子网络之间多次的下推（PUSH）和上托（POP）操作，往往下推了还要再下推，上托了还要再上托，这样就可以把花园幽径现象的行进错位过程生动地、具体地表示出来。

他们还使用 Stanford Parser[①] 进行自动句法剖析。Stanford Parser 是美国 Stanford 大学开发的一个自动剖析器，可以用来做短语结构分析和依存关系分析，打开网址之后，点击 try out our parser online，就可以进行自动句法剖析了。Stanford Parser 是用 Java 实现的，它把优化的概率上下文无关语法（Probabilistic Context Free Grammar，简称 PCFG）剖析器、词汇化的依存语法剖析器（lexicalized dependency parser）和词汇化的概率上下文无关语法剖析器（lexicalized PCFG parser）结合在一起。Stanford Parser

---

① http：//nlp. stanford. edu/software/lex-parser. shtml.

还开发了图形界面（GUI），可以让用户直接看到剖析输出的短语结构树（phrase structure tree）。Stanford Parser 大大减轻了两位作者的程序设计工作量，使得他们可以集中精力来研究花园幽径现象行进错位中的理论问题。对于语言学背景的计算语言学研究者来说，这不失为一个非常明智的做法。

　　本书是杜家利博士出版的第三部关于花园幽径现象的专著。现在，于屏方博士也加入了花园幽径现象的研究。他们的研究力量越来越强大了，我希望他们再接再厉，在已经取得的成果的基础之上更上一层楼。

2015 年 4 月 1 日

杭州钱塘江畔

目　录

图目录

表目录

例目录

引　言

Garden Path Phenomenon 被译作"花园幽径现象""花园路径现象"或"花园小径现象",又称 Garden Path Effect(花园幽径效应)[①],主要指一种特殊的心理认知反应,包括对初始模式的理解缺省化和后期回溯的理解认知化。例 1 是不出现理解回溯的正常句,而例 2 则会出现认知折返的花园幽径现象。这种不同可在系统运行中得到体现。在下面的分析中,我们采用美国的 stanford parser(http://nlp. stanford. edu/software/lex-parser. shtml)具体讨论花园幽径模式和其他模式的解码异同。The Penn Treebank 和 stanford parser 代码请见附录一和附录二。

例 1：**The horse raced past the barn. 马疾驶过谷仓。**

Tagging

The/DT　horse/NN　raced/VBD　past/IN　the/DT　barn/NN　./.

Parse

(ROOT
　(S
　　(NP(DT The)(NN horse))
　　(VP(VBD raced)
　　　(PP(IN past)
　　　　(NP(DT the)(NN barn))))
　　(..)))

---

① 本文为了保持体例的统一,将"garden path phenomenon"这一术语统一译成"花园幽径现象",将"garden path sentence"译为"花园幽径句"。该术语的汉译首先由冯志伟(2003)提出,相对于传统的"花园路径现象"和"花园路径句"的译名,这种表述更能凸显"径绝路封、重择畅路"的理解折返特性。本文中与此译名不同的表达方式将略做调整,敬请被引作者谅解。

Typed dependencies

det(horse-2,The-1)   nsubj(raced-3,horse-2)   root(ROOT-0,raced-3)

prep(raced-3,past-4)   det(barn-6,the-5)   pobj(past-4，barn-6)

该例的系统解码比较容易。

首先词类得到细化：The/DT（限定词）；horse/NN（名词）；raced/VBD（动词过去式）；past/IN（介词）；the/DT（限定词）；barn/NN（名词）。

句法剖析中，（NP(DT The)(NN horse)）剖析为名词词组 NP。动词词组 VP 构成为（VP（VBD raced）+（PP（IN past）+（NP（DT the）（NN barn)))），主干是 VP(VBD+PP)。

依存分析中，关系较明确。det(horse-2,The-1)为限定关系，即 the 限定 horse。nsubj(raced-3,horse-2)为 nominal subject，即 horse 为名词性主语。root(ROOT-0,raced-3)表示根源于起始位。prep(raced-3,past-4)为 prepositional modifier，即 past 为 raced 的介词限定成分。det(barn-6,the-5)为限定关系，即 the 限定 barn。pobj(past-4,barn-6)为 object of preposition，即名词 barn 是介词 past 的宾语。关系图如下：

The   horse   raced   past   the   barn.

图 1　例 1 普通句依存关系图

根据上面的句法和依存关系分析，系统可以较容易地得到"马疾驶过谷仓"的结果。如果在句尾添加 fell，句法结构和依存关系都发生变化，花园幽径效应产生。

例 2：The horse raced past the barn fell. 疾驶过谷仓的马摔倒了。(Bever,1970)

Tagging

The/DT horse/NN raced/VBD past/JJ the/DT barn/NN fell/VBD ./.

Parse

(ROOT

　(S

　　(NP(DT The)(NN horse))

```
( VP( VBD raced )
  ( SBAR
    ( S
      ( NP( JJ past )( DT the )( NN barn ) )
      ( VP( VBD fell ) ) ) ) )
  ( . . ) ) )
```

Typed dependencies

det(horse-2,The-1)   nsubj(raced-3,horse-2)   root(ROOT-0,raced-3)

amod(barn-6,past-4)   det(barn-6,the-5)   nsubj(fell-7,barn-6)

ccomp(raced-3,fell-7)

该例是解码困难的花园幽径模式。首先请看系统行进错位产生的分类、句法剖析和依存关系。

错位的词类细化如下：The/DT（限定词）；horse/NN（名词）；raced/VBD（动词过去式）①；past/JJ（形容词）；the/DT（限定词）；barn/NN（名词）；fell/VBD（动词过去式）。

错位的句法剖析中，（NP(DT The)(NN horse) ）与例 1 一致，剖析为名词词组 NP。动词词组 VP 结构发生变化。主干由 VP(VBD+PP) 变化为 VP(VBD+SBAR)。根据系统提示，我们可以得到 SBAR 的解释"Clause introduced by subordinating conjunction or 0,top level labelling apart from S, usually for complete structure"。系统默认（NP（JJ past ）（DT the ）（NN barn ））和(VP(VBD fell) 构成了一个从句。

错位的依存分析如下：det(horse-2,The-1)为限定关系：The 限定 horse。nsubj(raced-3,horse-2)为 nominal subject，即 horse 为名词性主语。root(ROOT-0, raced-3)表示根源于起始位。amod（barn-6,past-4）为 adjectival modifier，即错位后的系统认为 past/JJ（形容词）是名词 barn 的形容词修饰成分。det(barn-6,the-5)为限定关系：the 限定 barn。nsubj(fell-7,barn-6)为 nominal subject，即 barn 为名词性主语。ccomp(raced-3, fell-7)为 clausal complement with internal subject，即具有内在主语的从句性补语关系。这种关系表示类似"He says that you like to swim"中的

---

① 在本研究中错位部分将采用下划线的方式来表示，下同。

ccomp（says，like）。

  系统在花园幽径模式的自动剖析中，产生了行进错位，无论是词类细化、句法剖析，还是依存分析，都出现了与正确剖析不符合的解码。根据错位形成的依存关系构图如下：

图 2　例 2 行进错位的依存关系图

  由上图的行进错位依存关系可知，词类细化、句法剖析和依存分析均出现了错误，系统无法正常解读。人工干预下的正常剖析如下：

  正确的词类细化中，错位的 raced/VBD（动词过去式）应更正为 raced/VBN（动词过去分词）；错位的 past/JJ（形容词）应更正为 past/IN（介词）。

  正确的句法剖析中，主干结构应该是 NP+VP，其中 NP 应该是 the horse raced past the barn，VP 应该是（VBD fell）。

  正确的依存分析中，amod（barn-6，past-4）应更正为 pobj（past-4，barn-6），即 object of preposition，名词 barn 是介词 past 的宾语。nsubj（fell-7，barn-6）应更正为 nsubj（fell-7，horse-2）为 nominal subject，即 horse 为名词性主语。nsubj（raced-3，horse-2）应更改为 vmod（horse-2，raced-3），即过去分词 raced 将作为名词 horse 的动词修饰成分（verb modifier）。

  系统得到纠正后形成的依存关系图如下：

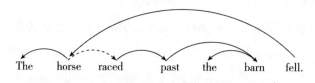

图 3　例 2 花园幽径效应依存关系图

  根据以上正确的词类、句法和依存分析，我们可以得到经过人工干预后的花园幽径句正确的剖析结果，具体如下：

Tagging

the/DT　horse/NN　raced/VBN　past/IN　the/DT　barn/NN　fell/VBD

Parse

（ROOT
　（S
　　（NP
　　　（NP（DT the）（NN horse））
　　　（VP（VBN raced）
　　　　（PP（IN past）
　　　　　（NP（DT the）（NN barn）））））
　　　（VP（VBD fell）））））

Typed dependencies

det（horse-2,the-1）　　　nsubj（fell-7,horse-2）　　　vmod（horse-2,raced-3）

prep（raced-3,past-4）　　det（barn-6,the-5）　　　　pobj（past-4,barn-6）

root（ROOT-0,fell-7）

在例 2 中，过去分词"raced past the barn"的嵌套使用起到了定语作用，但是也带来了认知上的回溯，形成了花园幽径现象。"The horse that was raced past the barn fell"是例 2 完整形式，理解上不会出现折返。所以说，例 2 的理解相对例 1 和完整的定语从句形式要困难一些，原因就在于这种现象的出现加重了认知负担。

花园幽径现象在不同层面都存在，如语素、词、短语、句、篇章和超文本。它不同于传统的歧义现象，其独有的特点已引起不同领域学者的关注。这种源于句法分析的特有现象，带来了计算科学、语言学、心理学、认知科学、语义学等多学科研究方法的融合。

花园幽径现象由著名心理语言学家贝弗（Bever）于 1970 年在针对花园幽径句分析时提出。句法花园幽径现象在加工过程中受句子组成成分语法关系的不确定性影响，极易造成解码者的语言解码困难，而随之产生的认知重新建构又加大了认知难度。简单地说，句法花园幽径现象是由语言解码顺序更迭导致的一种特殊语言现象，是对社会习俗、规定语法、社会语义和认知逻辑等知识解码产生的非习惯性反叛。尽管这种非习惯性反叛不易被人们接受，但这种反叛带来的解读是唯一的可行性解码。很多学者对这一比喻说法给予了解释：

花园幽径现象是语言处理过程中一种特殊的局部歧义现象，并为语

言学家和心理语言学家所关注。（蒋祖康，2000）

花园幽径现象指的是对一个句子按一种方式理解，如果先期理解比较顺畅但到后期却发现错了，并迫使解码者回到分叉点重新理解的过程。就像沿着花园幽径向前走，走到头了，却发现路不对，又返回来，因而得名。（王冬玲，2001）

花园幽径现象正如我们走进一个风景如画的花园，要寻找这个花园的出口，大多数人都认为出口应该在花园的主要路径的末端，因此，可以信步沿着主要路径自然而然地、悠然自得地走向花园的出口。正当我们沿着花园中的主要路径欣赏花园中的美景而心旷神怡的时候，突然发现这条主要路径是错的，它并不通向花园的出口，而能够通向花园出口的正确路径，却在主要路径旁边的另一条几乎被游人遗忘的、毫不起眼的、荒僻的幽径。（冯志伟、许福吉，2003）

花园幽径现象的理解过程首先源于对话语关联性的追求，并遵循最小努力原则，通过对明示内容、语境假设和认知效果的相互调节，最终满足关联期待。（徐章宏，2004）

花园幽径现象在语素、词、短语、句、篇章层面都可出现。语义短路（semantic short circuit）存在与否是鉴别花园幽径现象的有力工具。"短路"有两重含义：（1）路短。认知节俭（cognitive economy）和内部检索（intersection search）原则决定心理词汇中接点最近的内容首先被提取，接点远近与言语语音特征（语音效应）、开放词类词频高低（语用效应）、句法结构（语法效应）、歧义有无（语义效应）、短时记忆激发与否（认知效应）相关；（2）流断。语义流进入缺省车道（默认模式），遇禁行标志（认知顿悟点）时，阅读速度减慢，视固区间（fixation duration）变窄，折返后变道通过，此类似于物理学中的电流短路，闸跳流断。（杜家利，2006）。

花园幽径现象是一种局部的语言歧义现象，涉及语义、句法和语用等多方面因素。听话者的理解过程如同在花园中寻路，经过重新分析不同的歧义结果来选择合理的解释。花园幽径句的研究过程，不仅有助于揭示语言歧义的触发性因素，而且能够深化人们对语言认知规律的认识。（姜德杰、尹洪山，2006）

在花园幽径句的分析理解中，需要多层次共同作用，诸如句法、语义和语用等方面。起初，句法结构的分析和理解可以独立于语义和语用层面，然而当句法结构分析不能有效地解决问题时，分析者必然应用语义和语用层面的知识对花园幽径句进行分析和解释，每一个层面都起着各自的作用。（张殿恩，2006）

对花园幽径句的解码普遍反应是句子不可接受。句子前部已形成完整的句法结构，但后续的成分无法处理，就如同走上了一条错误的分析路径（花园中的岔道）。一般认为，这类歧义会对语言的处理过程造成较大的困难。可是，如果要求重新考虑，分析者基本上可以重构句子的结构，并做出正确理解。花园幽径句的分析尽管存在困难，但给予一定的时间分析者仍能做出正确的分析。这说明此类结构符合语法，是可能的英语句。造成此类句子理解困难的根本原因是：分析者在正常情形下根据制约条件排列等级做出习惯性选择；第一次选择分析崩溃后，需要花费更多时间和精力进行重新分析；在时间有限的情形下，部分分析者甚至放弃重新分析，简单地认为句子不合语法，这一点已为实验所证明。值得注意的是，花园幽径句还充分显示了句子理解除了语法外还涉及其他因素，如有时词汇意义也起决定性作用。（吴红岩，2006）

花园幽径现象与幽默话语解读具有伴生性。受话人在幽默话语解读过程中会遇到花园幽径现象，这是一种受话人对幽默进行语用推理而产生的心理反应。从认知科学和语用学的角度进行分析，则能得到较为满意的诠释。在关联理论框架下，幽默话语的花园幽径现象产生过程遵循最佳关联原则。它在话语的命题信息、语境假设和语境效果等因素的相互调节中完成：即第一阶段的最大关联折绕到达第二阶段的最佳关联。（黄碧蓉，2007）

花园幽径现象得名于认知理解过程中的迷途知返，就好像在花园中走入了一条不能通达的幽径，径绝路封，须原路返回，重择顺路。花园幽径现象是语义流中途折返、另路通过的特殊语义排歧现象，是认知主体在信息处理过程中的休克现象，是认知意识流的语义短路。花园幽径现象不是歧义。歧义不会造成理解上的龃龉，是"多车道单向通行"。而花园幽径现象是在理解初期通达顺畅，但随着信息处理的深入，理解中、后期会出现中途折返的现象，就好像在行车过程中原车道遇到无法逾越的障碍，不得不调转车头重新变更车道，是"单车道单向通行"。花园幽径现象是有区别性特征的语义短路，它所具有的特点与歧义有着明显的不同。（杜家利、于屏方，2008）

花园幽径现象是特殊的语言暂时歧义现象。花园幽径句从整体看是没有歧义的，它常涉及含有多重意义的词汇或者蕴含搭配复杂的结构。理解时，常规语言知识图式和世界知识图式率先被激活，导致误读；但在遭遇语义短路后读者会意识到原来的理解错误，并构建出新的图式以达到正确的认知。（李瑞萍、康慧，2009）

"花园幽径现象"反映了人类大脑在叙事语篇中处理句子过程的语言认知机制。花园幽径句的认知与认知框架、脚本及读者的主要优先规则紧密相连。这些第一优先规则置于包含着第二、第三以及补足性优先规则的更大的优先规则系统内，而这个系统又是框架、脚本配置的一部分。由于每一个主要的优先规则都能在合适的语境里生成花园幽径路，所以出现于口头或书面文本、虚构或事实文本特别是叙事文本中的花园幽径现象可以为进一步分析和研究提供丰富的材料。（刘莹，2009）

第二语言花园幽径句理解常出现消歧与曲解残留并存的现象，产生不完整的最终理解表征。工作记忆容量和第二语言水平都影响花园幽径句歧义的消解，却都与曲解残留无关。个体因素在句子理解中的作用应该是一个随具体任务而改变的动态过程。（顾琦一、程秀苹，2010）

花园幽径现象可以通过原型模式先被提取再被弃用的形式得到体现。这种否定之否定的认知过程容易使解码者迷失在曲径通幽的认知花园中。认知顿悟在引发行进式错位的同时能带来对原认知模式的反叛。基于"语言理解源自多分工模块合作"的 Fodor 观点在花园幽径现象的层级存在中得到彰显。（杜家利、于屏方，2011）

总之，花园幽径现象的讨论呈现百花齐放、异彩纷呈的局面，就其根本而言，主要分成两类：（1）歧义类：花园幽径现象是歧义的表现形式，两者无区别性特征；整体歧义观侧重认知结果的通畅性；局部歧义观强调歧义解读的暂时性。（2）非歧义类：花园幽径现象与歧义具有显著不同，前者蕴含两次甚至多次认知图式的重新建构；行进式错位是产生新图式的动力和根源；花园幽径现象理解轨迹呈现否定之否定的螺旋上升态势，其认知过程具有折返后的跨越解码特点。本书中的观点秉承后者，即区别对待歧义与花园幽径现象。

花园幽径现象研究在国内外正从单一向多维过渡，即讨论中心由单纯的句法、心理、语义和计算科学等领域向具有综合理解的多维认知领域转换。这个趋势可由国内外花园幽径现象研究的焦点变化来印证。

第一章　花园幽径现象研究综述

花园幽径现象研究综述主要分为国外和国内两部分。国外研究者具有英语优势，讨论中心曾一度集中在英语的花园幽径句方面。在句法层面，国外学者对这一特殊语言现象的认识已有较广泛的讨论。在国内，部分学者认为花园幽径现象和歧义等不确定现象的关联较多且不宜拆分讨论，但两者的区别性特征正受到越来越多的研究者的关注。"花园幽径现象是一种独特认知现象而不是歧义代名词"的这种观点也随着认知科学的发展得到印证。

第一节　花园幽径现象国外研究综述

1968 年 4 月 11~12 日，位于美国匹兹堡（Pittsburgh）的卡内基梅隆大学（Carnegie-Mellon University）召开了《第四届发展语言学年会》（Fourth Annual Symposium on Developmental Linguistics），会议议题是发展语言学，并主要讨论了儿童语言认知这一话题。这些与会专家学者的论文在 1970 年由约翰威力父子出版公司（John Wiley and Sons）以《语言认知和发展》（*Cognition and the Development of Language*）为名结集出版。长达 370 页的文集囊括了发展语言学和儿童语言认知的多个方面，如《儿童言语中的派生复杂性和认知顺序性》（*Derivational complexity and order of acquisition in child speech*），《话语协议：儿童如何回答问题》（*Discourse agreement：How children answer questions*），《儿童关系概念的原始本能》（*The primitive nature of children's relational concepts*）等。其中《语言结构中的认知基础》（*The cognitive basis for linguistic structures*）从认知角度阐明了贝弗的语言结构观。

在贝弗学术观点发表之前，哈佛大学认知研究中心（Center for Cognitive Studies，Harvard University）的米勒和麦基恩曾提出了句子表层结构先于处理，然后在转换规则影响下投射到深层结构的复杂性派生理论 DTC（derivational theory of complexity）（Miller，1962；Miller & McKean，1964）。

复杂性派生理论是有关句子理解的理论，它认为句子在认知记忆中是以简单的主动核心外加一系列转换（a simple active "kernal" plus a list of transformations）构成的，句子解读的难易程度与句子理解过程中的转换次数成正相关，也就是说从深层结构向表层结构转换的过程中涉及的转换越频繁句子越难以理解。例如在下列三个句子 "The frog ate the bug" "The bug was eaten by the frog" 和 "Was the bug eaten by the frog?" 中，核心部分都是 ate，frog 和 bug，不同在于后两句是核心部分的变体，即（ate，frog，bug）+passive 和（ate，frog，bug）+passive+question。这三个句子随着转换次数的增多，理解难度也逐渐加大。尽管这种理论由于无法得到系统性验证而淡出视线，但对句子理解需要借助句法分析的观点却是无可置疑的。

与此不同，贝弗提出了非转换性的句子解读策略，并尝试分析了为什么某些句子（如花园幽径句）需要耗费较长时间来理解以及为什么解码者容易陷入困境的原因。尽管贝弗的理论并不完整而且也不能提供一个较为系统的解决花园幽径句认知障碍的策略，但他从认知角度阐释了感知策略（perceptual strategies）取代复杂性派生理论的可能性，为后来感知策略理论的提出奠定了基础。

感知策略（Fodor，Bever & Garrett，1974）是针对复杂性派生理论的不足而提出来的。句子表层结构、底层句子表征和基于语义的表征解释是理解句子通常要涉及的三个方面。该理论认为在句法转换过程中复杂性派生理论无法解释句子理解中的很多情况。例如，"The police kicked the door down" 比 "The police kicked down the door" 复杂，理应在认知中产生较长的感知时间，但在实际运用中却不产生认知解码的区别性。感知策略提倡者认为句子解码时，转换规则并不是必需的过程，有时可以根据浅表结构中的外显提示对深层结构进行推论，由于这些启发性推论（heuristic inference）具有认知层面的感知性，感知策略由此得名。例如，外显提示词 "that" 在 "Fat people eat accumulates" 中的缺失导致了它的感知难度要比 "Fat that people eat accumulates" 加大了许多。

1973 年 10 月，《言语学习和言语行为杂志》（*Journal of Verbal*

Learning and Verbal Behavior）发表了美国得克萨斯大学奥斯汀分校（University of Texas at Austin）福斯（Foss）和詹金斯（Jenkins）共 12 页的文章《歧义句理解的语境效应》（*Some effects of context on the comprehension of ambiguous sentences*）。文章利用实验进行歧义句的语境效应检验。首先他们挑选出 80 个被试并把歧义句分成可进行推断的语境组和无特殊语境关系的中性组。然后要求各组被试对歧义句的指定目标音素（a specified target phoneme）进行识别，并对反应时间 RTs（reaction times）进行登记。当目标音素出现在歧义词之后时，两组被试的反应时间都要比同等情况下出现在非歧义词之后的反应时间要长（In both neutral and biased contexts the RTs were longer when the target phoneme occurred shortly after an ambiguous word than when it occurred after an unambiguous control word）。由此说明无论有无语境支持，歧义句都要比非歧义句占有更多的认知资源。作为特殊歧义现象的花园幽径句的解读需要多认知协调的假设得到实验支持。

与侧重实验的福斯和詹金斯不同，美国印第安纳大学（Indiana University）金博尔（Kimball）则提出了表层结构的句法分析理论。1973 年发表于《认知》（*Cognition*）第二卷的论文《自然语言表层结构剖析七原则》（*Seven principles of surface structure parsing in natural language*）代表了金博尔的理论精髓。

金博尔认为，生成语法（generative grammar）在句子接受度方面有着传统区分（there is a traditional distinction between sentence acceptability），涉及语言行为（performance）、句子语法性（sentence grammaticality）和语言能力（competence）。通过对英语中哪些句子是可接受句（acceptable sentence）的描述，金博尔尝试建立一套模式来对输入句的表层句法树配列进行有效归约（to be operative in the assignment of a surface structure tree）。他重申这些句法剖析技术在某种程度上说是来源于计算机科学家为适用于机器语言所开发的程序技术（To some extent, these principles of parsing are modeled on certain parsing techniques formulated by computer scientists for computer languages）。金博尔的语言理解计算观点是较早讨论计算科学和语言进行结合的学者，实际上这种观点与计算语言学的发展形成了暗合。

简单来说，金博尔的七条原则包括：（1）自上而下原则（top-down principle）；（2）右侧连接原则（principle of right association）；（3）新兴节点原则（principle of new nodes）；（4）双句饱和原则（principle of two sentences）；（5）尽早闭合原则（principle of closure）；（6）固定结构原则（principle of fixed structure）；（7）即时处理原则（principle of processing）。

金博尔的自上而下原则认为通常情况下语法分析是从抽象向具体的转换，也就是说语法分析器从 S 节点开始并利用短语结构规则进行扩充。请见下例：

例 3：The poor record the music. 穷人录制音乐。

record 具有一对二的关系（即名动两状态的认知关系），其解读可借助上下文无关文法 CFG(context-free grammar)进行：

$G = \{ Vn, Vt, S, P \}$

$Vn = \{ S, NP, VP, Det, Adj, V, N \}$

$Vt = \{ the, poor, record, music \}$

$S = S$

P：

S→NP VP	（a）
NP→Det Adj	（b）
NP→Det N	（c）
NP→Det Adj N	（d）
VP→V NP	（e）
Det→{the}	（f）
Adj→{poor}	（g）
N→{record, music}	（h）
V→{record}	（i）

上例花园幽径句的解读可以从两个方向展开，即自底向上剖析（bottom-up parsing）和自上而下剖析（top-down parsing）。

在自底向上剖析中，语法分析器从最具体的输入句开始在语法范围内不断向上归约，最后到达句法分析的终点 S，句法分析成功。如果在归约过程中偏离了语法范畴，剖析系统会因无相关语法规则支持而被迫返回，形成回溯（backtracking）。例如，如果解码者开始就将 record 看成是动词，自底向上剖析的路径就是：1-2-3-10-11-12-13-14-15-16-SUCCESS。如果解码者首选 record 为名词就会产生花园幽径现象，解码者经过回溯后剖析成功，完全路径为：1-2-3-4-5-6-7-8-8-7-6-5-4-3(9)-10-11-12-13-14-15-16-SUCCESS。

1：The poor record the music

2：Det poor record the music　　　　　（f）

3：Det Adj record the music　　　　　（g）

4：Det Adj N the music　　　　　（h）

5：NP the music　　　　　（d）

6：NP Det music　　　　　（f）

7：NP Det N　　　　　（h）

8：NP NP　　　　　（c）

9：Det Adj record the music　　　　　（g）

10：NP record the music　　　　　（b）

11：NP V the music　　　　　（i）

12：NP V Det music　　　　　（f）

13：NP V Det N　　　　　（h）

14：NP V NP　　　　　（c）

15：NP VP　　　　　（e）

16：S　　　　　（a）

SUCCESS

自上而下剖析与自底向上剖析路径正好相反，语法分析器初始位置不是具体的句子而是句法树的最顶端 S，然后在语法规则的限定范围内向下扩展到句子。如果超出了语法规则的范畴或是采用的语法规则无法下行到具有语法、语义和语用意义的句子，剖析失败，系统产生回溯。该例 record 的动词词性如果得到选择，系统将顺利完成自动解码，请见下面系统解码的过程。

1#：S

2#：NP VP　　　　　（a）

3#：NP V NP　　　　　（e）

$4^{\#}$:Det Adj V NP   （b）

$5^{\#}$:Det Adj V Det N   （c）

$6^{\#}$:The Adj V Det N   （f）

$7^{\#}$:The poor V Det N   （g）

$8^{\#}$:The poor record Det N   （i）

$9^{\#}$:The poor record the N   （f）

$10^{\#}$:The poor record the music   （h）

SUCCESS

当 record 的名词词性首先得到确认，系统将按照语法规则下行至无法解读为止。这时，系统回溯到正确的 record 动词词性的选择，重新进行句法分析。

1^{*}:S

2^{*}:NP VP   （a）

3^{*}:Det Adj N VP   （d）

4^{*}:The Adj N VP   （f）

5^{*}:The poor N VP   （g）

6^{*}:The poor record VP   （h）

7^{*}:The poor record V NP   （e）

8^{*}:The poor record V Det N （c）

9^{*}:The poor record V the N   （f）

10^{*}:The poor record V the music   （h）

FAIL

由上面的句法分析过程可以看出，如果 record 作为名词出现，整个句子就缺失了动词 V，系统无法按照既有的语法规则进行分析（试比较拥有动词过去式 read 的句子 "The poor record read the music"），所以系统中止运行。record 作为名词的错误剖析路径为：1^{*}-2^{*}-3^{*}-4^{*}-5^{*}-6^{*}-7^{*}-8^{*}-9^{*}-10^{*}- FAIL。

在自上而下的剖析中，当系统首先将 record 默认为名词，遇到中止运行后重新将 record 解码为动词，则会产生具有回溯性特点的花园幽径现象，

这种折返性句法分析的路径为：1*-2*-3*-4*-5*-6*-7*-8*-9*-10*
-10*-9*-8*-7*-6*-5*-4*-3*-2*(2#)-3#-4#-5#-6#-7#-8#-9#-10#-SUCCESS。

由上面分析可以看出，基于语言计算观点的金博尔提出的自上而下
原则，便于解码者在初期就能意识到不符合语法情况的存在并及时调整，
从而减轻认知负担。例如，同样是错误剖析（将 record 视为名词），自底
向上剖析在第5步"NP the music"能察觉到动词缺失，而在自上而下剖
析中第2步"NP VP"就能看出由于 record 作为名词的中心语，VP 不可
能由 the music 扩展得到。所以金博尔认为，在认知承载范围内，自上而
下剖析比自底向上剖析具有更高的效率。

在花园幽径句例3的自动剖析中，行进错位也带来了解码困难。系
统的错位剖析如下：

Tagging

The/DT　　poor/JJ　　record/NN　　the/DT　　music/NN　　./.

Parse

（ROOT

　（NP

　　（NP（DT The）（JJ poor）（NN record））

　　（NP（DT the）（NN music））

　　（..）））

Typed dependencies

det（record-3,The-1）　　　amod（record-3,poor-2）　　　root（ROOT-0,record-3）

det（music-5,the-4）　　　dep（record-3,music-5）

错位的词类细化中，record 被标注为 NN，即名词。这直接导致该句
没有动词支撑，解码失败。

错位的句法剖析中，源于词类的标注产生的不是 S，而是 NP，即该
句不是完整的句子，而是一个名词词组。与基于规则的解码不符。

错位的依存分析中，amod（record-3,poor-2）表示形容词 poor 作为名
词 record 的修饰语，形成 adjectival modifier。dep（record-3,music-5）表示
名词 record 和 music 形成的是依附关系 dependent，即当系统由于各种原因
无法在两词间判定它们清晰的依存关系时采用的标注关系。如"Then,as

if to show that he could,…”可表示为 dep(show,if)。这些依存分析是基于 record 被标注为 NN 时的错位分析，无法实现系统的正确解码。错位形成的依存关系图如下：

The
poor
record
the
music.

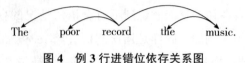

图 4　例 3 行进错位依存关系图

如图所示，该句不是完整的句子结构，错位形成的是无法判定关系的(NP(DT The)(JJ poor)(NN record))和(NP(DT the)(NN music))名词词组并列关系。对行进错位人工干预后的正确剖析结果如下：

Tagging

The/DT　poor/JJ　record/VBP　the/DT　music/NN　./.

Parse

```
(ROOT
  (S
    (NP(DT The)(JJ poor))
    (VP(VBP record)
      (NP(DT the)(NN music)))
    (..)))
```

Typed dependencies

det(poor-2,The-1)　nsubj(record-3,poor-2)　root(ROOT-0,record-3)
det(music-5,the-4)　dobj(record-3,music-5)

如上剖析可知，词类细化中动词 record 的标注为 VBP，即动词非第三人称单数现在时(Verb, non-3rd ps. sing. present)。句法剖析中形容词 poor 和限定词 the 形成集合名词(NP(DT The)(JJ poor))，为完整 S 结构 NP+VP。依存关系中，nsubj(record-3,poor-2)表示形容词 poor 结构形成名词性主语结构(nominal subject)，dobj(record-3,music-5)表示名词 music 是动词 record 的直接宾语(direct object)。

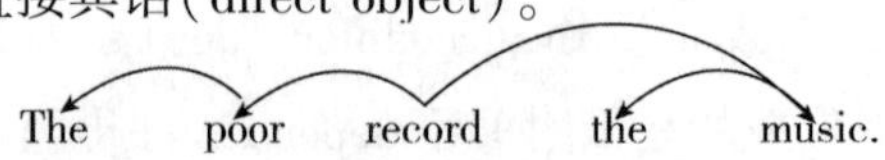
The
poor
record
the
music.

图 5　例 3 花园幽径效应依存关系图

通过行进错位和花园幽径句依存关系图对比可知，两图之不同在于限定词 the 的限定范围。在行进错位依存关系图中，限定词限定的是名词 record，所以形成的是名词词组结构（NP（DT The）（JJ poor）（NN record））。在花园幽径句依存关系图中，限定词限定的是形容词 poor，形成的是集体名词结构（NP（DT The）（JJ poor））。

金博尔的第二个原则是右侧连接原则。这个原则的提出和英语的使用习惯相关联。他认为向右扩展的语言节点通常习惯于和在语法树中最低的、非终点的节点进行连接，有时称之为相邻原则。这样的处理模式是由认知省力原则所决定的。

例 4：**I confirm that, as agreed, I have arranged for your Mr R. Simpson to deal *with* any matters arising in connection *with* the above during my absence on leave from 7-21 August 1993.**①正如约定的那样，我确认已经安排你们的辛普森先生在我于 1993 年 8 月 7 日至 21 日离开度假之际，全权处理与上面所提事情相关事宜。

按照金博尔的右侧连接原则，例 4 中的两个 with 都与相邻的动词 deal 或名词 connection 相关联，理解符合英语习惯，认知负载较小。

例 5：**I have arranged for Mr R. Simpson to deal with any complaints about National Health Service and the matters arising in connection with the problem of homelessness in the city during my absence on leave.** 我已经安排辛普森先生在我离开度假之际，全权处理对国家卫生服务的投诉和与城市无家可归问题相关事宜的投诉。

例 5 中，the matters 引导的短语部分既可以是 complaints about 的邻接部分，也可以是 deal with 的邻接部分，金博尔认为处于语法树较低节点的部分更容易被解码者认知接受，所以，右侧连接原则决定了 the matters 引导的短语更应该是 about 的投射范围。如果违背右侧连接这种认知省力原则，容易产生花园幽径现象。

例 6：**I have arranged for Mr R. Simpson to deal with any complaints about National Health Service and the matters arising in connection with the problem of homelessness in the city must be discussed by the board meeting during my absence on leave.** 我已经安排辛普森先生在我离开度假之际，全权处理对国家卫生服务的投诉，但与城市无家可归问题相关

---

① 本例源自英语国家语料库，网址：http：//www.natcorp.ox.ac.uk/。

的事宜必须经董事会会议讨论。

例 6 中 the matters 的引导短语根据右侧连接原则优先与 complaints about 相关联，在 must be discussed 出现前，与例 5 的解读没有区别。但是，must be discussed 出现后，语法要求主语不能缺失，认知系统出现回溯，产生花园幽径现象。回溯后，the matters 的引导短语被确定为并列句的主语，句法分析结束。

通过以上分析可知，右侧连接原则源于认知省力和语言习惯，而且语法成分具有附着句法树中较低节点的优先性。对这种特性的违背，容易产生花园幽径现象。

金博尔的第三个原则是新兴节点原则。

引导词（限定词）的存在帮助认知理解回归原位。

例 7：**The tycoon sold the offshore oil tracts for a lot of money wanted to kill JR.** [①]**那个被迫花了一大笔钱购买了近海油田的财阀想杀死 JR.**

$G = \{Vn, Vt, S, P\}$

$Vn = \{S, NP, VP, Det, N, Pron, Adj, SC, V, PP, AuxP, Aux, Prep\}$

$Vt = \{the, tycoon, sold, offshore, oil, tracts, for, a lot of, mony, wanted, to kill, JR\}$

$S = S$

P：

a. S→NP VP

b. VP→VP NP

c. NP→Det NP

d. NP→N N

e. NP→Det N

f. NP→Pron

g. NP→Adj NP

h. NP→NP SC

i. SC→V NP PP

j. VP→V AuxP

---

① 本例源自 G. Altmann 1985 年文章 "*The resolution of local syntactic ambiguity by the human sentence processing mechanism*"，http：//acl. ldc. upenn. edu/E/E85/E85-1018. pdf。

k. AuxP→Aux V

l. PP→Prep NP

m. VP→V NP PP

n. Det→{the,a lot of}

o. N→{tycoon,oil,tracts,money}

p. Pron→{JR}

q. V→{sold,wanted,kill}

r. Aux→{to}

s. Prep→{for}

t. Adj→{offshore}

上下文无关文法 CFG(Context-Free Grammar)中，G={Vn,Vt,S,P}表示该文法包括非终极符号 Vn、终极符号 Vt、起始符号 S 和程序符号 P。程序 P 中表示系统解码需要的规则。由此，系统左角解码的具体程序如下：

	Rules
The tycoon sold the offshore oil tracts for a lot of money wanted to kill JR	
Det tycoon sold the offshore oil tracts for a lot of money wanted to kill JR	n
Det N sold the offshore oil tracts for a lot of money wanted to kill JR	o
NP sold the offshore oil tracts for a lot of money wanted to kill JR	e
NP V the offshore oil tracts for a lot of money wanted to kill JR	q
NP V Det offshore oil tracts for a lot of money wanted to kill JR	n
NP V Det Adj oil tracts for a lot of money wanted to kill JR	t
NP V Det Adj N tracts for a lot of money wanted to kill JR	o
NP V Det Adj N N for a lot of money wanted to kill JR	o
NP V Det Adj NP for a lot of money wanted to kill JR	d
NP V Det NP for a lot of money wanted to kill JR	g
NP V NP for a lot of money wanted to kill JR	c
NP V NP Prep a lot of money wanted to kill JR	s
NP V NP Prep Det money wanted to kill JR	n
NP V NP Prep Det N wanted to kill JR	o
NP V NP Prep NP wanted to kill JR	e

NP V NP PP wanted to kill JR   l

NP V P wanted to kill JR   m

S wanted to kill JR   a

?

BREAKDOWN AND BACKTRACKING

　　动词 sold 过去式和过去分词同形是产生行进错位的根本原因。如果作为过去式解读，规则 VP→V NP PP 则被采纳，系统产生行进错位（breakdown）。错位后，由于表示解码终结的符号 S 已经出现，而字符串 wanted to kill JR 仍未得到有效解码，系统产生回溯（backtracking）。回溯节点是规则 SC→V NP PP，即在对动词 sold 过去式和过去分词的同形选择中，不再选择过去式而选择过去分词。过去分词 sold 引导结构的依存关系由原来的 nsubj(sold-3,tycoon-2)转变为 vmod(tycoon-2,sold-3)，即由 tycoon 作为过去式 sold 的名词主语（nominal subject）变化为过去分词 sold 是 tycoon 的动词修饰语（verb modifier）。回溯后的解码程序如下：

NP V NP PP wanted to kill JR   l

NP SC wanted to kill JR   i

NP wanted to kill JR   h

NP V to kill JR   q

NP V Aux kill JR   r

NP V Aux V JR   q

NP V Aux P JR   k

NP VP JR   j

NP VP Pron   p

NP VP NP   f

NP VP   b

S   a

SUCCESS

　　经历行进错位的回溯结构获得成功解码。例句中的所有字符串均得到有效归约，并最终获得表示解码结束的符号 S，剖析成功。所构建的树形图如下：

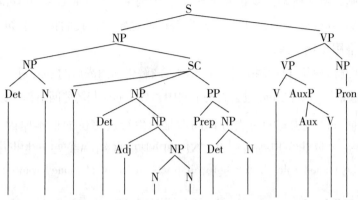

图6 例7成功解码的树形图

　　树形图可清晰展现句法层级结构。图中可见，整个样例的最高级句法结构是 S→NP VP。次级结构是 NP→NP SC 和 VP→VP NP。以此类推，直至剖析到终端符号。

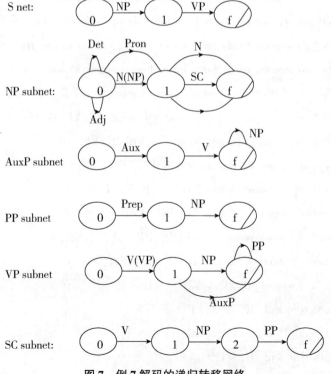

图7 例7解码的递归转移网络

　　递归转移网络的引入使例 7 解码具有逻辑性。根据递归转移网络的构建规则，例 7 解码涉及主网络 S net，子网络 NP subnet，AuxP subnet，PP subnet，VP subnet 和 SC subnet。根据解码的逻辑性，我们构建了如下递归转移网络用于例 7 解码。

　　上图解码程序包括两部分：sold 过去式解码和回溯后的 sold 过去分词解码。行进错位出现在 sold 过去式的解码中，具体的递归转移网络程序如下：

The tycoon sold the offshore oil tracts for a lot of money wanted to kill JR.

<S/0, The tycoon sold the offshore oil tracts for a lot of money wanted to kill JR, >

<NP/0, The tycoon sold the offshore oil tracts for a lot of money wanted to kill JR, S/1 : >

<NP/1, tycoon sold the offshore oil tracts for a lot of money wanted to kill JR, S/1 : >

<NP/1, sold the offshore oil tracts for a lot of money wanted to kill JR, S/1 : >

<NP/f, sold the offshore oil tracts for a lot of money wanted to kill JR, S/1 : >

<VP/0, sold the offshore oil tracts for a lot of money wanted to kill JR, S/f : >

<VP/1, the offshore oil tracts for a lot of money wanted to kill JR, S/f : >

<NP/0, the offshore oil tracts for a lot of money wanted to kill JR, VP/f : S/f : >

<NP/1, offshore oil tracts for a lot of money wanted to kill JR, VP/f : S/f : >

<NP/1, oil tracts for a lot of money wanted to kill JR, VP/f : S/f : >

<NP/1, tracts for a lot of money wanted to kill JR, VP/f : S/f : >

<NP/f, for a lot of money wanted to kill JR, VP/f : S/f : >

<PP/0, for a lot of money wanted to kill JR, VP/f : S/f : >

<PP/1, a lot of money wanted to kill JR, VP/f : S/f : >

<NP/0, a lot of money wanted to kill JR, PP/f : VP/f : S/f : >

<NP/1, money wanted to kill JR, PP/f : VP/f : S/f : >

<NP/1, wanted to kill JR, PP/f : VP/f : S/f : >

<NP/f, wanted to kill JR, PP/f : VP/f : S/f : >

<PP/f, wanted to kill JR, VP/f : S/f : >

<VP/f, wanted to kill JR, S/f : >

<S/f, wanted to kill JR, >

<, wanted to kill JR, >

?

BREAKDOWN AND BACKTRACKING

　　动词 sold 的过去式选择导致程序解码失败。在程序 <NP/0, the offshore oil tracts for a lot of money wanted to kill JR, VP/f:S/f:>中, 系统默认动词 sold 是主动词, 进入的子网络是 VP subnet。因此, 在 VP/f: 栈中进行解读余下的字符串。但是, 随着程序<S/f, wanted to kill JR, >的结果出现, 系统无法解读 wanted to kill JR 这些字符串, 遂产生行进错位, 系统产生回溯。回溯后的程序解读如下:

<NP/1, sold the offshore oil tracts for a lot of money wanted to kill JR, S/1:>

<SC/0, sold the offshore oil tracts for a lot of money wanted to kill JR, NP/f: S/1:>

<SC/1, the offshore oil tracts for a lot of money wanted to kill JR, NP/f:S/1:>

<NP/0, the offshore oil tracts for a lot of money wanted to kill JR, SC/2:NP/f: S/1:>

<NP/1, offshore oil tracts for a lot of money wanted to kill JR, SC/2:NP/f:S/1:>

<NP/1, oil tracts for a lot of money wanted to kill JR, SC/2:NP/f:S/1:>

<NP/1, tracts for a lot of money wanted to kill JR, SC/2:NP/f:S/1:>

<NP/f, for a lot of money wanted to kill JR, SC/2:NP/f:S/1:>

<PP/0, for a lot of money wanted to kill JR, SC/f:NP/f:S/1:>

<PP/1, a lot of money wanted to kill JR, SC/f:NP/f:S/1:>

<NP/0, a lot of money wanted to kill JR, PP/f:SC/f:NP/f:S/1:>

<NP/1, money wanted to kill JR, PP/f:SC/f:NP/f:S/1:>

<NP/1, wanted to kill JR, PP/f:SC/f:NP/f:S/1:>

<NP/f, wanted to kill JR, PP/f:SC/f:NP/f:S/1:>

<PP/f, wanted to kill JR, SC/f:NP/f:S/1:>

<SC/f, wanted to kill JR, NP/f:S/1:>

<NP/f, wanted to kill JR, S/1:>

<VP/0, wanted to kill JR, S/f:>

<VP/1, to kill JR, S/f:>

\<AuxP/0,to kill JR,VP/f:S/f:\>

\<AuxP/1,kill JR,VP/f:S/f:\>

\<AuxP/1,JR,VP/f:S/f:\>

\<NP/0,JR,AuxP/f:VP/f:S/f:\>

\<NP/1,,AuxP/f:VP/f:S/f:\>

\<NP/f,,AuxP/f:VP/f:S/f:\>

\<AuxP/f,,VP/f:S/f:\>

\<VP/f,,S/f:\>

\<S/f,,\>

\<,,\>

SUCCESS

回溯程序证明 sold 作为过去分词的解码是正确的路径。在程序\<NP/0,the offshore oil tracts for a lot of money wanted to kill JR,SC/2:NP/f:S/1:\>中,我们可以看到系统由原来的栈\<VP/f:S/f:\>转变为栈\<SC/2:NP/f:S/1:\>,即 sold 和 tycoon 的依存关系不再被认为是具有 nsubj(sold-3,tycoon-2)的主谓关系,而是变成了由动词过去分词修饰名词的成分关系 vmod(tycoon-2,sold-3)。

算法矩阵可用于解释行进错位系统的解码程序变化。在例 7 行进错位产生前,由于字符串 wanted to kill JR 不能被系统解码,形成的算法矩阵呈现非良构子串表的特点,即不能在最大矩阵处归约为解码成功的符号 S。行进错位的系统算法矩阵如下:

. $_0$The. $_1$tycoon. $_2$sold. $_3$the. $_4$offshore. $_5$oil. $_6$tracts. $_7$for. $_8$a lot of. $_9$money. $_{10}$wanted. $_{11}$to. $_{12}$kill. $_{13}$JR. $_{14}$

表 1　例 7 行进错位的算法矩阵

	1	2	3	4	5	6	7	8	9	10	11	12	13	14
0	{D}	{NP}	{}	{}	{}	{}	{}	{}	{}	{S}	{}	{}	{}	{?}
1		{N}	{}	{}	{}	{}	{}	{}	{}	{}	{}	{}	{}	{}
2			{V}	{}	{}	{}	{VP}	{}	{}	{VP}	{}	{}	{}	{}
3				{D}	{}	{}	{NP}	{}	{}	{}	{}	{}	{}	{}
4					{A}	{}	{NP}	{}	{}	{}	{}	{}	{}	{}
5						{N}	{NP}	{}	{}	{}	{}	{}	{}	{}
6							{N}	{}	{}	{}	{}	{}	{}	{}

（续表）

	1	2	3	4	5	6	7	8	9	10	11	12	13	14
7								{P}	{}	{PP}	{}	{}	{}	{}
8									{D}	{NP}	{}	{}	{}	{}
9										{N}	{}	{}	{}	{}
10											{V}	{}	{VP}	{VP}
11												{A}	{AP}	{}
12													{V}	{}
13														{P}

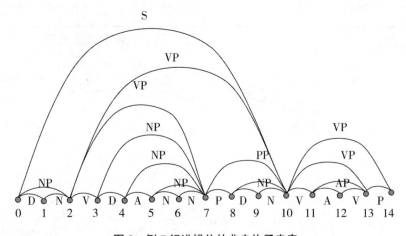

图 8　例 7 行进错位的非良构子串表

从行进错位的算法矩阵和非良构子串表可以看出，解码的停顿出现在表 1 的浅灰色填充区域后，即 wanted 的出现带来了行进错位。图 8 中的终结符号 S 出现表示解码已经结束，但是随后的 VP 结构无法在系统中得到解码。因此，前期的解读不是最优模式，系统发生了回溯。回溯后 SC→V NP PP 和 NP→NP SC 的规则得到启用，所有的字符串都得到顺利剖析，解码在经历了行进错位后成功。请见完全解码后的算法矩阵和良构子串表。

表 2　例 7 花园幽径句的算法矩阵

	1	2	3	4	5	6	7	8	9	10	11	12	13	14
0	{D}	{NP}	{}	{}	{}	{}	{}	{}	{}	{NP}	{}	{}	{}	{S}
1		{N}	{}	{}	{}	{}	{}	{}	{}	{}	{}	{}	{}	{}
2			{V}	{}	{}	{}	{VP}	{}	{}	{SC}	{}	{}	{}	{}
3				{D}	{}	{}	{NP}	{}	{}	{}	{}	{}	{}	{}
4					{A}	{}	{NP}	{}	{}	{}	{}	{}	{}	{}

（续表）

	1	2	3	4	5	6	7	8	9	10	11	12	13	14
5						{N}	{NP}	{}	{}	{}	{}	{}	{}	{}
6							{N}	{}	{}	{}	{}	{}	{}	{}
7								{P}	{}	{PP}	{}	{}	{}	{}
8									{D}	{NP}	{}	{}	{}	{}
9										{N}	{}	{}	{}	{}
10											{V}	{}	{VP}	{VP}
11												{A}	{AP}	{}
12													{V}	{}
13														{P}

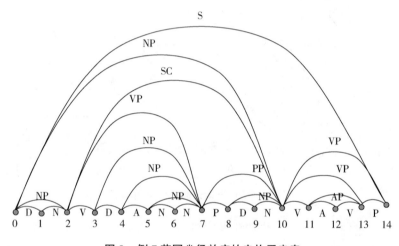

图 9　例 7 花园幽径效应的良构子串表

从以上对花园幽径句的深入分析可知，行进错位源于动词 sold 的过去式和过去分词的同形。如果能够提供引导词 that 并形成句子 The tycoon that was sold the offshore oil tracts for a lot of money wanted to kill JR，那么，系统便会很容易辨别出动词是过去式还是过去分词，也就不会出现行进错位和回溯。因此，引导词（限定词）的存在能够提升系统的剖析效率。这与金博尔的新兴节点原则相一致。

金博尔的第四个原则是双句饱和原则。他认为由于人脑认知瞬时解码内存的有限性，语法分析器同时处理具有两个 S 节点的句子或分句是可能的。如果同时处理的节点量超过这个数值，就会加重记忆负担，带来认知解码的延时性，速度放慢，效率降低甚至解码失败。这个原则从另一个方面说明了：为什么语言的递归性是存在的，但是在语言运用中却不能无限制使用。

例 8：**The data was the result of active processes of project.** 数据是项目积极推进的结果。

例 9：**The data the scholars investigated was the result of active processes of project.** 学者们调查的数据是项目积极推进的结果。

例 10：**The data the scholars the police chased investigated was the result of active processes of project.** 被警察所追踪的学者们调查的数据是项目积极推进的结果。

例 11：**The data the scholars the police the journalist interviewed chased investigated was the result of active processes of project.** 被记者采访的警察所追踪的学者们调查的数据是项目积极推进的结果。

例 12：**The data the scholars the police the journalist the children respected interviewed chased investigated was the result of active processes of project.** 被孩子们推崇的记者采访的警察所追踪的学者们调查的数据是项目积极推进的结果。

从上例的比较可以看出，含有一个节点 S 和两个节点 S 的例句在理解过程中认知负载较小，理解较顺畅。含有三个节点 S 的例句、四个节点 S 的例句和五个节点 S 的例句虽然符合语法规范，但是超出了瞬时认知解码的存储量，理解越来越困难，直至解码停顿。

金博尔的第五个原则是尽早闭合原则。句法分析过程中，当新节点出现后，解码者往往期待着找到符合语法规范的其他成分进行匹配，一旦匹配成功认知存储器便迅速闭合，以便于释放出更多的认知因子进行下一轮处理。这个过程是动态的、可逆的。所谓的动态是相对静态而言的。分配给认知存储器的单元量随解读量的大小而调整，往往呈现正相关分布，即句法分析越复杂的句子所占用的认知存储量就越大，处理器解读的时间就越长。所谓的可逆是相对模式而言的。在认知解码过程中，当为了节省更多记忆空间而尽早闭合的认知系统无法解读后续成分时，原来的既有模式便被打破，系统对新获得的信息连同既有信息进行重新排列组合，最后形成符合语法、语义、语用规范的新模式。没有认知可逆性的存在，既定模式不能更改，信息无法更新，正确的解码也难以实现。这个特点是认知系统成功解读花园幽径句的关键。

例 13：The raft floated down the river sank. 顺流而下的筏沉没了。

例 14：She told me a little white lie will come back to haunt me. 她告诉我说小小的善意谎言会重新困扰我。（**Katamba：2005：263**）

尽早闭合原则在上面两例中得到阐释。花园幽径句的解码中，蕴含了行进错位，其根本原因在于系统具有尽早闭合的优先剖析策略。请见上下文无关文法，以及基于该文法的行进错位的左角解码和回溯后的二次解码。

She told me a little white lie will come back to haunt me.

$G = \{Vn, Vt, S, P\}$

$Vn = \{S, NP, VP, N, V, Pron, Det, Adj, IP, Aux, Adv, SC\}$

$Vt = \{she, told, me, a\ little, white, lie, will, come, back, to, haunt\}$

$S = S$

$P：$

a. S→NP VP

b. NP→N

c. VP→V NP NP

d. NP→Pron

e. NP→Det NP

f. NP→Adj N

g. VP→V NP IP

h. VP→Aux V

i. VP→VP Adv

j. VP→VP IP

k. IP→NP VP

l. VP→VP SC

m. SC→Aux VP

n. VP→V NP

o. Det→{a little}

p. Pron→{she, me}

q. N→{lie}

r. V→{told, haunt, come}

s. Adj→{white}

t. Adv→{back}

u. Aux→{will,to}

　　上下文无关文法表明，规则 VP→V NP NP 和 VP→V NP IP 的差别在于最后附着结构的选择上。如果认定 a little white lie 作为动词 tell 的直接宾语出现，则启动规则 VP→V NP NP。如果系统认为 a little white lie 是后续分句的主语，形成的结构是子句，规则 VP→V NP IP 则被系统接受。对 a little white lie 结构的附着范围的歧义选择导致了行进错位的出现。

	Rules
She told me a little white lie will come back to haunt me	
Pron told me a little white lie will come back to haunt me	p
NP told me a little white lie will come back to haunt me	d
NP V me a little white lie will come back to haunt me	r
NP V Prop a little white lie will come back to haunt me	p
NP V NP a little white lie will come back to haunt me	d
NP V NP Det white lie will come back to haunt me	o
NP V NP Det Adj lie will come back to haunt me	s
NP V NP Det Adj N will come back to haunt me	q
NP V NP Det NP will come back to haunt me	f
NPV NP NP will come back to haunt me	e
NP VP will come back to haunt me	c
S will come back to haunt me	a
?	

BREAKDOWN AND BACKTRACKING

　　左角剖析中，灰色填充部分的归约表明系统启用的规则是 VP→V NP NP。随着表示解码成功的终结符号 S 的出现，系统默认解码结束。但 will come back to haunt me 字符串却在规则集中找不到相关的规则继续进行归约。由于未处理字符串的存在，解码失败，系统回溯到规则选择的岔路口。曾被弃用的规则 VP→V NP IP 显性化。

NP V NP NP will come back to haunt me	e

NP V NP NPAux come back to haunt me   u

NP V NP NP Aux V back to haunt me   r

NP V NP NP VP back to haunt me   h

NP V·NP NP VP Adv to haunt me   t

NP V NP NP VP to haunt me   i

NP V NP NP VP Aux haunt me   u

NP V NP NP VP AuxV me   r

NP V NP NP VP AuxV Prop   p

NP V NP NP VP AuxV NP   d

NP V NP NP VP AuxVP   n

NP V NP NP VP SC   m

NP V NP NP VP   l

NP V NP IP   k

NP VP   g

S   a

SUCCESS

　　回溯后的剖析可见，系统认为字符串 a little white lie 应该是子句的主语成分，tell me 后续的是从句 IP 而不是名词词组 NP。由此构建的树形图可清晰地展现这种层级关系。

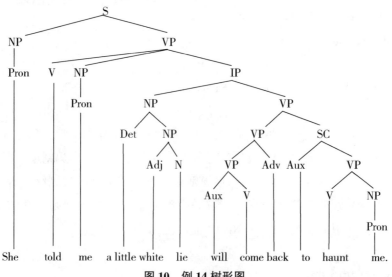

图 10　例 14 树形图

花园幽径句的树形图层级展现了系统解码的逻辑性。在自顶向下（top-down）剖析中，S→NP VP 是最高层结构，VP→V NP IP 是次高层结构，IP→NP VP 是次次高结构。以此类推，直至系统将所有终端字符串剖析结束。这种系统解码的层级性通过递归转移网络也可以得到表现。

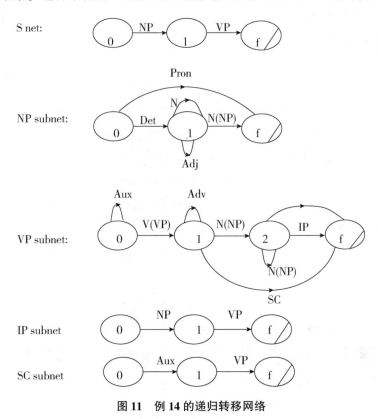

图 11　例 14 的递归转移网络

递归转移网络包括主网络 S net，子网络 NP subnet、VP subnet、IP subnet 和 SC subnet。通过前面的分析可知，系统在处理规则 VP→V NP NP 和 VP→V NP IP 时会出现歧义。

在子网络 VP subnet 中，规则 VP→V NP NP 的启用路径是 VP_0→VP_1→VP_2→VP_2→VP_f。系统在 VP_0→VP_1 解码过程中，完成了动词 tell 的解码。VP_1→VP_2 解码过程中，剖析了第一个 N（NP）结构（即 me）。在 VP_2→VP_2 解码过程中剖析了第二个嵌套子网络 N（NP）结构（即 a little white lie）。VP_2→VP_f 是空集，跳过。

规则 VP→V NP IP 的启用路径是 VP_0→VP_1→VP_2→VP_f。系统分别在 VP_0→VP_1 和 VP_1→VP_2 解码过程剖析了动词 tell 和 N（NP）结构 me。在

$VP_2 \rightarrow VP_f$解码过程启动嵌套子网络 IP subnet 的剖析。

启动路径的不同导致规则不同，诱发系统行径错位。通过上面分析可知，两个规则的启动路径是不同的。$VP \rightarrow V$ NP NP 的启用路径不仅比 $VP \rightarrow V$ NP IP 的启用路径多了 $VP_2 \rightarrow VP_2$ 的解码过程，而且，后续的 $VP_2 \rightarrow VP_f$ 是解码空集，没有字符串得到剖析。请看系统按照递归转移网络进行的解码程序：

<S/0,She told me a little white lie will come back to haunt me,>

<NP/0,She told me a little white lie will come back to haunt me,S/1:>

<NP/f,told me a little white lie will come back to haunt me,S/1:>

<VP/0,told me a little white lie will come back to haunt me,S/f:>

<VP/1,me a little white lie will come back to haunt me,S/f:>

<NP/0,me a little white lie will come back to haunt me,VP/1:S/f:>

<NP/1,a little white lie will come back to haunt me,VP/1:S/f:>

<NP/f,a little white lie will come back to haunt me,VP/1:S/f:>

<NP/0,a little white lie will come back to haunt me,VP/2:S/f:>

<NP/1,white lie will come back to haunt me,VP/2:S/f:>

<NP/1,lie will come back to haunt me,VP/2:S/f:>

<NP/f,will come back to haunt me,VP/2:S/f:>

<VP/f,will come back to haunt me,S/f:>

<S/f,will come back to haunt me,>

<,will come back to haunt me,>

?

BREAKDOWN AND BACKTRACKING

规则 $VP \rightarrow V$ NP NP 选择导致行进错位产生。剖析可见，在<NP/f,a little white lie will come back to haunt me,VP/1:S/f:>中，系统已经完成了对字符串 She told me 的剖析。对 a little white lie 的解码启动了系统对歧义规则 $VP \rightarrow V$ NP NP 和 $VP \rightarrow V$ NP IP 的选择。在上面的剖析<NP/f,will come back to haunt me,VP/2:S/f:>中，我们可以看出系统选择的是 NP/f，即默认字符串 a little white lie 是动词 tell 所在的栈中的一部分（直接宾语）。所以，随着解码的深入，分别表示子网络 VP subnet 解码结束的 VP/f 符

号和主网络 S net 解码结束的 S/f 符号的出现，终止了系统继续剖析的可能。余下的字符串<, will come back to haunt me, >在栈中无法得到解读。系统产生了行进错位，遂回溯到歧义规则节点。请看系统回溯后重新采纳 VP→V NP IP 规则后形成的剖析程序。

<NP/f, a little white lie will come back to haunt me, VP/1:S/f:>

<IP/0, a little white lie will come back to haunt me, VP/2:S/f:>

<IP/1, a little white lie will come back to haunt me, VP/2:S/f:>

<NP/0, a little white lie will come back to haunt me, IP/1:VP/2:S/f:>

<NP/1, white lie will come back to haunt me, IP/1:VP/2:S/f:>

<NP/1, lie will come back to haunt me, IP/1:VP/2:S/f:>

<NP/f, will come back to haunt me, IP/1:VP/2:S/f:>

<VP/0, will come back to haunt me, IP/f:VP/2:S/f:>

<VP/1, come back to haunt me, IP/f:VP/2:S/f:>

<VP/1, back to haunt me, IP/f:VP/2:S/f:>

<VP/2, to haunt me, IP/f:VP/2:S/f:>

<SC/0, to haunt me, VP/f:IP/f:VP/2:S/f:>

<SC/1, haunt me, VP/f:IP/f:VP/2:S/f:>

<VP/0, haunt me, SC/f:VP/f:IP/f:VP/2:S/f:>

<VP/1, me, SC/f:VP/f:IP/f:VP/2:S/f:>

<NP/0, me, VP/2:SC/f:VP/f:IP/f:VP/2:S/f:>

<NP/f, , VP/2:SC/f:VP/f:IP/f:VP/2:S/f:>

<VP/f, , SC/f:VP/f:IP/f:VP/2:S/f:>

<SC/f, , VP/f:IP/f:VP/2:S/f:>

<VP/f, , IP/f:VP/2:S/f:>

<IP/f, , VP/2:S/f:>

<VP/f, , S/f:>

<S/f, , >

<, , >

SUCCESS

　　回溯剖析中，系统启动 VP→V NP IP 规则，<IP/0, a little white lie

will come back to haunt me, VP/2:S/f:>表示嵌套在子网络 VP subnet 中的次子网络 IP subnet 被系统激活,a little white lie 不再被认为是动词 tell 的直接宾语,而被认为是 IP 子句的主语成分, 这些信息体现在<NP/f,will come back to haunt me, IP/1:VP/2:S/f:>的表示中。NP/f 表示名词词组 a little white lie 已经剖析完毕。IP/1: 表示在次子网络 IP subnet 栈中 NP 剖析阶段是 $IP_0 \rightarrow IP_1$。VP/2: 表示子网络 VP subnet 是嵌套子网络 IP subnet 的上一级栈,而且所处的阶段是 $VP_2 \rightarrow VP_f$。S/f:表示主网络 S net 是最高级别的栈, 只有栈内所有的终端字符串都得到剖析才能被系统所接受。

通过系统行进错位前后形成的算法矩阵可以清楚地看到解码停顿和回溯的节点变化。请见行进错位的算法矩阵和由此生成的非良构子串表。

. $_0$She. $_1$told. $_2$me. $_3$a. $_4$little . $_5$white. $_6$lie . $_7$will. $_8$come. $_9$back. $_{10}$to. $_{11}$haunt . $_{12}$me. $_{13}$

表 3 例 14 行进错位的算法矩阵

	1	2	3	4	5	6	7	8	9	10	11	12	13
0	{P}	{}	{}	{}	{}	{}	{S}	{}	{}	{}	{}	{}	{?}
1		{V}	{}	{}	{}	{}	{VP}	{}	{}	{}	{}	{}	{}
2			{P}	{}	{}	{}	{}	{}	{}	{}	{}	{}	{}
3				{D}	{D}	{}	{NP}	{}	{}	{}	{}	{}	{}
4					{A}	{}	{}	{}	{}	{}	{}	{}	{}
5						{A}	{NP}	{}	{}	{}	{}	{}	{}
6							{N}	{}	{}	{}	{}	{}	{}
7								{A}	{VP}	{VP}	{}	{}	{VP}
8									{V}	{}	{}	{}	{}
9										{A}	{}	{}	{}
10											{A}	{}	{SC}
11												{V}	{VP}
12													{P}

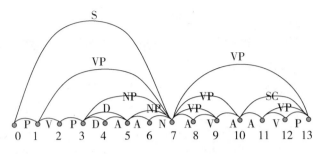

图 12　例 14 行进错位的非良构子串表

上面的图表显示，诱发行进错位的节点是 will 节点。在 She told me a little white lie 的剖析中，系统默认 S→NP(Pron) VP 已经完成，得到的也是一个良构的子串表。所以，在算法矩阵和子串表中都归约出表示解码终结的 S 符号。但是剩余子串 will come back to haunt me 无法进入系统剖析。这说明系统前期解码出现了错位。系统遂回溯到 VP→V NP NP 和 VP→V NP IP 选择岔路重新处理。由此，可以形成正确剖析的算法矩阵和良构子串表。

· $_0$She. $_1$told. $_2$me. $_3$a. $_4$little. $_5$white. $_6$lie. $_7$will. $_8$come. $_9$back. $_{10}$to. $_{11}$haunt

· $_{12}$me. $_{13}$

表 4　例 14 花园幽径句的算法矩阵

	1	2	3	4	5	6	7	8	9	10	11	12	13
0	{P}	{}	{}	{}	{}	{}	{}	{}	{}	{}	{}	{}	{S}
1		{V}	{}	{}	{}	{}	{}	{}	{}	{}	{}	{}	{VP}
2			{P}	{}	{}	{}	{}	{}	{}	{}	{}	{}	{}
3				{D}	{D}	{}	{NP}	{}	{}	{}	{}	{}	{IP}
4					{A}	{}	{}	{}	{}	{}	{}	{}	{}
5						{A}	{NP}	{}	{}	{}	{}	{}	{}
6							{N}	{}	{}	{}	{}	{}	{}
7								{A}	{VP}	{VP}	{}	{}	{VP}
8									{V}	{}	{}	{}	{}
9										{A}	{}	{}	{}
10											{A}	{}	{SC}
11												{V}	{VP}
													{P}

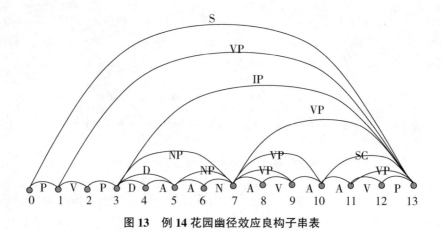

图 13　例 14 花园幽径效应良构子串表

　　成功的解码能处理所有的终端字符串。在表 4 的算法矩阵中，浅灰填充区域包括最高层的剖析符号｛S｝、次高层的｛VP｝和次次高层的｛IP｝。这与图 13 的良构子串表中的最高三层的标识符号 S→NP（Pron）VP、VP→V NP（Pron）IP 和 IP→NP VP 是一致的。这说明算法矩阵中的所有字符串都得到了归约，系统在剖析完所有的字符串后得到解码终结的符号 S，解码成功。在子串表中，与算法矩阵相对的规则得到标识，最后形成了跨越所有终端符号的弧线 S，即表示系统解码成功后形成的子串表是封闭的，也就是良构的了。这种行进错位前后的程序算法不同也可以通过 CYK 算法得到清晰展现。我们把算法流程进行了剖析，由于篇幅所限，此处不赘言，具体请参见附录三。

　　例 13 和例 14 花园幽径句产生的原因是不同的。例 13 的认知回溯源于动词 float 的变化。首先该动词的主动态过去式和被动态过去分词形式同形，遵循金博尔的尽早闭合原则，解码者在 sank 出现前，已经匹配到了完整的句法生成式，认知解码系统完成处理，信息存储器瞬时关闭并释放出空间。但当 sank 出现时，系统的可逆程序启动，原来的匹配模式崩盘，系统根据既有信息和加入信息重新进行排列组合，将 float 由开始的主动态过去式重新解读为被动态的过去分词形式，句法层级也下推至下一层级，即主动词不再由 float 而是由 sank 承担。例 13 在补足省略的成分后可形成正常句例 16，其结构分析类似例 15。

例 15：**The logs are trimmed and then floated down the river.** ①原木锯伐成段后顺流而下。

例 16：**The raft that was floated down the river sank.** 顺流而下的筏沉没了。

花园幽径句例 14 的形成原因在于动词 told 的辖域变化。解码时，具有统领双宾语功能的动词 told 通过附着宾语 me 实现了间接宾语的填位。当 a little white lie 进入认知处理器的存贮范围时，缺少直接宾语进行补充的认知系统遵循尽早闭合原则，将 a little white lie 缺省认定为直接宾语，初期解码完成。但是，助动词 will 具有提示后续动词即将出现的功能，随着它的加入，已经闭合的认知环路重新打开。这样，因缺少成分进行附着而无法完成句法生成式解读的系统处于动态接纳后续信息的状态。随后，以 a little white lie 为主语展开的宾语从句被视为直接宾语，系统才完成了整句的认知解读。动词 told 辖域发生了延展，即由一个短语充当直接宾语转变到由一个从句充当直接宾语。这种变化导致了花园幽径现象的出现。短语需要的认知负载小于从句，所以遵循尽早闭合原则，系统首先接纳的是认知负荷较小的短语。这为后期系统随着新信息的加入而出现的认知模式的破旧立新留下了铺垫。这种花园幽径句的回避办法就是在宾语从句前补足一个提示新兴节点的连词 that（尽管可以省略）。依此提示词的存在，系统可以直接将 told 的辖域扩大到从句，认知环路不会提早闭合。请见例 17。

例 17：**She told me that a little white lie will come back to haunt me.** 她告诉我说小小的善意谎言会重新困扰我。

金博尔的第六个原则是固定结构原则。所谓的固定结构（fixed structure）就是认知解码过程中所秉承的既有模式，如果从计算科学角度来说就是系统缺省默认的状态。这些固定模式的形成涉及神经语言学、认知语言学、社会语言学等多个领域。

例 18：**Until the police arrest the drug dealers control the street.** ② 毒贩控制着街区直到被警察逮捕。

例 19：**Until the police make the arrest, the drug dealers control the**

---

①　本例源自 http：∥www. ldoceonline. com/dictionary/float_1。

②　样例源自 http：∥www. fun - with - words. com/ambiguous_ garden_ path. html。

street. 毒贩控制着街区直到警察采取逮捕行动。

例 20：**The professors instructed about the exam were confused.** 被指导考试的教授们感到困惑。(**Milne, 1982:351**)

例 21：**The waiter served in a new restaurant was happy.** 在新餐厅里享受到服务的侍者很高兴。

例 22：**Until the police arrest the baby control the street.** 婴儿控制着街区直到被警察逮捕。

警察逮捕贩毒分子是一个通用的认知模式，所以，根据这个固定模式，当名词和动词兼形的 arrest 出现，认知系统就把 the drug dealers 默认为 arrest 的宾语，形成了符合认知构式的环路。当后续的 control the street 要求匹配主语时，系统回溯并重新将 arrest 解码为名词，the drug dealers 也由既定的宾语成分调整为主语，花园幽径现象出现。如果通过补足认知解码所需的解释性信息，这种现象也能够避免。

花园幽径句整体上是符合认知固定结构的，回溯只是来自于内部句法结构的调整。如果认知模式整体上没有遵循传统认知的固定结构，语言运用时就会产生认知延迟、误解甚至造成解码中断。

教授是高等教育中具有最高职称的群体，通常他们是指导学生学习的人，所以当被指导的对象变成教授时，解码者容易产生认知延迟。

服务生由常规的服务者变成了顾客，如果没有特定语境支持容易形成解码者的误解。虽然具有句法生成式的完整性，但该句对认知固定结构的整体违背造成了解码中断。

花园幽径句的程序算法剖析可深化理解。在讨论固定结构原则对行进错位的影响时，我们发现回溯前后程序算法的不同剖析可以深化对花园幽径模式的理解。

Until the police arrest the drug dealers control the street.

$G = \{Vn, Vt, S, P\}$

$Vn = \{S, NP, VP, N, Det, PP, Prep, CP, Conj, IP, V\}$

$Vt = \{until, the, police, arrest, drug, dealers, control, street\}$

$S = S$

$P:$

a. S→PP IP

b. NP→N N

c. NP→Det N

d. NP→Det NP

e. PP→Prep NP

f. CP→Conj IP

g. IP→NP VP

h. VP→V NP

i. Det→{the}

j. Prep→{until}

k. Conj→{until}

l. N→{police, arrest, drug, dealers, street}

m. V→{arrest, control}

　　左角分析有利于解释固定结构的解码原因。剖析中对规则 Conj→{until} 和 Prep→{until} 的不同选择会导致解码的不同。由于 until 在句首出现时通常是连词结构，其引导的结构是高概率的。所以，系统默认 Conj→{until} 具有优先级。由此展开的解码程序导致行进错位的诱发。

Until the police arrest the drug dealers control the street	Rules
Conj the police arrest the drug dealers control the street	k
Conj Det police arrest the drug dealers control the street	i
Conj Det N arrest the drug dealers control the street	l
Conj NP arrest the drug dealers control the street	c
Conj NP V the drug dealers control the street	m
Conj NP V Det drug dealers control the street	i
Conj NP V Det N dealers control the street	l
Conj NP V Det NN control the street	l
Conj NP V Det NP control the street	b
Conj NP V NP control the street	d
Conj NP VP control the street	h

Conj IP control the street   g

CP control the street   f

?

BREAKDOWN AND BACKTRACKING

系统回溯后可启动次优选结构。规则 Prep→{until} 在系统回溯后得到激活，由此完成系统对该花园幽径句的解读。

Until the police arrest the drug dealers control the street

Prep the police arrest the drug dealers control the street   j

Prep Det police arrest the drug dealers control the street   i

Prep Det N arrest the drug dealers control the street   l

Prep Det N N the drug dealers control the street   l

Prep Det NP the drug dealers control the street   b

Prep NP the drug dealers control the street   d

PP the drug dealers control the street   e

PP Det drug dealers control the street   i

PP Det N dealers control the street   l

PP Det N N control the street   l

PP Det NP control the street   b

PP NP control the street   d

PP NP V the street   m

PP NP V Det street   i

PP NP V Det N   l

PP NP V NP   c

PP NP VP   h

S   a

SUCCESS

系统对例句成功剖析源于对 until 的正确解读。由此构建的树形图可把解码的程序层次性展现出来，具体请看下图：

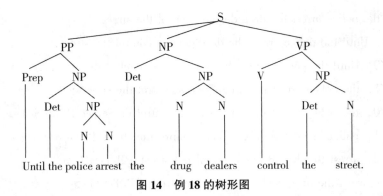

图 14　例 18 的树形图

树形图中的结构剖析表明，Until the police arrest 结构是介词词组 PP。规则 PP→Prep NP、NP→Det NP、NP→N N、Prep→{until}、Det→{the}、N→{police,arrest} 得到激活。由此形成的整个句子的递归转移网络如下：

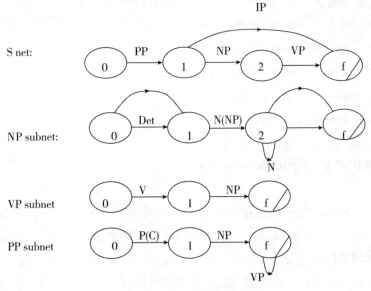

图 15　例 18 的递归转移网络

递归转移网络由主网络 S net，子网络 NP subnet、VP subnet 和 PP subnet 组成。在子网络 PP subnet 中对 arrest 的选择分歧产生了行进错位。如果 V→{arrest} 被激活，形成的就是<VP/0, arrest the drug dealers control the street, PP/f:S/1:>，即系统默认在 S/1 栈和 PP/f 栈下面的嵌套子网络 VP subnet 得到启用，VP/0 表示开始对动词 arrest 进行剖析。由此形成的程序算法如下：

Until the police arrest the drug dealers control the street

<S/0, Until the police arrest the drug dealers control the street,>

<PP/0, Until the police arrest the drug dealers control the street,S/1:>

<PP/1, the police arrest the drug dealers control the street,S/1:>

<NP/0, the police arrest the drug dealers control the street,PP/f:S/1:>

<NP/1, police arrest the drug dealers control the street,PP/f:S/1:>

<NP/2, arrest the drug dealers control the street,PP/f:S/1:>

<NP/f,arrest the drug dealers control the street,PP/f:S/1:>

<VP/0, arrest the drug dealers control the street,PP/f:S/1:>

<VP/1, the drug dealers control the street,PP/f:S/1:>

<NP/0, the drug dealers control the street,VP/f:PP/f:S/1:>

<NP/1, drug dealers control the street,VP/f:PP/f:S/1:>

<NP/2, dealers control the street,VP/f:PP/f:S/1:>

<NP/f,control the street,VP/f:PP/f:S/1:>

<VP/f,control the street,PP/f:S/1:>

<PP/f,control the street,S/1:>

<NP/0, control the street,S/2:>

?

BREAKDOWN AND BACKTRACKING

　　如上所示，灰色填充部分就是系统出现选择岔口的部分，即在规则 V→｛arrest｝和 N→｛arrest｝间进行选择。系统在优选规则 V→｛arrest｝进入解码程序得到最后的<NP/0,control the street,S/2:>,即剩余字符串 control the street 没有相关的规则支撑继续进行剖析。解码失败，系统回溯到岔路，重新选择并尝试 N→｛arrest｝进行剖析。由于在岔路前的剖析没有歧义出现，系统保留这些剖析结果，从岔路后剖析开始改变，直至全部解码完毕。具体程序算法如下。

<NP/2, arrest the drug dealers control the street,PP/f:S/1:>

<NP/f,the drug dealers control the street,PP/f:S/1:>

<PP/f,the drug dealers control the street,S/1:>

<NP/0, the drug dealers control the street,S/2:>

<NP/1, drug dealers control the street,S/2:>

<NP/2, dealers control the street,S/2:>

<NP/f,control the street,S/2:>

<VP/0, control the street,S/f:>

<VP/1, the street,S/f:>

<NP/0, the street,VP/f:S/f:>

<NP/1, street,VP/f:S/f:>

<NP/2, ,VP/f:S/f:>

<NP/f, ,VP/f:S/f:>

<VP/f, ,S/f:>

<S/f, ,>

<, ,>

SUCCESS

行进错位前的程序算法（即 V→{arrest} 的激活过程）可以在矩阵和子串表中得到体现。

. $_0$Until. $_1$the. $_2$police. $_3$arrest. $_4$the. $_5$drug. $_6$dealers. $_7$control. $_8$the. $_9$street. $_{10}$

表5　例18行进错位的算法矩阵

	1	2	3	4	5	6	7	8	9	10
0	{C}	{ }	{ }	{ }	{ }	{ }	{CP}	{ }	{ }	{?}
1		{D}	{NP}	{ }	{ }	{ }	{IP}	{ }	{ }	{ }
2			{N}	{ }	{ }	{ }	{ }	{ }	{ }	{ }
3				{V}	{ }	{ }	{VP}	{ }	{ }	{ }
4					{D}	{ }	{NP}	{ }	{ }	{ }
5						{N}	{NP}	{ }	{ }	{ }
6							{N}	{ }	{ }	{ }
7								{V}	{ }	{VP}
8									{D}	{NP}
9										{N}

上表的算法矩阵是不完整矩阵。由于系统在后续字符串 control the street 加入后不能在算法矩阵的最终位置(0，10)中归约出终极符号 S。这说明该矩阵是不完整矩阵。动词 control 出现前，until 被系统接受为连词，

规则 CP→Conj IP 被激活，Until the police arrest the drug dealers 形成了一个完整的子句。但是动词 control 出现后，系统已经完整的子句矩阵被瓦解，原来的解码模式被推翻。这种不完整算法矩阵形成了非良构子串表。

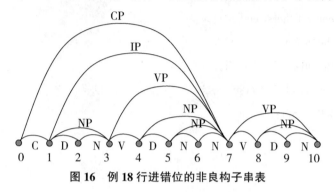

图 16　例 18 行进错位的非良构子串表

上图的非良构子串表展现了诱发行进错位前形成的解码特点。字符串 control the street 出现前，系统按照规则 CP→Conj IP，IP→NP VP，VP →V NP，NP→Det NP，NP→N N 构建了闭合的子串表，即在没有字符串 control the street 参与解码的情况下，系统已经形成了良构的子串表，得到了表示子句解码成功的标识 CP。随着动词 control 及其所在结构 control the street 的出现，系统无法找寻到与之匹配的规则集。因此，不能剖析余下的字符串，形成的子串表也不能覆盖所有终端符号，因而是非良构的。

系统诱发行进错位并回溯后，可形成完整的算法矩阵和良构子串表。

表 6　例 18 花园幽径句的算法矩阵

	1	2	3	4	5	6	7	8	9	10
0	{P}	{}	{}	{PP}	{}	{}	{}	{}	{}	{S}
1		{D}	{}	{NP}	{}	{}	{}	{}	{}	{}
2			{N}	{NP}	{}	{}	{}	{}	{}	{}
3				{N}	{}	{}	{}	{}	{}	{}
4					{D}	{}	{NP}	{}	{}	{IP}
5						{N}	{NP}	{}	{}	{}
6							{N}	{}	{}	{}
7								{V}	{}	{VP}
8									{D}	{NP}
9										{N}

上表的算法矩阵是解码成功的完整矩阵。在终极位置(0，10)中，系统归约出了表示解码终结的符号 S，激活的规则是 S→PP IP。系统由 until 的连词义项转变为介词义项，启用规则 PP→Prep NP。arrest 的动词义项转变为名词义项，启用规则 NP→N N。这种完整矩阵对应良构的子串表。

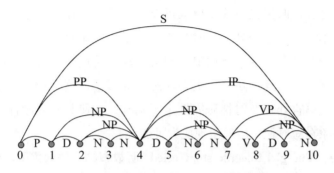

图 17　例 18 花园幽径效应良构子串表

上图的良构子串表是涵括所有终端符号的闭合图形。在 PP 结构中，规则 Prep→{until} 和 N→{arrest} 都得到激活，形成了[Until the police arrest]PP 模式。余下的字符串 the drug dealers control the street 按照规则 IP→NP VP 形成了 IP 模式。S→PP IP 规则最后被启用，解码成功。

金博尔的第七个原则是即时处理原则。根据其特点也可以称之为短时记忆存贮空间的及时释放原则。用于语言解码的认知记忆主要分成三个阶段：瞬时记忆、短时记忆和长时记忆。瞬时记忆也叫感觉记忆，其存储器记录的多是语言符号对感官（如眼睛）直接刺激后形成的映像，其存贮量的大小取决于感观的生理范围，如一次映入眼帘的语言符号的多少等。短时记忆也称工作记忆。与短暂存贮的瞬时记忆所不同，短时记忆除了保留存贮功能外，对复杂信息具有初步加工的能力，句法生成式产生的过程主要出现在短时记忆阶段。经过选择并得到相对充分加工的信息在符合句法、语义、语用等规范后可进入长时记忆。由于生理功能所限，短时记忆的存贮量相对长时记忆是有限的，而且短时记忆中神经元感应加工是动态和混沌的。加工过的信息只是相对正确，所以这些信息在进入长时记忆后也可能返回重新加工。这种移送和重新提取过程是可逆的。但是已经进入长时记忆的信息如果重新返回短时记忆进行再加工（即回溯）的话，认知负载要比只在短时记忆中加工所付出的代价大的多。花园幽径现象之所以耗费了更多的认知资源，其根本原因在于这个移送和重新提取的过程是二次甚至是多次加工的结果。长时记忆中信息被迫返回时，系统付出的认知代价是可观的。

长时记忆包括解码者认知中相对稳定的信息，它们是经过了瞬时记忆感知和短时记忆粗加工过了的。从存储容量来说，长时记忆是最大的，其可用于记忆的认知单元的存贮能力超过了我们的想象，这和有限存储的瞬时记忆和短时记忆形成了巨大反差。短时记忆作为一个能力有限的存贮加工单元，信息处理的及时与否决定了短时记忆的效率。它的主要功能在于摒弃多余信息，将加工过的信息及时转送至具有更大存贮空间的长时记忆中，而且尽快释放更多动态认知因子。这种特性为基于短时记忆的自然语言处理及时性研究奠定了基础，并使具有回溯性特点的花园幽径现象在短时记忆阶段出现成为可能。

例 23：**The girl told the story cried.** 听故事的小姑娘哭了。（**Katamba：2005：263**）

例 24：**I know the words to that song about the queen don't rhyme.** 我知道那首关于女王的歌词并不押韵。（**Katamba：2005：263**）

上面两例具有认知回溯的特点。认知系统处理例 23 时，在 cried 出现前，短时记忆的处理已经具有了既定模式（小姑娘讲故事）。为减轻认知负荷，短时记忆及时处理了前面部分并移送至存贮能量更大的长时记忆中。可是当 cried 作为补充信息通过瞬时记忆进入短时记忆中时，语法规范要求系统重新解读该句。于是短时记忆和长时记忆间的可逆通道开启，已经送至长时记忆中保存的既定信息被短时记忆重新提取，同时系统将 told the story 下推至比 the girl 低的句法层级（语义上小姑娘由施事变成受事）进行解读，最后将解码成功的信息再次移送至长时记忆中存贮。

例 24 的回溯性产生于动词 know 的宾语变化时。当短时记忆处理完 I know the words to that song about the queen（我知道那些有关女王的歌词）后，系统将解读后的信息及时移送至长时记忆中进行存贮以释放出更多的动态认知因子。但是后续的 don't rhyme 要求系统启动短时记忆和长时记忆的可逆程序，将原来已经送出的解码模式取回并更改为从句充当宾语的认知模式，然后重新送回长时记忆进行存贮。这个重新取回原来认知模式并发送新的更改认知模式的过程就是花园幽径的回溯现象。

金博尔的七个原则是相互渗透、相互联系、协同运转的，其讨论主要涉及语法和认知范畴。核心论点阐述了短时记忆对自然语言处理具有的不可低估的影响。他对自己提出的七个原则的功能概括如下：

These principles account for the high acceptability of right branching structures,outline the role of grammatical function words in sentence perception,describe what seems to be a fixed limit on short-term memory in linguistic processing, and hypothesize the structure of the internal syntactic processing devices. The operation of various classes of transformations with regard to preparing deep structures for input to parsing procedures such as those outlined in the paper is discussed. 即这些原则解释了右分支结构的高接受度，概述了语法功能词在句子感知中的角色，描述了语言处理的短时记忆中什么因素起到了限制性作用，对句法分析内部策略的结构进行了推断，并如前文所述讨论了从深层结构输入到分析程序的多层级转换操作。（金博尔，1973）

如果从功能和结构两个分水岭分析金博尔的原则，我们认为，侧重认知功能的原则有自上而下原则、双句饱和原则、尽早闭合原则和即时处理原则，侧重句法结构的原则有右侧连接原则、新兴节点原则和固定结构原则。尽管金博尔的原则并不是万能的，甚至有的阐释在今天看来还可能是错误的，但他从表层结构句法分析层面解读了句子理解系统是如何展开的，并关注了语言理解和计算的关系，为我们利用计算语言学方法（如 NS 流程图、线图剖析法、递归转移网络等）解读花园幽径句提供了理论条件。

1978 年，美国康涅狄格大学的弗雷泽（Frazier）和福多尔（Fodor）在《认知》第 6 卷发表了《灌肠机：一种新的双阶段句法剖析模型》(*The sausage machine:A new two-stage parsing model*)。他们认为人类的句子解析装置（human sentence parsing device）可将短语结构分配到词串的过程分成两个阶段。

第一阶段称之为"初级短语包（The preliminary phrase packager）"，即灌肠机（The sausage machine）。解析器将词汇和短语节点（lexical and phrasal nodes）分配给规模大约为六个词的子串（substrings of roughly six words），这些子串连接到一起形成一定的结构。超过这个长度，解析器不能有效处理。其中的子串可以是词也可以是结合紧密的短语。

第二阶段称之为"句子结构监视器（The sentence structure supervisor）"。解析器用更高节点（higher nodes）把这些短语包（phrasal packages）进行连接并形成一个完整的短语标记（a complete phrase marker）。

连接不破坏初级短语包中的节点结构。这种解析器模型可以与卡普兰（Kaplan，1972）的扩充转移网络（Augmented Transition Networks）和金博尔（1973）的双阶段模型（two-stage models）进行比较。与强调句子数量多少影响解析效能的其他模型所不同，灌肠机模型更侧重词语数量对解析效能的影响。

他们假设从第一阶段分流到第二阶段的语言单位是由长度而不是句法类型来决定的。从这能看出在中心嵌入句和符合金博尔右侧连接原则分析的句子中，语言成分长度对感知复杂度是有影响的。这样，在没有特别剖析策略的支持下（without appeal to any ad hoc parsing strategies），也能够解释为什么具有对可获信息进行智能处理能力的解析器也总犯一些"短视"的错误（'shortsighted'errors）。

例 25：Who could the little child have forced us to sing those stupid French songs for, last Christmas？① 去年圣诞节，小孩儿让我们为谁唱了那些无聊的法语歌？

例 26：Who could have forced us to sing those stupid French songs last Christmas？去年圣诞节，谁让我们唱了那些无聊的法语歌？

例 27：Who could the little child have forced to sing those stupid French songs last Christmas？去年圣诞节，小孩儿让谁唱了那些无聊的法语歌？

例 28：For whom could the little child have forced us to sing those stupid French songs last Christmas？去年圣诞节，小孩儿让我们为谁唱了那些无聊的法语歌？

在例 25 解析中，解码者能感受到极大的困难，原因在于短时记忆由于受到解析词语数量的影响，短时间内很难完成对本句的解码。该句中共有三个可供 who 填空的位置（slot），分别是主语、间接宾语和介词引导的状语成分。首先解码者发现主语位置被 the little child 占据，遂后推至第二个位置，而后又发现间接宾语位置被 us 填满，最后只能在介词引导的状语成分位置找到 Who 的位置，可是短时记忆解码跨度超过了灌肠机模型所预定的六词（短语）范围，给解码带来了较大障碍。在例 28 中，前置介词 for 的存在提示了 whom 的位置，因此解码范围符合灌肠机模型的辖域，解码比较顺畅。

---

① http：//www.gerardkempen.nl/Downloadables_files/Kempen-Ch8-Dijkstra-DeSmedt1996.pdf.

例 29：Someone shot the brother of the actress who was on the balcony. 有人朝看台上女演员的兄弟射击。

Kempen（1996）认为根据右侧连接原则，英语使用者通常愿意接受 who was on the balcony 对 actress 而不是对 brother 的附着（翻译为"有人朝看台上的女演员兄弟射击"），尽管有的语言正好相反（如西班牙语）。这种后续节点位置尽可能低的处理方式也源于灌肠机模型中解码词语数量影响解码结果的推断。

灌肠机模型除了受到金博尔右侧连接原则的影响外，还受到最小附着原则（The principle of minimal attachment）的影响。该原则强调解码过程中的省力原则，即尽可能采用较少的句法节点。

例 30：John read the letter to Mary. 约翰为玛丽读信。

例 31：John read the note,the memo and the letter to Mary. 约翰读了便条、便笺和给玛丽的信。

解码是在灌肠机模型的第一阶段的短时记忆中完成的，适合最小附着原则。在例 30 中，to Mary 是修饰动词 read 的，这与例 31 解码不同。例 31 超出了灌肠机模型的六词（短语）范围，所以，第一阶段解读的只是 John read the note,the memo，并把它们视为暂时的独立整体后分流到第二阶段。剩余部分的 the letter to Mary 随后进入该整体，解析器在不影响第一阶段模型的情况下，将后续部分进行解读。因此，例 31 中 to Mary 修饰的不是动词 read 而是名词 the letter。①

1982 年，弗雷泽和雷纳（Rayner）在《认知心理学》（Cognitive Psychology）杂志发表论文《句子理解的出错与纠错：结构歧义句分析中的眼动研究》（Making and Correcting Errors during Sentence Comprehension：Eye Moments in the Analysis of Structurally Ambiguous Sentences），他们认为花园幽径句是歧义句，而且是句法结构上带来的认知偏误。这种偏误可以瞬时产生也会在特定触发点出现后进行纠正。所有这些黑箱中的认知解码都可以通过眼动试验进行直观分析，即通过眼睛在花园幽径句上停留的时间比例不同的对照来验证这种特殊语言现象的存在。

1985 年，克雷恩（Crain）联手斯蒂德曼（Steedman）推出《勿入花园幽径路：语境在心理句法处理器中的使用》（On Not Being Led Up the Garden Path：the Use of Context by the Psychological Syntax Processor）。文中

---

① http：//www. gerardkempen. nl/Downloadables_files/Kempen-Ch8-Dijkstra-DeSmedt1996. pdf.

认为花园幽径现象涉及基于心理学的句法分析，这种条件性决定了分析的选择性，符合语境支撑条件的可以得到解读，否则缺失语境将给解码带来困难。

1987 年，哈佛博士生普里切特（Pritchett）以花园幽径现象研究为题目展开讨论，并将其博士论文整理后以《花园幽径现象和语言处理中的语法基础》（*Garden Path Phenomena and the Grammatical Basis of Language Processing*）发表于《语言》（*Language*），文中着重分析了花园幽径句的语法特点，并认为：

"Grammatical theory and parsing are related. Evidence from processing breakdown was examined and an attempt was made to specify the conditions under which ambiguity in the input string resulted in grammatical but unprocessable sentences. Globally ambiguous sentences were contrasted with sentences characterized as strictly locally ambiguous. " 语法理论和句法剖析是相关的。行进式错位的证据可得到论证，并尝试详细讨论能够在输入字符串中产生符合语法却无法解读的歧义的条件。完全歧义句与严格意义上被称为局部歧义的句子可进行对照研究。

普里切特在文中提到的花园幽径现象是局部歧义的观点具有局限性。他的观点和其他国内外学者将这种现象看成是"局部歧义"或者是"歧义的一种特殊情况"的观点有相似之处。

我们在本书中所持观点与普里切特不同：鉴于"单车道单向"通行的花园幽径现象与"多车道单向"通行的歧义具有区别性特征，我们认为这种现象不应是歧义的附属而应该是与歧义相对的一种现象。为了凸显花园幽径现象所蕴含的先期通畅、中期顿误、后期折返特性，我们借用骨科术语"错位"将 processing breakdown 翻译为"行进式错位"，旨在关注花园幽径现象折返时所付出的巨大认知代价。

1993 年，温伯格（Weinberg）在论文《句子处理理论中的参数：最小支撑理论走向东方》（*Parameters in the Theory of Sentence Processing*：*Minimal Commitment Theory Goes East*）中提出"最小支撑理论（Minimal Commitment theory）"。该理论是确定性分析器的分支（a subspecies of deterministic parsers），可用于讨论直接支配和优先关系尚不明确时的语言状态（representations where immediate dominance and precedence relations are unspecified）。温伯格认为跨语言解读花园幽径现象是可能的，但基于英语

和日语语料的花园幽径句的解码需要一定的参数做背景。

2001 年，克里斯琴森（Christianson）等学者发表《花园幽径延迟性的主旨角色分配研究》（*Thematic Roles Assigned along the Garden Path Linger*），关注了花园幽径现象的延迟性，并认为这种延迟性是主旨角色参与其中的特殊现象。语言的理解是恰当的表达（an appropriate interpretation）而不是一种语言的理想化，更不是理想化结构（idealized structure）。克里斯琴森的观点表明了语言在实践中的非理想化。

2003 年，贝利（Bailey）和费雷拉（Ferreira）在心理语言学期刊《记忆与语言杂志》（*Journal of Memory and Language*）中推出文章《非连贯性对花园幽径句剖析的影响研究》（*Disfluencies Affect the Parsing of Garden-Path Sentences*）。两位作者着重分析了花园幽径句在生成过程中的触发性因素，并利用口语"嗯（Uh）"讨论了非连贯性口语表达在某些特定的句法变化中产生的语义流中途返回的花园幽径现象。

2004 年，博恩克赛尔（Bornkessel）等学者在论文《花园幽径效力的多维功用：格标记中游离短语结构研究》（*Multi-Dimensional Contributions to Garden Path Strength：Dissociating Phrase Structure from Case Marking*）中借助德语主宾歧义并利用格语法讨论了导致花园幽径现象的可能因素。

同年，洛克（Roark）发表《鲁棒的花园幽径剖析》（*Robust Garden Path Parsing*），文中侧重对纸质新闻素材的整理和电话语音的实证研究，并认为由此引发的花园幽径现象具有条件性。

2005 年，刘（Lau）和费雷拉（Ferreira）分析了非流利性表达对花园幽径句延迟性的影响，其学术思想论文《花园幽径句理解中非流利性材料所产生的延迟效应》（*Lingering Effects of Disfluent Material on Comprehension of Garden Path Sentences*）发表。

2006 年，冈珀（Gompel）等在《花园幽径句中不恰当分析的激活：源于结构中的证据》（*The Activation of Inappropriate Analyses in Garden-Path Sentences：Evidence from Structural Priming*）中提出：花园幽径句是句法结构顺序变化导致的，花园幽径现象与结构活性具有关联性。

2008 年，《记忆与语言杂志》（*Journal of Memory and Language*）刊发了卡尔匹克（Karpicke）等提交的文章《错误记忆不足为奇：联想记忆错觉的主观感受》（*False Memories Are Not Surprising：The Subjective Experience of an Associative Memory Illusion*），他们认为短时记忆中的记忆偏误对花园

幽径现象的出现具有调节性。

同年，弗雷泽等发表《极性结构：对极性形容词最小和最大标准的解读》(*Scale Structure*：*Processing Minimum Standard and Maximum Standard Scalar Adjectives*)，提出了极性形容词（scalar adjective）具有的极大和极小性决定了结构描写的两极性，这成为结构性花园幽径句产生的原因之一。

2008 年，《实验社会心理学期刊》刊载了杰弗里斯（Jefferis）和法齐奥（Fazio）的文章《无障碍输入：无障碍建构信息对行为的引导》(*Accessibility as Input*：*The Use of Construct Accessibility as Information to Guide Behavior*)，文中以中国上海某校的大学生为心理实验的测试来源，对花园幽径现象引发的瞬时性认知误解进行了解读。

2009 年，帕特森（Patson）等在《花园幽径句中的延迟误解：源自释义任务的证据》(*Lingering Misinterpretations in Garden-Path Sentences*：*Evidence from a Paraphrasing Task*) 中通过实验证明了基于释义任务的花园幽径句是延缓性误解的产物，对其解码具有延迟性。

2010 年，克里斯坦森（Christensen）在《大脑与认知》(*Brain and Cognition*)发表论文《句法的重构和重析，语义死角与前额叶皮层》(*Syntactic reconstruction and reanalysis*，*semantic dead ends*，*and prefrontal cortex*)。认为左额下回（the left inferior frontal gyrus）与句法处理相关联。实验证明：对省略的重构和对花园幽径现象的重析都要求大脑进行额外的句法处理，相应地增加了相关区域的活性并在各区域间产生了交互效应（an interaction effect）。

国外的诸多研究大多是从发挥母语优势的角度进行花园幽径现象阐释的，或者说是从语言本体进行切入解读的，这与研究者大多是母语使用者是分不开的。与这一研究趋势相反，国内研究者基本属于非母语的英语研究者，因此不具备语言使用的敏感性语感。国内研究者侧重引荐国外研究，同时力图实现研究的本土化，并通过与汉语对比进行花园幽径现象研究。

第二节　花园幽径现象国内研究综述

国内对花园幽径现象的认识是从歧义的研究中分离出来的。学者们对歧义的认识和研究较为全面，展开的时间也较早。但是，真正从花园幽径现象角度进行学术讨论的时间却相对较晚。根本原因在于很多学者认为花园幽径现象就是歧义的一种，就像用不着把模糊、歧义、笼统、多义、含混等术语完全区分开一样，花园幽径现象也没有必要和歧义进行针锋相对的讨论。尽管有学者意识到了花园幽径现象相对于歧义的独立性，如"花园幽径现象不是歧义，后者是'多车道单向通行'的理解偏误，而前者是由'多'变'单'纠错性折返的'单车道单向通行'"（杜家利，2006），但在国内研究中将歧义和花园幽径现象等同起来进行研究的学术观点一直占据上风，究其根本在于国外学者往往将花园幽径现象看成是局部歧义的典型，所以国内学者也受其影响将花园幽径现象归属于歧义。这就决定了国内的花园幽径现象研究常常和歧义连在一起。实际上，歧义（ambiguity）、含混（vagueness）、模糊（fuzziness）、笼统（generality）和花园幽径现象是可以区分的（例如从语义学角度）。

一、不确定性研究阶段

语义学中的意义具有确定性和非确定性两种。不确定性是相对于精确性而言的。精确性主要是指义位中的基义明确，对象的各种特征明确，语义范围清楚；不确定性则主要包括歧义、含混、模糊、笼统等。如果将具有先期理解纠错性折返、"单车道单向通行"的花园幽径现象也算在内的话，不确定性主要指基本意义不太明朗、指称对象的各种特征不太明确、语义范围不很明晰的术语的集合。

一般说来，歧义是指特定语言表达具有两种或两种以上的意思，主要指意义的不明确；含混指某表达具有两个或两个以上的所指，侧重指向不明确；模糊则指义位的中心含义明确，但是义位的边缘地带含义不清；笼统是类概念，其中心和边缘含义均不明确；花园幽径现象则是认知主体在信息处理过程中的"休克"现象，是认知意识流的"语义短路"。对语义的非确定性研究最早可追溯到公元前。

公元前 4 世纪，古希腊的尤布利德斯（Eubulides）曾对语义不确定性进行过研究。1897 年，语义学的创始人之一、法国的布雷阿尔（Breal）也认识到语义的不确定表达，并认为在这种非确定性的、模糊的理论背后应该潜存着某些暂时还不能被人们所了解的东西，这或许就是语言的起源。1902 年，美国的皮尔斯（Peirce）也从语义表达的非确定性角度指出：当事物出现几种可能的状态时，尽管说话者对这些状态进行了仔细的思考，实际上仍不能确定是把这些状态排除在某个命题（proposition）外还是归属于这个命题。这时候这个命题就是模糊的。上面说的"不能确定"，指的并不是由于解释者的无知而不能确定，而是因为说话者的语言特点就是模糊的。1923 年，英国哲学家罗素在《论模糊性》也提到：如果认为模糊知识一定是虚假的，那将是极大的错误。相反，有时一个模糊的认识比一个精确的认识更有可能是真实的。1949 年，美国语言学家布莱克在他的著作《语言和哲学》(*Language and Philosophy*) 提出了歧义、模糊和笼统。1965 年，美国学者扎德在《模糊集》(*Fuzzy Sets*) 中首创模糊这个科学概念，并首创模糊数学这一学科。语言的模糊性和模糊语言学，便是其学说的移植。我国的学者在国外研究的基础上也多方位、多视角、多层次、多学科地研究了语言的不确定性，如伍铁平、沈家煊、俞如珍、陈治安、王逢鑫等。多数研究集中在对语法层面的不确定性研究上，其中句法平面研究最为全面深入，语用平面（主要是语境研究）次之。

二、花园幽径现象研究阶段

随着贝弗在 1970 年提出"花园幽径（Garden Path）"这一术语以来，国内对花园幽径现象的研究渐次走向学术研究的轨道。

1995 年，冯志伟在《中文信息学报》发表了文章《论歧义结构的潜在性》。文中，他基于科技术语结构提出了"潜在歧义论"（PA Theory：Potential Ambiguity Theory），并将其进一步推广到日常语言中。冯志伟在讨论总结后认为：在汉语日常语言中也广泛地存在着潜在歧义结构；而在具体的语言文本中，许多潜在歧义都消解了。自然语言有歧义性的一面，又有非歧义性的一面，潜在歧义论正好揭示了自然语言的歧义性和非歧义性对立统一的规律。潜在歧义论指出了潜在歧义结构本身就包含了消解歧义的因素，因而这种理论可为自然语言处理提供消解歧义的方法和手段。他的这一学术观点已经开始接近花园幽径现象先期理解纠错性折返的本质。

2000 年，蒋祖康在外语类核心期刊《外语教学与研究》中首次将 Garden Path phenomenon 翻译成"花园路径现象"。文章概述了这种现象研究的发展历程，介绍了以心理语言学为基础、以语法分析为基石、结合成分和功能结构分析为条件的研究。蒋祖康最后指出：今后的研究将向以语言分析为主，结合心理语言分析和语义分析的方向发展。

2001，王冬玲在《句法处理与花园幽径句》中认为：心理语言学家提出的不同的句法处理策略及其对花园幽径现象的研究有助于我们了解人类大脑的语言处理机制和语言理解过程，但是无论是贝弗的处理策略还是金博尔的七原则等都有其自身的不足和缺陷。

2002年，张亚旭等在心理类核心期刊《心理学报》中发表论文《话语参照语境条件下汉语歧义短语的加工》。文章采用移动窗口和眼动记录两种范式，以符合"VP +N1+的+N2"格式的均衡型和述宾型两类汉语歧义短语为背景，在两个实验中，考察了话语参照语境影响歧义短语句法分析的机制以及时间进程。结果发现，在早于解歧区的区段上就开始出现话语语境效应。这些发现表明话语参照语境可以通过概念期望机制起作用，而并非仅仅通过参照前提机制起作用。此外，实验还证明了话语参照语境在句子加工早期的作用。这一结果为句法歧义消解的参照理论和基于制约的模型提供了证据。对宣称最初的句法分析独立于话语语境的花园幽径模型提出了反例。张亚旭的研究为花园幽径现象的心理学理据提供了支撑，质疑了心理范畴语境外花园幽径现象模式存在的合理性，提出了话语参照语境可通过概念期望而非参照前提起作用这一观点。

2003年，冯志伟在《当代语言学》的论文《花园幽径句的自动分析算法》中第一次将Garden Path phenomenon翻译成"花园幽径现象"。一个"幽"字的使用将花园幽径现象纠错性折返的触发性条件展现得淋漓尽致。冯志伟还认为：花园幽径句是临时的歧义句。句子前段有歧义但整个句子没有歧义。当人们理解花园幽径句歧义段时，产生具有优先性的不同歧义结果。这些歧义解释中，有的可被人们接受，有的则是人们不太愿意接受的。但是，不愿接受的恰恰是这个句子的正确分析结果。花园幽径句的歧义段分析，由于总是选择非优先的结构作为正确结果，所以当分析结果为优先结果时，就必须回到句子开头重新进行分析，以便得到非优先的分析结果。因此，花园幽径句的自动句法分析中，往往会出现大量的回溯(backtracking)，严重影响自动分析的效率。在种种自然语言分析算法中，Earley算法可以避免回溯。通过采用Earley算法，该文在解析花园幽径句时避免了回溯。

文章《汉语花园幽径电子幽默：关联论的阐释》由陈海叶发表。文中介绍了幽默、电子幽默的概念及现状，比较了电子幽默与其他书面幽默的不同特点，然后运用关联论，解释了几则汉语花园幽径类电子幽默。作者认为，关联论不仅可以解释言语会话，也可以解释独白形式的花园幽径类电子幽默。

2004 年，徐章宏在《广东外语外贸大学学报》刊发《"花园幽径现象"的认知语用学解释》这一论文。文中认为最初引起心理语言学家继而引起句法学家兴趣的花园幽径现象，近年来受到语用学家，特别是认知语用学家的关注。该文在简述花园幽径现象研究成果的基础上，援用关联理论从认知语用角度对这种现象做出新的解释：花园幽径现象的理解过程首先源于对话语关联性的追求，并遵循最小努力原则；通过对明示内容、语境假设和认知效果的相互调节，最终满足关联期待。这篇文章是关联理论在花园幽径现象研究中的首次尝试。

马明在《论句子句法加工过程的模块性》中认为：句子加工过程的微观结构在近几年的心理语言学研究中受到越来越多的心理语言学家的重视。对这一微观结构有限的理解成为现代计算机语言学的严重障碍。模块论的重要性在于它为人们带来了一种希望。因为一种机制，无论有多么复杂，只要了解了它的组成部分以及这些部分之间的关系，也就等于理解了这一机制。模块理论确定了一个心理语言学研究的议事日程，提出了可能产生有价值的数据的研究课题。而句子的模块性是模块理论的核心，也一直是模块论学者关注的焦点。显然，句子量化加工的过程本身是模块性的，但离线处理过程却是互动性的。语言加工机制是如何在模块性和互动性之间切换，也就是两种状态之间的时机是如何确定的，这将成为今后心理语言学语言理解研究的方向和趋势。

2005 年，《外语学刊》刊载了刘国辉和石锡书的文章《花园幽径句的特殊思维激活图式浅析》。文中认为花园幽径现象作为一种语言局部临时歧义问题，其正确解读需要特殊的思维激活图式(重新输入语言材料，二次解码推理，寻求正确解读)。该文首先就花园幽径句进行语言本体的描述，然后提出特殊激活图式，从语言知识图式和世界知识图式两个方面来探讨这种现象产生的根源及解码过程，最后将其与认知关联推理模式进行比较，指出其特定的效用和局限性。

石锡书在《山东外语教学》中刊发《花园幽径效应探析》一文，认为我们应该辩证地看待花园幽径效应，既要看到它的负面效应，也不能忽视其正面效应。负面效应主要体现在语言理解的难度加大，阻碍了交流的顺利进行。花园幽径幽默是正面效应的集中体现。充分利用花园幽径现象出现的规律可取得滑稽幽默的表达效果并丰富语言的表达。

2006 年，杜家利发表《"细读方法"对语句"花园幽径现象"的指明作用》一文，首次明确提出"花园幽径现象不是歧义"这一学术观点。该文认为花园幽径现象在语素、词汇、句子、语篇层面普遍存在。"细读三知识"体现内在隐能，"细读三能力"反映外在显能，内外结合、显隐搭配形成"细读原则"。只有围绕语义中心，满足认知、结构、功能条件，符合充分性、普遍性、结合性、能释性要求，才能正确解读语句层面的花园幽径现象。

那剑和赵成平在《反语语用机制再考察——传统语用学与认知语用学对反语语用机制考察对比浅析》中认为：格赖斯（Grice）从传统语用学角度解释反语是说话人故意违反质量准则，目的是为了产生特殊的会话含义。反语是说话人对其归属思想言论的复现及二级解释，即对非说话人的思想解释以及对说话人的态度解释。反语的特殊性在于说话人对所复现的思想所持的态度是嘲讽和不认同。这种与说话人真实思想相逆的言语行为的生成原因及其理解的花园幽径过程弥补了格赖斯传统语用学反语观的不足，为反语诠释理论的深化和发展做出了有益的贡献。

曲涛和王准宁在《浅析花园幽径现象》中认为：花园幽径现象是一种在非歧义成分被处理之前人们用不恰当的方法处理句子而产生的暂时性句法歧义。导致花园幽径句误解的原因有很多，比较普遍的原因就是人们经常省略连词 that。因而，that 的省略使得一个名词或名词短语更像是动词的宾语，只有后面的部分才能使它的成分明晰。第二个原因是由于标点的不当使用造成的。人们通常省略需要之处的逗号，所以导致了看似宾语的成分实际上是从句的主语。第三个原因是由于句中某些词语具有多种语法范畴而引起的。有些词汇兼具有名词和动词的词性，这就会导致花园幽径现象，看似充当宾语的名词等读到最后却变成了动词。

吴红岩刊发在《广东外语外贸大学学报》的《花园幽径句的优选句法分析》中认为：花园幽径现象反映了句子处理过程中人类大脑的语言处理机制。优选句法理论的框架研究表明：句子处理中，分析者普遍遵守节点保守性原则（NC）和节点局部性原则（NL）。然而，这两条原则本质上相互冲突，NC 层级排列高于 NL 是导致分析者最初优选错误分析和造成处理困难的根本原因。

孙肇春的《花园幽径句的最简方案解释》一文指出：最简方案将内在语法看成一个完美的体系，可以通过最简洁、明了、经济的手段将语音和语义衔接起来。文章试以最简方案为理论根据，通过对花园幽径句的句法分析验证了自然语言生成是一个设计完美的系统以及语言理解遵循最简化原则。

张殿恩的《英语"花园幽径句"探究》认为：英语花园幽径句给人们造成理解上的路径误导，对其解读涉及句法、语义和语用等方面知识。这些认知机制的模式结合对英语花园幽径句的成功解读具有可释性，有利于提高英语学习者对该句式的敏感度。

杜家利在《句法层面中"花园幽径现象"的认知心理学阐释》中认为，花园幽径现象在词汇、句法、语篇层面普遍存在。它是语义流中途折返、另路通过的特殊语义排歧现象。其重要成因在于解码过程必须遵循认知上的顺序性。其中，"认知顿悟点"是解码过程的转折点。如所提供的信息量足以证明认知主体前期理解的错误，则认知纠错机制相应启动。认知主体返回到意义解码的初始阶段，重新按照认知顺序进行意义确定，直到解码过程可以顺利通过"认知顿悟点"。在解码过程中，认知取向具有核心与边缘之分。处于核心的缺省模式首先被提取。当"认知顿悟点"出现时，原来的解码过程受阻，处于相对边缘的认知模式开始启动。解读存在着认知上的顺序性，即对认知模式的提取按照潜藏在认知中的原型特点展开。顺序性所带来的对缺省模式的破旧立新是产生花园幽径现象的根本原因。

2007年，韩玉花在《现代汉语中的"花园幽径"现象》中认为：汉语中存在一种局部的歧义现象。听话者在理解过程中需要对不同的歧义结果进行重新分析和选择。这类花园幽径式的语言歧义有着诸多诱发因素。就语义层面而言，这些因素涉及语义角色和语义指向等；句法分析的原则和策略也会影响听话者的理解过程，并通过语言心理机制触发该效应。另外，话语所处的特定语境也是诱发此现象的重要因素，借助最佳关联原则能够帮助听话者在理解过程中做出合理的选择。该文从中文研究的视角讨论花园幽径现象，推动了花园幽径现象的本土化研究。

吴先少和王利琳在《英语"花园幽径句"刍议》一文中认为：通过对花园幽径句现象的讨论更加明白，语言形式只是给人们提供一种表达的可能性，而语言的完全明晰性是不可能的。我们要积极创造性地利用语言明晰性的各种限制，巧妙运用花园幽径句，为语言生成意义创造更广阔的空间。

文章《花园幽径现象认知分析》陈述了王云和郭智颖的学术观点："花园幽径"是一个较为复杂的现象。通过解读非原型的词项语义或非原型的句法结构以及存在歧义的句子，可证实认知语言学里的原型范畴理论和竞争模型理论能用于花园幽径现象解读的假设。

《中国大学生英语暂时句法歧义加工的定性研究》由《山东外语教学》刊载。晏小琴在文中主张利用有声思维和访谈方法研究歧义。通过分析大学生实时加工歧义句的认知结果，作者发现三类经典歧义句都引起了强烈的花园幽径现象和巨大的加工困难，大部分英语歧义句都无法解歧。动词范畴信息等语言因素、母语思维和学习水平等非语言因素使得二语歧义消解过程十分复杂。

田正玲在《花园幽径句式歧义现象分析》中认为：多义词和词语搭配的复杂结构会使人们对句子结构和意义的理解产生歧义。该句式被称为花园幽径句式。实际结构和意义与初始结构和意义的不同导致人们误入花园幽径。在语言使用过程中，应凭借语境消除歧义，以获得对句子结构和意义的正确理解。

2008年，杜家利和于屏方在《NLES对句层"花园幽径现象"的规避类型研究：基于NV互动型的探讨》中借助名动互动型词汇的探讨来理解系统处理行进式错位时的工作流程、推理规则和模式算法，并模拟了花园幽径现象在行进中发生错位这一动态的认知现象。

同年，程秀苹在文章《英语花园幽径现象研究》中认为：花园幽径现象是一种较为有趣而又复杂的心理现象，学者已从心理、语法、功能、认知等多种不同角度研究了这一现象，并做出了一些合理的解释。但是，这些研究缺乏兼容性，有些角度本身也并不能解释所有花园幽径现象。

邹俊飞借鉴桂诗春2000年主编的《新编心理学》学术观点，在《对由词汇歧义导致的花园幽径句的探析》中提出：在歧义词汇多重意义的提取方面，究竟是并行还是串行、相互作用还是模块化仍存在较大分歧。语言学家试图通过对这种特殊的歧义现象的探讨，来了解语言处理的特殊机制。语言知识多数不是明示而是隐含的，语言很复杂而且处理速度很快，多数是在无意识状态下进行的。要正确了解语言的处理过程和花园幽径现象的语言机制，我们必须靠系统、精密的实验来揭示。

王亚非和高越在《花园幽径在拇指文学中的应用浅析》中指出：以短信为代表的"拇指文学"是信息时代信息技术与社会文化结合的新成果。充分发挥花园幽径语言特点将有助于推动拇指文学的良性发展。

杜慧颖发表的《关联理论视角下的幽默理解》认为：运用花园幽径理论对幽默的理解过程进行分析有两个阶段。第一，对某一言语的解释存在很多潜在的语境，但是人们常常是在无意识的过程中就挑选出了关联度最大的那个。第二，当人们沿着花园幽径走，突然发现是条死路时，人们会感到震惊，然后回过头来另辟蹊径，却发现曲径通幽，别是一番洞天，这时人们就会为自己刚才的愚蠢感到可笑。关联理论可以很好地解释人们理解幽默的过程。幽默效果产生于关键句中的新假设与原有语境中的假设之间的矛盾，以及能够容纳所有信息的新语境的不同构造。心理学上用来解释歧义现象的花园幽径理论可以用来解释语境的建构过程。

黄怀飞和李荣宝在《英语句法歧义句的认知模型》中认为：要更好地解释英语歧义句加工特点，需要有机地吸取各种认知模型的核心内容。英语歧义句的加工理解首先是受句法因素影响，其次才是语义和语用。在对简单歧义句加工时，句法因素起主要作用，而当单个句法因素无法解读时，语义和语境就成为必要的补充手段。

在《有关歧义消解的句子加工理论》中，韩迎春和莫雷提出自己的学术观点：句子加工研究领域一直存在着线性加工和平行加工之争，主导着句子加工心理机制研究取向，照应了心理学研究中的资源有限假设。花园幽径现象分析是线性加工的代表模型。线性加工观点(又称为再分析观点或两阶段观点)认为人们是以线性的系列的方式进行语法分析。整个分析过程分为两阶段：第一阶段，语法分析器根据有限的信息或原则构建初始分析。第二阶段，语法分析器如果发现后续输入的语料与先前建构的初始分析出现不一致的情况，就会放弃初始分析而进行再分析，重新建构对句子的解释。

2009 年，王璠在《英汉花园幽径句与汉语相声小品中花园幽径初探》中认为：花园幽径句是临时的歧义句，不同的歧义结果之间有优先性。所以，人们在理解花园幽径句时，会有一波三折之感。该文对汉语中相声小品等语言艺术形式中的花园幽径句，及其产生的特殊的艺术效果进行了初探。

2010 年，徐艳红认为花园幽径现象是一个比较复杂的人类语言现象。通过运用认知语言学的原型范畴理论，可以对语言认知机制进行识解和探讨。该文通过对花园幽径现象成因及理解过程的分析深化了对语言认知规律的认识。

2011 年，台湾师范大学的林千哲和贝弗在日本人山下君等编辑的《词头在尾结构的处理与产生》（*Processing and Producing Head-Final Structures*）中的第十三章发表了《花园幽径和词头在尾关系子句的理解》（*Garden Path and the Comprehension of Head-Final Relative Clauses*）。文中主要关注了汉语和日语中词头在尾关系子句的花园幽径现象[①]。通过比较两组汉语自主阅读（self-paced reading）的实验数据可以看出：本用来修饰母句（matrix clause）宾语的子句却出现了宾语空类，导致主句出现了花园幽径现象（showing the existence of a main-clause garden-path effect on the object-extracted relative clause modifying the object of the matrix clause）。为了验证结果，林千哲和贝弗采用多种方法，如内在关系子句标记法（internal relative-clause markers）、分类名词的错误匹配法（classifier-noun mismatches）、相对诱导语境法（relativization-inducing contexts）和对母句中关系子句位置和存在提供特别说明的方法（providing specific instructions on the existence and position of relative clauses in the matrix clauses）。最后证明：参照上下文语境精心构建的分类名词错误匹配法可以使关系子句避免出现花园幽径现象（The garden-path effect associated with a relative clause can be avoided by using a classifier-noun mismatch along with a carefully constructed referential context）。同时，对关系子句进行的特别说明也能减少花园幽径现象（Experiments giving specific instructions on the existence of relative clauses can also diminish the garden-path effect）。

国内对花园幽径现象的研究多是国外此类研究的横向展开而少有理论的纵向深入研究，如借用国外模式对汉语现象进行对比和套用，或者

---

① 林千哲认为：与词头在首（head-initial）的英语关系子句所不同，汉语、日语和韩国语关系子句具有词头在尾（head-final）的特性。例如 "昨天碰到我的语言学者研究关系子句" 在英语中则相应地翻译成 "The linguist who met me yesterday works on relative clauses"，修饰部分随着语言不同产生了位移。这种汉语中的词头在尾关系子句具有内在的句法结构和空词类，在语句理解上不同于其他的名前修饰语。引自 "The processing foundation of head-final relative clauses" in Language and Linguistics, 2008, 9(4):813~838。

对英语第二语言习得者在习得过程中出现的认知顿悟进行理论阐释等。所以，国内对花园幽径现象的研究还没有在国外学术界引起足够的重视。不过，通过嫁接国外理论并与国外学者合作（如台湾学者林千哲与贝弗的合作），以汉语特点为主的花园幽径现象研究将会成为下阶段发展的主流。

小　结

花园幽径现象经过三十多年的研究形成了国内外理论发展不均衡、理论和应用发展不均衡的态势。国外学者借助英语强势在理论研究方面取得了较为广泛的发展，领域涉及语言学、心理学、计算科学、社会学等。国内学者由于不具有英语的母语环境，所以在英语花园幽径理论研究的数量和质量方面都无法与国外相比，基于英语本体的研究也就难以在国外学术界取得令人瞩目的成绩。不过，国内学者可以借助英语理论和汉语特点展开与国外学者的横向研究，他山之石可以攻玉，推动汉语特色的花园幽径现象理论研究的发展。花园幽径现象研究的第二个不平衡在于国内外研究主要集中在理论研究方面，所以，在理论长足发展的同时也凸显了应用不足。本书在深入研究花园幽径现象理论的基础上，尝试利用应用语言学的手段（如计算语言学方法和技能）来拓展对花园幽径现象的研究。

第二章　花园幽径效应图式研究

花园幽径效应图式主要讨论行进错位过程中的影响因素，如词汇的选择、内外知识库在解码中的映射、句式更迭效应等。

第一节　花园幽径效应图式模型

花园幽径效应的出现涉及大脑短时记忆（或称工作记忆）的容量和认知时间的长短。所以，花园幽径现象图式会有短时记忆和长时记忆互逆传递的表示。我们构建的花园幽径效应图式包括如下成分：信息传递，词/短语瞬时匹配，外程序知识库，内程序知识库，基于内外程序知识库的推理机制，整句匹配，语法，行进式错位，提取/对照，顿悟，认知归位，语义监控，句法生成，整句输出等。

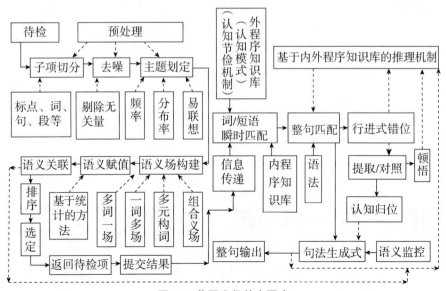

图 18　花园幽径效应图式

本图式包括三种处理模式：

（1）语义和谐，成功输出。这一过程强调语法和语义的先后性，符合语法和语义，在系统处理中不会出现回溯。例如：

例 32：**We knew that when that snake bit you, you would die.** 我们知道，当蛇咬了你，你就死定了。

Tagging

We/PRP	knew/VBD	that/IN	when/WRB	that/DT
snake/NN	bit/VBD	you/PRP	'/'	you/PRP
would/MD	die/VB	. /.		

词类标注中，We/PRP 表示人称代词（Personal pronoun）。knew/VBD 表示动词过去式（Verb, past tense）。that/IN 表示介词或从属连词（Preposition/subordinating conjunction）。when/WRB 表示 wh 副词引导的副词（wh-adverb）。that/DT 表示限定词（Determiner）。snake/NN 表示单数名词（Noun, singular）。bit/VBD 表示动词过去式。you/PRP 表示人称代词。would/MD 表示情态助动词（Modal）。die/VB 表示动词基本形式（Verb, base form）。

Parse

```
(ROOT
  (S
    (NP(PRP We))
    (VP(VBD knew)
      (SBAR(IN that)
        (S
          (SBAR
            (WHADVP(WRB when))
            (S
              (NP(DT that)(NN snake))
              (VP(VBD bit)
                (NP(PRP you)))))
          (,,)
```

```
（NP（PRP you））
（VP（MD would）
  （VP（VB die））））））
（..）））
```

　　句法剖析中，系统认为该句是完整结构的句子。主体结构是（NP（PRP We））+（VP（VBD knew）+SBAR（IN that）...）。即人称代词 we 形成名词词组 NP，动词过去式 knew 和连词 that 引导的从句形成动词词组 VP。SBAR 表示由连词引领的与主句不同的具有完整结构的从句（Clause introduced by subordinating conjunction or 0, top level labelling apart from S, usually for complete structure）。WHADVP（WRB when）表示由疑问 wh-副词 when（wh-adverb）引导的从句。（NP（DT that）（NN snake））表示 that 此处做定语修饰名词 snake。

Typed dependencies

nsubj（knew-2,We-1）　　root（ROOT-0,knew-2）　　mark（die-12,that-3）

advmod（bit-7,when-4）　　det（snake-6,that-5）　　nsubj（bit-7,snake-6）

advcl（die-12,bit-7）　　dobj（bit-7,you-8）　　nsubj（die-12,you-10）

aux（die-12,would-11）　　ccomp（knew-2,die-12）

　　依存关系分析中，nsubj（knew-2,We-1）表示人称代词 we 是动词 knew 的名词性主语（nominal subject）关系。root（ROOT-0,knew-2）表示全句的根源自于动词 knew。mark（die-12,that-3）表示存在于副词性修饰关系（advcl）中的标记关系（marker）。det（snake-6,that-5）表示 that 是 snake 的限定词关系。nsubj（bit-7,snake-6）表示 snake 是动词 bit 的名词性主语关系。advcl（die-12,bit-7）表示动词短语或句子的副词性从句修饰关系（adverbial clause modifier），是指用来修饰动词的附属成分，包括条件从句、时间从句等，类似的关系如"The accident happened as the night was falling"可表示为 advcl（happened,falling），"If you know who did it, you should tell the teacher"可表示为 advcl（tell,know）。dobj（bit-7,you-8）表示 you 是动词 bit 的直接宾语关系（direct object）。nsubj（die-12,you-10）表示 you 是 die 的名词性主语关系。aux（die-12,would-11）表示 would 与 die 的助动关系（auxiliary）。ccomp（knew-2,die-12）表示从句性补语关系（clausal complement），是指从句中具有内在主谓关系，整个从句充当补语，类似的

关系如"He says that you like to swim"可表示为 ccomp（says，like）。产生的依存关系如下：

We knew that when that snake bit you, you would die.

图 19　例 32 的依存关系图

（2）语义不和谐，语义环路断开，推理机制启动。系统理解重新返回到"整句匹配"，并再次接受语法和语义监控。系统提示为：不可输出。如：

例 33：We knew that when you bit that snake，it would die. 我们知道，当你咬了蛇，蛇就死定了。

符合语法，但因语义不符难以形成环路，只能重返进行整句匹配，直到系统提示本句是不能输出的错句。

Tagging

We/PRP　　knew/VBD　　that/IN　　when/WRB　　you/PRP　　bit/VBD
that/DT　　snake/NN　　'/'　　　　it/PRP　　　would/MD　die/VB
./.

词类标注中，例 33 和例 32 的词类标注没有区别。只是位置发生了颠倒。

Parse
（ROOT
　（S
　　（NP（PRP We））
　　（VP（VBD knew）
　　　（SBAR（IN that）
　　　　（S
　　　　　（SBAR
　　　　　　（WHADVP（WRB when））

```
（S
  （NP（PRP you））
  （VP（VBD bit）
    （NP（DT that）（NN snake）)）)）
（,,）
（NP（PRP it））
（VP（MD would）
  （VP（VB die）)）)）)）
（..)）)）
```

句法剖析中，例 33 和例 32 的结构分析也没有区别。

Typed dependencies

nsubj（knew-2,We-1）　　　root（ROOT-0,knew-2）　　　mark（die-12,that-3）

advmod（bit-6,when-4）　　nsubj（bit-6,you-5）　　　advcl（die-12,bit-6）

det（snake-8,that-7）　　　dobj（bit-6,snake-8）　　　nsubj（die-12,it-10）

aux（die-12,would-11）　　ccomp（knew-2,die-12）

依存关系分析中，例 33 和例 32 的依存关系也没有发生变化。形成的关系图如下：

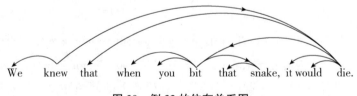

We　knew　that　when　you　bit　that　snake, it would　die.

图 20　例 33 的依存关系图

由上分析可知，例 33 和例 32 无论在词类标注、句法剖析还是依存关系中都是一致的，也就是说产生折返的触发机制源于系统外的知识库认知知识。语义认知具有超系统的解读功能。

（3）语义不和谐且系统不能马上提示为错句。这时系统会出现回溯，产生行进式错位，即花园幽径现象。

例 34：While the boy scratched the dog yawned loudly. 男孩搔痒时，狗打了一个大大的哈欠。

理解在经历了一次瞬时语义环路后断开。从"信息传递"而来的语义流，在知识库监控下，完成"词/短语瞬时匹配"后进入"整句匹配"阶段，并瞬时产生临时的"句法生成式"。但在语义监控下无法生成正确的句法生成式（scratched the dog 的匹配使 yawned 产生无主语现象）。系统回溯，并启动推理机制，重返"整句匹配"进行再处理。系统回溯后进入"行进式错位"，并提取对照潜在的认知模式。产生顿悟并带来认知归位（scratch 可作为 vi 和 vt；scratch 和 the dog 的分离匹配符合认知）。

例 35：While the boy scratched, the dog yawned loudly. 男孩搔痒时，狗打了一个大大的哈欠。

符合语义并且产生正确的句法生成式，完成整句输出，花园幽径解读结束。

第二节　语音及词汇变异引发的花园幽径效应分析

在花园幽径效应的图式中，还包括语音、词汇同形异义和句法加工中的句式更迭等原因导致的效应解读。

语音相似或相同容易引发花园幽径现象，请见下例：

例 36：The sky is blue and the /sʌn/ is bright for he really scores a notable success in an international tournament game. 天很蓝，儿子很聪明；他在国际锦标赛中实实在在获得了巨大的成功。

在语音中 sun（太阳）和 son（儿子）具有相同的发音。理解模式由先期对景物天空和阳光的单纯描写 sky-blue-sun-bright（天空—蓝—太阳—明亮），转变为对儿子心情的衬托 sky-blue-son-bright-success-game（天空—蓝—儿子—聪明—成功—比赛），在语音上的回溯导致语音花园幽径现象的产生。

词汇的同形异义容易引发花园幽径现象，请见下例：

例 37：The deer train the dogs. 鹿训练狗。

Tagging

The/DT　　deer/NNS　　train/VBP　　the/DT　　dogs/NNS　　./.

Parse

（ROOT

```
(S
  (NP(DT The)(NNS deer))
  (VP(VBP train)
    (NP(DT the)(NNS dogs)))
  (..)))
```

Typed dependencies

det(deer-2,The-1)   nsubj(train-3,deer-2)   root(ROOT-0,train-3)

det(dogs-5,the-4)   dobj(train-3,dogs-5)

图 21   例 37 依存关系图

例 38：**The dogs train the deer.** 狗训练鹿。

Tagging

The/DT   dogs/NNS   train/VBP   the/DT   deer/NNS   ./.

Parse

```
(ROOT
  (S
    (NP(DT The)(NNS dogs))
    (VP(VBP train)
      (NP(DT the)(NNS deer)))
    (..)))
```

Typed dependencies

det(dogs-2,The-1)   nsubj(train-3,dogs-2)   root(ROOT-0,train-3)

det(deer-5,the-4)   dobj(train-3,deer-5)

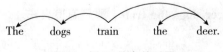

图 22   例 38 依存关系图

对比上面两例可知，两例中除了复数名词 dogs 和 deer 的位置发生了对掉外，词类、句子结构和依存关系都没有发生变化。

词类细化中，dogs/NNS 和 deer/NNS 表示名词复数形式，train/VBP 表示动词非三单现在时。

句法分析中，生成的结构是 S（NP（DT The）（NNS dogs/deer））（VP（VBP train）（NP（DT the）（NNS deer/dogs）））。

依存关系图中，det（dogs/deer-2，The-1）表示限定词关系。nsubj（train-3，dogs/deer-2）表示名词主语关系。root（ROOT-0，train-3）表示根源于 train。det（deer/dogs-5，the-4）表示限定词关系。dobj（train-3，deer/dogs-5）表示直接宾语关系。

例 39：The train dogs the deer. 火车追鹿。

Tagging

The/DT   train/NN   dogs/VBZ   the/DT   deer/NNS   ./.

Parse

（ROOT

  （S

    （NP（DT The）（NN train））

    （VP（VBZ dogs）

      （NP（DT the）（NNS deer）））

    （..）））

Typed dependencies

det（train-2，The-1）   nsubj（dogs-3，train-2）   root（ROOT-0，dogs-3）

det（deer-5，the-4）   dobj（dogs-3，deer-5）

图 23 例 39 依存关系图

例 40：That deer dogs the train. 那只鹿追火车。

Tagging

That/DT   deer/NNS   dogs/VBZ   the/DT   train/NN   ./.

Parse

（ROOT

  （S

    （NP（DT That）（NNS deer））

    （VP（VBZ dogs）

      （NP（DT the）（NN train）））

    （..）））

Typed dependencies

det（deer-2,That-1）　　nsubj（dogs-3,deer-2）　　root（ROOT-0,dogs-3）

det（train-5,the-4）　　dobj（dogs-3,train-5）

That　　deer　　dogs　　the　　train.

图 24　例 40 依存关系图

上面两例的词类标注中，dogs/VBZ 表示动词三单现在时，train/NN 表示单数名词，deer/NNS 表示复数名词。句法结构和依存关系都没有发生变化。

例 41：The old dog dogs the deer. 那个老狗追鹿。

Tagging

The/DT　　old/JJ　　dog/NN　　dogs/VBZ　　the/DT　　deer/NNS　　./.

Parse

（ROOT

  （S

    （NP（DT The）（JJ old）（NN dog））

    （VP（VBZ dogs）

      （NP（DT the）（NNS deer）））

    （..）））

Typed dependencies

det（dog-3,The-1）　　amod（dog-3,old-2）　　nsubj（dogs-4,dog-3）

root（ROOT-0,dogs-4）　　det（deer-6,the-5）　　dobj（dogs-4,deer-6）

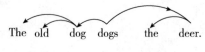

图 25　例 41 依存关系图

例 42：**The old dog the deer.** 老人追鹿。

Tagging

The/DT　　old/JJ　　dog/NN　　the/DT　　deer/NNS　　./.

Parse

（ROOT

　（NP

　　（NP（DT The）（JJ old）（NN dog））

　　（NP（DT the）（NNS deer））

　　（..）））

Typed dependencies

det（dog-3,The-1）　　amod（dog-3,old-2）　　root（ROOT-0,dog-3）

det（deer-5,the-4）　　dep（dog-3,deer-5）

图 26　例 42 行进错位的依存关系图

　　上面两例对比强烈。例 41 是普通句，解码符合规则，没有行进错位产生。例 42 中，非优选结构替代优选结构并产生回溯，诱发了花园幽径效应的行进错位。

　　前例词类标注中，old/JJ 表示形容词。dog/NN 表示单数名词。dogs/VBZ 表示第三人称单数动词。deer/NNS 是复数名词。后例标注中，由于缺失了 dogs，系统在处理 The old dog the deer 句子时系统仍然默认 dog/NN 的标注，并将（NP（DT The）（JJ old）（NN dog））剖析为名词词组 NP，整个句子不再是完整结构，而是 NP+NP 的词组成分，系统剖析出现了行进错位。

　　依存关系分析中，前例 amod（dog-3,old-2）表示 old 是 dog 的形容词修饰关系。nsubj（dogs-4,dog-3）表示 dog 是 dogs 的名词主语关系。dobj （dogs-4,deer-6）表示 deer 是 dogs 的直接宾语关系。后例在去除了 dogs 后，关系发生了变化，dep（dog-3,deer-5）表示 dog 和 deer 形成了依附关系（dependent），即当系统由于各种原因无法在两词间判定它们清晰的依存关系时采用的标注关系，例如在 "Then,as if to show that he could,…" 中可表示为 dep（show,if）。例 42 的这种情况还出现在下面的花园幽径句中：

例 43：The strong train the weak. 强壮的训练弱小的。

Tagging

The/DT   strong/JJ   train/NN   the/DT   weak/JJ   ./.

Parse

（ROOT

  （NP

    （NP（DT The）（JJ strong）（NN train））

    （NP（DT the）（JJ weak））

    （..）））

Typed dependencies

det（train-3,The-1）   amod（train-3,strong-2）   root（ROOT-0,train-3）

det（weak-5,the-4）   dep（train-3,weak-5）

The strong train   the   weak.

图 27   例 43 行进错位的依存关系图

花园幽径句例 42 和例 43 中，dog 和 train 的名词、动词具有相同形式却表达为不同词性和词义的特征，为行进错位的出现埋下了伏笔。人工干预后两个句子可以形成正确的剖析结果。

Tagging

The/DT old/JJ dog/VBP the/DT deer/NNS ./.

Parse

（ROOT

```
(S
    (NP(DT The)(JJ old))
    (VP(VBP dog)
       (NP(DT the)(NNS deer)))
    (..)))
```

Typed dependencies

det(old-2,The-1)   nsubj(dog-3,old-2)   root(ROOT-0,dog-3)

det(deer-5,the-4)   dobj(dog-3,deer-5)

图 28　例 42 花园幽径效应依存关系图

Tagging

The/DT　strong/JJ　train/VBP　the/DT　weak/JJ　./.

Parse

```
(ROOT
  (S
    (NP(DT The)(JJ strong))
    (VP(VBP train)
       (NP(DT the)(JJ weak)))
    (..)))
```

Typed dependencies

det(strong-2,The-1)   nsubj(train-3,strong-2)   root(ROOT-0,train-3)

det(weak-5,the-4)   dobj(train-3,weak-5)

图 29　例 43 花园幽径效应依存关系图

图 28 和图 29 显示，例 42 和例 43 的花园幽径效应依存关系图具有一

致性。经过人工干预，名/动词同形的 dog 和 train 不再被剖析为名词，而被视为动词。如此不同的词类标注生成了与行进错位截然不同的句法结构，即生成了(S(NP(DT)(JJ)))(VP(VBP)(NP(DT)(JJ/NNS)))的完整结构，而不再是 NP+NP 的名词词组形式。相应地，依存关系也发生了变化，形容词 old 和 strong 替代动词 dog 和 train 成为限定词 the 的限定成分。

第三节　句法变异引发的花园幽径效应分析

句法加工属于花园幽径现象的外程序知识库范畴，其句式更迭容易引发行进错位效应。请见下例：

例 44：The experienced soldiers warned about the dangers conducted the midnight raid. 被警告有危险的老兵们发动了半夜突击。

Tagging

The/DT　　experienced/JJ　soldiers/NNS　　warned/VBD　about/IN
the/DT　　dangers/NNS　conducted/VBN　the/DT　　midnight/NN
raid/NN　　./.

Parse

(ROOT
　(S
　　(NP(DT The)(JJ experienced)(NNS soldiers))
　　(VP(VBD warned)
　　　(PP(IN about)
　　　　(NP
　　　　　(NP(DT the)(NNS dangers))
　　　　　(VP(VBN conducted)
　　　　　　(NP(DT the)(NN midnight)(NN raid))))))
　　(..)))

Typed dependencies

det(soldiers-3,The-1)　　　　　amod(soldiers-3,experienced-2)
nsubj(warned-4,soldiers-3)　　　root(ROOT-0,warned-4)

prep(warned-4,about-5)   det(dangers-7,the-6)

pobj(about-5,dangers-7)   vmod(dangers-7,conducted-8)

det(raid-11,the-9)   nn(raid-11,midnight-10)

dobj(conducted-8,raid-11)

行进错位的词类标注中，系统标记的 warned/VBD 表示动词过去式，conducted/VBN 表示过去分词。这种标记与句法规则不符。正确的剖析中，warned/VBN 和 conducted/VBD 才是正确选项，即 warned/VBN 引导成分做名词词组 The experienced soldiers 的动词修饰成分，而 conducted/VBD 则作为整句的主动词。

行进错位句法结构中，系统认为 VP(VBD warned)是主动词，介词 PP(IN about)后续引领的是 NP 结构，conducted the midnight raid 形成的是名词复数 dangers 的修饰成分。

行进错位的依存关系中，nsubj(warned-4,soldiers-3)表示 soldiers 与 warned 的名词主语关系。root(ROOT-0,warned-4)表示句子主动词根源于 warned。vmod(dangers-7,conducted-8)表示过去分词 conducted 是 dangers 的动词修饰成分关系。这些错位后的依存关系形成了剖析失败的关系图。

The experienced soldiers warned about the dangers conducted the midnight raid.

图 30　例 44 行进错位的依存关系图

为了更好地理解例 44 中 conducted 对句子结构的影响，我们将其替换为介词 before，行进错位效应将会消失。具体请见下例。

例 45：The experienced soldiers warned about the dangers before the midnight raid. 半夜突击前，老兵们警告说有危险。

Tagging

The/DT	experienced/JJ	soldiers/NNS	warned/VBD	about/IN
the/DT	dangers/NNS	before/IN	the/DT	midnight/NN
raid/NN	./.			

Parse

(ROOT

（S

　（NP（DT The）（JJ experienced）（NNS soldiers））

　（VP（VBD warned）

　　（PP（IN about）

　　　（NP（DT the）（NNS dangers）））

　　（PP（IN before）

　　　（NP（DT the）（NN midnight）（NN raid））））

　（..）））

Typed dependencies

det（soldiers-3,The-1）　　　　　amod（soldiers-3,experienced-2）

nsubj（warned-4,soldiers-3）　　　root（ROOT-0,warned-4）

prep（warned-4,about-5）　　　　det（dangers-7,the-6）

pobj（about-5,dangers-7）　　　　prep（warned-4,before-8）

det（raid-11,the-9）　　　　　　nn（raid-11,midnight-10）

pobj（before-8,raid-11）

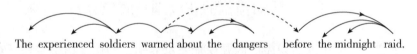

The experienced soldiers warned about the dangers before the midnight raid.

图 31　例 45 的依存关系图

　　对照系统对上面两例的自动剖析可知，before/IN 替代了 conducted/VBN，其他词的标注并没有发生变化。这个替换带来了句法结构的变化。

　　两例的句子结构对照如下：

（VP（VBD warned）

　　（PP（IN about）

　　　（NP

　　　　（NP（DT the）（NNS dangers））

　　　　（VP（VBN conducted）

　　　　　（NP（DT the）（NN midnight）（NN raid））))))

（VP（VBD warned）

（PP（IN about）

　　（NP（DT the）（NNS dangers）））

（PP（IN before）

　　（NP（DT the）（NN midnight）（NN raid））））

前例中的结构是由 VP（VBN conducted）+（NP（DT the）（NN midnight）（NN raid））形成的对名词词组 NP（DT the）（NNS dangers）的动词修饰成分。后例中的结构是由 PP（IN before）+（NP（DT the）（NN midnight）（NN raid））形成的对动词（VBD warned）的介词引导的状语修饰成分。两者的句法结构不同。由此产生的依存关系也发生了变化。

通过两例的依存关系对照可知，图 30 中的虚线部分表示 vmod（dangers-7,conducted-8），即过去分词是名词的动词修饰成分关系。图 31 中的虚线部分表示 prep（warned-4,before-8），即介词部分是动词的修饰成分关系。

第四节　认知错位的花园幽径效应分析

非语言系统中内知识库中的知识涉及世界知识的认知语义变化。对此类知识的缺失容易产生花园幽径效应。请见下例：

例 46：The woman brought the flowers smiled broadly. 被送花的女人开心地笑了。

Tagging

The/DT　　　woman/NN　　　brought/VBD　　　the/DT　　　flowers/NNS
smiled/VBD　　　broadly/RB　　　./.

Parse

（ROOT

　（S

　　（NP（DT The）（NN woman））

　　（VP（VBD brought）

　　　（SBAR

（S

　（NP（DT the）（NNS flowers））

　（VP（VBD smiled）

　　（ADVP（RB broadly））））））

　　（..）））

Typed dependencies

det（woman-2,The-1）　　　　　　nsubj（brought-3,woman-2）

root（ROOT-0,brought-3）　　　　det（flowers-5,the-4）

nsubj（smiled-6,flowers-5）　　　　ccomp（brought-3,smiled-6）

advmod（smiled-6,broadly-7）

The　　woman　brought　the　　flowers　smiled　broadly.

图32　例46 行进错位的依存关系图

认知中，女人通常对花朵比较感兴趣，如果遇到别人给自己送花，女人一般会比较开心。本例中，讲述的就是这个情景。在我们的认知中，比较少见的是女人送花给别人。所以，系统在没有考虑内知识库知识的情况下自动剖析认为两个动词 brought/VBD 和 smiled/VBD 形成的依存关系是 ccomp（brought-3,smiled-6），即 smiled 是从句中的主动词而 brought 是主句的主动词。the flowers smiled broadly 被认为是从句。这种剖析结构与句法不符。剖析出现错位。如果我们具有认知，认为 brought the flowers 是（who was）brought the flowers 的修饰结构，那么动词 brought 就应该被标注为 VBN 而不是 VBD。由此形成正确的剖析结果。

Tagging

The/DT　　　woman/NN　　　brought/VBN　the/DT　flowers/NNS

smiled/VBD　broadly/RB　　　./.

Parse

（ROOT

　（S

　　（NP

（NP（DT The）（NN woman））

（VP（VBN brought）

（NP（DT the）（NNS flowers）））））

（VP（VBD smiled）

（ADVP（RB broadly）））

（..）））

Typed dependencies

det（woman-2,The-1）　　　　　　nsubj（smiled-6,woman-2）

vmod（woman-2,brought-3）　　　　det（flowers-5,the-4）

dobj（brought-3,flowers-5）　　　　root（ROOT-0,smiled-6）

advmod（smiled-6,broadly-7）

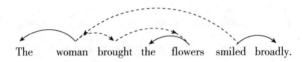

图33　例46花园幽径效应的依存关系图

对比图32和图33可知，如果我们具有一定的认知，那么行进错位效应发生后就可以实现认知归位，实现依存关系的正确化。

第五节　语义错位的花园幽径效应分析

例47：The dog walked along the bank was barking. 沿着河岸被牵着走的狗正在狂吠。

行进错位的剖析结果：

Tagging

The/DT　　dog/NN　　walked/VBD　　along/R　　Pthe/DT

bank/NN　　was/VBD　　barking/VBG　　./.

Parse

（ROOT

　（S

```
( NP( DT The )( NN dog ) )
( VP( VBD walked )
  ( PRT( RP along ) )
  ( SBAR
    ( S
      ( NP( DT the )( NN bank ) )
      ( VP( VBD was )
        ( VP( VBG barking ) ) ) ) ) )
( . . ) ) )
```

Typed dependencies

det(dog-2,The-1)   nsubj(walked-3,dog-2)   root(ROOT-0,walked-3)

prt(walked-3,along-4)   det(bank-6,the-5)   nsubj(barking-8,bank-6)

aux(barking-8,was-7)   ccomp(walked-3,barking-8)

正确的剖析结果：

Tagging

The/DT   dog/NN   walked/VBN   along/IN   the/DT

bank/NN   was/VBD   barking/VBG   . /.

Parse

```
( ROOT
  ( S
    ( NP
      ( NP( DT The )( NN dog ) )
      ( VP( VBN walked )
        ( PP( IN along )
          ( NP( DT the )( NN bank ) ) ) ) )
    ( VP( VBD was )
      ( VP( VBG barking ) ) )
    ( . . ) ) )
```

Typed dependencies

det(dog-2,The-1)   nsubj(barking-8,dog-2)   vmod(dog-2,walked-3) prep(walked‐3,along‐4)　　det(bank‐6,the‐5)　　　　pobj(along‐4,bank‐6)

aux(barking‐8,was‐7)　　　root(ROOT‐0,barking‐8)

从例 47 的剖析对比可以看出：语义错位源于对动词 walked 的词类识别上。如果认为其是动词过去式，形成的结构就是不完整的语义结构，后续部分无法得到剖析。如果认为 walked 是修饰名词 dog 的过去分词部分，产生的语义结构就是完整的，符合解码认知。

例 48：The waiter served a steak enjoyed it immensely. 侍者尽情享受着送上的牛排。

行进错位结果：

Tagging

The/DT　　　　waiter/NN　　　served/VBD　　　a/DT

steak/NN　　　enjoyed/VBD　　it/PRP　　　　immensely/VBZ

./.

Parse

(ROOT

　(S

　　(NP(DT The)(NN waiter))

　　(VP(VBD served)

　　　(SBAR

　　　　(S

　　　　　(NP(DT a)(NN steak))

　　　　　(VP(VBD enjoyed)

　　　　　　(SBAR

　　　　　　　(S

　　　　　　　　(NP(PRP it))

　　　　　　　　(VP(VBZ immensely)))))))))

　　(..)))

Typed dependencies

det(waiter‐2,The‐1)　　　　　　　nsubj(served‐3,waiter‐2)

root(ROOT‐0,served‐3)　　　　　　det(steak‐5,a‐4)

nsubj(enjoyed-6,steak-5)   ccomp(served-3,enjoyed-6)

nsubj(immensely-8,it-7)   ccomp(enjoyed-6,immensely-8)

正确的剖析结果：

Tagging

The/DT   waiter/NN   served/VBN   a/DT

steak/NN   enjoyed/VBD   it/PRP   immensely/VBZ

./.

Parse

(ROOT

  (S

    (NP

      (NP(DT The)(NN waiter))

      (VP(VBN served)

        (NP(DT a)(NN steak))))

    (VP(VBD enjoyed)

      (SBAR

        (S

          (NP(PRP it))

          (VP(VBZ immensely)))))

    (..)))

Typed dependencies

det(waiter-2,The-1)   nsubj(enjoyed-6,waiter-2)

vmod(waiter-2,served-3)   det(steak-5,a-4)

dobj(served-3,steak-5)   root(ROOT-0,enjoyed-6)

nsubj(immensely-8,it-7)   ccomp(enjoyed-6,immensely-8)

从例 48 的剖析可以看出：侍者通常是为顾客服务的，所以一旦这种语义角色发生了颠覆性变化，他们成为被服务的对象，而且有过去式和过去分词同形的 served 呼应，例 48 很容易产生语义错位并导致解码困难。

例 49：**Time flies like an arrow.** 时间像剑一样流逝。

Tagging

Time/NNP   flies/VBZ   like/IN   an/DT

arrow/NN   ././.

Parse

（ROOT

  （S

    （NP（NNP Time））

    （VP（VBZ flies）

      （PP（IN like）

        （NP（DT an）（NN arrow））））

    （..）））

Typed dependencies

nsubj（flies-2,Time-1）   root（ROOT-0,flies-2）

prep（flies-2,like-3）   det（arrow-5,an-4）

pobj（like-3,arrow-5）

例 50：**Time flies like an arrow；fruit flies like a banana.** 时间像剑一样流逝；果蝇喜欢香蕉。

行进错位剖析结果：

Tagging

Time/NNP   flies/VBZ   like/IN   an/DT

arrow/NN   ;/:   fruit/NN   flies/VBZ

like/IN   a/DT   banana/NN   ././.

Parse

（ROOT

  （S

    （S

      （NP（NNP Time））

      （VP（VBZ flies）

```
    (PP(IN like)
       (NP(DT an)(NN arrow))))))
  (:;)
  (S
    (NP(NN fruit))
    (VP(VBZ flies)
       (PP(IN like)
          (NP(DT a)(NN banana))))))
  (..)))
```

Typed dependencies

nsubj(flies-2,Time-1)   root(ROOT-0,flies-2)

prep(flies-2,like-3)   det(arrow-5,an-4)

pobj(like-3,arrow-5)   nsubj(flies-8,fruit-7)

parataxis(flies-2,flies-8)   prep(flies-8,like-9)

det(banana-11,a-10)   pobj(like-9,banana-11)

正确结果:

Tagging

Time/NNP	flies/VBZ	like/IN	an/DT
arrow/NN	;/:	fruit/NN	dogs/NNS
like/VBP	a/DT	banana/NN	./.

Parse

```
(ROOT
  (S
    (S
      (NP(NNP Time))
      (VP(VBZ flies)
         (PP(IN like)
            (NP(DT an)(NN arrow)))))
    (:;)
    (S
```

（NP（NN fruit）（NNS dogs））

（VP（VBP like）

（NP（DT a）（NN banana）））

（..）））

Typed dependencies

nsubj（flies-2,Time-1）　　　　　root（ROOT-0,flies-2）

prep（flies-2,like-3）　　　　　　det（arrow-5,an-4）

pobj（like-3,arrow-5）　　　　　　nn（dogs-8,fruit-7）

nsubj（like-9,dogs-8）　　　　　　parataxis（flies-2, like-9）

det（banana-11,a-10）　　　　　　dobj（like-9,banana-11）

　　从例 49 和例 50 的剖析来看，花园幽径句例 50 受到了普通句例 49 的影响。在普通句中，具有名词和动词同形的 fly 被解读为主语 time 的谓语部分，介词 like an arrow 充当的是状语成分。由于例 49 的解码是符合认知原型的高概率解码，所以，在例 50 中，前半部分的系统剖析符合普通句特征，与例 49 的解码一致。但是，后半部分的存在却沿用了前部分的认知惯性，将具有类似对偶特征的第二次出现的 flies like 被赋予与前部分一样的功能。这种根据同形推断功能的模式带来了例 50 后半部分解码的严重错位。回溯后才能察觉，尽管 flies like 同形，但在前后两部分充当了各自不同的功能：前部分是[flies]V+[like]P，后部分是[flies]N+[like]V。这种同形的功能错位导致强烈的语义错位。

小　结

　　本章主要从五个方面讨论了花园幽径效应图式：（1）效应图式模型的构建是多成分融合的结果：既有语义关联、语义赋值、语义场构建等语义成分的参与，还有内外程序知识库等系统推理机制因素的参与。（2）语音以及词汇变异会引发花园幽径效应。特别是兼类等同形词的存在为词汇层面的花园幽径效应提供了认知基础。（3）句法变异亦能诱发花园幽径效应。嵌套结构和限定词的辖域范围调整所引发的句式更迭成为导致行进错位效应出现的主要因素。（4）跨越句法结构的认知错位也具有引发花园幽径效应的可能。认知世界中，原型模式具有缺省的认知惯性，通常在解码中首先被提取。如果产生的句法生成式颠覆了原型的认知模式，很容易产生与传统认知不符的错位效应。（5）语义错位产生的幽径效应是多方面的。既有与认知错位类似的原型模式颠覆，也有受前后语义结构影响而出现的语义框架重塑。

本章的讨论证明了花园幽径效应存在的多维性：词汇、句法、语义等因素均会在一定程度上使解码过程产生行进错位。

第三章　花园幽径现象理解折返性和顿悟性研究

花园幽径现象得名于认知解码中的迷途知返，就好像在花园中走入了一条不能通达的幽径，径尽路绝，顿而后返。与理解折返特性相伴而生的是花园幽径现象的顿误性。当解码初期顺畅解读时，认知负荷较小，遵循原型的省力原则，启动的是认知系统默认的模式。解码中期，后续关键成分的出现提示原模式无法继续推进，认知系统解码速度由快变慢，直至停滞。随着系统对后续关键成分的快速分析比对，在系统知识库中试图找寻到与之匹配一致的新模式。当匹配成功的瞬间，否定原模式的顿误得到激发，同时产生爆发式能力推动系统重启，并由慢到快，转轨到新模式的运行。解码后期，新模式在无其他关键信息出现的情况下，完成系统剖析。其中，让系统逐步停滞的后续关键成分就是"顿误点"，新模式确立瞬间产生的蕴含巨大推进能力的心理感知能力就是"顿误"。

花园幽径现象理解折返性和顿误性所组成的认知过程非常类似现实生活中蕴含"否定之否定"的"变更车道"。

解码初期，系统之车面前有两条道路：一条主道宽阔平坦，另一条辅道窄小不平。按照对道路的默认选择，驾车者选择宽阔平坦的道路行驶，并将速度由慢到快提升至正常速度。这个过程中对主道的选择就是对辅道的否定，第一次否定出现。

解码中期，驾车者发现远处道路中间疑似有路障，随着车辆驶近并放慢速度，驾车者发现路障上写着"此道封闭，请转换车道"（即"顿误点"出现）。环顾左右（系统重新分析比对，找寻新出路），驾车者发现养路部门把道路封闭的同时，在旁边开了一个临时通道（即辅道）。于是，停滞的车辆缓慢调整方向并驶上临时通道（新模式得到尝试）。驾车者往往产生"早知如此还不如一开始就开上辅道"的抱怨感。"加速——

减速——再加速"的调整过程耗费了驾车者宝贵的时间和体力，同时加大了车辆的磨损。这个选择辅道的过程就是对前期主道选择的否定，第二次否定出现。

解码后期，临时通道开始变得顺畅，驾车者快速提升速度，重新享受驾驭的快感（新模式得到确认），或许心里想着"要是不再有路障就好了，我就不用这么麻烦转换档位并能尽快到达目的地了"。行驶逐渐归于正常。

整个道路选择的过程是否定之否定的螺旋推进。"辅道选择——否定辅道选择（选择主道）——否定之否定辅道选择（路障出现后放弃主道，选择辅道）"。经过否定之否定，车辆实现了正常行驶。这个过程不是简单的重复，而是螺旋式地推进。与一开始就选择辅道行驶的驾车者不同，经过否定之否定选择的司机更珍惜受挫后得到的顺畅。所以，尽管都是在后期辅道上行驶，受挫后的司机认知上付出更多。

歧义不具有理解折返性和顿误性，解码过程不出现路障和提示。仍以行车为例，驾车者前期选择的是宽阔主道还是窄小辅道不对后期产生停车效应。行车过程中，无论主道还是辅道都是顺畅的，既没有要求变更车道的路障出现，也没有对目的地提示的交通路牌。驾车者凭借自己对道路的熟知程度推进驾驶。通常情况下，主道和辅道通往不同的目的地。但从司机驾车角度说，两种选择都不影响驾驶的顺畅。

由以上"行车理论"分析可知，花园幽径现象不是歧义。

本章借助计算科学的数据结构对花园幽径现象理解折返性以及借助心理学理论对花园幽径现象顿误性进行解读。

第一节　花园幽径现象理解折返的结构性分析

花园幽径现象是对初始结构进行调整从而引发语义折返的特殊认知现象。其先期理解貌通而实不畅，在认知顿悟点出现后迫使解码者返回到原来节点重新进行结构重组以实现解码。

数据结构是指系统中数据元素间不同关系的集合，包括离散关系的集合结构、具有对应关系的线性结构、多对多并行的图状结构、一对多单向解读的树形结构。这四种数据结构恰好和语法前状态词集合的解读、句法关系的线性解读、语义匹配多对多的歧义解读、花园幽径现象回溯性结构解读具有对应关系。

一、非花园幽径现象的数据结构分析

非花园幽径现象的数据结构包括词集合结构、语法线性结构和歧义图状结构三种。

语法前状态的词集合结构是指元素之间除了同属于一个集合的关系外，别无其他关系。关系示意图如下：

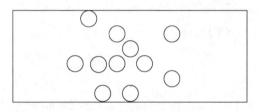

图 34　词集合结构

例 51：**The new singers the song.** ①

Tagging

The/DT　　new/JJ　　singers/NNS　　the/DT

song/NN　　./.

Parse

（ROOT

　（NP

　　（NP（DT The）（JJ new）（NNS singers））

　　（NP（DT the）（NN song））

　　（..）））

Typed dependencies

det（singers-3,The-1）　　　　　　amod（singers-3,new-2）

root（ROOT-0,singers-3）　　　　　det（song-5,the-4）

dep（singers-3,song-5）

────────────

① 此处三例不符合语法。

例 52：The old women the boat.

Tagging

The/DT   old/JJ   women/NNS   the/DT

boat/NN   ./.

Parse

(ROOT

　(NP

　　(NP(DT The)(JJ old)(NNS women))

　　(NP(DT the)(NN boat))

　　(..)))

Typed dependencies

det(women-3,The-1)   amod(women-3,old-2)

root(ROOT-0,women-3)   det(boat-5,the-4)

dep(women-3,boat-5)

例 53：The building window the sun.

Tagging

The/DT   building/VBG   window/NN   the/DT

sun/NN   ./.

Parse

(ROOT

　(NP

　　(NP(DT The)(VBG building)(NN window))

　　(NP(DT the)(NN sun))

　　(..)))

Typed dependencies

det(window-3,The-1)   amod(window-3,building-2)

root(ROOT-0,window-3)   det(sun-5,the-4)

dep(window-3,sun-5)

　　离合结构的词集合由于不符合语法，不能形成正确的句法生成式，它们生成的都是表示名词词组的 NP 结构，所以处于无关联的分散状态。三例的语法分析如[The new singers]NP+[the song]NP，[The old women]NP+[the boat]NP，[The building window]NP+[the sun]NP。各认知元素相对独立，不能形成完整有效的语义链条，无法得到正确解读。这种词集合结构是语法前状态的存在，不属于语法范畴。

　　与词集合状态不同，语法线性结构则符合语言规范的存在，是句子理解过程中认知结构元素的一对一的、如同线性排列的关系。请见下图：

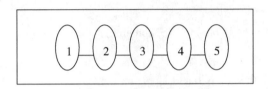

图 35　语法线性结构

　　在句法分析时，线性结构决定句中的成分具有排列的唯一性，同一元素在句法上不可能同时具有多种句法功能。如图所示，认知解码顺序必须是 1-2-3-4-5。

　　例 54：The new singers sing the song. 新歌手们录制歌曲。

Tagging

The/DT　　　new/JJ　　　singers/NNS　　　sing/VBP　　　the/DT
song/NN　　　./.

Parse

(ROOT
　(S
　　(NP(DT The)(JJ new)(NNS singers))
　　(VP(VBP sing)
　　　(NP(DT the)(NN song)))
　　(..)))

Typed dependencies

det(singers-3,The-1)　　　　　　amod(singers-3,new-2)

nsubj(sing-4,singers-3)　　　　　root(ROOT-0,sing-4)

det(song-6,the-5)　　　　　　　dobj(sing-4,song-6)

例 55：The old women sail the boat. 老妇行船。

Tagging

The/DT　old/JJ　women/NNS　sail/VBP　the/DT
boat/NN　./.

Parse

(ROOT
  (S
    (NP(DT The)(JJ old)(NNS women))
    (VP(VBP sail)
      (NP(DT the)(NN boat)))
    (..)))

Typed dependencies

det(women-3,The-1)　　　　　amod(women-3,old-2)

nsubj(sail-4,women-3)　　　　root(ROOT-0,sail-4)

det(boat-6,the-5)　　　　　　dobj(sail-4,boat-6)

例 56：The building window reflects the sun. 建筑物窗户反射阳光。

Tagging

The/DT　building/NN　window/NN　reflects/VBZ
the/DT　sun/NN　　./.

Parse

(ROOT
  (S
    (NP(DT The)(NN building)(NN window))
    (VP(VBZ reflects)
      (NP(DT the)(NN sun)))
    (..)))

Typed dependencies

det(window-3,The-1)　　　　　nn(window-3,building-2)

nsubj(reflects-4,window-3)　　　root(ROOT-0,reflects-4)

det(sun-6,the-5)　　　　　　　　dobj(reflects-4,sun-6)

在上例中的[The new singers]NP+[sing]V+[the song]NP，[The old women]NP+[sail]V+[the boat]NP，[The building window]NP+[reflects]V+[the sun]NP 分别充当各自的 SVO 句法功能，先后排列的认知元素在句法上具有唯一的句法功能，各部分的语法结构和位置顺序具有清晰性和唯一性，线性理解特征明显。

与语法线性结构中各元素一一对应的关系不同，歧义图状结构中的各元素可以是多多相对的关系，无论选择哪种语义对应关系均能实现认知解读，也就是说认知结构中的认知元素在语义匹配多对多的歧义图状结构中具有多对多的语义对应关系。结构如下：

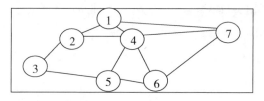

图 36　歧义图状结构

上图认知元素具有多重释义，无论节点扩展方向指向哪里均可实现认知解码，只是意义表达不同而已。请见下例：

例 57：Failing student looked hard. ①

本句的理解具有多重性，主要体现在 failing 和 hard 的意义多维性上。Failing 可以作为形容词（Adj）也可以作为动名词（Grd）两种状态存在。hard 也可以具有形容词（Adj）和副词（Adv）两种状态。所以，两个不确定的语法点相互排列组合就形成四种意义完全不同的解释。

例 58：Failing(adj) student looked hard(adj). 落榜生看上去很难。

例 59：Failing(adj) student looked hard(adv). 落榜生看来很努力。

例 60：Failing(Grd) student looked hard(adj). 让学生落榜看上去很难。

例 61：Failing(Grd) student looked hard(adv). 让学生落榜（这件事）看来（干得）很努力。

这四个句子的状态可以通过下列语法进行分析：

---

① 该例句由冯志伟教授提供，在此表示感谢。

$G = \{Vn, Vt, S, P\}$

$Vn = \{S, NP, VP, Adj, Grd, V, N, Adv\}$

$Vt = \{failing, student, looked, hard\}$

$S = S$

$P:$

S→NP VP	(a)
NP→Adj N	(b)
NP→Grd N	(c)
VP→V Adj	(d)
VP→V Adv	(e)
Adj→{failing, hard}	(f)
Grd→{failing}	(g)
N→{student}	(h)
V→{looked}	(i)
Adv→{hard}	(j)

如上面语法所示，第 7 行的 NP(b)对应于 adj 的 failing 语法状态，即该语法规则规定形容词和名词可以形成名词词组，Failing(adj) student 符合该语法规则因此可以生成正确的 NP 生成式。在与具有歧义的 hard 进行匹配时，hard 的形容词状态和副词状态的双重语法特性形成了能构筑两个不同意义的解码程序。两例解码程序是 f-h-b-i-f-d-a 和 f-h-b-i-j-e-a。两程序的不同来源于对 hard 词性选择的不同。两种选择都符合解码条件，只是生成的句义不同。

表 7　**Failing(adj)与 Hard 的歧义搭配**

1. Failing student looked hard					
2. Adj student looked hard　(f)					
3. Adj N looked hard　(h)					
4. NP looked hard　(b)					
5. NP V hard　(i)					
6.	NP V Adj	(f)	6'	NP V Adv	(j)
7.	NP VP	(d)	7'	NP VP	(e)
8.	S	(a)	8'	S	(a)

　　语法所示的第 8 行 NP(c)对应于 Grd 的 failing 语法状态，动名词 Grd 和名词 N 可以形成名词词组 NP。这样作为动名词用法的 failing 与具有形容词和副词双重语法功能的 hard 便形成两个新的句义，其各自的解码途径也迥异。解码程序为 g-h-c-i-f-d-a 和 g-h-c-i-j-e-a。

表 8　Failing(Grd)与 Hard 的歧义搭配

	1. Failing student looked hard				
	2. Grd student looked hard		（g）		
	3. Grd N looked hard		（h）		
	4. NP looked hard		（c）		
	5. NP V hard		（i）		
6.	NP V Adj	（f）	6'	NP V Adv	（j）
7.	NP VP	（d）	7'	NP VP	（e）
8.	S	（a）	8'	S	（a）

　　由上面分析可知，语法中 failing 具有第 11 行(f)和第 12 行(g)的双重语法功能，因此 NP 生成可参照第 7 行(b)和第 8 行(c)的规则，具有歧义性。hard 具有第 11 行(f)和第 15 行(j)的双重语法功能，VP 生成也具有歧义：既可以参照第 9 行(d)也可以参照第 10 行(e)的规则。这种双歧义的搭配就形成了四种不同句义的解读。

表 9　Failing 与 hard 的歧义搭配

	1. Failing student looked hard								
2. Adj student looked hard			（f）	2" Grd student looked hard					（g）
3. Adj N looked hard			（h）	3" Grd N looked hard					（h）
4. NP looked hard			（b）	4" NP looked hard					（c）
5. NP V hard			（i）	5" NP V hard					（i）
6.	NP V Adj （f）	6'	NP V Adv （j）	6	NP V Adj （f）	6'	NP V Adv （j）		
7.	NP VP （d）	7'	NP VP （e）	7	NP VP （d）	7'	NP VP （e）		
8.	S1 （a）	8'	S2 （a）	8	S3 （a）	8'	S4 （a）		

　　词汇语法功能的多样性和生成规则的非唯一性决定了生成句 S 的非唯一性，最终形成了歧义句语义的多维性。歧义的这种特性在数据结构上最终形成的是多对多的图状结构，数据结构图如下：

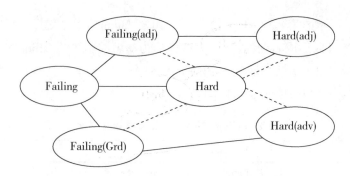

图37 "Failing student looked hard" 的数据结构

歧义的解码可以是多元并行的，这与蕴含行进式错位的花园幽径现象具有区别性特征。这种差异也可以通过迥异的花园幽径现象数据结构来区分。

二、花园幽径现象的数据结构分析

包括词集合结构、语法线性结构和歧义图状结构的非花园幽径现象结构都具有非折返的单向性特点，而花园幽径现象的结构与前面三种结构的本质区别在于折返性的存在。在数据结构中表现为树形结构。

花园幽径现象理解折返性的树形结构是指结构中的元素存在一对多的数据关系，当其中的一种关系作为认知原型进行缺省解读时，就好像由根向节点进行扩展，失败后的解码模式被迫顺原路返回到根，再顺着下一个节点进行解读，直到结构中的元素得到正确匹配。其结构如下：

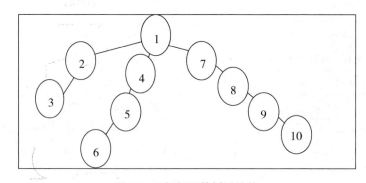

图38 理解折返的树形结构

在上图中，设定根元素具有一对三的认知关系，而且正确解读的认知项是最右侧下方的10号，那么解码顺序是：1-2-3-3-2-1-4-5-6-6-5-4-1-7-8-9-10。

　　由此可见花园幽径现象认知解码具有折返性："3-2-1"和"6-5-4-1"的出现表明在解码完成前经历了两次回溯性折返。这种对前期理解否定之否定的折返性过程具有程序上的可验证性。示例如下：

　　例 62：The new record the song. 新人录制歌曲。

　　record 具有一对二的关系（即名词和动词两状态的认知关系），其解读可借助上下文无关文法 CFG 进行：

$G = \{Vn, Vt, S, P\}$

$Vn = \{S, NP, VP, Det, Adj, V, N\}$

$Vt = \{the, new, record, song\}$

$S = S$

P：

S→NP VP	（a）
NP→Det Adj	（b）
NP→Det N	（c）
NP→Det Adj N	（d）
VP→V NP	（e）
Det→{the}	（f）
Adj→{new}	（g）
N→{record, song}	（h）
V→{record}	（i）

Processing Procedure(Bottom-Up)

1：The new record the song	
2：Det new record the song	（f）
3：Det Adj record the song	（g）
4：Det Adj N the song	（h）
5：NP the song	（d）
6：NP Det song	（f）
7：NP Det N	（h）
8：NP NP	（c）
9：Det Adj record the song	（g）
10：NP record the song	（b）

11:NP V the song   (i)

12:NP V Det song   (f)

13:NP V Det N   (h)

14:NP V NP   (c)

15:NP VP   (e)

16:S   (a)

SUCCESS

  由上面的 CFG 文法可知本句的解码涉及认知理解折返性。按照树形图结构进行解释，其正确的认知顺序为：1-2(f)-3(g)-4(h)-5(d)-6(f)-7(h)-8(c)-8(c)-7(h)-6(f)-5(d)-4(h)-3(g)-9(g)-10(b)-11(i)-12(f)-13(h)-14(c)-15(e)-16(a)。这样，在规则 3(g)-9(g) 中，因为涉及 record 名词和动词同形的选择而成为认知折返的根，由其扩展出的树形节点包括名词解释的节点 3(g)-4(h)-5(d)-6(f)-7(h)-8(c) 和动词解释节点 9(g)-10(b)-11(i)-12(f)-13(h)-14(c)-15(e)-16(a)。8(c) 不能形成正确的句法生成式，因此成为认知顿悟的转折点。由 8(c) 向 3(g) 的逐步回溯，即 8(c)-7(h)-6(f)-5(d)-4(h)-3(g) 就产生理解折返的花园幽径现象。record 的构成角色使其具有名词字面义，而其功能角色又使其具有动词实践义，激活区的取向决定认知解码的导向并产生花园幽径现象，该例树形结构图如下：

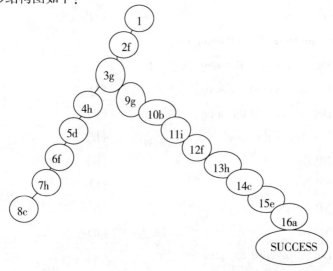

图 39   "The new record the song"的数据结构

系统剖析中，通常根据概率选择高频出现的解码模式。由于行进错位的出现，在没有人工干预的情况下，系统较难实现正确解码。请比较下面自动剖析人工干预前后的结果。

人工干预前的剖析结果：

Tagging

The/DT　　　new/JJ　　　record/NN　　　the/DT
song/NN　　　./.

Parse

(ROOT
　(NP
　　(NP(DT The)(JJ new)(NN record))
　　(NP(DT the)(NN song))
　　(..)))

Typed dependencies

det(record-3,The-1)　　　　　amod(record-3,new-2)

root(ROOT-0,record-3)　　　　det(song-5,the-4)

dep(record-3,song-5)

人工干预后的剖析结果：

Tagging

The/DT　　　new/JJ　　　record/VBP　　　the/DT
song/NN　　　./.

Parse

(ROOT
　(S
　　(NP(DT The)(JJ new))
　　(VP(VBP record)
　　　(NP(DT the)(NN song)))
　　(..)))

Typed dependencies

det(new‑2,The‑1)　　　　　　nsubj(record‑3,new‑2)

root(ROOT‑0,record‑3)　　　　det(song‑5,the‑4)

dobj(record‑3,song‑5)

　　比较上面的剖析结果可知，系统通常认为 record 的名词义项是高概率的，因此系统屏蔽了作为动词的义项，句子理解出现了行进错位，并产生了顿悟。

　　认知顿悟性是花园幽径现象的特性之一。顿悟概念涉及对错误认知模式的否定和对新理解模式的确立。顿悟性是瞬间实现的对原认知模式的反叛和对先期理解的折返，是原认知模式的否定之否定。语义触发语是顿悟出现的前提，认知折返则是认知顿悟出现的必然结果。花园幽径现象"顿而后悟"的特性虽加重了认知负担，却提高了认知跨越式解码的能力。认知顿悟是花园幽径现象区别于其他现象（如歧义）的基本特性，心理学研究对其具有坚实的理论基础。

第二节　花园幽径现象错位性顿悟研究

　　顿悟（insight）在 1917 年由 W. Kohler 提出。这种突变跃进式认知解码过程含有"瞬时性"（ suddenness ）、"单向性"（directness）和"连接性"（continuousness of performance）（Epstein et al 1984）。顿悟研究主要分两类：缺省无效模式何以抛弃和新异有效结构何以建成，即破旧立新。

　　个体对某些事物的功能或用途的固定看法影响人的思维，有时会导致错位性顿悟的产生。请见下例：

　　例 63：The boy raced to hospital was the son of chairman. 被紧急送往医院的男孩是主席的儿子。

　　上例分析由两部分构成，关键词分别是 raced 和 was。

　　根据 Longman Dictionary of Contemporary English(LDOCE)的解释，race 原型释义为 "［sport］［I，T］:to compete against someone or something in a race "。此外，还有释义 "［move quickly］［I，T always＋adv/prep］:to move very quickly or take someone or something to a place very quickly "。本例中的释义采用的是后者。解码伊始，系统采用默认模式（即 Vi 形式）。

但是，随着后续关键成分 was 的出现，Vi 形式被否定，Vt 逆式启动，raced to hospital 由［主动词+方位副词］的解码模式重新被理解为过去分词引导对 the boy 构成限制的解码模式，行进式错位在破旧立新过程中产生。请见系统的自动剖析：

Tagging

The/DT　boy/NN　raced/NN　to/TO　hospital/NN　was/VBD
the/DT　son/NN　of/IN　chairman/NN　　　./.

Parse

（ROOT
　（S
　　（NP
　　　（NP（DT The）（NN boy）（NN raced））
　　　（PP（TO to）
　　　　（NP（NN hospital））））
　　（VP（VBD was）
　　　（NP
　　　　（NP（DT the）（NN son））
　　　　（PP（IN of）
　　　　　（NP（NN chairman）))）))
　　（..)))

Typed dependencies

det（raced-3,The-1）　　　nn（raced-3,boy-2）　　　nsubj（son-8,raced-3）

prep（raced-3,to-4）　　　pobj（to-4,hospital-5）　　cop（son-8,was-6）

det（son-8,the-7）　　　　root（ROOT-0,son-8）　　　prep（son-8,of-9）

pobj（of-9,chairman-10）

错误的系统词类细化中，raced 被标注为 NN，即名词。而（NP（DT The）（NN boy）（NN raced））则被认为是名词词组结构，类似于 the boy friend。系统认为整个句子结构 The boy raced to hospital was the son of chairman 与 The boy friend to hospital was the son of chairman 是一致的。但在词汇系统中，raced 没有名词义项。系统词类判别出现错误。这直接导致句

法剖析和依存关系出现错误。

错误的句法剖析中，系统认为 The boy raced to hospital 构成的是（NP（NP（DT The）（NN boy）（NN raced））（PP（TO to）（NP（NN hospital））））结构，即［NP＋PP］NP 结构。这与事实中的 The boy（who was）raced to hospital 的定语结构不符，句法剖析失败。

错误的依存关系中，det（raced‐3，The‐1）表示 the 是名词 raced 的限定词关系。nn（raced‐3，boy‐2）表示两者是并列名词关系。nsubj（son‐8，raced‐3）表示名词 raced 是 son 的名词性主语关系。prep（raced‐3，to‐4）表示 to 是名词 raced 的介词性修饰关系（prepositional modifier）。pobj（to‐4，hospital‐5）表示介词宾语关系（object of a preposition）。cop（son‐8，was‐6）表示系词关系（copula）。det（son‐8，the‐7）表示限定词关系。root（ROOT‐0，son‐8）根源于名词 son。prep（son‐8，of‐9）表示介词性修饰关系。pobj（of‐9，chairman‐10）表示介词宾语关系。依存关系图如下：

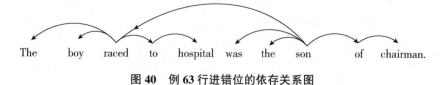

图 40　例 63 行进错位的依存关系图

上图的依存关系中，raced 作为名词存在，形成的是与"The boy friend to hospital was the son of chairman."完全一致的依存关系。请对照例 63 中 raced 被 friend 替换后所形成的剖析结果。

Tagging

The/DT	boy/NN	friend/NN	to/TO	hospital/NN
was/VBD	the/DT	son/NN	of/IN	chairman/NN

Parse

```
(ROOT
  (S
    (NP
      (NP(DT The)(NN boy)(NN friend))
      (PP(TO to)
        (NP(NN hospital))))
```

（VP（VBD was）

　（NP

　　（NP（DT the）（NN son））

　　（PP（IN of）

　　　（NP（NN chairman）)))))))

Typed dependencies

det（friend-3,The-1）　　nn（friend-3,boy-2）　　nsubj（son-8,friend-3）

prep（friend-3,to-4）　　pobj（to-4,hospital-5）　　cop（son-8,was-6）

det（son-8,the-7）　　root（ROOT-0,son-8）　　prep（son-8,of-9）

pobj（of-9,chairman-10）

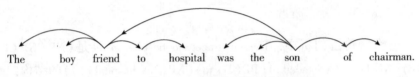

图 41　例 63 raced 替换后的依存关系图

　　如上分析可知，当例 63 中的 raced 被 friend 替换后，系统能够生成正确的依存关系，句法剖析也符合规则要求，词类细化也符合语法要求。在 Stanford Parser 中，系统不能自动生成对例 63 的成功剖析。我们可以根据上面的分析，对原有的剖析结果进行纠错（即词类细化 raced 为过去分词而不是名词）。例 63 正确的剖析结果如下：

Tagging

The/DT　　boy/NN　　raced/VBN　　to/TO　　hospital/NN

was/VBD　　the/DT　　son/NN　　of/IN　　chairman/NN

./.

　　正确的词类细化中，raced 由表示名词的 NN 转变为表示过去分词的 VBN，这种转变导致句法结构也发生根本性的变化。具体如下：

Parse

（ROOT

```
(S
  (NP
    (NP(DT The)(NN boy))
    (VP(VBN raced)
      (PP(TO to)
        (NP(NN hospital))))))
  (VP(VBD was)
    (NP
      (NP(DT the)(NN son))
      (PP(IN of)
        (NP(NN chairman))))))
  (..)))
```

正确的句法剖析中，The boy raced to hospital 不再是（NP（NP（DT The）（NN boy）（NN raced））（PP（TO to）（NP（NN hospital））））的结构，而转变为（NP（NP（DT The）（NN boy））（VP（VBN raced）（PP（TO to）（NP（NN hospital）))))。即系统默认过去分词 raced 和介词词组 to hospital 构成动词词组 VP，形成对名词词组 The boy 的定语成分。相应的依存关系也发生了变化。

Typed dependencies

det(boy-2,The-1)   nsubj(son-8,boy-2)   vmod(boy-2,raced-3)

prep(raced-3,to-4)   pobj(to-4,hospital-5)   cop(son-8,was-6)

det(son-8,the-7)   root(ROOT-0,son-8)   prep(son-8,of-9)

pobj(of-9,chairman-10)

正确的依存关系中，除了与 raced 相关的依存关系发生了变化之外，其他的依存关系没有发生变化。发生变化的依存关系是：det（boy-2,The-1）表示限定关系，nsubj（son-8,boy-2）表示名词性主语关系。vmod（boy-2,raced-3）表示 raced 与 boy 动词修饰关系（verb modifier）。形成的正确解码的依存关系图如下：

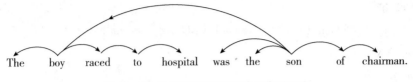

图 42　例 63 花园幽径效应的依存关系图

上例行进错位依存关系图和花园幽径效应依存关系图对比如下：

表 10　例 63 行进错位和花园幽径效应的依存关系对比表

序号	行进错位依存关系	花园幽径效应依存关系	关系情况
1	det(raced-3,The-1)	det(boy-2,The-1)	发生变化
2	nsubj(son-8,raced-3)	nsubj(son-8,boy-2)	发生变化
3	nn(raced-3,boy-2)	vmod(boy-2, raced-3)	发生变化
4	prep(raced-3,to-4)	prep(raced-3,to-4)	未发生变化
5	pobj(to-4,hospital-5)	pobj(to-4,hospital-5)	未发生变化
6	cop(son-8,was-6)	cop(son-8,was-6)	未发生变化
7	det(son-8,the-7)	det(son-8,the-7)	未发生变化
8	root(ROOT-0,son-8)	root(ROOT-0,son-8)	未发生变化
9	prep(son-8,of-9)	prep(son-8,of-9)	未发生变化
10	pobj(of-9,chairman-10)	pobj(of-9,chairman-10)	未发生变化

在关系情况对比表中，两种状况下的依存关系只有前三种发生了变化，其他七种依存关系没有变动。（1）限定关系中，行进错位时 the 限定的是 raced，而在花园幽径效应时限定的是 boy。（2）在名词性主语关系中，行进错位时 son 的名词性主语是 raced，而在花园幽径效应时的主语是 boy。（3）boy 和 raced 在行进错位时形成的是复合名词关系，而在花园幽径效应时是过去分词的动词修饰语关系。

沿袭已久、约定俗成的思维模式有时会影响解码模式的确定。个体以固定的心理状态正确或歪曲反映现实，表现出心理活动的趋向性和专注性。乘船顺流而下的场景认知构成个体解码的心理定式并产生解码的趋向性和专注性，但 float 由主动态向被动态的转变带来对原认知模式的反叛，顿悟由此而生。

例 64：The boat floated down the river sank. 顺流而下的船沉没了。

Tagging

The/DT boat/NN floated/VBD down/RP the/DT river/NN sank/VBD ./.

Parse

(ROOT
  (S
    (NP(DT The)(NN boat))
    (VP(VBD floated)
      (PRT(RP down))
      (SBAR
        (S
          (NP(DT the)(NN river))
          (VP(VBD sank)))))
    (..)))

Typed dependencies

det(boat-2,The-1) nsubj(floated-3,boat-2)

root(ROOT-0,floated-3) prt(floated-3,down-4)

det(river-6,the-5) nsubj(sank-7,river-6)

ccomp(floated-3,sank-7)

    在剖析中，系统认为(SBAR(S(NP(DT the)(NN river))(VP(VBD sank))))结构是可接受的，即认为 the river sank 构成了修饰性从句。这与我们的理解是相悖的。换句话说，系统对动词过去式 floated/VBD 的解码产生了约定俗成，默认该句中的 floated 与没有 sank 出现前的 The boat floated down the river 解读是一致的。这种系统的思维固化影响了解码。请看下面 sank 出现前的剖析结果，并比较 sank 出现后的变化情况。

Tagging

The/DT boat/NN floated/VBD down/RP the/DT river/NN ./.

Parse

(ROOT
  (S

（NP（DT The）（NN boat））

（VP（VBD floated）

（PRT（RP down））

（NP（DT the）（NN river）））

（..）））

Typed dependencies

det（boat-2，The-1）　　　　　　　nsubj（floated-3，boat-2）

root（ROOT-0，floated-3）　　　　　prt（floated-3，down-4）

det（river-6，the-5）　　　　　　　dobj（floated-3，river-6）

表 11　例 64 行进错位和花园幽径效应的依存关系对比表

序号	sank 出现前依存关系	sank 出现后依存关系	关系情况
1	det（boat-2，The-1）	det（boat-2，The-1）	未发生变化
2	nsubj（floated-3，boat-2）	nsubj（floated-3，boat-2）	未发生变化
3	root（ROOT-0，floated-3）	root（ROOT-0，floated-3）	未发生变化
4	prt（floated-3，down-4）	prt（floated-3，down-4）	未发生变化
5	det（river-6，the-5）	det（river-6，the-5）	未发生变化
6	dobj（floated-3，river-6）	nsubj（sank-7，river-6）	发生变化
7	0	ccomp（floated-3，sank-7）	发生变化

从上面的依存关系对比可以看出，系统认为 sank 出现后，沿用的仍然是 nsubj（floated-3，boat-2）关系，即认为作为主动词的 floated 地位没有变化。系统受到了原有模式（S（NP（DT The）（NN boat））（VP（VBD floated）（PRT（RP down））（NP（DT the）（NN river）））（..））的影响，在 sank 出现后，原有模式只是把（NP（DT the）（NN river））结构打开并接受 sank 为从句的动词，并形成（SBAR（S（NP（DT the）（NN river））（VP（VBD sank）））结构。而没有将整个句法结构打开并接受 sank 为整个句子的主动词。由此可以看出，系统受到了固有模式的影响。

在固有模式的影响中，存在四种主要的关系类型：相似相生关系类型；闭合倾向关系类型；线性发展关系类型；整体倾向关系类型。

一、相似相生关系类型

相似相生关系类型是指解码时倾向于将在某一方面相似的各部分组

成整体，各相似部分在知觉中会形成若干组，倾向于凭借知觉将距离相近的各部分组成整体，越是接近，组合在一起的可能性就越大。请见下例：

例 65：**Fat boys eat accumulates.** 男孩吃的脂肪在积累。

Tagging

Fat/NNP   boys/NNS   eat/VBP   accumulates/NNS   ./.

Parse

(ROOT
  (S
    (NP(NNP Fat)(NNS boys))
    (VP(VBP eat)
      (NP(NNS accumulates)))
    (..)))

Typed dependencies

nn(boys-2,Fat-1)   nsubj(eat-3,boys-2)   root(ROOT-0,eat-3)

dobj(eat-3,accumulates-4)

在上面的错位分析中，fat 和 boys 相邻并具有搭配的可能，构成了相似相生关系，系统倾向于将两者合为整体进行解码，由此得到了上面的具有行进错位的剖析结果。系统把本应该作为主动词的 accumulates 剖析成了动词 eat 的宾语，并形成了 dobj(eat-3,accumulates-4)直接宾语依存关系。这与语法规则相去甚远。系统在本例中受到了固有模式中的相似相生关系的影响，形成了错位的剖析结果。为了更好地说明系统对这种关系的依赖，我们举一个结构相似却更容易看出系统处理失误的例子来说明这种错位关系：

Fish fishermen caught escapes.

Tagging

Fish/NN   fishermen/NNS   caught/VBD   escapes/NNS
./.

Parse

（ROOT

　（S

　　（NP（NN Fish）（NNS fishermen））

　　（VP（VBD caught）

　　　（NP（NNS escapes）））

　　（..）））

Typed dependencies

nn（fishermen-2,Fish-1）　　　　　　　nsubj（caught-3,fishermen-2）

root（ROOT-0,caught-3）　　　　　　　dobj（caught-3,escapes-4）

上例中，系统仍然无法区分 Fish fishermen 的关系，并一如既往地将两者理解为 NP（NN Fish）（NNS fishermen）的名词词组形式。而且，将动词 escapes 标注为名词，并出现了 dobj（caught-3,escapes-4）的依存关系，即 escapes 作为动词 caught 的直接宾语。系统处理此句产生的这种错位关系可以清楚地得到展现。由此可见，相似相生关系类型容易导致系统的行进错位。

二、闭合倾向关系类型

闭合倾向关系是指彼此相属相配、容易构成封闭实体的各部分趋于组成整体。先期构建的结构根据闭合倾向进行匹配，并构成封闭实体。如果后续部分无法和该封闭实体相融合，势必会导致原模式的崩盘，引发行进错位。请见下例行进错位的深入剖析。

例 66： **The complex houses married and single students and their families.** 建筑群为已婚和单身学生及其他们家人提供了住所。

The complex houses married and single students and their families.

$G = \{Vn, Vt, S, P\}$

$Vn = \{S, NP, VP, Det, AdjP, N, Conj, V, Adj\}$

$Vt = \{the, complex, houses, married, and, single, students, their, families\}$

$S = S$

$P:$

a. S→NP VP

b. NP→Det Adj

c. NP→Det NP

d. NP→AdjP N

e. AdjP→Adj Conj Adj

f. NP→NP Conj NP

g. NP→Det N

h. VP→V

i. VP→V NP

j. Det→{the, their}

k. N→{complex, houses, students, families}

l. V→{houses}

m. Adj→{complex, married, single}

n. Conj→{and}

	Rules
The complex houses married and single students and their families	
Det complex houses married and single students and their families	j
Det Adj houses married and single students and their families	m
Det Adj N married and single students and their families	k
Det NP married and single students and their families	d
NP married and single students and their families	c
NP Adj and single students and their families	m
NP Adj Conj single students and their families	n
NP Adj Conj Adj students and their families	m
NP AdjP students and their families	e
NP AdjP N and their families	k
NP NP and their families	d
NP NP Conj their families	n
NP NP Conj Det families	j
NP NP Conj Det N	k
NP NP Conj NP	g
NP NP	f

?

BREAKDOWN AND BACKTRACKING

Det Adj houses married and single students and their families	m
NP houses married and single students and their families	b
NP V married and single students and their families	l
NP V Adj and single students and their families	m
NP V Adj Conj single students and their families	n
NP V Adj Conj Adj students and their families	m
NP V AdjP students and their families	e
NP V AdjP N and their families	k
NP V NP and their families	d
NP V NP Conj their families	n
NP V NP Conj Det families	j
NP V NP Conj Det N	k
NP V NP Conj NP	g
NP V NP	f
NP VP	i
S	a

SUCCESS

　　上例的左角分析可知，行进错位过程中，规则 N→{houses} 被激活，形成的是无法正确解码的回溯模式。而在规则 V→{houses} 被启用后，系统可以完成剖析。成功后生成的树形图可以层次性表现各成分间的句法结构。

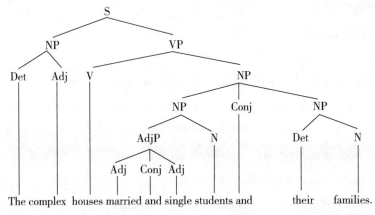

图 43　例 66 的树形图

上图所示，规则 V→｛houses｝启动后，在树形图结构中对应的是核心动词的位置。限定词 the 和形容词 complex 形成集合名词 NP。形容词词组 AdjP 和名词形成名词词组 NP。限定词 the 和名词 N 组成名词词组 NP。各个成分间的递归转移关系可以通过递归转移网络得到表现：

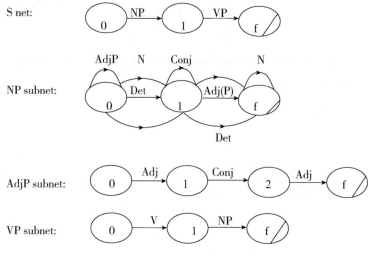

图 44　例 66 的递归转移网络

上图的递归转移网络包括主网络 S net，子网络 NP subnet、子网络 AdjP subnet 和子网络 VP subnet。在子网络 NP subnet 中，名词词组 NP 的解码有四个不同的规则可适用，各个解码对应不同的路径。NP→Det Adj 中的解码路径为 NP_0→弧$_{(det)}$→NP_1→弧$_{(adj)}$→NP_f。NP→Det N 中的解码路径为 NP_0→弧$_{(空集跳过)}$→NP_1→弧$_{(det)}$→弧$_{(n)}$→NP_f。NP→AdjP N 中的解码路径为 NP_0→弧$_{(adjp)}$→弧$_{(n)}$→NP_1→弧$_{(空集跳过)}$→NP_f。NP→NP Conj NP 中的解码路径为 NP_0→弧$_{(n)}$→NP_1→弧$_{(conj)}$→弧$_{(空集跳过)}$→弧$_{(n)}$→NP_f。蕴含行进错位的解码可通过如下算法程序进行解读：

<S/0,The complex houses married and single students and their families,>
<NP/0,The complex houses married and single students and their families,S/1:>
<NP/1,complex houses married and single students and their families,S/1:>
<NP/1,houses married and single students and their families,S/1:>
<NP/f,married and single students and their families,S/1:>
<VP/0,married and single students and their families,S/f:>
?

BREAKDOWN AND BACKTRACKING

\<NP/1,complex houses married and single students and their families,S/1:\>

\<NP/f,houses married and single students and their families,S/1:\>

\<VP/0,houses married and single students and their families,S/f:\>

\<VP/1,married and single students and their families,S/f:\>

\<NP/0,married and single students and their families,VP/f:S/f:\>

\<AdjP/0,married and single students and their families,NP/1:VP/f:S/f:\>

\<AdjP/1,and single students and their families,NP/1:VP/f:S/f:\>

\<AdjP/2,single students and their families,NP/1:VP/f:S/f:\>

\<AdjP/f,students and their families,NP/1:VP/f:S/f:\>

\<NP/1,and their families,VP/f:S/f:\>

\<NP/1,their families,VP/f:S/f:\>

\<NP/f,families,VP/f:S/f:\>

\<NP/f,,VP/f:S/f:\>

\<VP/f,,S/f:\>

\<S/f,,\>

\<,,\>

SUCCESS

　　算法程序中，如果 houses 被认为是名词复数，NP 子网络的\<NP/1,houses married and single students and their families,S/1:\>被系统激活，依次剖析后得到的结果发生了行进错位。系统回溯后，VP 子网络的\<VP/0,houses married and single students and their families,S/f:\>被启用，系统成功解码。这个先经历行进错位再回溯成功解码的过程可以通过算法矩阵和子串表进行直观表示。

表 12　例 66 行进错位的算法矩阵

. $_0$The. $_1$complex. $_2$houses. $_3$married. $_4$and . $_5$single. $_6$students . $_7$and. $_8$their. $_9$families. $_{10}$

	1	2	3	4	5	6	7	8	9	10
0	{D}	{}	{NP}	{}	{}	{}	{}	{}	{}	{?}
1		{A}	{NP}	{}	{}	{}	{}	{}	{}	{}

（续表）

	1	2	3	4	5	6	7	8	9	10
2			{N}	{}	{}	{}	{}	{}	{}	{}
3				{A}	{}	{AP}	{NP}	{}	{}	{NP}
4					{C}	{}	{}	{}		
5						{A}	{}	{}	{}	
6							{N}	{}	{}	{}
7								{C}	{}	{}
8									{D}	{NP}
9										{N}

算法矩阵中，规则 N→{houses} 激活后把 . The$_0$. complex$_1$. houses$_2$. 归约为名词词组结构 NP。整个句子形成的是 NP+NP 结构而不是表示解码成功的终结符号 S。因此，在（0，10）得到的是"?"，系统剖析失败。这个非良构的剖析过程可以通过子串表表示：

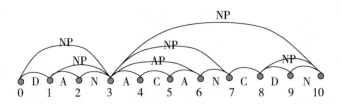

图 45　例 66 行进错位的非良构子串表

上图的子串表中，由于没有相应的规则 S→NP NP 作为支撑，两个独立的 NP 结构无法继续归约到上一层，形成的结构是非闭合的开放式，子串表也就是非良构的。这种失败的剖析结果只有通过系统回溯到选择岔口重新进行处理（激活 V→{houses}），剖析才能成功。

上例中的 CYK 算法可以从程序角度剖析这种蕴含行进错位的回溯现象。具体如下：

```
n:=10
for j:=1 to string length(10)
    lexical_chart_fill(j-1,j)
    for i:j-2 down to 0
```

syntactic_chart_fill(i,j)

Fill the field(j-1,j) in the chart with the word j which belongs to the preterminal category.

chart(j-1,j) := { X | X→ word$_j$ ∈ P }

j-1=0,j=1,chart(0,1) := { The }

j-1=1,j=2,chart(1,2) := { complex }

j-1=2,j=3,chart(2,3) := { houses }

j-1=3,j=4,chart(3,4) := { married }

j-1=4,j=5,chart(4,5) := { and }

j-1=5,j=6,chart(5,6) := { single }

j-1=6,j=7,chart(6,7) := { students }

j-1=7,j=8,chart(7,8) := { and }

j-1=8,j=9,chart(8,9) := { their }

j-1=9,j=10,chart(9,10) := { families }

The reduction steps abide by the syntactic rules by which the reduced symbols cover the string from i to j.

syntactic_chart_fill(i,j)

for i:=0 to 10

$$\text{chart}(i,j) = \left\{ A \left| \begin{array}{l} A{\rightarrow}BC \in P \\ i{<}k{<}j \\ AB \in \text{chart}(i,k) \\ C \in \text{chart}(k,j) \end{array} \right. \right\}$$

chart(i,j) := { }

for k := i+1 to j-1

　for every 　A→BC ∈ P

　　if 　B ∈ chart(i,k) and C ∈ chart(k,j) then

　　chart(i,j) := chart(i,j) ∪ { A }

If S ∈ chart(0,n) then accept else reject.

The processing procedures are shown below.

$\text{chart}(j-1,j) := \{X \mid X \rightarrow \text{word}_j \in P\}$

$j := 1 \text{ to string length}$

$i := j-2 \text{ down to } 0$

$k := i+1 \text{ to } j-1$

$j=1, \text{chart}(0,1) := \{\text{the}\}$

$j=1, i=\emptyset, k=\emptyset, \text{chart}(0,1) = \{D\}$

$j=2, \text{chart}(1,2) := \{\text{complex}\}$

$j=2, i=0, k=1, \text{chart}(0,1) \cup \text{chart}(1,2) := \{D\} \cup \{A\} = \{\}$

$j=3, \text{chart}(2,3) := \{\text{houses}\}$

$j=3, i=0, k=1, \text{chart}(0,1) \cup \text{chart}(1,3) := \{D\} \cup \{NP\} = \{NP\}$

$j=3, i=0, k=2, \text{chart}(0,2) \cup \text{chart}(2,3) := \{\} \cup \{N\} = \{\}$

$j=3, i=1, k=2, \text{chart}(1,2) \cup \text{chart}(2,3) := \{A\} \cup \{N\} = \{NP\}$

$j=4, \text{chart}(3,4) := \{\text{married}\}$

$j=4, i=0, k=1, \text{chart}(0,1) \cup \text{chart}(1,4) := \{D\} \cup \{\} = \{\}$

$j=4, i=0, k=2, \text{chart}(0,2) \cup \text{chart}(2,4) := \{\} \cup \{\} = \{\}$

$j=4, i=0, k=3, \text{chart}(0,3) \cup \text{chart}(3,4) := \{NP\} \cup \{A\} = \{\}$

$j=4, i=1, k=2, \text{chart}(1,2) \cup \text{chart}(2,4) := \{A\} \cup \{\} = \{\}$

$j=4, i=1, k=3, \text{chart}(1,3) \cup \text{chart}(3,4) := \{NP\} \cup \{A\} = \{\}$

$j=4, i=2, k=3, \text{chart}(2,3) \cup \text{chart}(3,4) := \{N\} \cup \{A\} = \{\}$

$j=5, \text{chart}(4,5) := \{\text{and}\}$

$j=5, i=0, k=1, \text{chart}(0,1) \cup \text{chart}(1,5) := \{D\} \cup \{\} = \{\}$

$j=5, i=0, k=2, \text{chart}(0,2) \cup \text{chart}(2,5) := \{\} \cup \{\} = \{\}$

$j=5, i=0, k=3, \text{chart}(0,3) \cup \text{chart}(3,5) := \{NP\} \cup \{\} = \{\}$

$j=5, i=0, k=4, \text{chart}(0,4) \cup \text{chart}(4,5) := \{\} \cup \{C\} = \{\}$

$j=5, i=1, k=2, \text{chart}(1,2) \cup \text{chart}(2,5) := \{A\} \cup \{\} = \{\}$

$j=5, i=1, k=3, \text{chart}(1,3) \cup \text{chart}(3,5) := \{NP\} \cup \{\} = \{\}$

$j=5, i=1, k=4, \text{chart}(1,4) \cup \text{chart}(4,5) := \{\} \cup \{C\} = \{\}$

$j=5, i=2, k=3, \text{chart}(2,3) \cup \text{chart}(3,5) := \{N\} \cup \{\} = \{\}$

$j=5, i=2, k=4, \text{chart}(2,4) \cup \text{chart}(4,5) := \{\} \cup \{C\} = \{\}$

$j=5, i=3, k=4, \text{chart}(3,4) \cup \text{chart}(4,5) := \{A\} \cup \{C\} = \{\}$

$j=6, \text{chart}(5,6) := \{\text{single}\}$

$j=6, i=0, k=1, \text{chart}(0,1) \cup \text{chart}(1,6) := \{D\} \cup \{\} = \{\}$

$j=6, i=0, k=2, \text{chart}(0,2) \cup \text{chart}(2,6) := \{\} \cup \{\} = \{\}$

$j=6, i=0, k=3, \text{chart}(0,3) \cup \text{chart}(3,6) := \{NP\} \cup \{AP\} = \{\}$

$j=6, i=0, k=4, \text{chart}(0,4) \cup \text{chart}(4,6) := \{\} \cup \{\} = \{\}$

$j=6, i=0, k=5, \text{chart}(0,5) \cup \text{chart}(5,6) := \{\} \cup \{A\} = \{\}$

$j=6, i=1, k=2, \text{chart}(1,2) \cup \text{chart}(2,6) := \{A\} \cup \{\} = \{\}$

$j=6, i=1, k=3, \text{chart}(1,3) \cup \text{chart}(3,6) := \{NP\} \cup \{AP\} = \{\}$

$j=6, i=1, k=4, \text{chart}(1,4) \cup \text{chart}(4,6) := \{\} \cup \{\} = \{\}$

$j=6, i=1, k=5, \text{chart}(1,5) \cup \text{chart}(5,6) := \{\} \cup \{A\} = \{\}$

$j=6, i=2, k=3, \text{chart}(2,3) \cup \text{chart}(3,6) := \{N\} \cup \{AP\} = \{\}$

$j=6, i=2, k=4, \text{chart}(2,4) \cup \text{chart}(4,6) := \{\} \cup \{\} = \{\}$

$j=6, i=2, k=5, \text{chart}(2,5) \cup \text{chart}(5,6) := \{\} \cup \{A\} = \{\}$

$j=6, i=3, k=4, \text{chart}(3,4) \cup \text{chart}(4,6) := \{A\} \cup \{CA\} = \{AP\}$

$j=6, i=3, k=5, \text{chart}(3,5) \cup \text{chart}(5,6) := \{\} \cup \{A\} = \{\}$

$j=6, i=4, k=5, \text{chart}(4,5) \cup \text{chart}(5,6) := \{C\} \cup \{A\} = \{CA\}$

$j=7, \text{chart}(6,7) := \{\text{students}\}$

$j=7, i=0, k=1, \text{chart}(0,1) \cup \text{chart}(1,7) := \{D\} \cup \{\} = \{\}$

$j=7, i=0, k=2, \text{chart}(0,2) \cup \text{chart}(2,7) := \{\} \cup \{\} = \{\}$

$j=7, i=0, k=3, \text{chart}(0,3) \cup \text{chart}(3,7) := \{NP\} \cup \{NP\} = \{\}$

$j=7, i=0, k=4, \text{chart}(0,4) \cup \text{chart}(4,7) := \{\} \cup \{\} = \{\}$

$j=7, i=0, k=5, \text{chart}(0,5) \cup \text{chart}(5,7) := \{\} \cup \{\} = \{\}$

$j=7, i=0, k=6, \text{chart}(0,6) \cup \text{chart}(6,7) := \{\} \cup \{N\} = \{\}$

$j=7, i=1, k=2, \text{chart}(1,2) \cup \text{chart}(2,7) := \{A\} \cup \{\} = \{\}$

$j=7, i=1, k=3, \text{chart}(1,3) \cup \text{chart}(3,7) := \{NP\} \cup \{NP\} = \{\}$

$j=7, i=1, k=4, \text{chart}(1,4) \cup \text{chart}(4,7) := \{\} \cup \{\} = \{\}$

$j=7, i=1, k=5, \text{chart}(1,5) \cup \text{chart}(5,7) := \{\} \cup \{\} = \{\}$

$j=7, i=1, k=6, \text{chart}(1,6) \cup \text{chart}(6,7) := \{\} \cup \{N\} = \{\}$

$j=7, i=2, k=3, \text{chart}(2,3) \cup \text{chart}(3,7) := \{N\} \cup \{NP\} = \{\}$

$j=7, i=2, k=4, \text{chart}(2,4) \cup \text{chart}(4,7) := \{\} \cup \{\} = \{\}$

$j=7, i=2, k=5, \text{chart}(2,5) \cup \text{chart}(5,7) := \{\} \cup \{\} = \{\}$

$j=7, i=2, k=6, \text{chart}(2,6) \cup \text{chart}(6,7) := \{\} \cup \{N\} = \{\}$

$j=7, i=3, k=4, \text{chart}(3,4) \cup \text{chart}(4,7) := \{A\} \cup \{\} = \{\}$

$j=7, i=3, k=5, \text{chart}(3,5) \cup \text{chart}(5,7) := \{\} \cup \{\} = \{\}$

$j=7,i=3,k=6,\text{chart}(3,6) \cup \text{chart}(6,7) := \{AP\} \cup \{N\} = \{NP\}$

$j=7,i=4,k=5,\text{chart}(4,5) \cup \text{chart}(5,7) := \{C\} \cup \{\} = \{\}$

$j=7,i=4,k=6,\text{chart}(4,6) \cup \text{chart}(6,7) := \{\} \cup \{N\} = \{\}$

$j=7,i=5,k=6,\text{chart}(5,6) \cup \text{chart}(6,7) := \{A\} \cup \{N\} = \{\}$

$j=8,\text{chart}(7,8) := \{\text{and}\}$

$j=8,i=0,k=1,\text{chart}(0,1) \cup \text{chart}(1,8) := \{D\} \cup \{\} = \{\}$

$j=8,i=0,k=2,\text{chart}(0,2) \cup \text{chart}(2,8) := \{\} \cup \{\} = \{\}$

$j=8,i=0,k=3,\text{chart}(0,3) \cup \text{chart}(3,8) := \{NP\} \cup \{\} = \{\}$

$j=8,i=0,k=4,\text{chart}(0,4) \cup \text{chart}(4,8) := \{\} \cup \{\} = \{\}$

$j=8,i=0,k=5,\text{chart}(0,5) \cup \text{chart}(5,8) := \{\} \cup \{\} = \{\}$

$j=8,i=0,k=6,\text{chart}(0,6) \cup \text{chart}(6,8) := \{\} \cup \{\} = \{\}$

$j=8,i=0,k=7,\text{chart}(0,7) \cup \text{chart}(7,8) := \{\} \cup \{C\} = \{\}$

$j=8,i=1,k=2,\text{chart}(1,2) \cup \text{chart}(2,8) := \{A\} \cup \{\} = \{\}$

$j=8,i=1,k=3,\text{chart}(1,3) \cup \text{chart}(3,8) := \{NP\} \cup \{\} = \{\}$

$j=8,i=1,k=4,\text{chart}(1,4) \cup \text{chart}(4,8) := \{\} \cup \{\} = \{\}$

$j=8,i=1,k=5,\text{chart}(1,5) \cup \text{chart}(5,8) := \{\} \cup \{\} = \{\}$

$j=8,i=1,k=6,\text{chart}(1,6) \cup \text{chart}(6,8) := \{\} \cup \{\} = \{\}$

$j=8,i=1,k=7,\text{chart}(1,7) \cup \text{chart}(7,8) := \{\} \cup \{C\} = \{\}$

$j=8,i=2,k=3,\text{chart}(2,3) \cup \text{chart}(3,8) := \{N\} \cup \{\} = \{\}$

$j=8,i=2,k=4,\text{chart}(2,4) \cup \text{chart}(4,8) := \{\} \cup \{\} = \{\}$

$j=8,i=2,k=5,\text{chart}(2,5) \cup \text{chart}(5,8) := \{\} \cup \{\} = \{\}$

$j=8,i=2,k=6,\text{chart}(2,6) \cup \text{chart}(6,8) := \{\} \cup \{\} = \{\}$

$j=8,i=2,k=7,\text{chart}(2,7) \cup \text{chart}(7,8) := \{\} \cup \{C\} = \{\}$

$j=8,i=3,k=4,\text{chart}(3,4) \cup \text{chart}(4,8) := \{A\} \cup \{\} = \{\}$

$j=8,i=3,k=5,\text{chart}(3,5) \cup \text{chart}(5,8) := \{\} \cup \{\} = \{\}$

$j=8,i=3,k=6,\text{chart}(3,6) \cup \text{chart}(6,8) := \{AP\} \cup \{\} = \{\}$

$j=8,i=3,k=7,\text{chart}(3,7) \cup \text{chart}(7,8) := \{NP\} \cup \{C\} = \{\}$

$j=8,i=4,k=5,\text{chart}(4,5) \cup \text{chart}(5,8) := \{C\} \cup \{\} = \{\}$

$j=8,i=4,k=6,\text{chart}(4,6) \cup \text{chart}(6,8) := \{\} \cup \{\} = \{\}$

$j=8,i=4,k=7,\text{chart}(4,7) \cup \text{chart}(7,8) := \{\} \cup \{C\} = \{\}$

$j=8,i=5,k=6,\text{chart}(5,6) \cup \text{chart}(6,8) := \{A\} \cup \{\} = \{\}$

$j=8,i=5,k=7,\text{chart}(5,7) \cup \text{chart}(7,8) := \{\} \cup \{C\} = \{\}$

$j=8,i=6,k=7,\mathrm{chart}(6,7)\cup\mathrm{chart}(7,8):=\{N\}\cup\{C\}=\{\}$

$j=9,\mathrm{chart}(8,9):=\{\mathrm{their}\}$

$j=9,i=0,k=1,\mathrm{chart}(0,1)\cup\mathrm{chart}(1,9):=\{D\}\cup\{\}=\{\}$

$j=9,i=0,k=2,\mathrm{chart}(0,2)\cup\mathrm{chart}(2,9):=\{\}\cup\{\}=\{\}$

$j=9,i=0,k=3,\mathrm{chart}(0,3)\cup\mathrm{chart}(3,9):=\{NP\}\cup\{\}=\{\}$

$j=9,i=0,k=4,\mathrm{chart}(0,4)\cup\mathrm{chart}(4,9):=\{\}\cup\{\}=\{\}$

$j=9,i=0,k=5,\mathrm{chart}(0,5)\cup\mathrm{chart}(5,9):=\{\}\cup\{\}=\{\}$

$j=9,i=0,k=6,\mathrm{chart}(0,6)\cup\mathrm{chart}(6,9):=\{\}\cup\{\}=\{\}$

$j=9,i=0,k=7,\mathrm{chart}(0,7)\cup\mathrm{chart}(7,9):=\{\}\cup\{\}=\{\}$

$j=9,i=0,k=8,\mathrm{chart}(0,8)\cup\mathrm{chart}(8,9):=\{\}\cup\{D\}=\{\}$

$j=9,i=1,k=2,\mathrm{chart}(1,2)\cup\mathrm{chart}(2,9):=\{A\}\cup\{\}=\{\}$

$j=9,i=1,k=3,\mathrm{chart}(1,3)\cup\mathrm{chart}(3,9):=\{NP\}\cup\{\}=\{\}$

$j=9,i=1,k=4,\mathrm{chart}(1,4)\cup\mathrm{chart}(4,9):=\{\}\cup\{\}=\{\}$

$j=9,i=1,k=5,\mathrm{chart}(1,5)\cup\mathrm{chart}(5,9):=\{\}\cup\{\}=\{\}$

$j=9,i=1,k=6,\mathrm{chart}(1,6)\cup\mathrm{chart}(6,9):=\{\}\cup\{\}=\{\}$

$j=9,i=1,k=7,\mathrm{chart}(1,7)\cup\mathrm{chart}(7,9):=\{\}\cup\{\}=\{\}$

$j=9,i=1,k=8,\mathrm{chart}(1,8)\cup\mathrm{chart}(8,9):=\{\}\cup\{\}=\{\}$

$j=9,i=2,k=3,\mathrm{chart}(2,3)\cup\mathrm{chart}(3,9):=\{N\}\cup\{\}=\{\}$

$j=9,i=2,k=4,\mathrm{chart}(2,4)\cup\mathrm{chart}(4,9):=\{\}\cup\{\}=\{\}$

$j=9,i=2,k=5,\mathrm{chart}(2,5)\cup\mathrm{chart}(5,9):=\{\}\cup\{\}=\{\}$

$j=9,i=2,k=6,\mathrm{chart}(2,6)\cup\mathrm{chart}(6,9):=\{\}\cup\{\}=\{\}$

$j=9,i=2,k=7,\mathrm{chart}(2,7)\cup\mathrm{chart}(7,9):=\{\}\cup\{\}=\{\}$

$j=9,i=2,k=8,\mathrm{chart}(2,8)\cup\mathrm{chart}(8,9):=\{\}\cup\{D\}=\{\}$

$j=9,i=3,k=4,\mathrm{chart}(3,4)\cup\mathrm{chart}(4,9):=\{A\}\cup\{\}=\{\}$

$j=9,i=3,k=5,\mathrm{chart}(3,5)\cup\mathrm{chart}(5,9):=\{\}\cup\{\}=\{\}$

$j=9,i=3,k=6,\mathrm{chart}(3,6)\cup\mathrm{chart}(6,9):=\{AP\}\cup\{\}=\{\}$

$j=9,i=3,k=7,\mathrm{chart}(3,7)\cup\mathrm{chart}(7,9):=\{NP\}\cup\{\}=\{\}$

$j=9,i=3,k=8,\mathrm{chart}(3,8)\cup\mathrm{chart}(8,9):=\{\}\cup\{D\}=\{\}$

$j=9,i=4,k=5,\mathrm{chart}(4,5)\cup\mathrm{chart}(5,9):=\{C\}\cup\{\}=\{\}$

$j=9,i=4,k=6,\mathrm{chart}(4,6)\cup\mathrm{chart}(6,9):=\{\}\cup\{\}=\{\}$

$j=9,i=4,k=7,\mathrm{chart}(4,7)\cup\mathrm{chart}(7,9):=\{\}\cup\{\}=\{\}$

$j=9,i=4,k=8,\mathrm{chart}(4,8)\cup\mathrm{chart}(8,9):=\{\}\cup\{D\}=\{\}$

$j = 9, i = 5, k = 6, \text{chart}(5,6) \cup \text{chart}(6,9) := \{A\} \cup \{\} = \{\}$

$j = 9, i = 5, k = 7, \text{chart}(5,7) \cup \text{chart}(7,9) := \{\} \cup \{\} = \{\}$

$j = 9, i = 5, k = 8, \text{chart}(5,8) \cup \text{chart}(8,9) := \{\} \cup \{D\} = \{\}$

$j = 9, i = 6, k = 7, \text{chart}(6,7) \cup \text{chart}(7,9) := \{N\} \cup \{\} = \{\}$

$j = 9, i = 6, k = 8, \text{chart}(6,8) \cup \text{chart}(8,9) := \{\} \cup \{D\} = \{\}$

$j = 9, i = 7, k = 8, \text{chart}(7,8) \cup \text{chart}(8,9) := \{C\} \cup \{D\} = \{\}$

$j = 10, \text{chart}(9,10) := \{\text{families}\}$

$j = 10, i = 0, k = 1, \text{chart}(0,1) \cup \text{chart}(1,10) := \{D\} \cup \{\} = \{\}$

$j = 10, i = 0, k = 2, \text{chart}(0,2) \cup \text{chart}(2,10) := \{\} \cup \{\} = \{\}$

$j = 10, i = 0, k = 3, \text{chart}(0,3) \cup \text{chart}(3,10) := \{NP\} \cup \{NP\} = \{\}$

$j = 10, i = 0, k = 4, \text{chart}(0,4) \cup \text{chart}(4,10) := \{\} \cup \{\} = \{\}$

$j = 10, i = 0, k = 5, \text{chart}(0,5) \cup \text{chart}(5,10) := \{\} \cup \{\} = \{\}$

$j = 10, i = 0, k = 6, \text{chart}(0,6) \cup \text{chart}(6,10) := \{\} \cup \{\} = \{\}$

$j = 10, i = 0, k = 7, \text{chart}(0,7) \cup \text{chart}(7,10) := \{\} \cup \{\} = \{\}$

$j = 10, i = 0, k = 8, \text{chart}(0,8) \cup \text{chart}(8,10) := \{\} \cup \{NP\} = \{\}$

$j = 10, i = 0, k = 9, \text{chart}(0,9) \cup \text{chart}(9,10) := \{\} \cup \{N\} = \{\}$

$j = 10, i = 1, k = 2, \text{chart}(1,2) \cup \text{chart}(2,10) := \{A\} \cup \{\} = \{\}$

$j = 10, i = 1, k = 3, \text{chart}(1,3) \cup \text{chart}(3,10) := \{NP\} \cup \{NP\} = \{\}$

$j = 10, i = 1, k = 4, \text{chart}(1,4) \cup \text{chart}(4,10) := \{\} \cup \{\} = \{\}$

$j = 10, i = 1, k = 5, \text{chart}(1,5) \cup \text{chart}(5,10) := \{\} \cup \{\} = \{\}$

$j = 10, i = 1, k = 6, \text{chart}(1,6) \cup \text{chart}(6,10) := \{\} \cup \{\} = \{\}$

$j = 10, i = 1, k = 7, \text{chart}(1,7) \cup \text{chart}(7,10) := \{\} \cup \{\} = \{\}$

$j = 10, i = 1, k = 8, \text{chart}(1,8) \cup \text{chart}(8,10) := \{\} \cup \{NP\} = \{\}$

$j = 10, i = 1, k = 9, \text{chart}(1,9) \cup \text{chart}(9,10) := \{\} \cup \{N\} = \{\}$

$j = 10, i = 2, k = 3, \text{chart}(2,3) \cup \text{chart}(3,10) := \{N\} \cup \{NP\} = \{\}$

$j = 10, i = 2, k = 4, \text{chart}(2,4) \cup \text{chart}(4,10) := \{\} \cup \{\} = \{\}$

$j = 10, i = 2, k = 5, \text{chart}(2,5) \cup \text{chart}(5,10) := \{\} \cup \{\} = \{\}$

$j = 10, i = 2, k = 6, \text{chart}(2,6) \cup \text{chart}(6,10) := \{\} \cup \{\} = \{\}$

$j = 10, i = 2, k = 7, \text{chart}(2,7) \cup \text{chart}(7,10) := \{\} \cup \{\} = \{\}$

$j = 10, i = 2, k = 8, \text{chart}(2,8) \cup \text{chart}(8,10) := \{\} \cup \{NP\} = \{\}$

$j = 10, i = 2, k = 9, \text{chart}(2,9) \cup \text{chart}(9,10) := \{\} \cup \{N\} = \{\}$

$j = 10, i = 3, k = 4, \text{chart}(3,4) \cup \text{chart}(4,10) := \{A\} \cup \{\} = \{\}$

$j=10, i=3, k=5, \text{chart}(3,5) \cup \text{chart}(5,10) := \{\} \cup \{\} = \{\}$

$j=10, i=3, k=6, \text{chart}(3,6) \cup \text{chart}(6,10) := \{AP\} \cup \{\} = \{\}$

$j=10, i=3, k=7, \text{chart}(3,7) \cup \text{chart}(7,10) := \{NP\} \cup \{CP\} = \{NP\}$

$j=10, i=3, k=8, \text{chart}(3,8) \cup \text{chart}(8,10) := \{\} \cup \{NP\} = \{\}$

$j=10, i=3, k=9, \text{chart}(3,9) \cup \text{chart}(9,10) := \{\} \cup \{N\} = \{\}$

$j=10, i=4, k=5, \text{chart}(4,5) \cup \text{chart}(5,10) := \{C\} \cup \{\} = \{\}$

$j=10, i=4, k=6, \text{chart}(4,6) \cup \text{chart}(6,10) := \{\} \cup \{\} = \{\}$

$j=10, i=4, k=7, \text{chart}(4,7) \cup \text{chart}(7,10) := \{\} \cup \{\} = \{\}$

$j=10, i=4, k=8, \text{chart}(4,8) \cup \text{chart}(8,10) := \{\} \cup \{NP\} = \{\}$

$j=10, i=4, k=9, \text{chart}(4,9) \cup \text{chart}(9,10) := \{\} \cup \{N\} = \{\}$

$j=10, i=5, k=6, \text{chart}(5,6) \cup \text{chart}(6,10) := \{A\} \cup \{\} = \{\}$

$j=10, i=5, k=7, \text{chart}(5,7) \cup \text{chart}(7,10) := \{\} \cup \{\} = \{\}$

$j=10, i=5, k=8, \text{chart}(5,8) \cup \text{chart}(8,10) := \{\} \cup \{NP\} = \{\}$

$j=10, i=5, k=9, \text{chart}(5,9) \cup \text{chart}(9,10) := \{\} \cup \{N\} = \{\}$

$j=10, i=6, k=7, \text{chart}(6,7) \cup \text{chart}(7,10) := \{N\} \cup \{\} = \{\}$

$j=10, i=6, k=8, \text{chart}(6,8) \cup \text{chart}(8,10) := \{\} \cup \{NP\} = \{\}$

$j=10, i=6, k=9, \text{chart}(6,9) \cup \text{chart}(9,10) := \{\} \cup \{N\} = \{\}$

$j=10, i=7, k=8, \text{chart}(7,8) \cup \text{chart}(8,10) := \{C\} \cup \{NP\} = \{\}$

$j=10, i=7, k=9, \text{chart}(7,9) \cup \text{chart}(9,10) := \{\} \cup \{N\} = \{\}$

$j=10, i=8, k=9, \text{chart}(8,9) \cup \text{chart}(9,10) := \{D\} \cup \{N\} = \{NP\}$

FAIL

BREAKDOWN AND BACKTRACKING

　　按照上面的算法，我们可以看出，在 $j=3, i=0, k=1, \text{chart}(0,1) \cup$ $\text{chart}(1,3) := \{D\} \cup \{NP\} = \{NP\}$ 和 $j=3, i=1, k=2, \text{chart}(1,2) \cup \text{chart}(2,3) := \{A\} \cup \{N\} = \{NP\}$ 中，系统均归约到表示名词词组的 $\{NP\}$ 结构。后面的 $\{A\} \cup \{N\} = \{NP\}$ 是底层结构，其形成的 NP 为前面 $\{D\} \cup \{NP\} = \{NP\}$ 提供底层结构支撑。系统在两个规则 V→{houses} 和 N→{houses} 选择中激活了具有优先性的 N→{houses} 规则，并在剖析失败后返回到规则 V→{houses} 的启用。

　　请看系统回溯后激活规则 V→{houses} 的剖析结果。

表 13　例 66 花园幽径效应的算法矩阵

	1	2	3	4	5	6	7	8	9	10
0	{D}	{NP}	{}	{}	{}	{}	{}	{}	{}	{S}
1		{A}	{}	{}	{}	{}	{}	{}	{}	{}
2			{V}	{}	{}	{}	{}	{}	{}	{VP}
3				{A}	{}	{AP}	{NP}	{}	{}	{NP}
4					{C}	{}	{}	{}	{}	{}
5						{A}	{}	{}	{}	{}
6							{N}	{}	{}	{}
7								{C}	{}	{}
8									{D}	{NP}
9										{N}

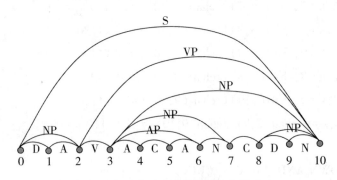

图 46　例 66 花园幽径效应的良构子串表

在花园幽径效应的算法矩阵和良构子串表中，我们可以看到系统均归约到了表示解码成功的终结符号 S。剖析结束。相应的完整 CYK 算法如下：

```
n:=10
for j:=1 to string length(10)
    lexical_chart_fill(j-1,j)
    for i:j-2 down to 0
        syntactic_chart_fill(i,j)
```

Fill the field $(j-1,j)$ in the chart with the word j which belongs to the preterminal category.

$$\text{chart}(j\text{-}1,j) := \{ X \mid X \rightarrow \text{word}_j \in P \}$$

$$j\text{-}1=0, j=1, \text{chart}(0,1) := \{ \text{The} \}$$

$$j\text{-}1=1, j=2, \text{chart}(1,2) := \{ \text{complex} \}$$

$$j\text{-}1=2, j=3, \text{chart}(2,3) := \{ \text{houses} \}$$

$$j\text{-}1=3, j=4, \text{chart}(3,4) := \{ \text{married} \}$$

$$j\text{-}1=4, j=5, \text{chart}(4,5) := \{ \text{and} \}$$

$$j\text{-}1=5, j=6, \text{chart}(5,6) := \{ \text{single} \}$$

$$j\text{-}1=6, j=7, \text{chart}(6,7) := \{ \text{students} \}$$

$$j\text{-}1=7, j=8, \text{chart}(7,8) := \{ \text{and} \}$$

$$j\text{-}1=8, j=9, \text{chart}(8,9) := \{ \text{their} \}$$

$$j\text{-}1=9, j=10, \text{chart}(9,10) := \{ \text{families} \}$$

The reduction steps abide by the syntactic rules by which the reduced symbols cover the string from i to j.

syntactic_chart_fill(i,j)

for $i := 0$ to 10

$$\text{chart}(i,j) = \left\{ A \left| \begin{array}{l} A \rightarrow BC \in P \\ i<k<j \\ B \in \text{chart}(i,k) \\ C \in \text{chart}(k,j) \end{array} \right. \right\}$$

chart$(i,j) := \{ \}$

for $k := i+1$ to $j\text{-}1$

for every $A \rightarrow BC \in P$

if $B \in \text{chart}(i,k)$ and $C \in \text{chart}(k,j)$ then

chart$(i,j) := \text{chart}(i,j) \cup \{ A \}$

If $S \in \text{chart}(0,n)$ then accept else reject.

The processing procedures are shown below.

chart$(j\text{-}1,j) := \{ X \mid X \rightarrow \text{word}_j \in P \}$

$j := 1$ to string length

$i := j\text{-}2$ down to 0

k：=i+1 to j-1

j=1,chart(0,1)：={The}

j=1,i=∅,k=∅,chart(0,1)={D}

j=2,chart(1,2)：={complex}

j=2,i=0,k=1,chart(0,1)∪chart(1,2)：={D}∪{A}={NP}

j=3,chart(2,3)：={houses}

j=3,i=0,k=1,chart(0,1)∪chart(1,3)：={D}∪{}={}

j=3,i=0,k=2,chart(0,2)∪chart(2,3)：={NP}∪{V}={}

j=3,i=1,k=2,chart(1,2)∪chart(2,3)：={A}∪{V}={}

j=4,chart(3,4)：={married}

j=4,i=0,k=1,chart(0,1)∪chart(1,4)：={D}∪{}={}

j=4,i=0,k=2,chart(0,2)∪chart(2,4)：={NP}∪{}={}

j=4,i=0,k=3,chart(0,3)∪chart(3,4)：={}∪{A}={}

j=4,i=1,k=2,chart(1,2)∪chart(2,4)：={A}∪{}={}

j=4,i=1,k=3,chart(1,3)∪chart(3,4)：={}∪{A}={}

j=4,i=2,k=3,chart(2,3)∪chart(3,4)：={V}∪{A}={}

j=5,chart(4,5)：={and}

j=5,i=0,k=1,chart(0,1)∪chart(1,5)：={D}∪{}={}

j=5,i=0,k=2,chart(0,2)∪chart(2,5)：={NP}∪{}={}

j=5,i=0,k=3,chart(0,3)∪chart(3,5)：={}∪{}={}

j=5,i=0,k=4,chart(0,4)∪chart(4,5)：={}∪{C}={}

j=5,i=1,k=2,chart(1,2)∪chart(2,5)：={A}∪{}={}

j=5,i=1,k=3,chart(1,3)∪chart(3,5)：={}∪{}={}

j=5,i=1,k=4,chart(1,4)∪chart(4,5)：={}∪{C}={}

j=5,i=2,k=3,chart(2,3)∪chart(3,5)：={V}∪{}={}

j=5,i=2,k=4,chart(2,4)∪chart(4,5)：={}∪{C}={}

j=5,i=3,k=4,chart(3,4)∪chart(4,5)：={A}∪{C}={}

j=6,chart(5,6)：={single}

j=6,i=0,k=1,chart(0,1)∪chart(1,6)：={D}∪{}={}

j=6,i=0,k=2,chart(0,2)∪chart(2,6)：={NP}∪{}={}

j=6,i=0,k=3,chart(0,3)∪chart(3,6)：={}∪{AP}={}

j=6,i=0,k=4,chart(0,4)∪chart(4,6)：={}∪{}={}

$j=6,i=0,k=5,\text{chart}(0,5)\cup\text{chart}(5,6):=\{\}\cup\{A\}=\{\}$

$j=6,i=1,k=2,\text{chart}(1,2)\cup\text{chart}(2,6):=\{A\}\cup\{\}=\{\}$

$j=6,i=1,k=3,\text{chart}(1,3)\cup\text{chart}(3,6):=\{\}\cup\{AP\}=\{\}$

$j=6,i=1,k=4,\text{chart}(1,4)\cup\text{chart}(4,6):=\{\}\cup\{\}=\{\}$

$j=6,i=1,k=5,\text{chart}(1,5)\cup\text{chart}(5,6):=\{\}\cup\{A\}=\{\}$

$j=6,i=2,k=3,\text{chart}(2,3)\cup\text{chart}(3,6):=\{V\}\cup\{AP\}=\{\}$

$j=6,i=2,k=4,\text{chart}(2,4)\cup\text{chart}(4,6):=\{\}\cup\{\}=\{\}$

$j=6,i=2,k=5,\text{chart}(2,5)\cup\text{chart}(5,6):=\{\}\cup\{A\}=\{\}$

$j=6,i=3,k=4,\text{chart}(3,4)\cup\text{chart}(4,6):=\{A\}\cup\{CA\}=\{AP\}$

$j=6,i=3,k=5,\text{chart}(3,5)\cup\text{chart}(5,6):=\{\}\cup\{A\}=\{\}$

$j=6,i=4,k=5,\text{chart}(4,5)\cup\text{chart}(5,6):=\{C\}\cup\{A\}=\{CA\}$

$j=7,\text{chart}(6,7):=\{\text{students}\}$

$j=7,i=0,k=1,\text{chart}(0,1)\cup\text{chart}(1,7):=\{D\}\cup\{\}=\{\}$

$j=7,i=0,k=2,\text{chart}(0,2)\cup\text{chart}(2,7):=\{NP\}\cup\{\}=\{\}$

$j=7,i=0,k=3,\text{chart}(0,3)\cup\text{chart}(3,7):=\{\}\cup\{NP\}=\{\}$

$j=7,i=0,k=4,\text{chart}(0,4)\cup\text{chart}(4,7):=\{\}\cup\{\}=\{\}$

$j=7,i=0,k=5,\text{chart}(0,5)\cup\text{chart}(5,7):=\{\}\cup\{\}=\{\}$

$j=7,i=0,k=6,\text{chart}(0,6)\cup\text{chart}(6,7):=\{\}\cup\{N\}=\{\}$

$j=7,i=1,k=2,\text{chart}(1,2)\cup\text{chart}(2,7):=\{A\}\cup\{\}=\{\}$

$j=7,i=1,k=3,\text{chart}(1,3)\cup\text{chart}(3,7):=\{\}\cup\{NP\}=\{\}$

$j=7,i=1,k=4,\text{chart}(1,4)\cup\text{chart}(4,7):=\{\}\cup\{\}=\{\}$

$j=7,i=1,k=5,\text{chart}(1,5)\cup\text{chart}(5,7):=\{\}\cup\{\}=\{\}$

$j=7,i=1,k=6,\text{chart}(1,6)\cup\text{chart}(6,7):=\{\}\cup\{N\}=\{\}$

$j=7,i=2,k=3,\text{chart}(2,3)\cup\text{chart}(3,7):=\{V\}\cup\{NP\}=\{\}$

$j=7,i=2,k=4,\text{chart}(2,4)\cup\text{chart}(4,7):=\{\}\cup\{\}=\{\}$

$j=7,i=2,k=5,\text{chart}(2,5)\cup\text{chart}(5,7):=\{\}\cup\{\}=\{\}$

$j=7,i=2,k=6,\text{chart}(2,6)\cup\text{chart}(6,7):=\{\}\cup\{N\}=\{\}$

$j=7,i=3,k=4,\text{chart}(3,4)\cup\text{chart}(4,7):=\{A\}\cup\{\}=\{\}$

$j=7,i=3,k=5,\text{chart}(3,5)\cup\text{chart}(5,7):=\{\}\cup\{\}=\{\}$

$j=7,i=3,k=6,\text{chart}(3,6)\cup\text{chart}(6,7):=\{AP\}\cup\{N\}=\{NP\}$

$j=7,i=4,k=5,\text{chart}(4,5)\cup\text{chart}(5,7):=\{C\}\cup\{\}=\{\}$

$j=7,i=4,k=6,\text{chart}(4,6)\cup\text{chart}(6,7):=\{\}\cup\{N\}=\{\}$

$j=7, i=5, k=6, \text{chart}(5,6) \cup \text{chart}(6,7) := \{A\} \cup \{N\} = \{\}$

$j=8, \text{chart}(7,8) := \{\text{and}\}$

$j=8, i=0, k=1, \text{chart}(0,1) \cup \text{chart}(1,8) := \{D\} \cup \{\} = \{\}$

$j=8, i=0, k=2, \text{chart}(0,2) \cup \text{chart}(2,8) := \{NP\} \cup \{\} = \{\}$

$j=8, i=0, k=3, \text{chart}(0,3) \cup \text{chart}(3,8) := \{\} \cup \{\} = \{\}$

$j=8, i=0, k=4, \text{chart}(0,4) \cup \text{chart}(4,8) := \{\} \cup \{\} = \{\}$

$j=8, i=0, k=5, \text{chart}(0,5) \cup \text{chart}(5,8) := \{\} \cup \{\} = \{\}$

$j=8, i=0, k=6, \text{chart}(0,6) \cup \text{chart}(6,8) := \{\} \cup \{\} = \{\}$

$j=8, i=0, k=7, \text{chart}(0,7) \cup \text{chart}(7,8) := \{\} \cup \{C\} = \{\}$

$j=8, i=1, k=2, \text{chart}(1,2) \cup \text{chart}(2,8) := \{A\} \cup \{\} = \{\}$

$j=8, i=1, k=3, \text{chart}(1,3) \cup \text{chart}(3,8) := \{\} \cup \{\} = \{\}$

$j=8, i=1, k=4, \text{chart}(1,4) \cup \text{chart}(4,8) := \{\} \cup \{\} = \{\}$

$j=8, i=1, k=5, \text{chart}(1,5) \cup \text{chart}(5,8) := \{\} \cup \{\} = \{\}$

$j=8, i=1, k=6, \text{chart}(1,6) \cup \text{chart}(6,8) := \{\} \cup \{\} = \{\}$

$j=8, i=1, k=7, \text{chart}(1,7) \cup \text{chart}(7,8) := \{\} \cup \{C\} = \{\}$

$j=8, i=2, k=3, \text{chart}(2,3) \cup \text{chart}(3,8) := \{V\} \cup \{\} = \{\}$

$j=8, i=2, k=4, \text{chart}(2,4) \cup \text{chart}(4,8) := \{\} \cup \{\} = \{\}$

$j=8, i=2, k=5, \text{chart}(2,5) \cup \text{chart}(5,8) := \{\} \cup \{\} = \{\}$

$j=8, i=2, k=6, \text{chart}(2,6) \cup \text{chart}(6,8) := \{\} \cup \{\} = \{\}$

$j=8, i=2, k=7, \text{chart}(2,7) \cup \text{chart}(7,8) := \{\} \cup \{C\} = \{\}$

$j=8, i=3, k=4, \text{chart}(3,4) \cup \text{chart}(4,8) := \{A\} \cup \{\} = \{\}$

$j=8, i=3, k=5, \text{chart}(3,5) \cup \text{chart}(5,8) := \{\} \cup \{\} = \{\}$

$j=8, i=3, k=6, \text{chart}(3,6) \cup \text{chart}(6,8) := \{AP\} \cup \{\} = \{\}$

$j=8, i=3, k=7, \text{chart}(3,7) \cup \text{chart}(7,8) := \{NP\} \cup \{C\} = \{\}$

$j=8, i=4, k=5, \text{chart}(4,5) \cup \text{chart}(5,8) := \{C\} \cup \{\} = \{\}$

$j=8, i=4, k=6, \text{chart}(4,6) \cup \text{chart}(6,8) := \{\} \cup \{\} = \{\}$

$j=8, i=4, k=7, \text{chart}(4,7) \cup \text{chart}(7,8) := \{\} \cup \{C\} = \{\}$

$j=8, i=5, k=6, \text{chart}(5,6) \cup \text{chart}(6,8) := \{A\} \cup \{\} = \{\}$

$j=8, i=5, k=7, \text{chart}(5,7) \cup \text{chart}(7,8) := \{\} \cup \{C\} = \{\}$

$j=8, i=6, k=7, \text{chart}(6,7) \cup \text{chart}(7,8) := \{N\} \cup \{C\} = \{\}$

$j=9, \text{chart}(8,9) := \{\text{their}\}$

$j=9, i=0, k=1, \text{chart}(0,1) \cup \text{chart}(1,9) := \{D\} \cup \{\} = \{\}$

$j=9, i=0, k=2, \text{chart}(0,2) \cup \text{chart}(2,9) := \{NP\} \cup \{\} = \{\}$

$j=9, i=0, k=3, \text{chart}(0,3) \cup \text{chart}(3,9) := \{\} \cup \{\} = \{\}$

$j=9, i=0, k=4, \text{chart}(0,4) \cup \text{chart}(4,9) := \{\} \cup \{\} = \{\}$

$j=9, i=0, k=5, \text{chart}(0,5) \cup \text{chart}(5,9) := \{\} \cup \{\} = \{\}$

$j=9, i=0, k=6, \text{chart}(0,6) \cup \text{chart}(6,9) := \{\} \cup \{\} = \{\}$

$j=9, i=0, k=7, \text{chart}(0,7) \cup \text{chart}(7,9) := \{\} \cup \{\} = \{\}$

$j=9, i=0, k=8, \text{chart}(0,8) \cup \text{chart}(8,9) := \{\} \cup \{D\} = \{\}$

$j=9, i=1, k=2, \text{chart}(1,2) \cup \text{chart}(2,9) := \{A\} \cup \{\} = \{\}$

$j=9, i=1, k=3, \text{chart}(1,3) \cup \text{chart}(3,9) := \{\} \cup \{\} = \{\}$

$j=9, i=1, k=4, \text{chart}(1,4) \cup \text{chart}(4,9) := \{\} \cup \{\} = \{\}$

$j=9, i=1, k=5, \text{chart}(1,5) \cup \text{chart}(5,9) := \{\} \cup \{\} = \{\}$

$j=9, i=1, k=6, \text{chart}(1,6) \cup \text{chart}(6,9) := \{\} \cup \{\} = \{\}$

$j=9, i=1, k=7, \text{chart}(1,7) \cup \text{chart}(7,9) := \{\} \cup \{\} = \{\}$

$j=9, i=1, k=8, \text{chart}(1,8) \cup \text{chart}(8,9) := \{\} \cup \{D\} = \{\}$

$j=9, i=2, k=3, \text{chart}(2,3) \cup \text{chart}(3,9) := \{V\} \cup \{\} = \{\}$

$j=9, i=2, k=4, \text{chart}(2,4) \cup \text{chart}(4,9) := \{\} \cup \{\} = \{\}$

$j=9, i=2, k=5, \text{chart}(2,5) \cup \text{chart}(5,9) := \{\} \cup \{\} = \{\}$

$j=9, i=2, k=6, \text{chart}(2,6) \cup \text{chart}(6,9) := \{\} \cup \{\} = \{\}$

$j=9, i=2, k=7, \text{chart}(2,7) \cup \text{chart}(7,9) := \{\} \cup \{\} = \{\}$

$j=9, i=2, k=8, \text{chart}(2,8) \cup \text{chart}(8,9) := \{\} \cup \{D\} = \{\}$

$j=9, i=3, k=4, \text{chart}(3,4) \cup \text{chart}(4,9) := \{A\} \cup \{\} = \{\}$

$j=9, i=3, k=5, \text{chart}(3,5) \cup \text{chart}(5,9) := \{\} \cup \{\} = \{\}$

$j=9, i=3, k=6, \text{chart}(3,6) \cup \text{chart}(6,9) := \{AP\} \cup \{\} = \{\}$

$j=9, i=3, k=7, \text{chart}(3,7) \cup \text{chart}(7,9) := \{NP\} \cup \{\} = \{\}$

$j=9, i=3, k=8, \text{chart}(3,8) \cup \text{chart}(8,9) := \{\} \cup \{D\} = \{\}$

$j=9, i=4, k=5, \text{chart}(4,5) \cup \text{chart}(5,9) := \{C\} \cup \{\} = \{\}$

$j=9, i=4, k=6, \text{chart}(4,6) \cup \text{chart}(6,9) := \{\} \cup \{\} = \{\}$

$j=9, i=4, k=7, \text{chart}(4,7) \cup \text{chart}(7,9) := \{\} \cup \{\} = \{\}$

$j=9, i=4, k=8, \text{chart}(4,8) \cup \text{chart}(8,9) := \{\} \cup \{D\} = \{\}$

$j=9, i=5, k=6, \text{chart}(5,6) \cup \text{chart}(6,9) := \{A\} \cup \{\} = \{\}$

$j=9, i=5, k=7, \text{chart}(5,7) \cup \text{chart}(7,9) := \{\} \cup \{\} = \{\}$

$j=9, i=5, k=8, \text{chart}(5,8) \cup \text{chart}(8,9) := \{\} \cup \{D\} = \{\}$

$j=9,i=6,k=7,\text{chart}(6,7)\cup\text{chart}(7,9):=\{N\}\cup\{\}=\{\}$

$j=9,i=6,k=8,\text{chart}(6,8)\cup\text{chart}(8,9):=\{\}\cup\{D\}=\{\}$

$j=9,i=7,k=8,\text{chart}(7,8)\cup\text{chart}(8,9):=\{C\}\cup\{D\}=\{\}$

$j=10,\text{chart}(9,10):=\{\text{families}\}$

$j=10,i=0,k=1,\text{chart}(0,1)\cup\text{chart}(1,10):=\{D\}\cup\{\}=\{\}$

$j=10,i=0,k=2,\text{chart}(0,2)\cup\text{chart}(2,10):=\{NP\}\cup\{VP\}=\{S\}$

$j=10,i=0,k=3,\text{chart}(0,3)\cup\text{chart}(3,10):=\{\}\cup\{NP\}=\{\}$

$j=10,i=0,k=4,\text{chart}(0,4)\cup\text{chart}(4,10):=\{\}\cup\{\}=\{\}$

$j=10,i=0,k=5,\text{chart}(0,5)\cup\text{chart}(5,10):=\{\}\cup\{\}=\{\}$

$j=10,i=0,k=6,\text{chart}(0,6)\cup\text{chart}(6,10):=\{\}\cup\{\}=\{\}$

$j=10,i=0,k=7,\text{chart}(0,7)\cup\text{chart}(7,10):=\{\}\cup\{\}=\{\}$

$j=10,i=0,k=8,\text{chart}(0,8)\cup\text{chart}(8,10):=\{\}\cup\{NP\}=\{\}$

$j=10,i=0,k=9,\text{chart}(0,9)\cup\text{chart}(9,10):=\{\}\cup\{N\}=\{\}$

$j=10,i=1,k=2,\text{chart}(1,2)\cup\text{chart}(2,10):=\{A\}\cup\{VP\}=\{\}$

$j=10,i=1,k=3,\text{chart}(1,3)\cup\text{chart}(3,10):=\{\}\cup\{NP\}=\{\}$

$j=10,i=1,k=4,\text{chart}(1,4)\cup\text{chart}(4,10):=\{\}\cup\{\}=\{\}$

$j=10,i=1,k=5,\text{chart}(1,5)\cup\text{chart}(5,10):=\{\}\cup\{\}=\{\}$

$j=10,i=1,k=6,\text{chart}(1,6)\cup\text{chart}(6,10):=\{\}\cup\{\}=\{\}$

$j=10,i=1,k=7,\text{chart}(1,7)\cup\text{chart}(7,10):=\{\}\cup\{\}=\{\}$

$j=10,i=1,k=8,\text{chart}(1,8)\cup\text{chart}(8,10):=\{\}\cup\{NP\}=\{\}$

$j=10,i=1,k=9,\text{chart}(1,9)\cup\text{chart}(9,10):=\{\}\cup\{N\}=\{\}$

$j=10,i=2,k=3,\text{chart}(2,3)\cup\text{chart}(3,10):=\{V\}\cup\{NP\}=\{VP\}$

$j=10,i=2,k=4,\text{chart}(2,4)\cup\text{chart}(4,10):=\{\}\cup\{\}=\{\}$

$j=10,i=2,k=5,\text{chart}(2,5)\cup\text{chart}(5,10):=\{\}\cup\{\}=\{\}$

$j=10,i=2,k=6,\text{chart}(2,6)\cup\text{chart}(6,10):=\{\}\cup\{\}=\{\}$

$j=10,i=2,k=7,\text{chart}(2,7)\cup\text{chart}(7,10):=\{\}\cup\{\}=\{\}$

$j=10,i=2,k=8,\text{chart}(2,8)\cup\text{chart}(8,10):=\{\}\cup\{NP\}=\{\}$

$j=10,i=2,k=9,\text{chart}(2,9)\cup\text{chart}(9,10):=\{\}\cup\{N\}=\{\}$

$j=10,i=3,k=4,\text{chart}(3,4)\cup\text{chart}(4,10):=\{A\}\cup\{\}=\{\}$

$j=10,i=3,k=5,\text{chart}(3,5)\cup\text{chart}(5,10):=\{\}\cup\{\}=\{\}$

$j=10,i=3,k=6,\text{chart}(3,6)\cup\text{chart}(6,10):=\{AP\}\cup\{\}=\{\}$

$j=10,i=3,k=7,\text{chart}(3,7)\cup\text{chart}(7,10):=\{NP\}\cup\{CP\}=\{NP\}$

$j=10,i=3,k=8,\text{chart}(3,8)\cup\text{chart}(8,10):=\{\}\cup\{NP\}=\{\}$

$j=10,i=3,k=9,\text{chart}(3,9)\cup\text{chart}(9,10):=\{\}\cup\{N\}=\{\}$

$j=10,i=4,k=5,\text{chart}(4,5)\cup\text{chart}(5,10):=\{C\}\cup\{\}=\{\}$

$j=10,i=4,k=6,\text{chart}(4,6)\cup\text{chart}(6,10):=\{\}\cup\{\}=\{\}$

$j=10,i=4,k=7,\text{chart}(4,7)\cup\text{chart}(7,10):=\{\}\cup\{\}=\{\}$

$j=10,i=4,k=8,\text{chart}(4,8)\cup\text{chart}(8,10):=\{\}\cup\{NP\}=\{\}$

$j=10,i=4,k=9,\text{chart}(4,9)\cup\text{chart}(9,10):=\{\}\cup\{N\}=\{\}$

$j=10,i=5,k=6,\text{chart}(5,6)\cup\text{chart}(6,10):=\{A\}\cup\{\}=\{\}$

$j=10,i=5,k=7,\text{chart}(5,7)\cup\text{chart}(7,10):=\{\}\cup\{\}=\{\}$

$j=10,i=5,k=8,\text{chart}(5,8)\cup\text{chart}(8,10):=\{\}\cup\{NP\}=\{\}$

$j=10,i=5,k=9,\text{chart}(5,9)\cup\text{chart}(9,10):=\{\}\cup\{N\}=\{\}$

$j=10,i=6,k=7,\text{chart}(6,7)\cup\text{chart}(7,10):=\{N\}\cup\{\}=\{\}$

$j=10,i=6,k=8,\text{chart}(6,8)\cup\text{chart}(8,10):=\{\}\cup\{NP\}=\{\}$

$j=10,i=6,k=9,\text{chart}(6,9)\cup\text{chart}(9,10):=\{\}\cup\{N\}=\{\}$

$j=10,i=7,k=8,\text{chart}(7,8)\cup\text{chart}(8,10):=\{C\}\cup\{NP\}=\{\}$

$j=10,i=7,k=9,\text{chart}(7,9)\cup\text{chart}(9,10):=\{\}\cup\{N\}=\{\}$

$j=10,i=8,k=9,\text{chart}(8,9)\cup\text{chart}(9,10):=\{D\}\cup\{N\}=\{NP\}$

　　SUCCESS

　　对比行进错位和花园幽径效应的 CYK 算法可以看出，在 $j=3$，chart $(2,3):=\{\text{houses}\}$ 中的不同选择会产生不同的结果。

　　行进错位的算法如下：

$j=3,i=0,k=1,\text{chart}(0,1)\cup\text{chart}(1,3):=\{D\}\cup\{NP\}=\{NP\}$

$j=3,i=0,k=2,\text{chart}(0,2)\cup\text{chart}(2,3):=\{\}\cup\{N\}=\{\}$

$j=3,i=1,k=2,\text{chart}(1,2)\cup\text{chart}(2,3):=\{A\}\cup\{N\}=\{NP\}$

　　花园幽径效应的算法如下：

$j=3,i=0,k=1,\text{chart}(0,1)\cup\text{chart}(1,3):=\{D\}\cup\{\}=\{\}$

$j=3,i=0,k=2,\text{chart}(0,2)\cup\text{chart}(2,3):=\{NP\}\cup\{V\}=\{\}$

$j=3,i=1,k=2,\text{chart}(1,2)\cup\text{chart}(2,3):=\{A\}\cup\{V\}=\{\}$

对比可知，行进错位的算法在 chart(2,3) 激活了 houses 的名词义项并在 chart(1,3) 归约为 NP。而花园幽径效应的算法在 chart(2,3) 激活了 houses 的动词义项并在 chart(0,2) 完成了对 the complex 的 NP 归约。

以上对该花园幽径句的剖析说明，在足以诱发顿悟的后续成分加入之前，系统对具有闭合倾向特点的句式解读容易产生行进错位。

三、线性发展关系类型

线性发展关系类型是指系统剖析具有惯性，通常容易受到先期模式的影响而在解码时不根据新变化而改变原有模式，使剖析沿着直线状态继续，形成了惯性特征的线性发展关系。请见下例：

例 67：The kitty that I had loved fish. 我养的小猫喜欢鱼。

Tagging

The/DT	kitty/NN	that/IN	I/PRP	had/VBD
loved/VBN	fish/NN	./.		

Parse

```
(ROOT
  (NP(DT The)(NN kitty))
    (SBAR(IN that)
      (S
        (NP(PRP I))
        (VP(VBD had)
          (VP(VBN loved)
            (NP(NN fish))))))
  (..)))
```

Typed dependencies

det(kitty-2,The-1)

root(ROOT-0,kitty-2)

mark(loved-6,that-3)

nsubj(loved-6,I-4)

aux(loved-6,had-5)

ccomp(kitty-2,loved-6)

dobj(loved-6,fish-7)

从上例剖析中我们可以看出，系统默认该结构不是完整的句子结构，而仅仅是一个名词词组 NP。在解码中，The kitty that I had 剖析不产生错位现象。随着新成分 loved fish 的出现，该句式具有的线性发展关系使系统不能够根据新情况调整剖析思路，仍按照惯性剖析，并将 aux（loved-6, had-5）的依存关系保持到最后。由于动词 had 被系统按照惯性剖析成助动词，导致整个剖析出现了行进错位。SBAR（IN that）句法结构中，整个 that I had loved fish 形成的是 The kitty 的从句结构，loved/VBN 被解码为过去分词形式。解码失败。

在人工干预下的剖析中，需要打破惯性，接受 had 由助动词变为动词的潜在选项，完成正确剖析。请见上例正确的剖析结果：

Tagging

The/DT	kitty/NN	that/IN	I/PRP	had/VBD
loved/VBD	fish/NN	./.		

Parse

```
(ROOT
  (S
    (NP
      (NP(DT The)(NN kitty))
      (SBAR(IN that)
        (S
          (NP(PRP I))
          (VP(VBDhad)))))
    (VP(VBD loved)
      (NP(NN fish)))
    (..)))
```

Typed dependencies

det(kitty-2,The-1)	nsubj(loved-6,kitty-2)
mark(had-5,that-3)	nsubj(had-5,I-4)
dep(kitty-2, had-5)	root(ROOT-0,loved-6)
dobj(loved-6,fish-7)	

对照两次剖析结果可以发现，在词类标注中，行进错位的剖析中 loved 被剖析为 VBN（过去分词），而在正确剖析中为 VBD（过去式），即前者认为 loved 受到助动词 had 的修饰并形成 aux（loved-6,had-5）依存关系，而后者中的 loved 则被直接认定为主动词，并且与 had 并未有依存关系关联。这说明对于线性发展关系类型的句式来说，系统容易诱发行进错位，对其正确剖析需要人工干预。

四、整体倾向关系类型

整体倾向关系类型是指在此类句式解码时，系统倾向于将整体中的部分归于整体，通常会忽略整体中的个别部分是否具有固定的特性，以及其特性是否源于它与其他部分的通性关系。请见例句：

例 68：**While Mary was mending the sock fell off her lap.** 当玛丽缝补时，短袜从膝上落下。

行进错位的剖析结果：

Tagging

| While/IN | Mary/NNP | was/VBD | mending/VBG | the/DT |
| sock/NN | fell/VBD | off/RP | her/PRP $ | lap/NN |
| ./. |

Parse
```
(ROOT
  (S
    (SBAR(IN While)
      (S
        (NP(NNP Mary))
        (VP(VBD was)
          (VP(VBG mending)
            (NP(DT the)(NN sock))))))
    (VP(VBD fell)
      (PRT(RP off))
      (NP(PRP $ her)(NN lap)))
    (..)))
```

Typed dependencies

mark(mending-4,While-1)　　　　nsubj(mending-4,Mary-2)

aux(mending-4,was-3)　　　　　　csubj(fell-7,mending-4)

det(sock-6,the-5)　　　　　　　　dobj(mending-4,sock-6)

root(ROOT-0,fell-7)　　　　　　　prt(fell-7,off-8)

poss(lap-10,her-9)　　　　　　　　dobj(fell-7,lap-10)

正确的剖析结果：

Tagging

While/IN　　　Mary/NNP　　　was/VBD　　　mending/VBG

the/DT　　　　sock/NN　　　　fell/VBD　　　off/RP

her/PRP $　　　lap/NN　　　　　./.

(ROOT
　(S
　　(SBAR(IN While)
　　　(S
　　　　(NP(NNP Mary))
　　　　(VP(VBD was)
　　　　　(VP(VBG mending)))))
　　(NP(DT the)(NN sock))
　　(VP(VBD fell)
　　　(PRT(RP off))
　　　(NP(PRP $ her)(NN lap)))
　　(..)))

Typed dependencies

mark(mending-4,While-1)　　　nsubj(mending-4,Mary-2)

aux(mending-4,was-3)　　　　　advcl(fell-8,mending-4)

det(sock-7,the-6)　　　　　　　nsubj(fell-8,sock-7)

root(ROOT-0,fell-8)　　　　　　prt(fell-8,off-9)

poss(lap-11,her-10)　　　　　　dobj(fell-8,lap-11)

作为整体中的部分，Mary，mending，sock 构成完整的语义链条，整体倾向关系得到激活。mending 的辖域扩展到链条尾端 sock 处。但是，后续部分 fell off her lap 无法和前语义链条融合。sock 已经在前链条中占据一席之地，其与整体 While Mary was mending 的非固定特性得到凸显，并从原模式中分离出来成为后续成分的主语并形成 nsubj(fell-8,sock-7)的名词主语依存关系。组成部分从整体中强行剥离的解码模式诱发行进错位并形成顿悟。

第三节　花园幽径模式行进错位的认知基础

近年来，花园幽径模式行进错位的心理学研究在认知方面取得了较快发展。如利用医学设备（功能性磁共振 fMRI 等）对大脑机制在错位过程中的顿悟反应进行的心理学研究探寻（罗劲，2004）；对原型模式的阐释（张庆林等，2004）和认知负荷对顿悟的影响（邢强、黄伟东，2008）等。总体来说，心理学视域下的错位研究具有其独特的特点，具体如下：

（1）心理学通常将计算语言学花园幽径模式行进错位的研究称为"顿悟"研究。

（2）采用的方法主要集中在认知心理领域，如对大脑不同区域在顿悟过程中的参与程度的研究。

（3）讨论的内容集中在顿悟出现前后的脑电、感知、反应等层面。

心理学对顿悟的研究取得了阶段性的成果，得出了可用于计算语言学分析的理论结论：

（1）顿悟源于新异有效模式的形成、问题表征方式的有效转换和思维定式的打破与转移，这些依赖于大脑不同部位的协同作用。

（2）顿悟源于创造性思维的启发应用，是诱发关键性启发信息的解码过程。启发信息的质量决定顿悟的强烈程度。

（3）顿悟存在于不同层面，具有层次性。

（4）多元因素决定顿悟的解决，认知资源的耗费程度受到工作记忆容量及加工效果的影响，两者通常呈现比例关系：工作记忆容量越小，关键启发信息越难激活，解码所需的认知资源耗费越多。

下面，我们借助计算语言学方法分析心理学中对行进错位的认知分析，对花园幽径模式行进错位进行跨学科的深入研究。

心理学认为，在认知的行进错位中，诱发顿悟的节点是整个解码的关键。如果这个可以提供关键启发信息的节点能够得到激活，将触发大脑中语义监控机制的瞬时启动，这是认知顿悟的前提。

一、认知错位的前提——语义触发

语义触发是指行进错位中有一个节点可提供关键性启发信息，凭借这个触发点，新的语义链得以在终结原语义链的基础上重构。在花园幽径效应的行进错位中，语义触发点是转折性节点，也是原模式的终结符号。如果强行跨越该点将加大认知负荷并最终导致解码失败。语义触发节点的隐性存在为花园幽径效应行进错位的诱发打下伏笔。请见下例：

例69：The building blocks the sun. 建筑物遮挡了阳光。

Tagging

The/DT　building/NN　blocks/VBZ　the/DT　sun/NN　./.

Parse

（ROOT

　（S

　　（NP（DT The）（NN building））

　　（VP（VBZ blocks）

　　　（NP（DT the）（NN sun）））

　　（..）））

Typed dependencies

det（building-2,The-1）　nsubj（blocks-3,building-2）　root（ROOT-0,blocks-3）

det（sun-5,the-4）　　　dobj（blocks-3,sun-5）

上例是普通句，其正确的解码模式[[the building]NP+[[blocks]V+[the sun]NP]VP]S符合句法和语义条件，系统完成解码。在剖析中原认知链条不会断裂，新链条也不会重新生成，也就是说本句解码不存在语义触发。那么，也不会有行进错位效应出现。

例70：The building blocks the sun faded are red. 阳光（照射）褪色

的积木是红色的。

Tagging

The/DT　　　building/NN　　　blocks/VBZ　　　the/DT　　　sun/NN

faded/VBD　　are/VBP　　　red/JJ　　　　. /.

Parse

（ROOT

　（S

　　（NP（DT The）（NN building））

　　（VP（VBZ blocks）

　　　（SBAR

　　　　（S

　　　　　（NP（DT the）（NN sun））

　　　　　（VP（VBD faded）

　　　　　　（SBAR

　　　　　　　（S

　　　　　　　　（VP（VBP are）

　　　　　　　　（ADJP（JJ red）））））））））

　（..）））

Typed dependencies

det（building-2,The-1）　　　　nsubj（blocks-3,building-2）

root（ROOT-0,blocks-3）　　　　det（sun-5,the-4）

nsubj（faded-6,sun-5）　　　　ccomp（blocks-3,faded-6）

cop（red-8,are-7）　　　　　　ccomp（faded-6,red-8）

　　上例的剖析出现了行进错位。触发节点来自 faded/VBD。在该节点出现前，该例与 The building blocks the sun 的解读具有一致性。随着后续成分 faded are red 的出现，系统仍坚守（NP（DT The）（NN building））（VP（VBZ blocks））的模式进行解读，只是由原来的 NP（DT the）（NN sun）名词词组的后续宾语模式调整为 SBAR（the sun faded are red）的后续从句模式。由于系统忽视了触发节点 faded 的功效，最终导致剖析失败，系统回溯。

　　关键性启发信息 faded 可以帮助我们调整 blocks 的标注。系统回溯后开始找寻可以正常解码的节点。行进错位前，blocks 被标注为 VBZ，其与building 形成的是 nsubj（blocks-3,building-2）名词性主语的依存关系。faded出现后，系统回溯后重新解读 blocks 并将其标注为 NNS，与 building形成的是 nn（blocks-3,building-2）的复合名词依存关系。blocks 与 faded 形成 rcmod（blocks-3,faded-6）关系从句修饰成分关系（relative clause modifier）。由此可以看出，关键节点触发了行进错位并导致语义链的重新整合。请见错位后形成的正确剖析结果：

Tagging

The/DT	building/NN	blocks/NNS	the/DT	sun/NN
faded/VBD	are/VBP	red/JJ	./.	

Parse

```
(ROOT
  (S
    (NP
      (NP(DT The)(NN building)(NNS blocks))
      (SBAR
        (S
          (NP(DT the)(NN sun))
          (VP(VBD faded)))))
    (VP(VBP are)
      (ADJP(JJ red)))
    (..)))
```

Typed dependencies

det（blocks-3,The-1）	nn（blocks-3,building-2）
nsubj（red-8,blocks-3）	det（sun-5,the-4）
nsubj（faded-6,sun-5）	rcmod（blocks-3,faded-6）
cop（red-8,are-7）	root（ROOT-0,red-8）

　　错位后系统回溯形成的模式具有嵌套结构。（NP(NP(DT The)(NN

building）（NNS blocks））（SBAR（S（NP（DT the）（NN sun））（VP（VBD faded）））））表示 the sun faded 是名词词组 The building blocks 的限定性从句。依存关系经重新整合实现了成功解码。

心理学认为，认知错位的感知过程是问题表征方式的有效转换过程，如果认知系统能够顺利地从原错位模式调整到更新模式，将有效完成解码。计算科学的循环算法可重现顿悟回溯的认知过程。

二、认知错位的感知——循环算法

行进错位出现时，"顿而后悟"的回溯特性可以借助计算科学的程序算法进行解读。在算法中，"UNTIL"（直到）型循环算法可用于程序性描述行进错位的过程。

表 14　感知认知顿误的 NS 流程简图

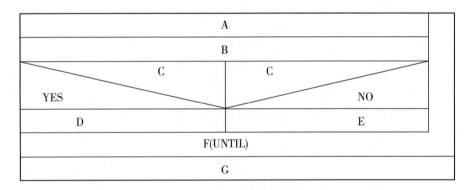

流程简图包括：顺序结构（A-B）；选择结构（C-D；C-E）；直到型循环结构（F-A-B-C-D；F-A-B-C-E）。具体解读的算法流程如下：

（1）起始结构 A；解读完成转（2）；

（2）顺序结构 B；按照顺序先后解读，B 结构解读完成转（3）；

（3）条件 C 选择；该条件是非兼容的二分结构，具有计算科学的二元对立特征；如符合，转（4），否则转（5）；

（4）选择结构 C-D；符合条件 C 的与"Yes"对应的解码结构将得到激活，系统得到的解码结果是 D，转（6）；

（5）选择结构 C-E；不符合条件 C 的与"No"对应的解码结构将得到应用，得到的是结果是 E，转（7）；

（6）肯定 C 条件下的 D 结果；与句法、语义、认知等诸标准匹配对应，符合转（9），不符合转（8）；

（7）否定 C 条件下的 E 结果；与句法、语义、认知等诸标准匹配对应，符合转（9），不符合转（8）；

（8）直到型回溯结构 F-A-B；未通过句法、语义、认知等诸标准匹配的解码回溯由 F 返回到起始结构重新解读；

（9）终极结构 G；符合标准的解码成功后输出 G。

通过算法分析可知，行进错位部分出现在该流程图的二分结构，即对条件 C 的不同选择方面。如果选择的部分能够完成与诸标准的匹配将终结解码，并输出 G。否则，不符合认知的模式在关键启发信息（语义触发）的支持下产生认知停顿，然后形成跨越式的解读，回溯后选择与上一次选择不同的条件式，直至输出正确解码结果 G，或进入死循环并宣布解码失败。

表 15　循环算法示例

The boy raced to the clinic cried			
NP raced to the clinic cried.			
	VBD?	VBD?	
YES			NO
NP VBD PP cried		NP VBN PP cried.	
NP VBN PP cried→NP VP cried→NP cried			
NP VBD→NP VP→S			

例 71：The boy raced to the clinic cried. 被送往诊所的男孩哭了。

上例中，循环算法解读得到应用。根据上表所示，我们可以构建一个简单的算法对这个蕴含行进错位的花园幽径句进行解码。具体如下：

（1）输入字符串 The boy raced to the clinic cried；

（2）左角剖析 the boy→NP，形成 NP raced to the clinic cried；

（3）判断条件 raced→{VBD?}；YES，接受 raced→{VBD}的过去式标注后转（4）；NO，拒绝 raced→{VBD}并接受 raced→{VBN}的过去分词标注后转（7）；

（4）左角剖析 NP VBD to the clinic cried→NP VBD PP cried；转（5）；

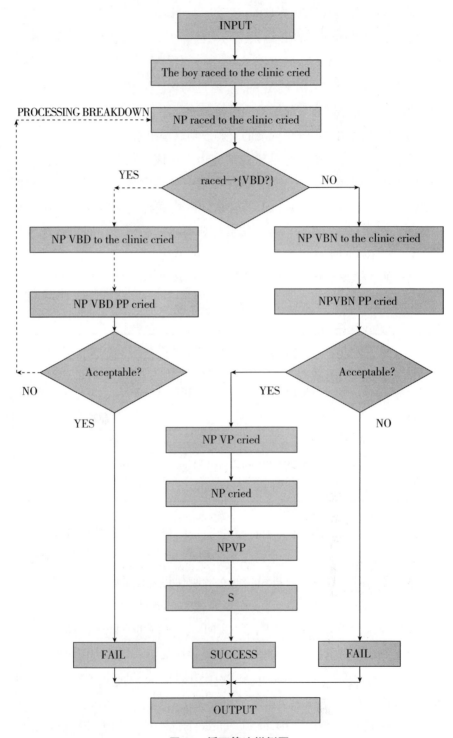

图 47　循环算法样例图

（5）与左角剖析 NP VBN PP cried→NP VP cried→NP cried 匹配；符合转（6），否则转（3）。

（6）左角剖析 NP VBD→NP VP→S 归约成功，转（8）；

（7）左角剖析 NP VBN to the clinic cried→NP VBN PP cried；转（5）；

（8）成功输出剖析结果。

上面的算法流程图中，虚线部分表示行进错位的回溯部分，循环算法得到应用。从流程图中可以看出，在对待条件 raced→{VBD?} 的选择中涉及两个选项，即 VBD 和 VBN。而在两个子选项中又各自出现了两个条件选项 {Acceptable?}。因此，对应解码的是四种不同的解码模式。我们从左到右依次进行分析。

第一种模式中，raced→{VBD} 被激活，而且在归约到 NP VBD PP cried 的时候，系统默认不能够通过符合句法的匹配，遂发生行进错位（PROCESSING BREAKDOWN）并回溯到岔路节点重新进行选择。

第二种模式中，raced→{VBD} 也得到激活，但是在归约到 NP VBD PP cried 的时候系统认为该模式可以通过句法匹配，即认为系统可以接受 The boy raced to the clinic cried 的模糊匹配。比如，默认该句可能由于各种原因在 cried 省略了连词 and 等。这种模式从严格意义上说是错误模式。所以，它是句法等规则不可以接受的，所以在确认 FAIL 后输出。

第三种模式中，raced→{VBD} 的二元对立模式启动，即接受 raced→{VBN} 标注。系统在剖析到 NP VBN PP cried 时与句法等规则进行匹配。由于过去分词和介词词组可以归约为 VBN PP→VP，而且 NP 和过去分词的 VP 又可以归约为嵌套结构的 NP，所以，符合相关规则。相应的 NP VP cried→NP cried→NP VP→S 得到激活，系统解码成功后输出。

第四种模式中，raced→{VBN} 选项得到应用。但在与句法、语义等规则匹配时无法通过，Acceptable 选项得到的是 NO，系统在确认 FAIL 后输出。

比较四种模式可以看出，第一种模式是蕴含行进错位的回溯模式，循环算法得到应用。第二种和第四种模式是非主流的错误模式，由于这两种模式完全不符合句法等规则，比较好鉴别，此处不进行讨论。第三种模式是正确的解码模式。

如果系统根据词汇概率、句法构式等剖析原则默认第一种模式 raced

→{VBD}是原型结构，那么系统必然存在语义触发的错位效应，也必然会有关键性启发信息的顿悟现象出现，循环算法也会在该模式中得到充分应用。如果第三种模式 raced→{VBN} 被认为是原型模式，那么，系统剖析时直接采纳第三种模式进行解码，不出现错位，也不出现回溯，也没有关键性启发信息的诱发。由此可见，系统认为哪种模式更接近解码原型，将缺省优先接纳该模式进行剖析。这也是为什么基于概率的剖析器在解决高频结构时具有较高的准确性，但在处理低频结构时往往会出现错误，甚至是一些无法让人接受的低级错误。其根本原因就在于系统处理模式的单一性和固定性。如果系统首先根据先见性条件接受了第一种模式，而后期又在关键启发信息出现后由第一种模式转变为第三种模式，那么，将会出现认知错位的纠偏效应——认知折返。

三、认知错位的纠偏——认知折返

心理学认为，认知错位的归位需要原型模式的激活，并获取到解决问题的相关图式和关键启发信息。如果在归位过程中遇到无法跨越的冗余信息，系统应该进行折返并完成重新匹配和新模式的构建。

错位形成后，原模式被打破，新模式等待构建。具有关键启发信息的认知在错位后顺原路折回，对解码前期出现的错位进行归位纠偏。这个否定之否定的重新纠正的过程就是认知折返。仍以上例进行讨论：

Tagging

The/DT　　　　boy/NN　　　raced/VBD　　　to/TO　　　the/DT
clinic/NN　　　cried/NN　　　./.

Parse

```
(ROOT
  (S
    (NP(DT The)(NN boy))
    (VP(VBD raced)
      (PP(TO to)
        (NP(DT the)(NN clinic)(NN cried))))
    (..)))
```

Typed dependencies

det(boy-2,The-1)   nsubj(raced-3,boy-2)

root(ROOT-0,raced-3)   prep(raced-3,to-4)

det(cried-7,the-5)   nn(cried-7,clinic-6)

pobj(to-4,cried-7)

在 Stanford Parser 的自动剖析中，基于概率的系统默认 raced→{VBD}为原型，即同等情况下，这个模式具有高频触发的可能。从上一节四种解码模式的分析可知，Stanford Parser 的这种标注会出现两种模式：行进错位并导致回溯的第一种模式和完全不被接受的第二种模式。从句法结构剖析来看，系统认为 NP(DT the)(NN clinic)(NN cried)是介词的名词词组成分，而且 cried 被标注为名词单数，并与 the 形成 det(cried-7,the-5)的限定关系。这种解码模式是完全不能被接受的错误模式。Stanford Parser 自动剖析提供的是一个完全错误的第二种模式。

如果我们对 Stanford Parser 解码模式进行改良，将涉及从第二种模式向第一种模式的过渡，即必然涉及行进错位的回溯模式。我们假定系统可以暂存剖析结果并在与句法等规则匹配时不选择 Acceptable，也不直接输出这种错误模式，而是选择 unacceptable 并回溯到 NP raced to the clinic cried 重新对 raced→{VBD?}条件进行选择，那么将会出现错位后纠偏的认知折返。请见该句的正确剖析：

Tagging

The/DT   boy/NN   raced/VBN   to/IN

the/DT   clinic/NN   cried/VBD   ./.

Parse

(ROOT

　(S

　　(NP

　　　(NP(DT the)(NN boy))

　　　(VP(VBN raced)

　　　　(PP(IN to)

　　　　　(NP(DT the)(NN clinic)))))

（VP（VBD cried））））

Typed dependencies

det（boy-2,the-1）   nsubj（cried-7,boy-2）

vmod（boy-2,raced-3）   prep（raced-3,to-4）

det（clinic-6,the-5）   pobj（to-4,clinic-6）

root（ROOT-0, cried-7）

　　词类标注中，正确的剖析替代 raced/VBD 为 raced/VBN，cried/NN 替代为 cried/VBD。句法结构中 VP（VBN raced）（PP（IN to）（NP（DT the）（NN clinic）））不再充当主动词结构而变成了嵌套在 NP 下面的修饰成分，boy 和 raced 形成的依存关系也由 nsubj（raced-3,boy-2）名词主语关系转变成了 vmod（boy-2,raced-3）的动词修饰成分关系。解码由第二种模式向第一种模式进行了转变，并最终按照第三种模式形成了正确的解码路线图。为了更清楚地分析这种错位纠偏的认知折返，我们将两次剖析的依存关系变化通过图示进行展现。Stanford Parser 自动剖析产生的第二种模式体现在水平线上部，而人工干预后生成的第三种模式作为对照出现在水平线下部。

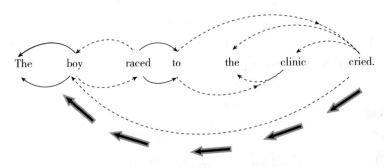

图 48　错位纠偏的认知折返图

　　上图中，第二种错误模式和第三种正确模式的依存关系发生了较大变化。具体如下：

　　（1）boy 和 raced 关系变化：由 nsubj 转变为 vmod，boy 由受控关系转变为主控关系。

　　（2）to 和 cried 关系变化：由 pobj 直接宾语关系转变为没有任何依存关系，两者无关联。

　　（3）the 和 cried 关系变化：由 det 限定关系转变为无关联。

（4）clinic 和 cried 关系变化：由 nn 复合名词关系转变为无关联。

（5）cried 和 boy 关系变化：由无关联转变为 nsubj 的名词性主语关系。这部分我们用实心箭头表示。这个关系变化跨度是最大的，预示着 cried 由 NN 变更为 VBD 后，引发了最大的依存距离扩展。动词 cried 就是解码成功需要的关键性启发信息，对这个信息 |NN|→|VBD| 的错位纠偏使认知折返后归位。系统剖析成功。

四、认知错位的效应——螺旋跨越

心理学认为，认知错位在耗费了超常规的认知资源后如果能够完成自身的纠偏，顿悟将出现放大效应，并跨越式提升解码者的认知解码能力。对这种效应的测试通常采用具有毫秒级的高时间分辨率的事件相关电位 ERP 进行。认知错位的实时性研究可用于分析螺旋跨越过程中带来的脑电压的强烈差异。

Friederici et al（1998）在《生物心理学》中发表了文章 "*Working memory constraints on syntactic ambiguity resolution as revealed by electrical brain responses*"，着重讨论了当关键性启发信息出现时可能引发的认知效应。其中，如果启发信息出现的时间节点晚至句尾，将诱发解码的最大依存距离。在这种句尾效应模式中，由于系统此前已经构建了较为完整的解码模式，一旦启发信息在句尾出现并迫使系统对原模式推倒重构，将引发较强烈的错位效应，并随着解码成功实现螺旋跨越。ERP 的数据已经证明，具有较大记忆容量的被试在处理句尾效应模式的宾语从句结构时，发现了显著的、较强的正向脑电波，即出现了较强烈的错位效应。此类基于 ERP 的讨论具有明显的可鉴别性，即错位效应后的螺旋跨越可通过波形图得到展示。请见下例：

例 72：**The broker hoped to sell the stock.**（**Osterhout & Hocolmb，1993**）经纪人希望卖出股票。

例 73：**The broker persuaded to sell the stock.**（**Osterhout & Hocolmb，1993**）经纪人劝人卖出股票。

例 74：**The broker hoped to sell the stock was sent to jail.**（**Osterhout & Hocolmb，1993**）被希望卖出股票的经纪人进了监狱。

例 75：**The broker persuaded to sell the stock was sent to jail.**（**Osterhout & Hocolmb，1993**）被劝说卖出股票的经纪人进了监狱。

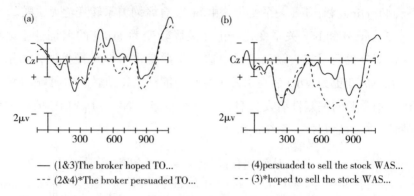

— (1&3)The broker hoped TO...
--- (2&4)*The broker persuaded TO...

— (4)persuaded to sell the stock WAS...
--- (3)*hoped to sell the stock WAS...

图 49　基于 ERP 波形的错位效应对照图

如图所示，Osterhout & Hocolmb（1993）构建了四种不同的模式用于解释行进错位效应。

第一种模式 The broker hoped to sell the stock 中，系统认为其解码最简单。动词 hope to 的搭配用法在主动态中运用符合认知原型，解码流畅平滑，是下意识的解读，会生成最标准的 ERP 图形，具体请见上图左侧的实心线的波形。其相应的剖析结果如下：

Tagging

The/DT　　　broker/NN　　　hoped/VBD　　　to/TO　　　sell/VB
the/DT　　　stock/NN　　　． /．

Parse

（ROOT
　（S
　　（NP（DT The）（NN broker））
　　（VP（VBD hoped）
　　　（S
　　　　（VP（TO to）
　　　　　（VP（VB sell）
　　　　　　（NP（DT the）（NN stock）））））））
　　（. .）））

Typed dependencies

det（broker-2,The-1）　　　　　　nsubj（hoped-3,broker-2）
root（ROOT-0,hoped-3）　　　　　aux（sell-5,to-4）

xcomp(hoped-3,sell-5)   det(stock-7,the-6)

dobj(sell-5,stock-7)

剖析结果显示，整个结构是 S→NP VP 形式，hoped/VBD 后续的是不定式形式，依存关系比较简单。nsubj(hoped-3,broker-2)表示名词性主语关系。aux(sell-5,to-4)表示助动关系。dobj(sell-5,stock-7)表示直接宾语关系。

xcomp(hoped-3,sell-5)，表示开放性从句补充关系（open clausal complement），这种关系一般源于动词，是附属句自身没有主语但却被外在主语所限制的一种关系。类似关系的句子如"She believes that her children like to swim"可表示为 xcomp(like,swim)。

第二种模式 The broker persuaded to sell the stock 中，系统认为其解码比较简单。动词 persuaded to do sth 的搭配用法虽然也可以得到解码，但是相比较 persuaded sb to do sth 的原型结构而言，这种模式不是最标准的，因此，在解码时会产生一些脑电的波动，生成比较标准的 ERP 图形，具体请见上图左侧的虚线波形。其相应的剖析结果如下：

Tagging

The/DT   broker/NN   persuaded/VBD   to/TO   sell/VB

the/DT   stock/NN   ./.

Parse

(ROOT

  (S

    (NP(DT The)(NN broker))

    (VP(VBD persuaded)

      (S

        (VP(TO to)

          (VP(VB sell)

            (NP(DT the)(NN stock))))))

    (..)))

Typed dependencies

det(broker-2,The-1)   nsubj(persuaded-3,broker-2) root(ROOT-0,persuaded-3)　　aux(sell-5,to-4)

xcomp(persuaded-3,sell-5)　　det(stock-7,the-6)

dobj(sell-5,stock-7)

　　剖析结果显示，第二种模式和第一种模式在词类标注、句法结构和依存关系三个方面具有同质性。除了动词 hoped/VBD 被动词 persuaded/VBD 替换之外，没有其他本质区别。

　　由以上分析可知，第一种和第二种模式除了 ERP 波形可以看出两者具有认知理解的差异之外，仅仅通过系统剖析是无法进行区分的。相比较而言，第二种模式的 ERP 波形在 800~900 毫秒正成分的波动幅度比第一种模式正成分的波动幅度要大，这说明第二种模式解码相对而言较第一种模式困难，因此会出现较强的正成分波动。这种同质性在后两种模式中发生了本质的变化。

　　第三种模式 The broker hoped to sell the stock was sent to jail 中，整个结构仍然是 S→NP VP 形式。但是，嵌套结构 hoped to sell the stock 的存在加剧了理解的困难程度。（1）在 to 出现前，该模式的 ERP 波形图与第一种模式 The broker hoped to sell the stock 的波形图是一致的，所以，左侧 ERP 波形图中第一种和第三种模式都用重合的实线来表示。（2）在系动词 was 出现时，第三种模式（右侧的虚线部分）在 900 毫秒出现了这四种模式对照中最高的正成分波峰。这说明第三种模式的理解是这四个模式中最困难的。

Tagging

The/DT	broker/NN	hoped/VBN	to/TO	sell/VB
the/DT	stock/NN	was/VBD	sent/VBN	to/TO
jail/NN	./.			

Parse

```
(ROOT
  (S
    (NP
      (NP(DT The)(NN broker))
      (VP(VBN hoped)
```

```
      (S
        (VP(TO to)
          (VP(VB sell)
            (NP(DT the)(NN stock)))))))))
      (VP(VBD was)
        (VP(VBN sent)
          (PP(TO to)
            (NP(NN jail)))))
      (..)))
```

Typed dependencies

det(broker-2,The-1)　　　　　nsubjpass(sent-9,broker-2)

vmod(broker-2,hoped-3)　　　aux(sell-5,to-4)

xcomp(hoped-3,sell-5)　　　　det(stock-7,the-6)

dobj(sell-5,stock-7)　　　　　auxpass(sent-9,was-8)

root(ROOT-0,sent-9)　　　　　prep(sent-9,to-10)

pobj(to-10,jail-11)

　　第四种模式 The broker persuaded to sell the stock was sent to jail 中，虽然嵌套结构 persuaded to sell the stock 的存在也加剧了理解的困难程度，但系统仍然形成了正确的解码模式。对其分析可分成两部分进行：（1）在 to 出现前，该模式的 ERP 波形图与第二种模式 The broker persuaded to sell the stock 的波形图是一致的，所以，左侧 ERP 波形图中第二种和第四种模式都用重合的虚线来表示。（2）在系动词 was 出现时，第四种模式（右侧的实线部分）在 900 毫秒出现了比第二种模式更强烈的正成分。这说明第四种模式比第二种模式更难理解。比较右侧第四种模式实线波形和第三种模式虚线波形可以发现，第三种模式比第四种模式波幅更大，即更难理解。

Tagging

The/DT	broker/NN	persuaded/VBN	to/TO	sell/VB
the/DT	stock/NN	was/VBD	sent/VBN	to/TO
jail/NN	./.			

Parse

（ROOT

　（S

　　（NP

　　　（NP（DT The）（NN broker））

　　　（VP（VBN persuaded）

　　　　（S

　　　　　（VP（TO to）

　　　　　　（VP（VB sell）

　　　　　　　（NP（DT the）（NN stock）)))))))

　　（VP（VBD was）

　　　（VP（VBN sent）

　　　　（PP（TO to）

　　　　　（NP（NN jail）)))))

　　（. .）)))

Typed dependencies

det（broker-2,The-1）

vmod（broker-2,persuaded-3）

xcomp（persuaded-3,sell-5）

dobj（sell-5,stock-7）

root（ROOT-0,sent-9）

pobj（to-10,jail-11）

nsubjpass（sent-9,broker-2）

aux（sell-5,to-4）

det（stock-7,the-6）

auxpass（sent-9,was-8）

prep（sent-9,to-10）

　　对比第三和第四模式的系统剖析结果可知，剖析结果没有显著性差异，即都成功完成了剖析。这说明，螺旋跨越的错位效应对认知的影响是体现在过程中的，对时间分辨率有着较高的要求。ERP 本身最大的优势就在于对过程的时间分辨率具有很高的灵敏度，所以，ERP 波形能够说明解读过程的难易程度。由此，我们可以得出这四种模式理解的难易程度比较：最难→第三种模式（右侧虚线）→第四种模式（右侧实线）→第二种模式（左侧虚线）→第一种模式（左侧实线）→最易。从认知归位角度我们分析如下：

　　动词 hope 通常用于主动态（如第一模式的 hoped/VBD），hope to do

sth. 是其使用的原型模式。第一模式是符合原型的，其解读过程的 ERP
波形波动幅度是最平缓的，理解也最容易。第二种模式中动词 persuaded
通常用于被动态或者后续宾语成分，persuaded to do sth. 由于没有宾语后
续，其解读模式不是原型，解码过程没有附带宾语时顺畅。所以，其
800~900 毫秒时 ERP 解码波形幅度比第一种模式要大，理解难度也偏大。
第三种模式中被动态 hoped/VBN 的使用在 was 出现时被激活。由于 hope
通常只用于主动态，被动态是低频现象。这种低频模式在关键性信息 was
的启发下得以被系统启用，并颠覆原来的高频主动态模式，出现了认知
错位效应，在 ERP 中表现为最强烈的波形波动。系统完成了错位的认知
归位，并实现了螺旋跨越。第四种模式中，动词 persuaded 常用于被动
态，所以，was 的出现虽然也产生了比第二种模式较大的波动幅度，但是
被动态 persuaded 的使用并不是特别低频的现象，其被动态 VBN 取代主动
态 VBD 产生的错位效应也不是很强烈。其 ERP 波形的波幅比第三种模式
波形的波幅要小，但比第一种和第二种模式要大，即理解难度也是较难
的。这种认知错位效应是解码过程中出现的螺旋跨越，具有较高的时间
分辨率，这与 ERP 的适用特征相吻合，其波幅的变化可以说明这种错位
效应的特征。

以上分析说明，对系统可以成功剖析的四种模式来说，具有认知错
位效应的螺旋跨越往往出现在解码过程中，具有较高的 ERP 可测时间分
辨率。如果对于系统不能够成功剖析的模式来说，这种错位效应是否存
在以及是否可测，我们将在下面讨论。请见下面几例：

例 76：**The man in the restaurant doesn't like the <u>hamburgers</u> that
<u>are</u> on his plate.**（Kaan & Swaab, 2003）饭店里的男人不喜欢盘子里的
汉堡。

Tagging

The/DT	man/NN	in/IN	the/DT
restaurant/NN	does/VBZ	n't/RB	like/VB
the/DT	hamburgers/NNS	that/WDT	are/VBP
on/IN	his/PRP $	plate/NN	./.

Parse

(ROOT

```
( S
  ( NP
    ( NP( DT The ) ( NN man ) )
    ( PP( IN in )
      ( NP( DT the ) ( NN restaurant ) ) ) )
  ( VP( VBZ does ) ( RB n't )
    ( VP( VB like )
      ( NP
        ( NP( DT the ) ( NNS hamburgers ) )
        ( SBAR
          ( WHNP( WDT that ) )
          ( S
            ( VP( VBP are )
              ( PP( IN on )
                ( NP( PRP $ his ) ( NN plate ) ) ) ) ) ) ) ) )
  ( . . ) ) )
```

Typed dependencies

det(man-2,The-1)   nsubj(like-8,man-2)

prep(man-2,in-3)   det(restaurant-5,the-4)

pobj(in-3,restaurant-5)   aux(like-8,does-6)

neg(like-8,n't-7)   root(ROOT-0,like-8)

det(hamburgers-10,the-9)   dobj(like-8,hamburgers-10)

nsubj(are-12,that-11)   rcmod(hamburgers-10,are-12)

prep(are-12,on-13)   poss(plate-15,his-14)

pobj(on-13,plate-15)

例 77：**The man in the restaurant doesn't like the <u>hamburger</u> that <u>are</u> on his plate.**（Kaan & Swaab,2003）（本句不合语法）

Tagging

The/DT	man/NN	in/IN	the/DT
restaurant/NN	does/VBZ	n't/RB	like/VB

the/DT	hamburger/NN	that/WDT	are/VBP
on/IN	his/PRP $	plate/NN	./.

Parse

```
(ROOT
  (S
    (NP
      (NP(DT The)(NN man))
      (PP(IN in)
        (NP(DT the)(NN restaurant))))
    (VP(VBZ does)(RB n't)
      (VP(VB like)
        (NP
          (NP(DT the)(NN hamburger))
          (SBAR
            (WHNP(WDT that))
            (S
              (VP(VBP are)
                (PP(IN on)
                  (NP(PRP $ his)(NN plate)))))))))
    (. .)))
```

Typed dependencies

det(man-2,The-1)

prep(man-2,in-3)

pobj(in-3,restaurant-5)

neg(like-8,n't-7)

det(hamburger-10,the-9)

nsubj(are-12,that-11)

prep(are-12,on-13)

pobj(on-13,plate-15)

nsubj(like-8,man-2)

det(restaurant-5,the-4)

aux(like-8,does-6)

root(ROOT-0,like-8)

dobj(like-8,hamburger-10)

rcmod(hamburger-10,are-12)

poss(plate-15,his-14)

上面两个对照例中，具有区别性特征的对立体是第一例的 hamburgers/NNS+are/VBP 模式和第二例的 hamburger/NN+are/VBP 模式。

前者是名词复数形式，后者是名词单数形式。由于后续的从句部分的系动词 are 要求引导词必须是名词复数形式，所以，hamburgers/NNS 是符合语法的正确标注，形成的 rcmod(hamburgers-10,are-12)表示两者是从句修饰关系（relative clause modifier）。这种类似的关系还有在 I saw the book which you bought 中的 rcmod(book，bought)关系。由于 hamburgers 要求后续的系统词应该是复数形式而系动词 are 又恰好满足了这种语法要求，系统由此实现的剖析结果是正确的。Kaan & Swaab（2003）简称这个只含有一个 NP 且符合语法的例子为 1NP& grammatical。

第二例中，hamburger/NN 是名词单数，要求后续的从句系动词也应该是表名词单数标注的 VBZ，但后续从句却提供的是修饰名词复数的系动词 are/VBP，不符合语法存在。剖析器中，系统仍将第二例剖析成与第一例完全一致的句法结构和依存关系，并且认可了先行词是名词单数而修饰系动词是复数的不匹配现象，即 rcmod(hamburger-10,are-12)。这种剖析结果是由于 Stanford Parser 的非完整性所导致的，故系统输出的结果是不被语法和语义所接受的。Kaan & Swaab（2003）称这种含有一个 NP 且不符合语法的例子为 1NP& ungrammatical。

例 78：**I cut the <u>cake</u> beside the <u>pizzas</u> that <u>were</u> brought by Jill.（Kaan & Swaab,2003）**我切了比萨边上的蛋糕，比萨是吉尔带来的。

Tagging

I/PRP	cut/VBD	the/DT	cake/NN
beside/IN	the/DT	pizzas/NNS	that/WDT
were/VBD	brought/VBN	by/IN	Jill/NNP
./.			

Parse

```
(ROOT
  (S
    (NP(PRP I))
    (VP(VBD cut)
      (NP(DT the)(NN cake))
      (PP(IN beside)
        (NP
```

```
( NP( DT the) ( NNS pizzas) )
( SBAR
  ( WHNP( WDT that) )
  ( S
    ( VP( VBD were)
      ( VP( VBN brought)
        ( PP( IN by)
          ( NP( NNP Jill) ) ) ) ) ) ) ) ) ) ) )
( . . ) ) )
```

Typed dependencies

nsubj(cut-2,I-1)   root(ROOT-0,cut-2)

det(cake-4,the-3)   dobj(cut-2,cake-4)

prep(cut-2,beside-5)   det(pizzas-7,the-6)

pobj(beside-5,pizzas-7)   nsubjpass(brought-10,that-8)

auxpass(brought-10,were-9)   rcmod(pizzas-7,brought-10)

prep(brought-10,by-11)   pobj(by-11,Jill-12)

例 79：I cut the <u>cakes</u> beside the <u>pizza</u> that <u>were</u> brought by Jill.
(Kaan & Swaab,2003) 我切了比萨旁边的蛋糕,蛋糕是吉尔带来的。

Tagging

I/PRP   cut/VBD   the/DT   cakes/NNS

beside/IN   the/DT   pizza/NN   that/WDT

were/VBD   brought/VBN   by/IN   Jill/NNP

./.

Parse

```
( ROOT
  ( S
    ( NP( PRP I) )
    ( VP( VBD cut)
      ( NP( DT the) ( NNS cakes) )
      ( PP( IN beside)
```

```
(NP
  (NP(DT the)(NN pizza))
  (SBAR
    (WHNP(WDT that))
    (S
      (VP(VBD were)
        (VP(VBN brought)
          (PP(IN by)
            (NP(NNP Jill)))))))))))))
  (..)))
```

Typed dependencies

nsubj(cut-2,I-1)   root(ROOT-0,cut-2)

det(cakes-4,the-3)   dobj(cut-2,cakes-4)

prep(cut-2,beside-5)   det(pizza-7,the-6)

pobj(beside-5,pizza-7)   nsubjpass(brought-10,that-8)

auxpass(brought-10,were-9)   rcmod(pizza-7,brought-10)

prep(brought-10,by-11)   pobj(by-11,Jill-12)

例 80:I cut the cake beside the pizza that were brought by Jill. (Kaan & Swaab,2003)(本句不合语法)

Tagging

I/PRP   cut/VBD   the/DT   cake/NN

beside/IN   the/DT   pizza/NN   that/WDT

were/VBD   brought/VBN   by/IN   Jill/NNP

./.

Parse

```
(ROOT
  (S
    (NP(PRP I))
    (VP(VBD cut)
      (NP(DT the)(NN cake))
```

```
（PP（IN beside）
  （NP
    （NP（DT the）（NN pizza））
    （SBAR
      （WHNP（WDT that））
      （S
        （VP（VBD were）
          （VP（VBN brought）
            （PP（IN by）
              （NP（NNP Jill）））））））))))）
（..）))
```

Typed dependencies

nsubj（cut-2,I-1）　　　　　　　root（ROOT-0,cut-2）

det（cake-4,the-3）　　　　　　dobj（cut-2,cake-4）

prep（cut-2,beside-5）　　　　　det（pizza-7,the-6）

pobj（beside-5,pizza-7）　　　　nsubjpass（brought-10,that-8）

auxpass（brought-10,were-9）　　rcmod（pizza-7,brought-10）

prep（brought-10,by-11）　　　　pobj（by-11,Jill-12）

上面三个对照例中，共涉及两个 NP 的变化，即 cake/NN+pizzas/NNS +were/VBD 模式、cakes/NNS + pizza/NN + were/VBD 模式和 cake/NN + pizza/NN+were/VBD 模式。

在 cake/NN + pizzas/NNS + were/VBD 模式中，定语从句 that were brought by Jill 根据就近原则被认为是 pizzas/NNS 的修饰成分，构成了 SBAR 的从句结构。这种匹配符合语法的原型模式，因此，系统的词类标注、句法结构和依存关系都是正确的。Kaan & Swaab（2003）将这类涉及两个 NP 变化而且符合语法的原型解码模式表示为 2NP & preferred & grammatical。

在 cakes/NNS+pizza/NN+were/VBD 模式中，表示复数的名词词组位置发生了对调，由与 were/VBD 就近的位置调到了与其较远的位置，即 cake/NN→cakes/NNS，pizzas/NNS→pizza/NN。这种变化意味着 were/ VBD 所需的名词复数形式的先行词不再是符合就近原则的 pizza/NN，而变成了距离较远的 cakes/NNS。原型的 pizza/NN 被非原型的 cakes/NNS 所取代，这种非优选结构且符合语法的模式被 Kaan & Swaab（2003）称为 2NP & nonpreferred & grammatical。

在 cake/NN + pizza/NN + were/VBD 模式中，由于两个 NP 都不符合 were/VBD 所需的先行词必须是名词复数的语法标准，该模式是不符合语法的 2NP 模式，即 2NP & ungrammatical。

由以上五个示例，Kaan & Swaab（2003）得到了五种分析模式：（1）1NP& grammatical，（2）1NP & ungrammatical，（3）2NP & preferred & grammatical，（4）2NP & nonpreferred & grammatical，（5）2NP & ungrammatical。在这五种模式的句法剖析和依存关系分析中，Stanford Parser 由于自身的系统缺陷无法区分它们的异同，我们可以借助 Kaan & Swaab（2003）的 ERP 数据来分析系统无法区分的这五种模式解码过程中出现的高时间分辨率的行进错位效应，以及由此产生的螺旋跨越的认知体验。

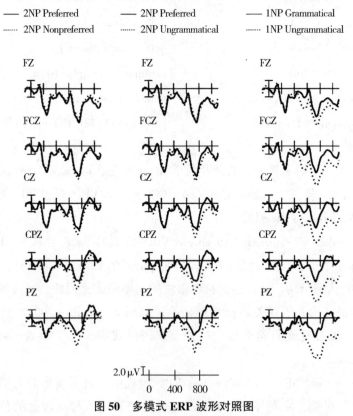

图 50　多模式 ERP 波形对照图

在多模式 ERP 波形对照图（Kaan & Swaab，2003）中，实验按照国际脑电 10~20 系统（International 10~20 EEG System）分别从五个部位完成了电极采样，分别是额中点 FZ、介于额中点和中央点的 FCZ、中央点 CZ、介于中央点和顶点的 CPZ 和顶点 PZ。具体的采样点分布可参照下图：

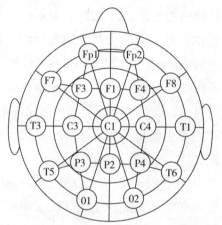

图 51　ERP 测试电极分布图

为了便于理解，Kaan & Swaab 在图 50 中对五种分析模式进行了三个分组：

（1）左侧的为第一组，测试的是符合语法的原型模式 2NP preferred（即 cake/NN + pizzas/NNS + were/VBD 模式）和非原型模式 2NP nonpreferred（即 cakes/NNS+pizza/NN+were/VBD 模式）之间的解码波形对照。

（2）居中的为第二组，测试的是符合语法的原型模式 2NP preferred（即 cake/NN+pizzas/NNS+were/VBD 模式）和不符合语法的 2NP ungram-matical（即 cake/NN+pizza/NN+were/VBD 模式）之间的 ERP 对比。

（3）右侧的为第三组，测试的是符合语法的 1NP grammatical（即 hamburgers/NNS+are/VBP 模式）和不符合语法的 1NP ungrammatical（即 hamburger/NN+are/VBP 模式）的 ERP 波形变化。

在第一组对照中可见，原型模式和非原型模式的解码过程中 FZ 点、FCZ 点、CZ 点三个部位的 ERP 波形变化不大。这说明解码时脑电变化在这三个区域没有显著性差异。具有明显差异的是 CPZ 点和 PZ 点。在 700毫秒左右的区间，ERP 正成分波形发生了较强烈的波动。这说明波动激烈的作为虚线部分的非原型模式产生了错位效应。具体阐释如下：

认知系统在剖析 I cut the cake(cakes) beside the pizzas(pizza) that 时，两模式没有产生本质性不同，ERP 波形体现为在 700 毫秒前两者解码波形几乎是重合的。但是随着关键性启发信息 were 的出现，两波形发生了偏离。Were 要求先行词必须是名词复数成分，这在原型模式中可以按照就近原则得以实现，所以形成的是标准的 ERP 实线波形。但是，在对非原型模式解读时，就近的先行词 pizza 已经无法完成 were 的语法要求，迫使认知系统跨越更远的依存距离找寻符合的先行词，直到匹配到 cakes。从就近的原型模式中的 pizzas 到非原型的 cakes，认知系统感受了强烈的错位效应，与此螺旋跨越匹配相对应的 ERP 波形出现了较原型模式更激烈的正成分波动。所以说，符合语法的非原型模式 2NP nonpreferred 的解码在实现认知归位的过程中经历了行进错位，引发认知过载，并在完成远距离依存关系匹配之后，实现了螺旋跨越。

在第二组对照中可见，符合语法的 2NP preferred 和不符合语法的 2NP ungrammatical 波形变化除了在 FZ 点和 FCZ 点变化不大之外，其他三个脑电部位都出现了显著性差异。不符合语法的模式产生的 ERP 波形波动最大，这表明认知系统产生了强烈的错位效应。但是，由于不符合语法的模式无法在后期实现螺旋跨越，即不能找到能充当 were 的合法的先行词，系统解码是失败的。2NP ungrammatical 在解码过程有行进错位发生但却没有实现认知归位的螺旋跨越。ERP 以高时间分辨率记录了在 700 毫秒 were 出现后的认知过载，即耗费了相当大的认知资源，体现在波幅的剧烈震荡上。

在第三组对照中可见，符合语法的 1NP grammatical 和不符合语法的 1NP ungrammatical 形成的波形变化类似于第二组。由于涉及的先行词只有 1NP，而后续的 are 能较快判别先行词是否符合语法要求，所以，1NP ungrammatical 模式出现正成分波动的时间比 2NP ungrammatical 模式要早近 200 毫秒，即从解码过程的 500 毫秒就开始出现与 1NP grammatical 模式偏离的态势。此外，正成分波动延长的时间也比 2NP ungrammatical 模式晚。换句话说，同样都是不符合语法的两种模式，1NP 出现错位的时间段是 500～1100 毫秒，而 2NP 出现错位的时间段是 700～1100 毫秒。这说明越简单的错误结构引发的错位效应越强烈，形成的 ERP 波形波动也就越剧烈。

三个对照组解码过程形成的脑地形图如图所示（Kaan & Swaab, 2003）。

脑电地形图的截取时点分为三个：500～700 毫秒，700～900 毫秒，

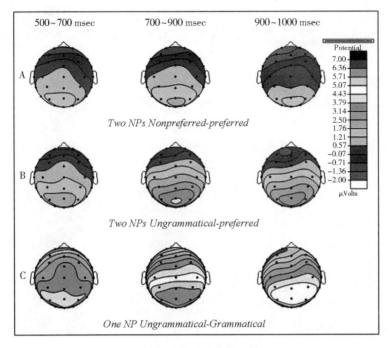

图 52 多模式脑电地形图

900~1100 毫秒；分列左、中、右三部分。三个对照组仍以多模式 ERP 波形对照图为原数据。脑电分布地形与 ERP 测试电极分布图相一致。

实验证明：

（1）各对照组在三个时间节点的波形图变化是动态而不是静止的。

（2）从反应时间区域看，与多模式 ERP 波形对照图相似，在对照的 2NPs nonpreferred-preferred 模式（A 组）、2NPs ungrammatical-preferred 模式（B 组）、1NP ungrammatical-grammatical 模式（C 组）中，A 组的剧烈变化出现在解码的 900~1100 毫秒期，B 组的变化出现在 700~1100 毫秒期而 C 组的变化却跨越了 500~1100 毫秒期。

（3）从反应部位来看，2NP 模式测试中的前额效应的规模和分布对变量变化不敏感。其中，A 组的额中点 FZ、介于额中点和中央点的 FCZ 和中央点 CZ 对错位效应的联动反应在 500~1100 毫秒表现均较弱。B 组的 FZ 点和 FCZ 点此区间反应较弱，但 CZ 点却反应较灵敏。C 组的测试点在 500~1100 毫秒表现较亢进，脑电地形图变化较明显。变化中，脑电的正成分在右半球呈现最大幅度。

（4）从反应程度看，三种反应最为激烈：2NPs nonpreferred 模式、

2NPs ungrammatical 模式、1NP ungrammatical 模式。三个模式都有错位效应发生，但是，第一个模式实现了认知归位和螺旋跨越，完成了正确解码，形成了独特的花园幽径模式的行进错位。后两个模式错位发生后无法实现跨越，系统剖析失败。

通过以上分析可知，行进错位效应在不符合语法的解码中和在花园幽径模式解码中都存在。其中，花园幽径模式具有回溯折返的特性，并能在认知归位后实现螺旋跨越。关键性启发信息的出现是回溯折返的条件，其实质是非优选模式取代优选模式。不符合语法的解码模式由于没有关键性启发信息的存在，ERP 波形在经历了最大的正成分波幅后解码以失败方式告终。

小　结

花园幽径效应是具有理解折返性和顿悟性的认知现象。其独有的数据结构是产生行进错位的根本原因。在花园幽径效应的顿悟研究中，相似相生关系类型、闭合倾向关系类型、线性发展关系类型和整体倾向关系类型是蕴含行进错位的四个主要类型。认知基础研究是阐释花园幽径模式行进错位的深层次研究。语义触发是行进错位的前提，循环算法是行进错位的回溯性感知。认知折返是行进错位的认知归位和纠偏，螺旋跨越是行进错位效应的结果。

除了具有理解折返和认知顿悟特性之外，花园幽径现象还具有其他语言现象所共有的特性（如层级存在性）。该现象如何在各个层面得以存在以及何种解码策略具有可释性将作为下章讨论的核心。

第四章　花园幽径现象层级存在性及解码策略研究

花园幽径现象是喻指认知在曲径通幽的花园中先期迷失、后期折返的语义短路现象，其理解初期产生行进式错位并带来认知模式的否定之否定。具有使人误入幽径、径绝路封、峰回路转、转至畅路、路通意达的特性。花园幽径现象在语素、词、短语、句、文本层面均能发生。层级存在引发认知顿悟，其加重的解码负担终将引发对原认知期待的反叛。

第一节　花园幽径现象的层级存在性

Fodor 在《大脑的模块性》（*The Modularity of Mind*）（1983）中提出"语言理解源自多分工模块合作"的模块论观点，为层级性讨论花园幽径现象打下了心理学的理论基础。下面着重讨论语素、词、短语、句、文本各层基于模块理论的花园幽径现象认知解读。

一、语素花园幽径现象

语素花园幽径现象的显著性特征在于语素本身的存在。语素是最小的语法单位，也就是最小的语音、语义结合体。依据是否可单独成词，语素可分为自由语素和不自由语素。unacceptable 这个字有三个语素：un-（不自由语素）、accept（自由语素）、-able（不自由语素）。

词缀通常情况下属于不自由语素，但它具有较强的构词能力，其产生的语义多项性有时会产生花园幽径现象。请见下例：

例 81：**The video that's intended to attract more tourists to the island nation will be re-broadcast tomorrow.** 旨在吸引更多游客来岛国的光碟明天将会重新播放。

（ROOT
 （S
  （NP
   （NP（DT The）（NN video））
   （SBAR
    （WHNP（WDT that））
    （S
     （VP（VBZ 's）
      （VP（VBN intended）
       （S
        （VP（TO to）
         （VP（VB attract）
          （NP（JJR more）（NNS tourists））
         （PP（TO to）
          （NP（DT the）（NN island）（NN na-
tion）））））））））））
  （VP（MD will）
   （VP（VB be）
    （ADJP（JJ re-broadcast））
    （NP（NN tomorrow））））
  （. .）））

  例 82：**He plugged in his razor to recharge it.** 他把电子剃须刀插上电源充电。

Tagging

He/PRP	plugged/VBD	in/IN	his/PRP$	razor/NN	to/TO
recharge/VB	it/PRP	./.			

Parse

（ROOT
 （S

```
(NP(PRP He))
(VP(VBD plugged)
  (PP(IN in)
    (NP(PRP $ his)(NN razor)
      (S
        (VP(TO to)
          (VP(VB recharge)
            (NP(PRP it))))))))))
(. .)))
```

Typed dependencies

nsubj(plugged-2,He-1)   root(ROOT-0,plugged-2)

prep(plugged-2,in-3)   poss(razor-5,his-4)

pobj(in-3,razor-5)   aux(recharge-7,to-6)

vmod(razor-5,recharge-7)   dobj(recharge-7,it-8)

例 83：**The Act is seen as a step towards the Government's policy to reform and simplify the property market.** 该法案被视为政府的政策向改革和简化物业市场迈进了一步。

Tagging

The/DT	Act/NNP	is/VBZ	seen/VBN
as/IN	a/DT	step/NN	towards/IN
the/DT	Government/NN	's/POS	policy/NN
to/TO	reform/VB	and/CC	simplify/VB
the/DT	property/NN	market/NN	./.

Parse
```
(ROOT
  (S
    (NP(DT The)(NNP Act))
    (VP(VBZ is)
      (VP(VBN seen)
        (PP(IN as)
```

```
( NP
  ( NP( DT a) ( NN step) )
  ( PP( IN towards)
    ( NP
      ( NP( DT the) ( NN Government) ( POS 's) )
      ( NN policy)
      ( S
        ( VP( TO to)
          ( VP( VB reform)
          ( CC and)
          ( VB simplify)
            ( NP ( DT the ) ( NN property ) ( NN mar-
ket) ) ) ) ) ) ) ) ) ) )
      ( .. ) ) )
```

Typed dependencies

det(Act-2,The-1)   nsubjpass(seen-4,Act-2)

auxpass(seen-4,is-3)   root(ROOT-0,seen-4)

prep(seen-4,as-5)   det(step-7,a-6)

pobj(as-5,step-7)   prep(step-7,towards-8)

det(Government-10,the-9)   poss(policy-12,Government-10)

possessive(Government-10,'s-11)   pobj(towards-8,policy-12)

aux(reform-14,to-13)   vmod(policy-12,reform-14)

cc(reform-14,and-15)   conj(reform-14,simplify-16)

det(market-19,the-17)   nn(market-19,property-18)

dobj(reform-14,market-19)

例 84：**Since midday,the enemy had rallied to recapture the county.**
中午，敌人开始集结以夺取小镇。

Tagging

Since/IN	midday/NN	'/'	the/DT
enemy/NN	had/VBD	rallied/VBN	to/TO

recapture/VB　　　　the/DT　　　　　　county/NN　　　　./.

Parse

（ROOT

　　（S

　　　　（PP（IN Since）

　　　　　　（NP（NN midday）））

　　　　（,,）

　　　　（NP（DT the）（NN enemy））

　　　　（VP（VBD had）

　　　　　　（VP（VBN rallied）

　　　　　　　　（S

　　　　　　　　　　（VP（TO to）

　　　　　　　　　　　　（VP（VB recapture）

　　　　　　　　　　　　　　（NP（DT the）（NN county）)))))))

　　　　(..)))

Typed dependencies

prep（rallied-7,Since-1）　　　　　　pobj（Since-1,midday-2）

det（enemy-5,the-4）　　　　　　　　nsubj（rallied-7,enemy-5）

aux（rallied-7,had-6）　　　　　　　　root（ROOT-0,rallied-7）

aux（recapture-9,to-8）　　　　　　　xcomp（rallied-7,recapture-9）

det（county-11,the-10）　　　　　　　dobj（recapture-9,county-11）

　　　上面四例都涉及语素 re- 的不同释义。按照 LDOCE 中的解释，前缀 re-具有三种释义，具体如下：

　　　1. again：

They're rebroadcasting the play.

　　　2. again in a better way：

She asked me to redo the essay.

　　　3. back to a former state：

After years of separation they were finally reunited.

按照这些释义和词典配例，我们可以看出上面的四个例子分别属于不同的范围。例 81 属于 again，没有发生变化的简单重复和再现。例 83

属于 again in a better way，具有改良性质的推进和再现。例 84 属于 back to a former state，具有相反和回转功能的再现和重复。如果我们把 recharge v [T] to put a new supply of electricity into a battery 作为一个独立的释义，那么，例 82 属于最后一个分类：会发生物理或化学变化的再现。

以上语素 re- 在四个句子中表示不同的意思。如果这个具有多义项的语素融合在一个词中，其形成的效果将会出现行进错位。例如，rebury 由前缀 re 和词根 bury 组成。相应的具有四种可能解释：再重新埋葬一次；进一步加土埋葬；更好地埋葬；埋葬后再挖出来（贾德林、秦洪林，1991）。

例 85：The skiers were buried under the snow while the Avalanche occurred; if they are discovered in the future, they will be reburied in the churchyard. 雪崩时，滑雪者被埋在了雪下；将来他们能被发现的话，将会重新埋葬在教堂墓地。

Tagging

The/DT	skiers/NNS	were/VBD
buried/VBN	under/IN	the/DT
snow/NN	while/IN	the/DTA
valanche/NNP	occurred/VBD	;/:
if/IN	they/PRP	are/VBP
discovered/VBN	in/IN	the/DT
future/NN	'/'	they/PRP
will/MD	be/VB	reburied/VBN
in/IN	the/DT	churchyard/NN
./.		

Parse

```
(ROOT
  (S
    (S
      (NP (DT The) (NNS skiers))
      (VP (VBD were)
        (VP (VBN buried)
```

```
          (PP(IN under)
            (NP(DT the)(NN snow)))
          (SBAR(IN while)
            (S
              (NP(DT the)(NNP Avalanche))
              (VP(VBD occurred))))))))
    (:;)
    (S
      (SBAR(IN if)
        (S
          (NP(PRP they))
          (VP(VBP are)
            (VP(VBN discovered)
              (PP(IN in)
                (NP(DT the)(NN future)))))))
      (,,)
      (NP(PRP they))
      (VP(MD will)
        (VP(VB be)
          (VP(VBN reburied)
            (PP(IN in)
              (NP(DT the)(NN churchyard)))))))
    (..)))
```

Typed dependencies

det(skiers-2,The-1)

auxpass(buried-4,were-3)

prep(buried-4,under-5)

pobj(under-5,snow-7)

det(Avalanche-10,the-9)

advcl(buried-4,occurred-11)

nsubjpass(discovered-16,they-14)

advcl(reburied-24,discovered-16)

nsubjpass(buried-4,skiers-2)

root(ROOT-0,buried-4)

det(snow-7,the-6)

mark(occurred-11,while-8)

nsubj(occurred-11,Avalanche-10)

mark(discovered-16,if-13)

auxpass(discovered-16,are-15)

prep(discovered-16,in-17)

det(future-19, the-18)　　　　　pobj(in-17, future-19)

nsubjpass(reburied-24, they-21)　　aux(reburied-24, will-22)

auxpass(reburied-24, be-23)　　　parataxis(buried-4, reburied-24)

prep(reburied-24, in-25)　　　　det(churchyard-27, the-26)

pobj(in-25, churchyard-27)

在 rebury 的解码中，to bury the body again 是使用频率最高的原型释义。上例中的解码是符合认知的原型释义，系统解码没有困难。但是，如果句子解码时产生了由前缀 re 引起的行进式错位，就会出现语素层面的花园幽径现象。

例 86：The grave robbers endeavored to rebury the late king in order to get the hidden precious relics. 为了得到墓藏珍品，盗墓贼们好不容易将死去的国王挖了出来。(杜家利、于屏方，2008)

Tagging

The/DT　grave/JJ　robbers/NNS　endeavored/VBD　to/TO　rebury/VB

the/DT　late/JJ　king/NN　in/IN　order/NN　to/TO

get/VB　the/DT　hidden/VBN　precious/JJ　relics/NNS　. /.

Parse

(ROOT

　(S

　　(NP(DT The)(JJ grave)(NNS robbers))

　　(VP(VBD endeavored)

　　　(S

　　　　(VP(TO to)

　　　　　(VP(VB rebury)

　　　　　　(NP(DT the)(JJ late)(NN king))

　　　　　　(SBAR(IN in)(NN order)

　　　　　　　(S

　　　　　　　　(VP(TO to)

　　　　　　　　　(VP(VB get)

　　　　　　　　　　(NP(DT the)(VBN hidden)(JJ precious)(NNS relics)))))))))))

(..)))

Typed dependencies

det(robbers-3,The-1)   amod(robbers-3,grave-2)

nsubj(endeavored-4,robbers-3)   root(ROOT-0,endeavored-4)

aux(rebury-6,to-5)   xcomp(endeavored-4,rebury-6)

det(king-9,the-7)   amod(king-9,late-8)

dobj(rebury-6,king-9)   mark(get-13,in-10)

dep(get-13,order-11)   aux(get-13,to-12)

advcl(rebury-6,get-13)   det(relics-17,the-14)

amod(relics-17,hidden-15)   amod(relics-17,precious-16)

dobj(get-13,relics-17)

rebury 原型释义 "to bury the body again" 首先被激活。但随着目的状语 in order to get the hidden precious relics 的出现，基于语义的匹配项无法实现。也就是说原型释义无法通过认知常识的理解：盗墓者目的是从墓葬中挖出文物，而不是重新埋葬国王。所以，原型释义被新释义所取代。rebury 新释义 "to dig the body out" 在目的状语这个关键性启发信息出现后得到激活。

由上面分析可知，前缀多样性虽然在系统剖析时能够产生符合词类标注、句法结构和依存关系的剖析结果，但是语义模式转变引发的语义理解的行进错位是产生语素花园幽径效应的根本原因。

二、词花园幽径现象

词花园幽径现象与同形异义词具有关联性。英语中形式相同而意义不同的词被称为同形异义词（homonym），如：fat（胖；油脂）；light（轻的；光）；bark（吠；树皮）；lead（率领；铅）；had（过去式；助动词）等。同形异义词是根据发音或拼写相同而联系在一起的词族。这些词的存在使词层面花园幽径现象丰富多彩。

同形异义词不等同于多义词。前者词源不同而后者词源相同或具有关联性。Lyons（2000）认为完全同形异义词（absolute homonymy）必须具备"意义不相关、形式相似、语法功能相同"三个条件，如 bank（银行；

河岸）。部分同形异义词（partial homonymy）具有其一即可，如 found
（过去式；建立）。多义词（polysemy）依据两个条件进行鉴别：词源
（etymology）和意义相关性，如 foot（山脚；脚）。

例87：**You'll get fat if you eat all that chocolate.** 如果你把那些巧克
力都吃掉，你就会变胖。

Tagging

You/PRP　　'll/MD　　get/VB　　fat/JJ　　　　if/IN　　you/PRP

eat/VBP　　all/PDT　　that/DT　　chocolate/NN　　./.

Parse

（ROOT

　（S

　　（NP（PRP You））

　　（VP（MD 'll）

　　　（VP（VB get）

　　　　（ADJP（JJ fat））

　　　　（SBAR（IN if）

　　　　　（S

　　　　　　（NP（PRP you））

　　　　　　（VP（VBP eat）

　　　　　　　（NP（PDT all）（DT that）（NN chocolate）））））））

　　（..）））

Typed dependencies

nsubj（fat-4, You-1）　　　　　　aux（fat-4, 'll-2）

dep（fat-4, get-3）　　　　　　　root（ROOT-0, fat-4）

mark（eat-7, if-5）　　　　　　　nsubj（eat-7, you-6）

advcl（fat-4, eat-7）　　　　　　predet（chocolate-10, all-8）

det（chocolate-10, that-9）　　　dobj（eat-7, chocolate-10）

　　上面的剖析中，fat 被标注为 fat/JJ，即被认定是形容词。形成的依存
关系中，系统认为 root（ROOT-0, fat-4）是句子的核心根。nsubj（fat-4, You-
1）表示名词性主语关系。aux（fat-4, 'll-2）表示助动关系。dep（fat-4, get-

3)表示依附关系。mark(eat-7,if-5)表示存在于副词性从句修饰关系（advcl）中的标记关系（marker），通常指具有引领功能的从属连词所致的关系，如"Forces engaged in fighting after insurgents attacked"可表示为mark(attacked,after)。nsubj(eat-7,you-6)表示第二个you形成的名词性主语关系。advcl(fat-4,eat-7)表示副词性从句修饰关系（adverbial clause modifier），即动词短语或句子的副词性修饰成分，通常包括条件从句、时间从句等用来修饰动词的附属成分，类似例句如"The accident happened as the night was falling"可表示为advcl(happened,falling)等。predet(chocolate-10,all-8)表示前限定关系（predeterminer），类似例句如"All the boys are here"可表示为predet(boys,all)。det(chocolate-10,that-9)表示限定关系。dobj(eat-7,chocolate-10)表示直接宾语关系。

上例中的形容词fat是解码的原型义项，如果由非原型义项取代高频的原型义项将会导致行进错位的花园幽径效应产生。请见下例：

例88：The boy got fat melted. 男孩让脂肪得到消耗。（Pritchett，1988：552）

Tagging

The/DT   boy/NN   got/VBD   fat/JJ   melted/NN   ./.

Parse

（ROOT

  （S

    （NP（DT The）（NN boy））

    （VP（VBD got）

      （NP（JJ fat）（NN melted）））

    （..）））

Typed dependencies

det(boy-2,The-1)   nsubj(got-3,boy-2)

root(ROOT-0,got-3)   amod(melted-5,fat-4)

dobj(got-3,melted-5)

上例中，系统发生了无法解读的行进错位。fat的非原型名词义项没有被激活，导致系统最终剖析失败。词类标注中，系统错误地剖析fat为原型形容词义项，并将 melted 错误地标注为名词。由此产生的后果是系统将(JJ fat)(NN melted)视为 NP，并生成了 amod(melted-5,fat-4)形容词修饰性关系，这与语法不符。人工干预后，基于 fat 非原型名词义项的正确剖析结果如下：

Tagging

The/DT boy/NN got/VBD fat/NN melted/VBD ./.

Parse

(ROOT

 (S

  (NP(DT The)(NN boy))

  (VP(VBD got)

   (SBAR

    (S

     (NP(NN fat))

     (VP(VBD melted)))))

  (..)))

Typed dependencies

det(boy-2,The-1)   nsubj(got-3,boy-2)   root(ROOT-0,got-3)

nsubj(melted-5,fat-4)   ccomp(got-3,melted-5)

Fat 的形容词义项和名词义项中，前者的使用概率要远远高于后者。在解码时，通常高概率的原型义项首先得到激活，直到能证明前期构建模式失败的关键性信息得到启发。其结果是非原型的义项颠覆原型义项。在 LDOCE 中，fat 除了原型"肥胖"义项"FLESH; weighing too much because you have too much flesh on your body"之外，还有非原型的"脂肪"义项"[U]a substance that is stored under the skin of people and animals, that helps to keep them warm"。同形异义词的非优选义项颠覆了优选义项导致了花园幽径现象的行进错位。

三、短语花园幽径现象

短语花园幽径现象表层是词语搭配问题，深层则是语义的重新协调问题。短语（词组）是相对于单个动词、从句而存在的英语句子成分，是句子结构的独立部分，是由两个以上的词语组合而成的语法单位。在语言学中，短语是指构成句子成分的一组单词，在语法层级中要低于从句。

短语通常有自由和搭配之分，而后者又包括自由搭配和固定搭配等。自由短语的随机组合有时能产生特殊的语言效果，请见下面的小故事：

I was arrested at the airport. Just because I was greeting my cousin Jack! All that I said was "Hi Jack", but very loud. 我在机场被捕了，只是因为我在接机时对我侄子杰克大喊 "嗨！杰克"。

这个花园幽径的幽默小故事就源于故事讲述者把 "Hi Jack（hijack）" 进行了随机组合，使语义发生了行进式错位。听者原来只是关注问候语和杰克人名。等整个故事讲完，听者重新思考，便会把两者结合起来，hijack（"抢劫"）取代了原来的 Hi Jack 问候语，源于随机自由短语的花园幽径现象产生。除此之外，短语辖域（如介词辖域）的调整也会诱发花园幽径效应。

例89：**Thanks for her child brings happiness to me. 谢谢她，（让）孩子带给我欢乐。**

Tagging

Thanks/NNS	for/IN	her/PRP $
child/NN	brings/VBZ	happiness/NN
to/TO	me/PRP	./.

Parse

```
(ROOT
  (S
    (NP
      (NP(NNS Thanks))
      (PP(IN for)
        (NP(PRP $ her)(NN child))))
    (VP(VBZ brings)
    (NP(NN happiness))
```

（PP（TO to）

（NP（PRP me））））

（..）））

Typed dependencies

nsubj（brings-5,Thanks-1）   prep（Thanks-1,for-2）

poss（child-4,her-3）   pobj（for-2,child-4）

root（ROOT-0,brings-5）   dobj（brings-5,happiness-6）

prep（brings-5,to-7）   pobj（to-7,me-8）

上例中的解读经历了行进错位，并引发了折返性的回溯效应。系统剖析时，默认原型模式 NP（PRP ＄ her）（NN child）的存在。形成的 nsubj（brings-5,Thanks-1）依存关系表示名词主语是名词复数的 Thanks/NNS，而核心动词的标注 brings/VBZ 却表示其是第三人称单数。根据名词复数后续动词应该是 VBP 而不是 VBZ。以上解码出现了行进错位。系统产生回溯，重新解码 her child。错位后认知归位的解码中，her/PRP ＄ 的人称代词所有格的标注转变为人称代词 her/PRP 的标注。依存关系中的名词性主语关系 nsubj（brings-5,Thanks-1）转变为 nsubj（brings-6,child-5）。主语由认知原型的 thanks 调整到非原型的 child，认知错位得到归位后，实现了螺旋跨越。如果我们在 her child 间添加利于解码的标点符号，系统将得到没有行进错位的正确解码结果。

例 90：Thanks for her, child brings happiness to me. 谢谢她，（让）孩子带给我欢乐。

Tagging

Thanks/NNS   for/IN   her/PRP   ′/′   child/NN   brings/VBZ

happiness/NN   to/TO   me/PRP   ./.

Parse

（ROOT

  （S

    （PP

      （NP（NNS Thanks））

      （IN for）

```
　　（NP（PRP her）））
（ ,,）
（NP（NN child））
（VP（VBZ brings）
　（NP（NN happiness））
　（PP（TO to）
　　（NP（PRP me））））
（..）））
```

Typed dependencies

npadvmod（for-2,Thanks-1）　　　　prep（brings-6,for-2）

pobj（for-2,her-3）　　　　　　　nsubj（brings-6,child-5）

root（ROOT-0,brings-6）　　　　　dobj（brings-6,happiness-7）

prep（brings-6,to-8）　　　　　　pobj（to-8,me-9）

　　上例中由于添加了消歧的标点符号，系统的解码简单有效。首先实现了 her 由人称代词所有格向人称代词的标注转变；其次确定了名词性主语由 thanks 向 child 的转变；最后生成了符合语法的 nsubj（brings-6,child-5）依存关系，即第三人称单数 child/NN 匹配与其对应的 brings/VBZ 结构。系统剖析成功。

　　在花园幽径句行进错位的消解方面，除了通过添加标点符号来人工干预原型模式 her child 的切分外，通过围绕原型模式匹配与之相对应的语法信息的方法也同样可以消解错位效应。前面的分析中，导致系统出现解码失败的根本原因在于 nsubj（brings-5,Thanks-1）的依存关系矛盾：名词复数不可以匹配第三人称单数的动词形式。如果我们调整动词形式为非第三人称单数形式，将得到系统的正确剖析结果。请见下例：

　　例 91：Thanks for her child bring happiness to me. 对她孩子的感谢让我感到快乐。

Tagging

Thanks/NNS　for/IN　her/PRP $　child/NN　bring/VBP　happiness/NN
to/TO　　　　me/PRP　./.

Parse

（ROOT

　（S

　　（NP

　　　（NP（NNS Thanks））

　　　（PP（IN for）

　　　　（NP（PRP ＄ her）（NN child））））

　　　（VP（VBP bring）

　　　（NP（NN happiness））

　　　（PP（TO to）

　　　　（NP（PRP me））））

　　　（..）））

Typed dependencies

nsubj（bring-5,Thanks-1）　　　　　　prep（Thanks-1,for-2）

poss（child-4,her-3）　　　　　　　　pobj（for-2,child-4）

root（ROOT-0,bring-5）　　　　　　　dobj（bring-5,happiness-6）

prep（bring-5,to-7）　　　　　　　　pobj（to-7,me-8）

　　如上所示，系统仍然默认 her child 为原型模式，并将其与 thanks 一起剖析为 NP 结构。后续的经过调整的动词形式变成了 bring/VBP 而不再是与 NP 结构矛盾的 brings/VBZ，所以新的依存关系 nsubj（bring- 5，Thanks-1）符合语法规则，系统剖析得以成功。

　　由以上分析可知，表层短语的特殊组合和搭配会带来深层语义变化，并可能导致短语花园幽径现象的产生。

四、句法花园幽径现象

　　句法花园幽径现象在国内外探讨得较充分。在早期研究中，Bever 就是在分析花园幽径句时提出"花园幽径现象"的。我们这里讨论句法结构模式的优先级别不同所导致的行进错位现象。

　　句法构式中具有优先性。在句法学中，give：V；［NP NP NP；NP NP PP］表示动词 give 是一个三位谓词（three- place predicate）。Attack：V；［NP NP］表示动词 attack 是一个二位谓词（two- place predicate）。动词的

论元结构（argument structure）决定了实现动词的动作或状态所需要的最少的论元数量。在一个句子结构中，涉及的动词可能不止一个，那么就会出现多动词竞争论元的情况，即哪些成分应该归属于哪个动词的论元结构将会影响系统的剖析结果。

例 92：**The crewman on board gave the drowning man a shark was going to attack a rope.** 船上的船员给了那个鲨鱼正要袭击的落水人一根绳子。

Tagging

The/DT	crewman/NN	on/IN	board/NN	gave/VBD	the/DT
drowning/JJ	man/NN	a/DT	shark/NN	was/VBD	going/VBG
to/TO	attack/VB	a/DT	rope/NN	./.	

Parse

```
(ROOT
  (S
    (NP
      (NP(DT The)(NN crewman))
      (PP(IN on)
        (NP(NN board))))
    (VP(VBD gave)
      (NP(DT the)(JJ drowning)(NN man))
      (NP
        (NP(DT a)(NN shark))
        (SBAR
          (S
            (VP(VBD was)
              (VP(VBG going)
                (S
                  (VP(TO to)
                    (VP(VB attack)
                      (NP(DT a)(NN rope)))))))))))
    (..)))
```

Typed dependencies

det(crewman-2, The-1) nsubj(gave-5, crewman-2)

prep(crewman-2, on-3) pobj(on-3, board-4)

root(ROOT-0, gave-5) det(man-8, the-6)

amod(man-8, drowning-7) iobj(gave-5, man-8)

det(shark-10, a-9) dobj(gave-5, shark-10)

aux(going-12, was-11) rcmod(shark-10, going-12)

aux(attack-14, to-13) xcomp(going-12, attack-14)

det(rope-16, a-15) dobj(attack-14, rope-16)

上例是经历了行进错位的花园幽径句。该例涉及两个动词 give 和 attack。Give 是三位谓词而 attack 是两位谓词。共有四个 NP 可供两个谓词选择：NP(DT The)(NN crewman)，NP(DT the)(JJ drowning)(NN man)，NP(DT a)(NN shark)和 NP(DT a)(NN rope)。

在句法剖析中，系统认为 VP(VB attack)(NP(DT a)(NN rope))是可以接受的模式，即系统认为，dobj(attack-14, rope-16)的直接宾语关系是正确的：鲨鱼袭击的是绳子。系统默认服务于 give 的三个论元分别是 the crewman，the drowning man 和 a shark。服务于 attack 的两个论元是 a shark 和 a rope，其中 a shark 以重叠论元身份出现在从句 was going to attack a rope 中。动词与论元之间形成的错误题元关系（thematic relation）如下：

Give：V；[the crewman$_{[+AGENT]}$；the drowning man$_{[+THEME]}$；a shark$_{[+THEME]}$]

Attack：V；[a shark$_{[+AGENT]}$；a rope$_{[+THEME]}$]

上面的题元角色关系中，下画线部分的 the crewman$_{[+AGENT]}$ 和 a shark$_{[+AGENT]}$ 是外论元（external argument），其构成的外题元角色（external theta role）表示充当主语的外论元在动词之外。非下画线的 the drowning man$_{[+THEME]}$，a shark$_{[+THEME]}$ 和 a rope$_{[+THEME]}$ 作为宾语分别出现在动词 give 和 attack 辖域之内，是动词的内论元（internal argument），得到的题元角色是内题元角色（internal theta role）。论元定位中，作为重叠论元的 a shark 既作为主句的$_{[+THEME]}$也作为从句的$_{[+AGENT]}$出现。由此，我们可以得到系统默认模式形成的错误翻译结果："船上的船员给了落水人一个正要袭击一根绳子的鲨鱼"。系统源于重叠论元 a shark 的解码模式被迫中止，行进错位效应产生，系统回溯到论元的题元角色分配中，尝试找寻可以解码成功的模式。由于重叠论元必须在四个论元中进行选择，而居于最前的 the crewman 和最后的 a rope 不具备重叠论元的条件，所以，非原型的 the drowning man 取代原型的 a shark 成为重叠论元，错位效应形成。正确的题元关系如下：

Give：V；$\left[\ \underline{\text{the crewman}_{[+\text{AGENT}]}}\ ;\ \text{the drowning man}_{[+\text{THEME}]}\ ;\ \text{a rope}_{[+\text{THEME}]}\ \right]$

Attack：V；$\left[\ \underline{\text{a shark}_{[+\text{AGENT}]}}\ ;\ \ \text{the drowning man}_{[+\text{THEME}]}\ \right]$

基于以上正确的题元关系的系统可以得到成功的解码"船上的船员给了那个鲨鱼正要袭击的落水人一根绳子"。如果动词 give 中依存距离较远的论元 a rope 由边缘位置移位至动词的有效辖域内，行进错位效应将会得到消解。请见下例：

例 93：The crewman on board gave a rope to the drowning man a shark was going to attack. 船上的船员把一根绳子给了那个鲨鱼正要袭击的落水人。

Tagging

The/DT	crewman/NN	on/IN	board/NN	gave/VBD	a/DT
rope/NN	to/TO	the/DT	drowning/VBG	man/NN	a/DT
shark/NN	was/VBD	going/VBGto/TO		attack/VB	./.

Parse
```
(ROOT
  (S
    (NP
      (NP(DT The)(NN crewman))
      (PP(IN on)
        (NP(NN board))))
    (VP(VBD gave)
      (NP(DT a)(NN rope))
      (PP(TO to)
        (NP
          (NP(DT the)(VBG drowning)(NN man))
          (SBAR
            (S
```

```
          ( NP( DT a)( NN shark))
          ( VP( VBD was)
            ( VP( VBG going)
              ( S
                ( VP( TO to)
                  ( VP( VB attack))))))))))))
      (..)))
```

Typed dependencies

det(crewman-2,The-1)	nsubj(gave-5,crewman-2)
prep(crewman-2,on-3)	pobj(on-3,board-4)
root(ROOT-0,gave-5)	det(rope-7,a-6)
dobj(gave-5,rope-7)	prep(gave-5,to-8)
det(man-11,the-9)	amod(man-11,drowning-10)
pobj(to-8,man-11)	det(shark-13,a-12)
nsubj(going-15,shark-13)	aux(going-15,was-14)
rcmod(man-11,going-15)	aux(attack-17,to-16)
xcomp(going-15,attack-17)	

上例的成功解码中，三位谓词的题元角色发生了变化，由 give:V；[NP NP NP]转变为 give:V；[NP NP PP]。论元 a rope 移位至动词有效辖域内。动词 attack 的题元角色仍采用重叠论元 the drowning man。该论元在主句中得到的题元角色是目标或受益者，而在从句中充当的是受事。

Give:V；[the crewman$_{[+AGENT]}$；a rope$_{[+THEME]}$；to the drowning man$_{[+GOAL]}$；]

Attack:V；[a shark$_{[+AGENT]}$；the drowning man$_{[+THEME]}$]

论元 a rope 在移至动词有效辖域内后，系统剖析难度得到降低。在依存关系 dobj(gave-5,rope-7)中可以看到两者的依存距离为 7-5＝2。原来嵌套在两个论元 a rope 和 the drowning man 之间的从句成分 a shark was going to attack 被移至两个论元外，依存距离导致的解码障碍得到消解。

除了缩短论元的依存距离可以降低系统解码难度之外，将限制性从句模式转变为非限制性解码模式也可以消解系统在剖析花园幽径句时的错位效应。

例 94：**The crewman on board gave the drowning man, whom a shark was going to attack, a rope.** 船上的船员给了那个鲨鱼正要袭击的落水人一根绳子。

Tagging

The/DT	crewman/NN	on/IN	board/NN	gave/VBD	the/DT
drowning/VBG	man/NN	'/'	whom/WP	a/DT	shark/NN
was/VBD	going/VBG	to/TO	attack/VB	'/'	a/DT
rope/NN	. /.				

Parse

```
(ROOT
  (S
    (NP
      (NP(DT The)(NN crewman))
      (PP(IN on)
        (NP(NN board))))
    (VP(VBD gave)
      (NP(DT the)(VBG drowning)(NN man))
      (,,)
      (NP
        (SBAR
          (WHNP(WP whom))
          (S
            (NP(DT a)(NN shark))
            (VP(VBD was)
              (VP(VBG going)
                (S
                  (VP(TO to)
                    (VP(VB attack))))))))
        (,,)
        (NP(DT a)(NN rope))))
    (..)))
```

Typed dependencies

det(crewman-2,The-1)   nsubj(gave-5,crewman-2)

prep(crewman-2,on-3)   pobj(on-3,board-4)

root(ROOT-0,gave-5)   det(man-8,the-6)

amod(man-8,drowning-7)   dobj(gave-5,man-8)

dobj(going-14,whom-10)   det(shark-12,a-11)

nsubj(going-14,shark-12)   aux(going-14,was-13)

dep(rope-19,going-14)   aux(attack-16,to-15)

xcomp(going-14,attack-16)   det(rope-19,a-18)

dobj(gave-5,rope-19)

上例成功剖析中，由于限制性宾语从句在前后添加了标点符号后变成了非限制性模式，系统剖析时便可以直接跨越这个非限制性从句组成的模块，并在依存距离较远的地方匹配到所需的论元 a rope，并分配给其受事的题元角色。在 dobj(gave-5,rope-19) 依存关系中可以看出，主动词 gave 和论元 rope 的依存距离远至 19-5=14。

Give: V; $\left[\text{the crewman}_{[+\text{AGENT}]}; \text{the drowning man}_{[+\text{THEME}]}; \text{a rope}_{[+\text{THEME}]}\right]$

Attack: V; $\left[\text{a shark}_{[+\text{AGENT}]}; \text{the drowning man}_{[+\text{THEME}]}\right]$

通过对句法花园幽径现象的行进错位分析可知，错位效应的消解可以通过缩短动词论元的依存距离至动词有效辖域内的方法，以及将论元间阻碍系统成功解码的限制性从句成分转变成非限制性成分的方法来实现。斯坦福 parser 具有较强的鲁棒性，解决了很多理论句法学无法解决的问题，该解析器的应用是计算语言学领域取得的令人瞩目的成就。

第二节　花园幽径现象的解码策略研究

句子的句法语义分析是句法花园幽径现象研究的本体。就句子理解是瞬时性还是延时性的不同，可以将句子的句法分析分为两种倾向。句子理解的瞬时性（Just & Carpenter, 1980）是指读者对句子中词的感知是顺次的，对句子的理解也是符合先后顺序的，也就是说持瞬时性观点的学者认为我们的大脑是在感知到词汇变化后立即进行句法分析的。句子理解的延时性是指大脑具有"蓄水"功能，对已经进入感知器官的理解单元不进行即时性解读，而是将这些理解单元暂存在"蓄水池"中，等待后续的感知提供更多的语境，直到语境完整或者是储存的理解单元接近大脑工作记忆的最大负荷时，才进行句法分析。这两种句法分析的倾向在句法花园幽径现象的不同理解时期发挥着各自不同的功能。

　　花园幽径现象行进错位的解码策略包括词序策略和词的策略。

一、词序策略

　　词序策略是指句子中词出现的先后词序是导致句法分析和句义不同的一个因素。如果词序发生变化，即使句法结构不发生变化语义也会发生变化，并可能导致行进错位效应的出现。

　　例 95：The young train the dogs. 年轻人训练狗。

Tagging

The/DT　　　young/JJ　　　train/NN　　　the/DT　　　dogs/NNS　　　./.

Parse

（ROOT

　（NP

　　（NP（DT The）（JJ young）（NN train））

　　（NP（DT the）（NNS dogs））

　　（..）））

Typed dependencies

det（train-3,The-1）　　　amod（train-3,young-2）　　　root（ROOT-0,train-3）

det（dogs-5,the-4）　　　dep（train-3,dogs-5）

　　上例错误的剖析中，系统根据形容词 young 的使用概率，将后续的 train 标注为名词，amod（train-3,young-2）表示形容词修饰性关系，最后形成的是 NP+NP 的名词词组形式，而不是表示 S 的完整结构形式。系统剖析错误。

　　根据语法知识可知，train/NN 和 train/VBP 是可以出现在句中的两个选择，属于词的同形异义。形容词 young 与限定词 the 也可以形成表示集合名词的 NP（DT the）（JJ young）。这样，系统剖析失败后就可以返回到条件选项重新选择，行进错位效应出现。蕴含回溯的具体解码流程图如下：

表 16　UNTIL 型 NS 流程解码简图

INPUT	
The young train the dogs.	
DT JJ train the dogs.	
NN?　YES	NN?　NO
DT JJ NN DT NNS	DT JJ VBP DT NNS
NP DT NNS	NP VBP NP
NP NP	NP VP
NP	S
FAIL	SUCCESS
Until grammatica l rules are obeyed.	
OUTPUT	

上例的 UNTIL 型 NS 流程图显示，具有原型特征的 train/NN 在解码失败后经历了回溯，而 train/VBP 的解码模式最终通过语法规则的要求，成功输出。算法流程如下：

（1）开始输入（INPUT）。

（2）整句字符串 The young train the dogs 开始解码。

（3）根据解析器中的词类标注 The/DT 和 young/JJ，完成对 the young 的解码并得到 DT JJ train the dogs。

（4）进入条件式 ｛train/NN or train/VBP？｝进行选择。根据词频概率可知，train/NN 具有解码的优先性，系统默认选择 train/NN 的 YES 选项。

（5）字符串 train/NN、the/DT 和 dogs/NNS 得到解码，并形成 DT JJ NN DT NNS。

（6）系统按照 NP（DT The）（JJ young）（NN train）归约并形成 NP DT NNS。

（7）系统按照 NP（DT the）（NNS dogs）归约并形成 NP NP。

（8）系统按照句法结构（ROOT（NP（NP（DT The）（JJ young）（NN train））（NP（DT the）（NNS dogs））（..））））将两个名词词组再次归约为 NP。

（9）系统无法生成标志解码成功的 S 符号，剖析失败（FAIL）。

（10） ｛train/NN｝的解码终结 NP 无法通过语法规则的要求，行进错位效应生成；遂按照 UNTIL 型循环算法回溯到条件式，转（4）。

（11） 颠覆先前高频优选的 ｛train/NN｝选项，重新选择 ｛train/VBP｝作为新的词类标注进行解码。

（12） 字符串 train/VBP、the/DT 和 dogs/NNS 得到解码，并形成 DT JJ VBP DT NNS。

（13） 系统按照 NP（DT The）（JJ young）和 NP（DT the）（NNS dogs）归约并形成 NP VBP NP。

（14） 系统按照 VP（VBP train）（NP（DT the）（NNS dogs））归约并形成 NP VP。

（15） 系统归约到 S。

（16） 剖析成功（SUCCESS）。

（17） 通过语法规则要求。

（18） 输出剖析结果（OUTPUT）。

根据以上的循环算法剖析，我们可以得到成功的剖析结果，即 NP（DT The）（JJ young）和 train/VBP 均得到激活的模式。正确的剖析如下：

Tagging

The/DT   young/JJ   train/VBP   the/DT   dogs/NNS   ./.

Parse

（ROOT
　（S
　　（NP（DT The）（JJ young））
　　（VP（VBP train）
　　　（NP（DT the）（NNS dogs）））
　　（..）））

Typed dependencies

det（young-2，The-1）　　nsubj（train-3，young-2）　　root（ROOT-0，train-3）

det（dogs-5，the-4）　　dobj（train-3，dogs-5）

通过以上的分析可知，动词 train 是需要两个论元的二位谓词，形成的题元关系如下：

Train:V；［the young[+agent]；the dogs[+theme]］

施事和受事的题元角色分配决定了论元出现的位置。如果我们将上例中的论元位置互换，将产生不同的句法效果，原模式蕴含的行进错位随着论元位置的互换得到消解。请见下例：

例 96：The dogs train the young. 狗训练年轻人。

Tagging

The/DT   dogs/NNS   train/VBP   the/DT   young/JJ   ./.

Parse

（ROOT
  （S
    （NP（DT The）（NNS dogs））
    （VP（VBP train）
      （NP（DT the）（JJ young）））
    （..）））

Typed dependencies

det（dogs-2,The-1）   nsubj（train-3,dogs-2）   root（ROOT-0,train-3）

det（young-5,the-4）   dobj（train-3,young-5）

上例是一个普通句，系统剖析没有困难。train/VBP 的标注表明该动词前行论元是非第三人称单数。在句法结构中，S→NP VP 生成式符合语法要求。依存关系中，nsubj（train-3,dogs-2）表示名词性主语关系。集体名词 the young 成为动词的直接宾语，并形成 dobj（train-3,young-5）直接宾语关系。本例动词 train 形成的题元关系如下：

Train:V；［the dogs[+agent]；the young[+theme]］

字符串 the young 在系统剖析中，得到集合名词 NP（DT the）（JJ young）的结构模式。这说明本例中的剖析集合名词 NP 模式是符合认知原型的高概率优选结构，与花园幽径句 The young train the dogs 中的 NP（DT The）（JJ young）（NN train）剖析形成了较强烈的对比。花园幽径句中的 young 出现在名词之前，与后续名词 train 具有 amod（train-3,young-2）形容词性修饰依存关系，对这种优选结构的颠覆构成了行进错位效应。

前面两例中，动词 train 没有发生变化，但是其前后论元的施事和受事题元角色发生了对调，系统剖析便呈现出不同的解码效果。（1）当 the young 位于 train 前面并具有施事［Agent］的题元角色时，系统会优先选择 NP（DT The）（JJ young）（NN train）结构。这种结构选择的优先性为行进错位效应的出现打下了伏笔。系统只有在剖析失败后才会启动备选的 NP（DT the）（JJ young）结构，并赋予该结构施事的题元角色，train 也会完成由 NN 向 VBP 的转变，最终成功剖析。（2）当 the young 位于 train 后面时，先行的 the dogs 已经得到了施事的题元角色，后续的 the young 只能充当受事角色，所以，系统别无选择地将其剖析为表示集合名词的 NP。论元的位置决定了系统剖析的结果。

在字符串集合中，同形异义词除了 train 之外还有 dogs 这个词。该词有 dogs/NNS 和 dogs/VBZ 两种选择。上面分析中 the dogs 的剖析表明 dogs 在限定词后通常被标注为 NNS。如果将该词移位至 NP 之后，具体剖析结果请见下例：

例 97：The train dogs the young. 火车追赶年轻人。

Tagging

The/DT　　train/NN　　dogs/VBZ　　the/DT　　young/JJ　　./.

Parse

```
( ROOT
  ( S
    ( NP( DT The )( NN train ) )
    ( VP( VBZ dogs )
      ( NP( DT the )( JJ young ) ) )
    ( . . ) ) )
```

Typed dependencies

det(train-2,The-1)　　nsubj(dogs-3,train-2)　　root(ROOT-0,dogs-3)

det(young-5,the-4)　　dobj(dogs-3,young-5)

从上例可见，字符串 dogs 被标注为施事是第三人称复数的 VBZ，形成的 nsubj(dogs-3,train-2)表示名词性主语的依存关系。动词 dog 是二位谓词，先后两个论元形成了施事和受事的题元角色，具体如下：

dog:V;［the train[+agent]; the young[+theme]］

比较可以看出，上述三例是四个词汇的集合，具有相同的句法结构，但具有的句义却大相径庭。在乔姆斯基的上下文无关的短语结构语法（Context-Free Grammar：CFG）中，G 定义为四个元素的组合，即 $G=(V_N, V_T, S, P)$。VN 代表非终极符号的集合，主要指出现在语法结构推导过程中的符号，V_N 中的具体符号不能出现在推导树的终点。V_T 代表终极符号的集合，其中的具体符号只能出现在推导树的终端，往往是具体的、自然语言中的词。S 代表初始符号，是句子推导生成的初始点。P 代表重写规则。以上例设定规则如下：

$G=(V_N, V_T, S, P)$

$V_N=\{S, NP, VP, Det, N, V, Adj\}$

$V_T=\{young, dogs, train, the\}$

$S=\{S\}$

P：

　　①S→NP VP

　　②NP→Det Adj

　　③VP→V NP

　　④NP→Det N

　　⑤N→{dogs, train}

　　⑥V→{train, dogs}

　　⑦Det→{the}

　　⑧Adj→{young}

由规则可知，集合名词是[[the]Det [young]Adj]NP，同形异义词有train(火车的单数；动词原形)和 dogs(狗的复数；第三人称单数动词)。[The young]NP、[the train]NP 和[the dogs]NP 均可以 NP 形式出现。动词集 V →{train, dogs} 中的动词 train(训练)需要施事论元结构是复数名词，而动词 dogs(追)需要施事论元结构是单数名词。这样，只要符合规则约定，名词集合和动词集合中的终极符号可以任意搭配，最终形成结构相同但意义不同的句子。词序是导致句法分析和句义理解不同的一个重要因素，对于结构相同的句子来说，关注语义变化就成为首选。同样的词在不同的句子中起着不同的句法作用，最终导致句子的语义偏离。

词序策略在不同语言中的影响度也不同。对于主要靠词序表达意义的语言来说（如汉语），词序策略具有较强的影响力，而对于词序灵活的语言来说（如日语），词序策略影响度较小。请见下例：

例 98："田中さんは，李さんたちを，ホテルの近くの日本料理店へ案内しました。"田中领着小李去了酒店附近的日本料理店①。

例 99："田中さんは，ホテルの近くの日本料理店へ，李さんたちを，案内しました。"

例 100："李さんたちを，ホテルの近くの日本料理店へ，田中さんは，案内しました。"

例 101："李さんたちを，田中さんは，ホテルの近くの日本料理店へ案内しました。"

例 102："ホテルの近くの日本料理店へ，田中さんは，李さんたちを，案内しました。"

例 103："ホテルの近くの日本料理店へ，李さんたちを，田中さんは，案内しました。"

如上所示，尽管动词"案内しました"前的词序发生了很大变化，但这六句表达了大致相同的语义："田中领小李一行人去了饭店附近的一家日本餐馆"。

在日语中语序与语义关联度之所以不大，是因为日语是黏着语，句法功能可以通过助词进行提示。如上例中，"田中さんは"中的助词"は"，起到提示主语的作用；"李さんたちを"中的助词"を"提示宾语，"ホテルの近くの日本料理店へ"中的助词"へ"提示方位。所以，尽管示例中的除动词外的词序发生了很大变化，但由于助词的句法功能，没有影响到理解。

二、词的策略

词的解码策略主要讨论单复数同形的词和兼类词对花园幽径句的解码影响。

单复数同形的词是一类特殊的词，包括 fish（鱼）、deer（鹿）、sheep（绵羊）、works（工厂）、means（手段）、Swiss（瑞士人）、Chinese（中国人）等。这些词既可以表示单数，也可以表示复数。这种

---

① 注：例 99～例 103 的翻译同例 98。

解码的歧义性需要通过其他的匹配信息得到确定。请见下面两例单复数同形词在相同结构中的解码。

G＝(VN,VT,S,P)

VN＝{S,NP,VP,Det,N,V}

VT＝{young,dogs,train,the}

S＝{S}

P：

 ①S→NP VP

 ②NP→Det N

 ③VP→V NP

 ④N→{deer,dogs,train}

 ⑤V→{train,dogs}

 ⑥Det→{the}

递归转移网络中计算机运算的格局可以用<STATE,INPUT,STACK>来描述。通常情况下 RTN 格局中,state 表示当前状态, 起始代码为 "S/0"; input 表示上一级机器识别后余下的符号串, 即等待机器进行再次识别的符号; stack 表示 "栈", 即机器识别时所在下推栈的情况, 例如, 在机器识别中, S 网络主要有三个主要的 "栈", 起始栈标识为 "S/0", 中间栈标识为 "S/1", 终结栈标识为 "S/f",各个栈存贮的是机器解读过程中的详细信息。初始格局为：<S/0,待识别的整句,>, 后面的识别过程则可依次展开。

The deer train the dogs. (鹿训练狗) 分析过程如下：

<STATE>	<INPUT>	<STACK>
S/0	The deer train the dogs	φ
NP/0	The deer train the dogs	S/1：
NP/1	deer train the dogs	S/1：
NP/f	train the dogs	S/1：
S/1	train the dogs	φ
VP/0	train the dogs	S/f：

VP/1	the dogs	S/f：
NP/0	the dogs	VP/f：S/f：
NP/1	dogs	VP/f：S/f：
NP/f	φ	VP/f：S/f：
VP/f：	φ	S/f：
S/f：	φ	φ

分析成功!

The deer dogs the train. (鹿追火车) 分析过程如下：

<STATE>	<INPUT>	<STACK>
S/0	The deer dogs the train	φ
NP/0	The deer dogs the train	S/1：
NP/1	deer dogs the train	S/1：
NP/f	dogs the train	S/1：
S/1	dogs the train	φ
VP/0	dogs the train	S/f：
VP/1	the train	S/f：
NP/0	the train	VP/f：S/f：
NP/1	train	VP/f：S/f：
NP/f	φ	VP/f：S/f：
VP/f：	φ	S/f：
S/f：	φ	φ

分析成功!

递归转移网络 RTN 主要由一个主网络和两个子网络构成，子网络 NP 和 VP 分别是主网络 S 的两个次层下推栈，其中 NP 在中间栈 S/1 识别阶段得到下推，VP 在终结栈 S/f 识别阶段得到下推。这两个下推栈在机器识别过程中具有顺序性，即先进行中间栈 S/1 的识别，再进行终结栈 S/f 的识别，顺序性分别是：S/0-NP- S/1-VP-S/f，涉及两次下推和两次推回，也就是说：

(1) 系统从初始状态的 S/0 开始；

（2）首先下推到 NP 子网络进行识别（该识别过程隶属于中间栈 S/1）；

（3）识别成功后，系统由 NP 子网络上推回 S 主网络，宣告中间栈 S/1 识别成功；

（4）这时系统再次下推到 VP 子网络进行识别（该识别过程隶属于终结栈 S/f）；

（5）识别成功后，系统由 VP 子网络上推回 S 主网络，宣告终结栈 S/f 识别成功，即整个句子识别成功。

在"鹿训练狗"中，动词"train"使用的是原形，说明前面的主语"deer"是复数形式，意即"不止一只鹿"，宾语"dog"中的后缀"-s"表示被训练的狗"不止一只"。在"鹿追火车"中，主语"the deer"是单复数形式相同的名词，因此在释义时，只能通过后续的动词进行验证该例中的"鹿"是一只还是一群。动词"dog"以"dogs"为句法匹配项，可知"dog"前项应该是第三人称单数，所以，追赶火车的应该是一只鹿，而不是一群。

以上两例虽然存在单复数相同的情况（如 deer）、名词和动词基本型一致的情况（如 dog 和 train），但由于结构简单，不会在解码中产生行进错位现象。在句法结构复杂的情况下往往会出现花园幽径效应。请见下面两例：

例 104：The deer cats chase train the dogs. 猫追赶的鹿在训练狗。

Tagging

The/DT   deer/JJ   cats/NNS   chase/NN   train/VBP   the/DT   dogs/NNS   ./.

Parse

（ROOT

  （S

    （NP（DT The）（JJ deer）（NNS cats）（NN chase））

    （VP（VBP train）

      （NP（DT the）（NNS dogs）））

    （..）））

Typed dependencies

det（chase-4,The-1）   amod（chase-4,deer-2）   nn（chase-4,cats-3） nsubj(train-5,chase-4)　　　root(ROOT-0,train-5)　　　det(dogs-7,the-6)

dobj(train-5,dogs-7)

在以上剖析中，由于从句的插入，加大了系统的解码难度。cats chase 的前面省略了先行词 that。系统经历了行进错位，无法解读 The deer cats chase 的结构，将其归约为 NP(DT The)(JJ deer)(NNS cats)(NN chase)的名词词组形式。词类标注中 deer/JJ 视为形容词标注，与语法和认知不符，解码失败。为了更清楚地对照分析从句加入前后系统解码的异同，我们将两种情况的剖析结果进行了对照分析，具体如下：

Your query

The deer train the dogs.

Tagging

The/DT　　　deer/NNS　　　train/VBP　　　the/DT　　　dogs/NNS　　　./.

Parse

(ROOT

　(S

　　(NP(DT The)(NNS deer))

　　(VP(VBP train)

　　　(NP(DT the)(NNS dogs)))

　　(..)))

Typed dependencies

det(deer-2,The-1)　　　nsubj(train-3,deer-2)　　　root(ROOT-0,train-3)

det(dogs-5,the-4)　　　dobj(train-3,dogs-5)

表 17　从句插入前后的词类标注和依存关系对照表

序号	词类和依存项	The deer cats chase train the dogs	The deer train the dogs
1	the	DT	DT
2	deer	JJ	NNS
3	cats	NNS	0
4	chase	NN	0
5	train	VBP	VBP

（续表）

序号	词类和依存项	The deer cats chase train the dogs	The deer train the dogs
6	dogs	NNS	NNS
7	（deer，The）	0	det
8	（train，deer）	0	nsubj
9	（ROOT，train）	root	root
10	（dogs，the）	det	det
11	（train，dogs）	dobj	dobj
12	（chase，The）	det	0
13	（chase，deer）	amod	0
14	（chase，cats）	nn	0
15	（train，chase）	nsubj	0

上表显示，在词类标注对比中，从句插入前后只对 deer 的标注产生了根本性影响。从句插入前其标注为 NNS，而在插入后标注为 JJ。由于该词不具有形容词义项，这种错误的标注必然在句法和依存关系中引发错位。在依存关系对比中，从句插入前 the 与 deer 形成的是 det 的限定依存关系，train 与 deer 形成的是 nsubj 名词性主语依存关系。而在从句插入后，系统却认为 the 与 deer 两者没有关联，train 与 deer 也没有依存关系关联。相反，限定关系出现在了 the 与 chase 之间，名词性主语关系出现在了 train 与 chase 之间。这种判定剖析与语法规则相去甚远，所以，从句插入后的依存分析是错误的。

上例花园幽径句 The deer cats chase train the dogs 把省略的标句词 that 添加之后可获得正确剖析结果：

Your query

The deer that cats chase train the dogs.

Tagging

The/DT　　　　deer/NNS　　　　that/IN　　　　cats/NNS　　　　chase/VBP

train/VBP　　　the/DT　　　　dogs/NNS　　　　./.

Parse

（ROOT

```
(S
  (NP
    (NP(DT The)(NNS deer))
    (SBAR(IN that)
      (S
        (NP(NNS cats))
        (VP(VBP chase)))))
  (VP(VBP train)
    (NP(DT the)(NNS dogs)))
  (..)))
```

Typed dependencies

det(deer-2,The-1)	nsubj(train-6,deer-2)	mark(chase-5,that-3)
nsubj(chase-5,cats-4)	dep(deer-2,chase-5)	root(ROOT-0,train-6)
det(dogs-8,the-7)	dobj(train-6,dogs-8)	

上例中，省略的标句词 that 补足之后，系统先期的行进错位得到消解。deer/NNS、chase/VBP 等词的标注符合语法。句法结构中，that 引导的从句 SBAR 也作为 NP(DT The)(NNS deer)的定语出现，主动词 train/VBP 也完成了二位谓词的认定，并实现了对施事和受事两个论元题元角色的分配，形成了题元关系 train：V；[NP SBAR$_{[+agent]}$；NP$_{[+theme]}$]。在依存关系中，补足了标句词的从句在依存系统中也找到了符合语法的依存位置。正确的依存关系图如下：

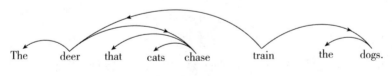

图 53　引导词补足后的依存关系图

上例中结构复杂化带来了单复数同形词词类标注错误引发的花园幽径效应。由于宾语从句在充当定语时，标句词可以省略，所以，缺位常诱发行进错位。如果同样是在结构复杂的从句中（如主语从句），在标句词不能缺失的情况下，不会对单复数同形的论元结构产生花园幽径效应。请见下例：

例 105：The deer that chases cats dogs the train. 追赶猫的鹿跟随着

火车。

Tagging

The/DT	deer/NNS	that/WDT	chases/VBZ	cats/NNS
dogs/VBZ	the/DT	train/NN	./.	

Parse

```
( ROOT
  ( S
    ( NP
      ( NP ( DT The ) ( NNS deer ) )
      ( SBAR
        ( WHNP ( WDT that ) )
        ( S
          ( VP ( VBZ chases )
            ( NP ( NNS cats ) ) ) ) ) )
    ( VP ( VBZ dogs )
      ( NP ( DT the ) ( NN train ) ) )
    ( . . ) ) )
```

Typed dependencies

det (deer-2, The-1)	nsubj (dogs-6, deer-2)	nsubj (chases-4, that-3)
rcmod (deer-2, chases-4)	dobj (chases-4, cats-5)	root (ROOT-0, dogs-6)
det (train-8, the-7)	dobj (dogs-6, train-8)	

　　上例是单复数同形词 deer 的单数形式的解码。从句中的动词 chases/VBZ 表示与其匹配的先行词 the deer 是第三人称单数现在时。主句中的主动词 dogs/VBZ 也要求主语是第三人称单数现在时。由于 the deer 可以满足这两个动词对施事论元的要求，所以，没有产生行进错位效应。两个动词形成的题元关系也比较清楚：

　　Chase：V；[the deer (that)$_{[+agent]}$；cats$_{[+theme]}$]

　　Dog：V；[the deer$_{[+agent]}$；the train$_{[+theme]}$]

　　单复数同形词的确定需要借助标句词或者语法特征标记等的帮助。在该类提示性词或标记缺失的情况下，系统会产生行进错位的花园幽径效应。除了单复数同形词的歧义会诱发错位效应外，词类的歧义也同样会导致花园幽径效应。

词类就是从语法角度对词进行的语法分类。词类策略就是根据这些语法分类来确定句子结构在句义理解中的作用。在英语中一些兼类词的语法功能转换会导致花园幽径现象。请见下面两例：

例 106：The government plans to raise taxes were defeated. 政府提高税收的计划未来获通过。

Tagging

The/DT　　government/NN　　plans/VBZ　　　to/TO　　　raise/VB
taxes/NNS　　were/VBD　　　defeated/VBN　　./.

Parse

```
( ROOT
  ( S
    ( NP ( DT The ) ( NN government ) )
    ( VP ( VBZ plans )
      ( S
        ( VP ( TO to )
          ( VP ( VB raise )
            ( SBAR
              ( S
                ( NP ( NNS taxes ) )
                ( VP ( VBD were )
                  ( VP ( VBN defeated ) ) ) ) ) ) ) ) )
    ( . . ) ) )
```

Typed dependencies

det (government-2 , The-1)　　　　　nsubj (plans-3 , government-2)

root (ROOT-0 , plans-3)　　　　　　aux (raise-5 , to-4)

xcomp (plans-3 , raise-5)　　　　　nsubjpass (defeated-8 , taxes-6)

auxpass (defeated-8 , were-7)　　　ccomp (raise-5 , defeated-8)

系统经历了行进错位的花园幽径效应，并生成了错误的剖析结果。

plans/VBZ 和 plans/NNS 是源于两个不同词类的屈折结构。前者是动词第三人称单数现在时，后者是名词复数。在 LDOCE 的词典释义中，plan 是由名词和动词两个词类表示的。具体请见下文：

（1）Intention；something you have decided to do：

His plan is to get a degree in economics and then work abroad for a year.

There's been a change of plan—we're not going to Ibiza after all.

We don't have any plans for the weekend—why don't you come over?

Julia's been busy making plans for（＝preparing for）her wedding.

（2）to think carefully about something you want to do，and decide how and when you will do it；to intend to do something；plan to do something；

He said he planned to write his essay tonight.

上例中，plans to 的搭配用法中，动词义项的出现概率远远高于名词义项的出现概率，所以，系统在解码时倾向于采纳动词词类的表示。系统将 plans 认为是主动词并标注为 VBZ，SBAR［taxes were defeated］模式，表示此从句服务于 VP（VB raise）。在依存关系中，nsubjpass（defeated-8，taxes-6）表示被动性名词主语关系。系统由于选择了错误的词类，将整个解码引向了歧途。试比较 plans to 结构在没有 were defeated 出现的情况下的系统剖析结果：

例 107：The government plans to raise taxes. 政府计划提高税收。

Tagging

The/DT   government/NN   plans/VBZ   to/TO   raise/VB
taxes/NNS   ./.

Parse

（ROOT
  （S
    （NP（DT The）（NN government））
    （VP（VBZ plans）
      （S
        （VP（TO to）
          （VP（VB raise）
            （NP（NNS taxes））））））

$$(..)))$$

Typed dependencies

det（government-2,The-1）	nsubj（plans-3,government-2）
root（ROOT-0,plans-3）	aux（raise-5,to-4）
xcomp（plans-3,raise-5）	dobj（raise-5,taxes-6）

　　系统剖析结果没有障碍，解读顺畅。词类标注中 plans 被标注为 VBZ，raise 被标注为 VB，生成的句法结构中，动词 plans 后续的是 S（VP（TO to）（VP（VB raise）（NP（NNStaxes）））），即动词不定式作为修饰成分，符合语法要求。在依存关系中，nsubj（plans-3,government-2）表示名词主语关系，aux（raise-5,to-4）表示助动词关系，xcomp（plans-3,raise-5）表示外在主语从句补充关系（clausal complement with external subject），即动词附属句自身没有主语但却被外在主语所限制的一种关系，如 "She says that he likes to dance" 可表示为 xcomp（like,dance）。dobj（raise-5,taxes-6）表示直接宾语关系。该句的剖析符合原型特征，获得解码成功。

　　对照两例的剖析结果可知，在关键性启发信息 were defeated 出现前，系统默认 plans 为 VBZ，生成的句法结构［［The government］NP+［plans to raise taxes］VP］S 已经实现了解码。但是启发信息的出现将颠覆前期的理解，系统如果能够适应这种源于词类变化所带来的认知行进错位效应，plans/NNS 标注应取代 plans/VBZ 成为新的解码思路。如果系统不能跨越解读关键性启发信息 were defeated 出现后的结构，将引发花园幽径效应，并最终导致剖析失败。

　　行进错位的剖析中，系统沿用原型模式解读变化了的结构，并在 The government plans to raise taxes were defeated 中将 plans 标注为 VBZ，这种对原模式的沿袭导致行进错位的出现。请见人工干预后，系统正确的剖析结果：

Tagging

The/DT	government/NN	plans/NNS	to/TO	raise/VB
taxes/NNS	were/VBD	defeated/VBN	./.	

Parse

（ROOT

```
（S
  （NP
    （NP（DT The）（NN government）（NNS plans））
    （SBAR
      （S
        （VP（TO to）
          （VP（VB raise）
            （NP（NNS taxes）)))))))
  （VP（VBD were）
    （VP（VBN defeated)))
  （..)))
```

Typed dependencies

det（plans-3,The-1）   nn（plans-3,government-2）

nsubjpass（defeated-8,plans-3）   aux（raise-5,to-4）

vmod（plans-3,raise-5）   dobj（raise-5,taxes-6）

auxpass（defeated-8,were-7）   root（ROOT-0,defeated-8）

  正确的剖析中，plans/NNS 的标注得到实现，主动词 were/VBD 和 defeated/VBN 的主导地位得到确立。形成的句法结构是［［The government plans to raise taxes］NP ［were defeated］VP］S，符合语法规则。在依存关系中，nsubjpass（defeated-8,plans-3）表示被动的名词主语关系，auxpass（defeated-8,were-7）表示被动的助动词关系。经过认知归位的正确解码和形成行进错位而没有实现跨越解读的错误解码形成了鲜明的依存关系对照。

  请见两者的依存关系对照图，错位效应的 plans/VBZ 失败模式依存关系图分布在上面，而与之对照的 plans/NNS 正确模式的依存关系分布图在下面，特殊对照之处用虚线进行标注：

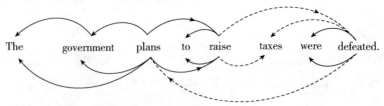

图 54 词类更迭导致的行进错位效应的依存关系对照图

　　图中所示，plans 兼类词的解码更迭导致系统剖析出现了行进错位。在上面的错位模式中，ccomp(raise-5,defeated-8)表示形成的依存关系是从句性补语关系（clausal complement），指从句中具有内在主谓关系、整个从句充当补语的依存关系，类似关系如"She says that the boy likes to swim"可表示为 ccomp(says,likes)；nsubjpass(defeated-8,taxes-6)表示被动的名词性主语关系。与此相对，在正确的模式中，dobj(raise-5,taxes-6)表示直接的宾语关系，nsubjpass(defeated-8,plans-3)表示与错位关系不同的被动的名词性主语关系，即 defeated-8 控制的成分由 taxes-6 变成了 plans-3。如果系统剖析先经历行进错位效应再调整到正确的解码模式，那么程序的回溯性循环算法可用于此类剖析。请见基于 NS 流程的程序 UNTIL 循环算法对词类更迭导致的行进错位效应的解码剖析。

表 18　词类更迭错位的 UNTIL 循环算法

The government plans to raise taxes were defeated.	
DT government plans to raise taxes were defeated.	
DT NN plans to raise taxes were defeated.	
Plans→{VBZ}? YES	Plans→{VBZ}? NO
NP plans to raise taxes were defeated.	DT NN NNS to raise taxes were defeated.
NP VBZ to raise taxes were defeated.	NP to raise taxes were defeated.
NP VBZ TO raise taxes were defeated.	NP TO raise taxes were defeated.
NP VBZ TO VB taxes were defeated.	NP TO VB taxes were defeated.
NP VBZ TO VB NNS were defeated.	NP TO VB NNS were defeated.
NP VBZ TO VP were defeated.	NP TO VP were defeated.
NP VBZ S were defeated.	NP SBAR were defeated.
NP VP were defeated.	NP were defeated.
S were defeated.	NP VBD defeated.
FAIL	NP VBD VBN.
	NP VP.
	S.
	SUCCESS
Until all the grammatical rules are met.	
OUTPUT	

在词类更迭错位的 UNTIL 循环算法中，plans 的词类标注 plans/VBZ 和 plans/NNS 的不同选项产生了迥异的结果。条件式中的 plans/VBZ 选项得到的是错位的剖析，无法通过语法规则，遂沿着开口一侧回溯到条件式 Plans→{VBZ?} 重新选择。回溯后的选项颠覆原来选项后选择 plans/NNS，系统依次剖析，直至得到标志解码成功的 S，并通过语法规则的监控后输出。可见，词类的不同选择可以导致行进错位效应的发生。

小　结

花园幽径现象(GPP)是认知解码中的语义短路现象，通过原型模式先被提取再被弃用的形式得到体现，此否定之否定的认知过程使解码者迷失在曲径通幽的认知花园中。通过对语素、词、短语、句法的分析验证了其层级存在性，证明了认知顿悟可引发行进式错位并能带来对原认知模式的反叛。在花园幽径现象的解码策略中，词序效应、单复数同形和兼类词的选择效应均可诱发行进错位。标句词的添加和语法标记的存在等可降低或消解错位效应的解码困惑。

第五章 花园幽径行进错位的计算语言学研究

本章主要讨论递归转移网络和良构子串表在花园幽径行进错位分析中的应用，并尝试构建花园幽径解码系统的理论模式。

第一节 递归转移网络的应用效应研究

递归转移网络的应用效应研究将分四部分展开：（1）递归转移网络的简介；（2）汉语花园幽径句的系统剖析特征分析；（3）状态转移中多模式的下推和上托对照；（4）原型模式与行进错位模式的流程算法对照分析。

一、递归转移网络的简介

递归转移网络 RTN（recursive transition network）是基于上下文无关文法规则的图形模型，常用于程序语言、自然语言和词法分析。在递归转移网络中使用的句子结构是良构的，具有嵌套功能和递归特点。语言处理过程的状态形式化描写是该网络用于自然语言剖析的根本原因，实现了语言黑箱的明亮化。

递归转移网络的形式化构成主要包括：（1）标记节点（labeled nodes）：用于表示语言处理的不同状态点；（2）指示标记弧（directed labeled arcs）：用于表示两个节点之间的状态转移过程，具有明显的方向性，用箭头表示；（3）句法标志：在弧上的特定句法标注，指示线条代表转移方向；（4）主网络结构：网络的主结构，具有唯一性，通常用 S-Net 表示；（5）子网络结构：网络的次级结构，如 NP-Subnet，VP-Subnet，PP-Subnet 等。

递归转移网络的解码途径具有递归性。举例 "The boy ate the apple" 说明递归程序如下：

（1）主网络 S→NP VP 表示这是系统的主结构，在完成 NP 和 VP 两个子网络的解码之后，系统会获得主结构的成功解码。通常情况下，NP 和 VP 两个子网络的剖析依次进行。NP 结构首先进行一级嵌套剖析，转（2）；VP 结构剖析转（4）；根据剖析完成的 NP 子网络和 VP 子网络输出终极结果转（6）。

（2）主网络 NP 结构首先得到剖析并下推至嵌套的 NP 子网络进行解码，转（3）。

（3）NP 子网络 NP→Det N 表示该网络是次级结构。从主网络下推至此的 the boy 结构开始进行一级嵌套解码，系统成功后上托回主网络，并开始进行 VP 结构的解码，转（1）；从子网络 VP 下推至此的 the apple 结构开始解码，成功后上托回 VP 子网络，完成二级嵌套 NP 结构解码，转（5）。

（4）VP 子网络 VP→V NP 表示该网络也是次级结构，从主网络完成 NP 一级嵌套剖析的系统开始解读 ate the apple 结构。根据 CFG 语法，V→｛ate｝得到解读，剩余的 the apple 需要返回到 NP 子网络进行二级嵌套解码，转（3）。

（5）VP 子网络 VP→V NP 中的 V→｛ate｝和 NP→｛the apple｝均得到成功解码，子网络 VP 结构剖析完毕，上托回主网络 S，转（1）。

（6）主网络 S→NP VP 中的 NP 和 VP 均得到解码，输出终极结果。

具体的流程图如下：

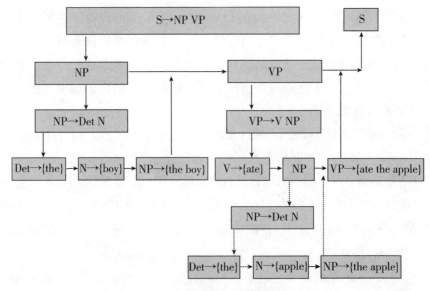

图 55　递归转移网络样例流程图

在样例 The boy ate the apple 的递归转移网络流程图中，我们可以看出该网络涉及两个一级下推结构子网络 NP（the boy）和子网络 VP（ate the apple），一个二级下推结构网络 NP（the apple）。在上面的虚线部分就表明了对子网络 NP 的再次调用，形成了递归性特点。句子不同结构的解码过程清晰地得到了展示。这种嵌套递归的特点可用于解读行进错位的花园幽径现象。

二、汉语花园幽径句的递归转移网络分析

汉语与英语有着不同谱系的区别。这种区别导致汉语行进错位效应和英语的错位效应既有共性又有其各自独立的特性。

共性方面：

（1）英、汉语错位效应中均具有认知理解的顿悟性，属于语义流折返的心理现象，是认知意识流的"语义短路"。

（2）理解初期均有多向性，解码符合认知效应提取的顺序性，是对缺省模式的破旧立新。

（3）蕴含选择的条件性，符合与否将产生不同的系统处理结果。

（4）具有程序循环算法特点，回溯性解读自动且能重复进行，呈现螺旋递归的特点。

（5）理解过程中语义纠错机制由自动到受控并能适时启动，既是先期理解的终结，又是二次理解（甚至多次理解）的开始。

特性方面：

英语属于印欧语系，其单词结构特征明显，空格的存在避免了类似切词引起的歧义效应。汉语属于汉藏语系，字和词的区分需要系统在解码时首先进行切词预处理，如果切词出现偏误，将导致系统出现行进错位效应。在计算科学中，为解决此类问题，提出了基于概率的测算公式，以期将汉语切词导致的错位效应降至最低。

例如，在中文"削苹果皮"字符串的切词中，可以得到一个歧义结构"削苹果"和"削苹果皮"两个模式。哪种结构更容易被系统接受，需要从基于语料库的概率视角进行剖析。具体测算过程如下：

（1）语料库的选定：北京大学的现代汉语语料库 CCL [①] 作为语料概率的统计源。

---

① http://ccl.pku.edu.cn：8080/ccl_corpus/index.jsp? dir＝xiandai.

（2）相关语料概率：检索 CCL，动词"削"在语料库中的频数是 10351，名词"苹果"的频数是 3995，名词"皮"的频数是 50141；搭配结构"削苹果"频数是 16，"苹果皮"的搭配频数是 18。即 r(x)= r(削)= 10351；r(y)= r(苹果)= 3995；r(z)= r(皮)= 50141；r(x,y)= r(削, 苹果)= 16；r(y,z)= r(苹果, 皮)= 18。

公式 1：$p(y|x)=\dfrac{p(y,x)}{p(x)}=\dfrac{r(x,y)}{r(x)}=0.001546$

公式 2：$p(z|y)=\dfrac{p(y,z)}{p(y)}=\dfrac{r(y,z)}{r(y)}=0.004506$

公式 3：$\sigma^2(p(y|x))=\dfrac{r(x,y)}{r^2(x)}=0.00000014933$

公式 4：$\sigma^2(p(z|y))=\dfrac{r(y,z)}{r^2(y)}=0.00000112782$

公式 5：$t_{x,z(y)}=\dfrac{(p(z|y))-p(y|x)}{\sqrt{\sigma^2(p(y|x)+\sigma^2(p(z|y)}}=2.619113$

以上的公式显示 $t_{x,z(y)}=2.619113>0$，即字符串"苹果皮"的匹配模式要比"'苹果''皮'"模式更具有原型。对原型模式的颠覆将导致花园幽径现象。请见下例：

例 108：小王削苹果皮掉在了地上。

G = { Vn, Vt, S, P }

Vn = { S, WHP, IP, NP, VP, WH, V, PP, Prep, N, Pron }

Vt = { 小王, 削, 苹果, 皮, 掉, 在（了）, 地上 }

S = S

P：

a. S→WHP IP

b. WHP(S)→NP VP

c. WHP→(WH) IP

d. IP→NP VP

e. VP→V NP

f. VP→V PP

g. PP→ Prep NP

h. NP→Pron

i. NP→N N

j. NP→N

k. Pron→{小王}

l. N→{苹果,皮,地上}

m. V→{削,掉}

n. Prep→{在（了）}

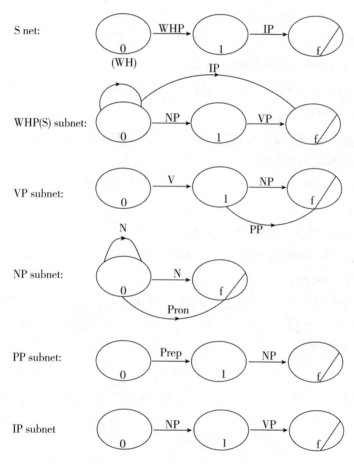

图 56　汉语示例的递归转移网络图

（一）S 主网络的状态展示

在 S 主网络中，主要结构由三部分组成：标记节点、指示线和句法规则。

标记节点 S_0 表示起始状态，节点 S_1 表示中间状态，节点 S_f 表示终极输出状态。

指示线有两个，出现在（S_0，S_1）和（S_1，S_f）之间，表示解码状态从起始到中间状态，再由中间到终极输出状态。此处的指示线和指示标记弧是重合的。本文中的指示线主要用于表示带方向的水平线，而指示标记弧用于表示带方向的弧线，下同。

句法规则主要涉及（SEEK）WHP、（SEEK）IP 和（SEND）S，分别表示"（寻找）时间状语 when 从句结构 WHP""（寻找）主句 IP 结构""（输出）终级结构 S"。

该 S 主网络展示的是 S →WHP IP 文法。

（二）WHP 子网络的状态展示

在 WHP 子网络中，主要结构由四部分组成：标记节点、指示标记弧、指示线和句法规则。

标记节点 WHP_0 表示起始状态，节点 WHP_1 表示中间状态，节点 WHP_f 表示终极输出状态。

指示标记弧有两条。第一条是 WHP_0 处的初始弧（WH），表示时间状语 when 是一个可选项，这与汉语意合而非形合的特性有关联。第二条是跨越（WHP_0，WHP_f）之间的 JUMP 标记弧 IP，表示系统如果能得到嵌套结构子网络 IP 的终极解码，可以跨过中间项 NP 和 VP 直接完成对 WHP 子网络的解码。

指示线有两个，出现在（WHP_0，WHP_1）和（WHP_1，WHP_f）之间，表示解码依循"起始状态 WHP_0→中间状态 WHP_1→终极输出状态 WHP_f"顺序进行。

句法规则主要涉及（SEEK）WHP、（JUMP）IP、（SEEK）NP、（SEEK）VP 和（SEND）WHP，分别表示"（寻找）时间状语 when 从句结构 WHP""（跨越）主句 IP 结构""（寻找）名词短语结构 NP""（寻找）动词短语结构 VP"和"（输出）终级结构 WHP"。

该 WHP 子网络展示文法包括：WHP(S)→（WH）IP 和 WHP(S)→NP VP。由于该子网络的文法具有歧义性，所以，这种歧义结构为后期行进错位的花园幽径效应提供了基础。

（三）VP 子网络的状态展示

VP 子网络包括标记节点、指示标记弧、指示线和句法规则。

标记节点 VP_0、VP_1 和 VP_f 表示起始、中间和输出状态。

指示标记弧有一条，即 PP 弧。该弧处在（VP_1，VP_f）之间，表示 PP 子网络与指示线中 NP 子网络具有选择性，两者不可兼得。

指示线有两个，出现在（VP_0，VP_1）和（VP_1，VP_f）之间，表示由 $VP_0 \rightarrow VP_1 \rightarrow VP_f$顺次解码。

句法规则主要涉及（SEEK）V、（SEEK）NP、（SEEK）PP 和（SEND）VP，分别表示"（寻找）动词 V""（寻找）名词短语结构 NP"、"（寻找）介词短语结构 PP"和"（输出）终级结构 VP"。

该 VP 子网络展示文法包括：VP→V NP 和 VP→V PP。

（四）NP 子网络的状态展示

NP 子网络包括两个标记节点、两条指示标记弧、一条指示线和三个句法规则。

标记节点没有中间状态，只有起始 NP_0和输出节点 NP_f。这说明该子网络结构相对较简单。

指示标记弧有 N 和 Pron 两条。前者处在起始标记节点 NP_0，后者处于（NP_0，NP_f）之间。

指示线只有一条 N，表示顺次进行的 $NP_0 \rightarrow NP_f$。

句法规则主要涉及（SEEK）N、（SEEK）Pron 和（SEND）NP，分别表示"（寻找）名词 N""（寻找）代词 Pron"和"（输出）终级结构 NP"。

该 NP 子网络展示文法包括：NP→Pron、NP→N N 和 NP→N。

（五）PP 子网络的状态展示

在 PP 子网络中，标记节点、指示线和句法规则是三个主要结构。

标记节点包括表示起始状态的 PP_0、中间状态的节点 PP_1 和表示终极输出状态的节点 PP_f。

指示线有两条，分别出现在（PP_0，PP_1）和（PP_1，PP_f）之间。其由左到右的方向性表示起始状态到终极输出状态的指向。该子网络的指示标记弧与指示线相重合。

句法规则主要涉及（SEEK）Prep、（SEEK）NP 和（SEND）PP，分别表示"（寻找）介词 Prep""（寻找）嵌套结构 NP 子网络""（输出）终级结构 PP"。由于此处对（SEEK）NP 的调用需要启用前面讨论过的子网络 NP，所以，构成了对自身程序的调用，递归性特征明显。被调用的子网络 NP 形成了比 PP 子网络层次更低的嵌套结构。PP 子网络将（SEEK）NP 下推至 NP 子网络后，系统将完成对 NP 的解码，并将最终成功的 NP

结构上托回 PP 子网络，形成了一个完整的下推和上托过程。

该 PP 子网络展示的文法是 PP→Prep NP。其中，对 NP 的解码需要调用子网络 NP 的文法，并形成嵌套结构。

（六）IP 子网络的状态展示

IP 子网络除了与指示线相重合的指示标记弧不包括在内之外，其他的三个结构（标记节点、指示线和句法规则）均包括在内。

标记节点有三个：起始状态 IP_0，中间状态 IP_1 和输出状态 IP_f。

指示线有两条：$IP_0 \rightarrow IP_1$ 和 $IP_1 \rightarrow IP_f$，指示方向性由左到右。

句法规则主要涉及（SEEK）NP、（SEEK）VP 和（SEND）IP，分别表示"（寻找）嵌套结构 NP 子网络""（寻找）嵌套结构 VP 子网络""（输出）终级结构 IP"。其中，（SEEK）NP 和（SEEK）VP 的调用需要递归性激活子网络 NP 和子网络 VP 的解码程序，并顺次对 NP 和 VP 的解码进行下推和上托，完成对两个嵌套结构的剖析。

该 IP 子网络展示的文法是 IP→NP VP。

三、状态转移中多模式的下推上托对照

上面讨论的汉语花园幽径效应源于切词的歧义结构。首先，系统默认"削苹果皮"的原型模式，启动的是 WHP(S)→NP VP 文法。这种模式符合认知省力原则，占用系统资源较少。系统随着后续成分的进入无法成功解码，不得不重新剖析原来已经完成的结构，在颠覆原型后激活非优选的低概率模式。这种行进错位的过程涉及多次下推和上托，较第一种模式难度更大，下推深度更深，占用系统认知资源更多，状态转移过程也更复杂。请见我们基于递归转移网络构建的解码过程中的下推和上托图。

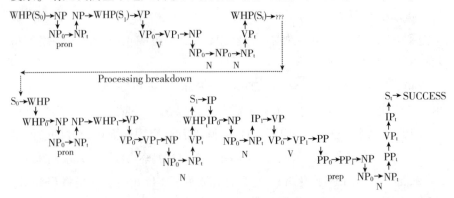

图 57　汉语花园幽径句的下推和上托图

（一）原型模式中的下推上托

下推过程是指从主网络到子网络找寻相关状态进行匹配的过程。上托过程则相反，指在完成子网络相关状态匹配后返回到主网络的过程。

原型模式解码总的说是两级三次的下推上托模式。原型模式解码中的下推（push）和上托（pop）顺序如下：

（1）对名词短语 NP 的解码。从递归转移网络的 WHP 子网络可见，NP 的解码需要一次下推上托过程，即下推（push）至 NP 子网络，并在完成解码后上托（pop）回 WHP 子网络。路径如下：

$WHP(S_0) \rightarrow NP \rightarrow NP_0 \rightarrow NP_f \rightarrow NP \rightarrow WHP(S_1)$。

"小王削苹果皮"首先启动的是 $WHP(S_0)$ 网络。汉语具有意合的特征，有时可以承前省略从句的标句词。如果系统能够成功解码，得到的就是 S 终极结构。如果系统虽然能解码该模式但还有后续字符串无法解读，将启用备选的 WHP 模式，即承前省略引导词的模式。在 $WHP(S_0)$ 网络中，首先需要 NP 的解码，遂下推至 NP 子网络并从初始状态 NP_0 开始解码。这是第一次下推。根据文法 NP→Pron 和 Pron→{小王}，字符串"小王"得到成功解码并进入输出状态 NP_f，上托回 $WHP(S_0)$ 网络。这是第一次上托。如此，完成了一次完整的下推上托过程，系统进入表示 NP 解码成功的 $WHP(S_1)$ 状态，同时启动 VP 子网络的解码。

（2）对动词短语 VP 的解码。VP 的解码比 NP 的解码多一次下推上托过程。第一次下推出现在 VP 子网络，第二次下推出现在嵌套的 NP 子网络，解码成功后接连两次上托返回到 WHP 网络。路径如下：

$WHP(S_1) \rightarrow VP \rightarrow VP_0 \rightarrow VP_1 \rightarrow NP \rightarrow NP_0 \rightarrow NP_0 \rightarrow NP_f \rightarrow VP_f \rightarrow WHP$ $(S_f) \rightarrow ???$。

名词短语 NP 的解码"小王"结束后，$WHP(S_1)$ 状态需要启动动词短语 VP 的解码，系统第一次下推至 VP 子网络。根据文法 VP→V NP 和 V→{削}，动词"削"得到解码。后续的"苹果皮"解码需要 VP 子网络启动嵌套结构 NP，系统进行第二次下推，并递归调用已经使用过的 NP 子网络。

递归调用的 NP 网络是 VP 子网络的嵌套结构。根据文法 NP→N N 和 N→{苹果,皮}，系统按照 $NP_0 \rightarrow NP_0 \rightarrow NP_f$ 顺序完成对"苹果皮"的解码，第一次上托回 VP 子网络。由于 VP→V NP 中需要的两个条件均得到满足，表示 VP 子网络解码终结的 VP_f 出现，并第二次上托回 WHP(S) 子网络。在 WHP(S)网络中，表示终结的 WHP(S_f)出现。后续的字符串"掉在了地上"无法根据 CFG 提供的文法继续进行归约，系统停止解码并产生回溯。原型模式"小王削苹果皮"的解码失败。以上可以看出，原型模式经历了最高层次的两级的三次下推上托。

第一次下推上托出现在"小王"的解码中，是层次最低的一级模式，没有嵌套结构。第二次和第三次下推上托分别出现在"削"和"苹果皮"的解码中。后一结构是嵌套的 NP 结构。解码深度属于二级模式，比一级模式难度系数更大，认知深度更深。由于对文法 NP→N N 和 N→{苹果，皮}的采纳，基于概率计算的系统认为字符串"苹果皮"的匹配模式要比"'苹果''皮'"模式更具有原型。但是，后续成分"掉在了地上"需要系统提供主语，而这个语法要求无法与系统先期解码模式兼容，原型模式解码被颠覆。非优选低概率的"'苹果''皮'"模式在回溯后被激活，花园幽径现象的行进错位效应形成。请见基于以上分析的上下文无关文法的解码：

小王削苹果皮掉在了地上

Pron 削苹果皮掉在了地上　　　　k

NP 削苹果皮掉在了地上　　　　h

NP V 苹果皮掉在了地上　　　　m

NP V N 皮掉在了地上　　　　l

NP V N N 掉在了地上　　　　l

NP V NP 掉在了地上　　　　i

NP VP 掉在了地上　　　　e

S 掉在了地上　　　　b

?

BREAKDOWN AND BACKTRACKING

（二）行进错位模式中的下推上托

行进错位效应的解码过程包括了四级九次的下推上托，比原型模式的两级三次下推和上托更复杂。具体路径如下：

S_0→WHP→WHP_0→NP→NP_0→NP_f→NP→WHP_1→VP→VP_0→VP_1→

NP→NP_0→NP_f→VP_f→WHP_f→S_1→IP→IP_0→NP→NP_0→NP_f→IP_1→VP→

$VP_0 \rightarrow VP_1 \rightarrow PP \rightarrow PP_0 \rightarrow PP_1 \rightarrow NP \rightarrow NP_0 \rightarrow NP_f \rightarrow PP_f \rightarrow VP_f \rightarrow IP_f \rightarrow S_f \rightarrow SUC$-CESS。

系统由原型模式的优选高频切分返回到非优选低频切分结构，将"苹果皮"切分为"苹果"和"皮"。前者作为从句宾语，后者作为主句主语，符合语法规则。其解码深度达到四级，下推上托状态达到九次。

第一次下推 $S_0 \rightarrow WHP$ 出现在对从句结构的匹配上。由于汉语中意合特征的存在，时间状语的引导词可以省略。所以，系统采纳的文法是 $S \rightarrow$ WHP IP，即认为"小王削苹果"是一个省略引导词 when 的从句。如此，系统从 S 主网络 S_0 开始解码，并实现第一次下推。WHP 子网络启动，解码为一级下推。

第二次下推 $WHP_0 \rightarrow NP$ 出现在对名词短语的匹配上。在 WHP 子网络中，系统采纳的文法是 $WHP \rightarrow (WH)$ IP 和 $IP \rightarrow NP$ VP。名词短语 NP 的解码需要系统再次下推至 NP 子网络。这是系统实现的第二次下推，NP子网络启动，解码为二级下推。

第一次上托 $NP_0 \rightarrow NP_f \rightarrow NP$ 出现在二级下推的 NP 子网络解码中。采用的文法是 $NP \rightarrow Pron$ 和 $Pron \rightarrow \{小王\}$。字符串"小王"得到成功解码后，系统呈现上托状态，由二级下推 NP 子网络的 NP_f 上托回一级下推WHP 子网络中的 NP，并进入 WHP_1 解码状态。

第三次下推 $WHP_1 \rightarrow VP$ 出现在对动词短语的匹配上。在 WHP 子网络中，系统已经完成了对名词短语 NP 的解码，根据文法 $WHP \rightarrow (WH)$ NP VP，动词短语 VP 的解码需要系统第三次下推，VP 子网络启动，解码难度为二级下推。

第四次下推 $VP_0 \rightarrow VP_1 \rightarrow NP$ 出现在对嵌套名词短语 NP 的匹配上。VP 子网络中，根据文法 $VP \rightarrow V$ NP 和 $V \rightarrow \{削\}$，字符串"削"在 $VP_0 \rightarrow VP_1$ 状态得到解码。后续的 NP 需要系统再次启动下推状态，进入嵌套的 NP 子网络。下推解码难度增大到三级。

第二至四次连续上托 $NP_0 \rightarrow NP_f \rightarrow VP_f \rightarrow WHP_f \rightarrow S_1$ 出现在 WHP 子网络的完全解码中。第四次下推中的 NP 子网络由 NP_0 解码，文法是 $NP \rightarrow N$ 和 $N \rightarrow \{苹果\}$。字符串"苹果"得到成功解码后，系统呈现上托状态。由三级下推 NP 子网络的 NP_f 上托回二级下推 VP 子网络中，完成系统的第二次上托，并得到终极解码符号 VP_f。系统进行第三次上托，由二级下推 VP 子网络上托回一级下推 WHP 子网络并进入 WHP_f 终极解码状态。

系统进行第四次上托并到达 S 主网络。WHP 的解码经过了四次下推和上托，解码深度最高达到三级，成功完成了主网络的从句剖析。此后，系统开始主句部分的剖析，即 IP 子网络启动。

第五次下推 $IP \rightarrow IP_0$ 出现在对 IP 子网络的匹配上。根据文法 $S \rightarrow WHP$ IP，系统在完成 WHP 解码后进入 S_1 状态，并下推至 IP 子网络，实现解码难度的一级下推。在起始状态 IP_0，根据文法 $IP \rightarrow NP$ VP，系统需要继续启动下推状态至 NP 子网络。

第六次下推 $NP \rightarrow NP_0$ 出现在对 NP 子网络的匹配上。解码属于二级下推模式。根据文法 $NP \rightarrow N$ 和 $N \rightarrow \{皮\}$，NP 子网络得到解码，系统进入上托状态。

第五次上托 $NP_f \rightarrow IP_1$ 出现在二级下推的 NP 子网络成功解码后。字符串"皮"得到成功解码。在文法 $IP \rightarrow NP$ VP 中，系统完成了二级下推 NP 子网络的 NP_f 并上托回一级下推 IP 子网络中的 IP_1 解码状态。

第七次下推 $VP \rightarrow VP_0 \rightarrow VP_1 \rightarrow PP$ 出现在对 VP 子网络的匹配上。解码属于二级下推。根据文法 $VP \rightarrow V$ PP 和 $V \rightarrow \{掉\}$，系统从 VP_0 开始解码，完成字符串"掉"的解码后进入 VP_1 状态。由于后续的字符串"在了地上"需要启动 PP 子网络，系统继续下推，进入三级解码模式。

第八次下推 $PP_0 \rightarrow PP_1$ 出现在对 PP 子网络的匹配上。解码属于三级下推。根据文法 $PP \rightarrow Prep$ NP 和 $Prep \rightarrow \{在（了）\}$，系统从 PP_0 开始解码，完成字符串"在（了）"的解码后进入 PP_1 状态。由于后续的字符串"地上"需要启动 NP 子网络，系统继续下推。

第九次下推 $NP \rightarrow NP_0$ 出现在对 NP 子网络的匹配上。这次下推是系统最深度的解码，属于四级下推，从认知解码深度来说是最困难的。根据文法 $NP \rightarrow N$ 和 $N \rightarrow \{地上\}$，系统从 NP_0 开始解码，完成字符串"地上"的解码后进入 NP_f 状态。此后，所有字符串均得到正确解码，系统进入系列上托状态，直至输出正确结果。

第六次至第九次连续上托 $NP_f \rightarrow PP_f \rightarrow VP_f \rightarrow IP_f \rightarrow S_f \rightarrow SUCCESS$ 出现在 IP 子网络的完全解码中。第六次上托 $NP_f \rightarrow PP_f$ 时，四级下推 NP 子网络的 NP_f 已经完成对"地上"的解码，遂上托回三级下推 PP 子网络中，完成系统上托，并得到终极解码符号 PP_f。系统继续上托。第七次上托 $PP_f \rightarrow VP_f$ 时，三级下推 PP 子网络 PP_f 已经完成"在地上"的解码，系统继续上托至二级下推 VP 子网络的，并得到终极解码符号 VP_f。第八次上

托 $VP_f \rightarrow IP_f$ 时，二级下推 VP 子网络的 VP_f 已经完成对"掉在地上"的解码，遂上托回一级下推 IP 子网络中。在 IP 子网络中，从第五次上托得到字符串"皮"的 NP 解码，而在第六次至第八次上托得到字符串"掉在地上"的 VP 解码。根据文法 IP→NP VP，IP 子网络解码所需的字符串"皮掉在了地上"均得到成功剖析，遂呈现终极解码符号 IP_f，系统继续上托。第九次上托 $IP_f \rightarrow S_f \rightarrow$ SUCCESS 时，一级下推 IP 子网络的 IP_f 已经完成，遂上托回 S 主网络中。在主网络中，从第一至四次上托得到的作为从句的字符串"小王削苹果"WHP 子网络已经成功解码，而作为主句的字符串"皮掉在了地上"IP 子网络也获得成功，整个 S 主网络解码过程所需的 $S_0 \rightarrow S_1 \rightarrow S_f$ 符合语法，系统剖析完毕，并成功输出。请见基于上面分析的上下文无关文法剖析：

小王削苹果皮掉在了地上	
Pron 削苹果皮掉在了地上	k
NP 削苹果皮掉在了地上	h
NP V 苹果皮掉在了地上	m
NP V N 皮掉在了地上	l
NP V NP 皮掉在了地上	j
NP VP 皮掉在了地上	e
IP 皮掉在了地上	d
WHP 皮掉在了地上	c
WHP N 掉在了地上	l
WHP NP 掉在了地上	j
WHP NP V 在了地上	m
WHP NP V Prep 地上	n
WHP NP V Prep N	l
WHP NP V PP	g
WHP NP VP	f
WHP IP	d
S	a

上面的上下文无关文法中，我们可以发现在"NP V 苹果皮掉在了地

上"之后的不同选择会导致不同的结果。原型模式解读中选择的是"NP V NP 掉在了地上"的解读模式，而在行进错位模式中选择的是"NP V NP 皮掉在了地上"的模式。这种文法的歧义结构与递归转移网络分析中的解码歧义相一致，证明了递归转移网络可成功用于歧义结构的剖析。行进错位模式的树形图构建如下：

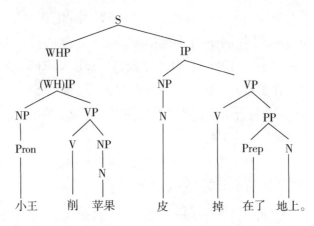

图 58　行进错位模式的树形图

四、原型模式与行进错位模式的 RTN 流程算法

在花园幽径现象的解读中，通常会存在优选与非优选两个解码模式。具有高频优先性的原型模式在解码中优选启动，而非优选的低频错位模式常作为原型模式的备选存在。当原型模式解码受挫，系统会产生错位效应，并回溯到原型模式与备选模式的岔路口进行重新匹配。这种折返性剖析可以在递归转移网络 RTN 流程算法中得到体现。

①小王削苹果皮掉在了地上
②<S/0，小王削苹果皮掉在了地上，>
③<WHP/0，小王削苹果皮掉在了地上，S/1:>
④<IP/0，小王削苹果皮掉在了地上，WHP/f:S/1:>
⑤<NP/0，小王削苹果皮掉在了地上，IP/1:WHP/f:S/1:>
⑥<NP/f,削苹果皮掉在了地上,IP/1:WHP/f:S/1:>
⑦<VP/0，削苹果皮掉在了地上,IP/f:WHP/f:S/1:>
⑧<VP/1，苹果皮掉在了地上,IP/f:WHP/f:S/1:>
⑨<NP/0，苹果皮掉在了地上，VP/f:IP/f:WHP/f:S/1:>

⑩<NP/0，皮掉在了地上，VP/f:IP/f:WHP/f:S/1:>

⑪<NP/f,掉在了地上，VP/f:IP/f:WHP/f:S/1:>

⑫<VP/f,掉在了地上,IP/f:WHP/f:S/1:>

⑬<IP/f,掉在了地上,WHP/f:S/1:>

⑭<WHP/f,掉在了地上,S/1:>

⑮<IP/0，掉在了地上,S/f:>

⑯<NP/0，掉在了地上,IP/1:S/f:>

⑰?

⑱BREAKDOWN AND BACKTRACKING

⑲<NP/0，苹果皮掉在了地上，VP/f:IP/f:WHP/f:S/1:>

⑳<NP/f,皮掉在了地上，VP/f:IP/f:WHP/f:S/1:>

㉑<VP/f,皮掉在了地上,IP/f:WHP/f:S/1:>

㉒<IP/f,皮掉在了地上,WHP/f:S/1:>

㉓<WHP/f,皮掉在了地上,S/1:>

㉔<IP/0，皮掉在了地上,S/f:>

㉕<NP/0，皮掉在了地上,IP/1:S/f:>

㉖<NP/f,掉在了地上,IP/1:S/f:>

㉗<VP/0，掉在了地上,IP/f:S/f:>

㉘<VP/1，在了地上,IP/f:S/f:>

㉙<PP/0，在了地上,VP/f:IP/f:S/f:>

㉚<PP/1，地上,VP/f:IP/f:S/f:>

㉛<NP/0，地上,PP/f:VP/f:IP/f:S/f:>

㉜<NP/f,,PP/f:VP/f:IP/f:S/f:>

㉝<PP/f,,VP/f:IP/f:S/f:>

㉞<VP/f,,IP/f:S/f:>

㉟<IP/f,,S/f:>

㊱<S/f,,>

㊲<,,>

㊳SUCCESS

　　根据以上的 RTN 流程算法，我们可以对比分析原型模式与错位模式
的解码特点。这次解码共由 38 行组成，其中包括一个循环，出现在第 18

行，具体解读如下：

（1）系统输入"小王削苹果皮掉在了地上"，转（2）；

（2）<S/0，小王削苹果皮掉在了地上，>表示系统进入 S 主网络，并从初始状态的 S_0 开始解码，下推进入 WHP 子网络，转（3）；

（3）<WHP/0，小王削苹果皮掉在了地上，S/1:>表示系统进入 S_1 栈，同时从 WHP_0 开始解码，并根据文法 WHP→（WH）IP 下推至 IP 子网络，转（4）；

（4）<IP/0，小王削苹果皮掉在了地上，WHP/f:S/1:>表示系统在 WHP/f 栈和 S_1 栈，并从 IP_0 开始解码。根据文法 IP→NP VP，继续下推至 NP 子网络，转（5）；

（5）<NP/0，小王削苹果皮掉在了地上，IP/1:WHP/f:S/1:>表示系统在 IP/1 栈、WHP/f 栈和 S/1 栈，从 NP_0 开始解码，转（6）；

（6）<NP/f，削苹果皮掉在了地上，IP/1:WHP/f:S/1:>表示系统在 IP/1 栈、WHP/f 栈和 S/1 栈，并根据文法 NP→Pron 和 Pron→｛小王｝完成对 NP 的解码，系统将终极结果标识为 NP/f，上托回 IP 子网络，转（7）；

（7）<VP/0，削苹果皮掉在了地上，IP/f:WHP/f:S/1:>表示系统从上面的 IP/1 栈进入到 IP/f 栈，并下推至 VP 子网络从 VP/0 开始进行解码，所属上层栈仍为 WHP/f 栈和 S/1 栈，转（8）；

（8）<VP/1，苹果皮掉在了地上，IP/f:WHP/f:S/1:>表示系统在 IP/f 栈、WHP/f 栈和 S/1 栈，根据文法 VP→V NP 和 V→｛削｝，动词"削"在 VP/1 得到解码，转（9）；

（9）<NP/0，苹果皮掉在了地上，VP/f:IP/f:WHP/f:S/1:>表示系统在 VP/1 成功解码后进入 VP/f 栈，并同时归属于 IP/f 栈、WHP/f 栈和 S/1 栈，根据文法 VP→V NP，系统下推至 NP 子网络继续解码。规则 NP→N N 启动转（10），否则规则 NP→N 启动，转（19）；

（10）<NP/0，皮掉在了地上，VP/f:IP/f:WHP/f:S/1:>表示系统在 VP/f 栈、IP/f 栈、WHP/f 栈和 S/1 栈，根据文法 NP→N N 和 N→｛苹果｝，系统完成了对字符串"苹果"的解码，并启动对字符串"皮"的归约，转（11）；

（11）<NP/f，掉在了地上，VP/f:IP/f:WHP/f:S/1:>表示系统在 VP/f 栈、IP/f 栈、WHP/f 栈和 S/1 栈，根据文法 NP→N N 和 N→｛皮｝，系统完成了对字符串"皮"的解码后进入到 NP 子网络的终结符号 NP/f，并开始上托，转（12）；

（12）<VP/f，掉在了地上，IP/f：WHP/f：S/1：>表示系统在 IP/f 栈、WHP/f 栈和 S/1 栈，上托回 VP 子网络的 NP/f 与先前已经完成解码的 V→｛削｝一起形成了表示该网络解码终结的 VP/f，继续上托，转（13）；

（13）<IP/f，掉在了地上，WHP/f：S/1：>表示系统在 WHP/f 栈和 S/1 栈，上托回 IP 子网络的 VP/f "削苹果皮" 与该网络已经完成解码的 N→｛小王｝一起形成了表示该网络解码终结的 IP/f，继续上托，转（14）；

（14）<WHP/f，掉在了地上，S/1：>表示系统在 S/1 栈，根据文法 WHP→（WH）IP，完成解码的 IP/f 上托回 WHP 子网络。由于汉语的意合特征决定了时间状语词 when 的可缺省性，系统得到 WHP 子网络的终结符号 WHP/f，即字符串 "小王削苹果皮" 已经完全得到解码，但后续字符串 "掉在了地上" 表示系统解码没有最后完成，系统继续上托 WHP/f 至 S 主网络，转（15）；

（15）<IP/0，掉在了地上，S/f：>表示系统在 S/f 栈，WHP/f 上托回 S 主网络后，系统由 S/1 栈进入 S/f 栈，根据文法 S→WHP IP 系统继续下推至 IP 子网络，转（16）；

（16）<NP/0，掉在了地上，IP/1：S/f：>表示系统在 IP/1 栈和 S/f 栈，并按照文法 IP→NP VP，继续下推至 NP 子网络并从 NP/0 开始解码，转（17）；

（17）根据文法，剩余的字符串 "掉在了地上" 中应该有符合 NP 归约的规则，但动词 "掉" 无法进行归约，与 NP 子网络的解码相矛盾，系统解码停滞，转（18）；

（18）BREAKDOWN AND BACKTRACKING 表示系统停滞后进入行进错位状态，并回溯到曾经有的解码岔路：NP→N N、NP→N 和 N→｛苹果，皮｝。从前面的概率分析 $t_{x,z(y)}$ = 2.619113>0 可知，字符串 "苹果皮" 具有解码的优先性，NP→N N 首先得到启动。错位效应出现后，系统一直回溯到（9），非优选的 NP→N 切分模式 " '苹果' '皮' " 启动，转（9）/（19）；

（19）<NP/0，苹果皮掉在了地上，VP/f：IP/f：WHP/f：S/1：>表示系统回溯到可以进行条件选项的 "苹果皮掉在了地上" 的解码，状态处在 VP/f 栈、IP/f 栈、WHP/f 栈和 S/1 栈。NP→N 规则取代 NP→N N 规则成为系统重新解码的新路径，转（20）；

（20）<NP/f，皮掉在了地上，VP/f：IP/f：WHP/f：S/1：>表示系统仍在 VP/f 栈、IP/f 栈、WHP/f 栈和 S/1 栈，规则 NP→N 和 N→｛苹果｝的启用完成了字符串"苹果"的解码，NP 子网络剖析结束，系统开始上托，转（21）；

（21）<VP/f，皮掉在了地上，IP/f：WHP/f：S/1：>表示系统在 IP/f 栈、WHP/f 栈和 S/1 栈，上托回 VP 子网络的字符串"苹果"与 VP/1 得到解码的字符串"削"均完成了归约，VP 子网络呈现终结符号 VP/f，系统继续上托，转（22）；

（22）<IP/f，皮掉在了地上，WHP/f：S/1：>表示系统在 WHP/f 栈和 S/1 栈，上托回 IP 子网络的 VP/f 与先前得到解码的 NP/f 归约到 IP/f，系统继续上托，转（23）；

（23）<WHP/f，皮掉在了地上，S/1：>表示系统在 S/1 栈，上托回 WHP 子网络的 IP/f 与汉语意合特征省略的（WH）一起归约为 WHP/f，系统（S_0，S_1）间的 WHP 子网络完成解码，上托回 S 主网络，转（24）；

（24）<IP/0，皮掉在了地上，S/f：>表示系统在 S/f 栈，下推至 IP 子网络的 IP/0 开始解码，转（25）；

（25）<NP/0，皮掉在了地上，IP/1：S/f：>表示系统在 IP/1 栈和 S/f 栈，从 IP/0 开始的解码根据文法 IP→NP VP，下推至 NP 子网络，并从 NP/0 开始解码，转（26）；

（26）<NP/f，掉在了地上，IP/1：S/f：>表示系统在 IP/1 栈和 S/f 栈，根据文法 NP→N 和 N→｛皮｝，字符串"皮"得到解码，NP 子网络终结符号 NP/f 呈现，系统上托回 IP 子网络，转（27）；

（27）<VP/0，掉在了地上，IP/f：S/f：>表示系统在 IP/f 栈和 S/f 栈，上托回 IP 子网络的 NP/f 表示 NP 解码结束，由 IP/1 栈进入 IP/f 栈，系统下推至 VP 子网络并从 VP/0 开始解码，转（28）；

（28）<VP/1，在了地上，IP/f：S/f：>表示系统在 IP/f 栈和 S/f 栈，下推至 VP 子网络的系统根据文法 VP→V PP 和 V→｛掉｝，完成了字符串"掉"的解码，系统继续下推至 PP 子网络，转（29）；

（29）<PP/0，在了地上，VP/f：IP/f：S/f：>表示系统在 VP/f 栈、IP/f 栈和 S/f 栈，根据文法 PP→Prep NP，PP 子网络从 PP/0 开始解码，转（30）；

（30）<PP/1，地上，VP/f：IP/f：S/f：>表示系统在 VP/f 栈、IP/f 栈和

S/f 栈，根据文法 Prep→｛在（了）｝，完成了字符串"在了"的解码，系统继续下推至 NP 子网络，转（31）；

（31）<NP/0，地上，PP/f：VP/f：IP/f：S/f：>表示系统在 PP/f 栈、VP/f 栈、IP/f 栈和 S/f 栈，NP 子网络从 NP/0 开始解码，根据文法 NP→N 和 N→｛地上｝，系统完成对字符串"地上"的解码，转（32）；

（32）<NP/f，，PP/f：VP/f：IP/f：S/f：>表示系统在 PP/f 栈、VP/f 栈、IP/f 栈和 S/f 栈，已经完成 NP 子网络解码的终结符号 NP/f 预示系统将进行上托，回到上一级 PP 子网络，转（33）；

（33）<PP/f，，VP/f：IP/f：S/f：>表示系统在 VP/f 栈、IP/f 栈和 S/f 栈，字符串"在"和"地上"均在 PP 子网络得到成功解码并归约为终结符号 PP/f，系统继续上托，回到上一级 VP 子网络，转（34）；

（34）<VP/f，，IP/f：S/f：>表示系统在 IP/f 栈和 S/f 栈，已经返回的 PP/f"在地上"与已经解码的字符串"掉"归约为 VP/f，VP 子网络解码完成，系统继续上托，回到上一级 IP 子网络，转（35）；

（35）<IP/f，，S/f：>表示系统在 S/f 栈，IP 子网络中已经得到解码的字符串"皮"和上托回来的字符串"掉在了地上"归约为 IP/f，IP 子网络解码成功，系统继续上托，回到主网络 S，转（36）；

（36）<S/f，，>表示系统栈中已无待解码的项，上托回主网络的 IP/f 与已经解码的 WHP/f 归约为 S/f，字符串"小王削苹果"和字符串"皮掉在了地上"得到成功解码，转（37）；

（37）<，，>表示系统清空了所有项，所有的字符串均在系统中得到成功解码，输出终极结果。

（38）SUCCESS.

通过以上分析可知，递归转移网络对原型模式和行进错位模式均具有解码可释性。下推和上托的次数与深度从另一个侧面反映了解码的难易程度以及回溯的困惑程度。除了递归转移网络在自然语言处理中的广泛应用，计算语言学的良构子串表分析也可用于行进错位模式的讨论。

第二节　良构子串表的应用效应研究

在句法剖析中，良构子串表是一种有效的自然语言处理方法。由于这种方法在解码过程可以保存歧义结构，系统可以将每个子串进行标识，如果在单一结构上是合格的，就称为"良构"；如果结构不完整，就是"非良构"。系统剖析过程中结构的可暂存性避免了剖析浪费。

一、良构子串表构成及程序化特性分析

自然语言处理是计算机科学与语言学交叉研究的热点，语义理解与计算问题是当前面临的最大挑战。自然语言与程序语言的不同在于歧义的存在性，程序语言的使用可以辨别自然语言中的部分歧义特征。良构子串表是高效实用的分析算法，常用于对子成分进行完整的记录解析。其基本模式为 $(start, finish, label \rightarrow found. to find)$：start 表示为始节点编号，finish 表示终节点编号，label 表示规则范畴标记，箭头表示指向，found 表示已解读节点，to find 表示待解读节点。简单地说，良构子串表模式由四类符号组成：数字符号、应用符号、标记符号和规则范畴。

（1）数字符号是指编号，出现在始节点和终节点之间，即划定节点位置，标注程序解读的起始和终结。编号从 0 开始，字符串每增加一个，编号自然增加。编号最大值由被解码句子中的字符串数量决定。设句子由 m 个字符串组成，那么数字符号的总数量为 m+1，数字符号的最大值为 m。初始 0 与终端 m 之间的解码区间可平均分配给所有字符串。设定 i,j 分别为始节点和终节点编号，那么 $\{(i<j), i \in (0, m-1), j \in (1, m)\}$。例如在 ".$_0$小王.$_1$削.$_2$苹果.$_3$皮.$_4$掉.$_5$在了.$_6$地上.$_7$"中，共有 7 个字符串。数字符号的最大值 m=7，数字符号的总数量为 m+1=8，其中始节点 $i \in (0, 6)$，终节点 $j \in (1, 7)$。当 i=0,j$\in$(1,7)；i=1,j$\in$(2,7)；i=2,j$\in$(3,7)；i=3,j$\in$(4,7)；i=4,j$\in$(5,7)；i=5,j$\in$(6,7)；i=6,j=7。由此形成了数字符号排列矩阵表，左侧 $\{0, 6\}$ 表示始节点 i，最上行 $\{1, 7\}$ 表示终节点 j。表中显示，系统共可以获得 7+6+5+4+3+2+1=28 次排列组合机会。如何在这些已经填充为灰色的部分完成解码状态的展示，规则范畴起到了决定性作用。

表 19　良构子串表的数字符号排列矩阵表

	1	2	3	4	5	6	7
0	{}	{}	{}	{}	{}	{}	{}
1		{}	{}	{}	{}	{}	{}
2			{}	{}	{}	{}	{}

（续表）

	1	2	3	4	5	6	7
3				{}	{}	{}	{}
4					{}	{}	{}
5						{}	{}
6							{}

（2）应用符号包括解码过程中出现的终极和非终极符号。例如，在自底向上剖析中，系统的终极符号 Pron→{小王}、N→{苹果,皮,地上}、V→{削,掉} 和 Prep→{在（了）} 以及非终极符号 NP、PP、VP、IP、WHP(S)等代码都可以出现在应用符号位置。

（3）标记符号包括四个：两个用于分隔编号的逗号，指示规则方向的箭头，以及用于区分已解读和待解读节点的分隔号。例如，（0,0,Pron→.小王)表示系统自底向上剖析，始节点编号<start>=0，终节点编号<finish>=0，规则范畴<label>=Pron，已解读节点<found>=null，待解读节点<to find>=小王。(0,1,Pron→小王 .) 中，始节点编号<start>=0，终节点编号<finish>=1，规则范畴<label>=Pron，已解读节点<found>=小王，待解读节点<to find>= null。这表示字符串"小王"从（0，0）端开始经历（0，1）后被系统识别。

（4）规则范畴是指可用于始节点和终节点之间解码的上下文无关文法。如果规则范畴可以涵括所有的节点，则表明系统完成了所有字符串的解码，形成的是一个良构的状态。否则，如果有部分字符串无法利用现存的上下文无关文法进行终极解码，系统将视该状态为非良构的。例如，规则 $chart(i,j):=\{X \mid X→ word_j \in P\}$ 表示字符串只要在规则集范围内均可得到标记。$i=0,j=1,chart(0,1):=\{小王\}$ 表示在(0，1)区间中可以完成对字符串"小王"的解码。$i=1,j=2,chart(1,2):=\{削\}$ 表示在(1，2)区间中可以完成对字符串"削"的解码。$i=2,j=3,chart(2,3):=\{苹果\}$ 表示在(2，3)区间中可以完成对字符串"苹果"的解码。$i=3,j=4,chart(3,4):=\{皮\}$ 表示在(3，4)区间中可以完成对字符串"皮"的解码。$i=4,j=5,chart(4,5):=\{掉\}$ 表示在(4，5)区间中可以完成对字符串"掉"的解码。$i=5,j=6,chart(5,6):=\{在了\}$ 表示在(5，6)区间中可以完成对字符串"在了"的解码。$i=6,j=7,chart(6,7):=$

{地上} 表示在(6，7)区间中可以完成对字符串"地上"的解码。根据规则 Pron→{小王}、N→{苹果,皮,地上}、V→{削,掉} 和 Prep→{在(了)}，可以完成对数字符号排列矩阵表的基本标记，即最底层的终极符号的标记。请见下表：

表 20　底层终极符号标记展示

	1	2	3	4	5	6	7
0	{P}	{}	{}	{}	{}	{}	{}
1		{V}	{}	{}	{}	{}	{}
2			{N}	{}	{}	{}	{}
3				{N}	{}	{}	{}
4					{V}	{}	{}
5						{P}	{}
6						·	{N}

上表中，最底层的终极符号得到标记。在(0,1)标记的是人称代词 Pron，(1,2)标记的是动词 V，(2,3)标记的是名词 N，(3,4)标记的是名词 N，(4,5)标记的是动词 V，(5,6)标记的是介词 Prep，(6,7)标记的是名词 N。根据语料库的频数统计，通过 $r(x) = r(削) = 10351$，$r(y) = r(苹果) = 3995$，$r(z) = r(皮) = 50141$，$r(x,y) = r(削，苹果) = 16$，$r(y,z) = r(苹果，皮) = 18$，以及 $t_{x,z(y)} = 2.619113 > 0$ 可知，NP→N N 归约出的 NP 要比规则 NP→N 归约出 NP 的概率更大，所以，从底层归约时，系统缺省采纳 NP→N N 规则。由此可见，根据自底向上的归约，第二层符号标记包括两个，即根据规则 NP→N N 归约出的 NP，以及根据规则 PP→Prep NP 归约出的 PP。请见对（2，4）区间归约的 NP 和（5，7）区间归约的 PP 的二级符号标记：

表 21　自底向上二级符号标记展示

	1	2	3	4	5	6	7
0	{P}	{}	{}	{}	{}	{}	{}
1		{V}	{}	{}	{}	{}	{}
2			{N}	{NP}	{}	{}	{}
3				{N}	{}	{}	{}

（续表）

	1	2	3	4	5	6	7
4					{V}	{}	{}
5						{P}	{PP}
6							{N}

　　系统自底向上完成了二级符号的归约之后，根据规则 VP→V NP 和 VP→V PP 继续向上归约，在（1，4）区间和（4，7）区间各得到三级归约符号 VP，请见标记展示：

表 22　自底向上三级符号标记展示

	1	2	3	4	5	6	7
0	{P}	{}	{}	{}	{}	{}	{}
1		{V}	{}	{VP}	{}	{}	{}
2			{N}	{NP}	{}	{}	{}
3				{N}	{}	{}	{}
4					{V}	{}	{VP}
5						{P}	{PP}
6							{N}

　　系统自底向上完成了三级符号 VP 的归约之后，根据规则 WHP(S)→ NP VP 和 NP→Pron 继续向上归约，在（0,4）区间得到四级归约符号 S。由于 S 和（4，7）区间的 VP 无法继续归约，最大的归约区间（0，7）将产生无法前行的困惑，标记为"?"。

表 23　自底向上四级符号标记展示

	1	2	3	4	5	6	7
0	{P}	{}	{}	{S}	{}	{}	{?}
1		{V}	{}	{VP}	{}	{}	{}
2			{N}	{NP}	{}	{}	{}
3				{N}	{}	{}	{}
4					{V}	{}	{VP}
5						{P}	{PP}
6							{N}

　　根据系统自底向上的底层标记、二级标记、三级标记和四级标记，系统按照前面的规则，无法成功解码整句结构，剩余的 VP 结构"掉在了地上"无法纳入解码系统。系统生成的子串表分析就不再是良构的。请见非良构子串表图示：

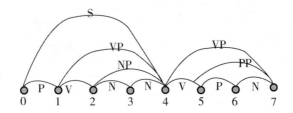

图 59　汉语样例的非良构子串表图示

二、行进错位效应中的良构子串表分析

从上面的分析可知，基于概率的行进错位效应中的分析是系统回溯后才启动的，具有条件式选项的节点出现在规则 NP→N N 和规则 NP→N 之间。前者是原型模式解码，当无法解码到最后时，系统生成的是非良构子串表，并回溯到条件式重新进行选择。请见 UNTIL 型循环算法：

表 24　汉语样例的 UNTIL 型循环算法

小王削苹果皮掉在了地上。			
Pron削苹果皮掉在了地上。			
NP V苹果皮掉在了地上。			
NP V N N掉在了地上。			
YES	NP→NN ?	NP→NN ?	NO
NP V NP掉在了地上。		NP V NP N掉在了地上。	
NP VP掉在了地上。		NP VP N掉在了地上。	
S掉在了地上。		WHP(S) NP掉在了地上。	
FAIL		WHP NP V在了地上。	
		WHP NP V Prep 地上。	
		WHP NP V Prep NP	
		WHP NP V PP	
		WHP NP VP	
		WHP IP	
		S	
		SUCCESS	
Until all the grammatical rules are met.			
OUTPUT			

在 UNTIL 型循环算法中，系统经历了行进错位，并由默认的规则 NP→N N 回溯到规则 NP→N 的选择，完成了解码，形成了一个完整的良构子串表。正如算法中展现的一样，系统从非良构到良构自底向上的一级和二级符号标记都是一致的，关键在于三级符号标记域的不同。我们从三级符号标记分析系统如何得到一个良构的子串表系统。

表 25　行进错位效应中三级符号标记展示

	1	2	3	4	5	6	7
0	{P}	{}	{}	{}	{}	{}	{}
1		{V}	{VP}	{}	{}	{}	{}
2			{N}	{}	{}	{}	{}
3				{N}	{}	{}	{}
4					{V}	{}	{VP}
5						{P}	{PP}
6							{N}

从上表可见，根据规则 NP→N，字符串"苹果"一级和二级符号标记在展示中是重合的，均在（2，3）区间得到解码。规则 VP→V NP 使系统在（1，3）区间归约得到三级符号 VP，字符串"削苹果"得到解码。规则 VP→V PP 使字符串"掉在地上"得到解码，并得到第二个三级符号 VP。这样，我们分别得到两个三级归约符号，即（1，3）区间和（4，7）区间的 VP。系统继续按照规则进行归约。

表 26　行进错位效应中四级符号标记展示

	1	2	3	4	5	6	7
0	{P}	{}	{WHP}	{}	{}	{}	{}
1		{V}	{VP}	{}	{}	{}	{}
2			{N}	{}	{}	{}	{}
3				{N}	{}	{}	{IP}
4					{V}	{}	{VP}
5						{P}	{PP}
6							{N}

上表中，根据规则 NP→Pron，系统可以在（0，1）区间得到 NP 解码，即符号 P 和符号 NP 是重合的。NP 和（1，3）区间 VP 进行归约并根据规则 WHP→NP VP，系统在（0，3）区间得到四级符号 WHP 解码。另外，根据规则 NP→N，系统可以在（3，4）区间得到 NP 解码，即符

号 N 和符号 NP 是重合的。(4，7) 区间存在的 VP 和（3，4）区间存在的 NP 共同归约为 IP，执行的规则是 IP→NP VP。如此，系统得到两个四级标记 WHP 和 IP。

表 27　行进错位效应中五级符号标记展示

	1	2	3	4	5	6	7
0	{P}	{}	{WHP}	{}	{}	{}	{S}
1		{V}	{VP}	{}	{}	{}	{}
2			{N}	{}	{}	{}	{}
3				{N}	{}	{}	{IP}
4					{V}	{}	{VP}
5						{P}	{PP}
6							{N}

上表中，已经得到归约的四级标记 WHP 和 IP 根据规则 S→WHP IP 继续进行归约，并在（0，7）区间得到五级符号标记 S。由于（0，7）区间是涵括解码所有字符串的终极区间，而且得到的符号标记是解码终结的终极标记 S，得到的子串表是良构的，系统成功完成了解码。请见下图：

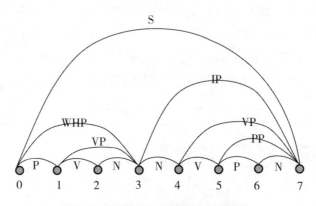

图 60　汉语样例的良构子串表图示

第三节　花园幽径模式解码系统的理论构建与应用

花园幽径模式的解码系统属于自然语言专家系统。该系统以计算机专家知识及推理等技术为基础来理解与求解行进错位过程中遇到的问题，是知识系统的一部分。通过借用某领域内具有专家理解能力的程序系统，

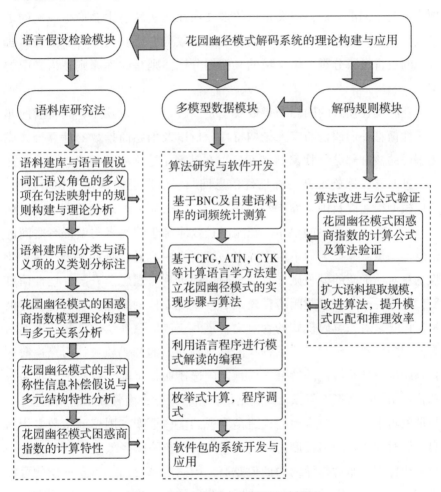

以及自然语言知识库的推理和求解，花园幽径模式的解码系统能以库内知识为基础进行运算，并按照特定规则、理论和策略，立足于已知判断或结论，并结合相关内外知识库信息推导出未知判断或结论。这个推理过程通常是单元、二元或多元的，最终目的是实现对某些问题合乎逻辑的判断和解答。请见我们基于前面算法和应用知识所构建的花园幽径模式的解码系统模型。

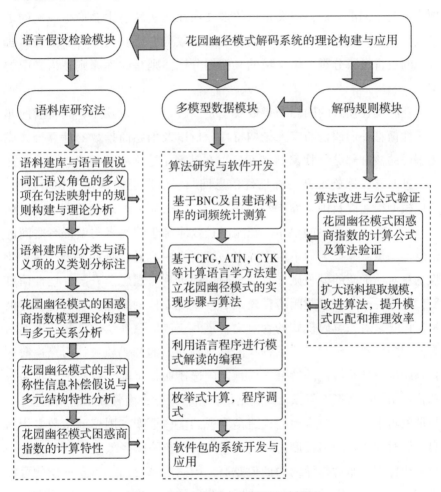

图 61　花园幽径模式的解码系统模型

花园幽径模式的行进错位效应是语义流中途折返过程中对既定模式的破旧立新，是信息处理中的理解休克。错位效应发生时，语义环路会暂时断开，并在回溯及重新匹配新模式后重启语义环路。

花园幽径模式的解码系统主要包括三大模块：语言假设检验模块、

解码规则模块和多模型数据模块。

（1）语言假设检验模块是指对涉及的自然语言解码进行理论假设和理论检验。自然语言有其特定的语言特色，所以，在语言假设检验中通常离不开大规模语料库的支撑。语料建库是语言假说的基础，在既有语料库的基础上根据自身的假设需要，可以构建为自己服务的专有语料库。语言假说是对一些语言现象进行的推断和假定，是基于规模语料的一种理论事实。词汇方面，语义角色的多义项在句法映射中会产生一定的语义偏移，并可能导致行进错位的花园幽径效应。语料建库需要围绕语言假说的主旨进行分类，语义项的义类划分标注则是建库原则在语义中的实践。

花园幽径模式的困惑商指数模型是一种语言假设模型，其特有的非对称性信息补偿假说与多元结构特性分析以及困惑商指数的计算公式成为假说的核心部分。杜家利（2013）在其博士论文中曾提出：非对称性与信息断层、螺旋上升与补偿性信息回归、信息逆向选择与顿悟跨越、效应模型构建以及困惑商指数是花园幽径模式研究的理论基础。非对称性与信息断层是假说的根本。花园幽径效应源于编码者与解码者之间的信息不均衡，其产生的不对称性在信息交换中容易出现伪平衡，而补偿性信息对伪平衡的颠覆则导致信息断层的出现。螺旋上升与补偿性信息回归是假说的结果。花园幽径模式解读呈现立体的螺旋上升态势，终极解码模式是对原解码模式的否定之否定。获得信息补偿的认知从困惑状态回归到自然，延续了从顺畅到困惑再到回归的解码轨迹。信息逆向选择与顿悟跨越是假说的特征。信息逆向选择在花园幽径模式中表现为对非优选结构的选择，而顿悟跨越则是"由行渐顿，由顿而悟，悟而复行"特征的集中表现。效应模型构建是假说的主体框架。困惑商指数专指信息解码时的认知困惑程度，并以此作为诱发花园幽径效应强烈与否的一个量化标准。非对称导致的商值越高，困惑度越突出，信息补偿的可能性越大，认知扭矩越明显，系统回归到原位的要求越强烈。困惑商的计算价值标准与频数密切相关。

（2）解码规则模块涉及算法改进与公式验证。花园幽径模式的解码需要讨论系统回溯产生的困惑程度，并以此推出计算模式并进行可行性验证。随着语料提取规模的扩大，算法不断得到改进，系统的解码效率不断得到提升，为解码系统的实用化提供了算法和数据支撑。其中，系统的模式匹配和推理效率具有关联性。内外程序的模式匹配是系统的主要匹配模式。内程序匹配涉及生成系统与计算机内部程序基于相似度的比较耦合，匹配优先性与相似率成正比。外程序匹配涉及生成系统与计算机外部的认知模式匹配，认知匹配的完美性和顺畅性成为优先性的标准。模式匹配是系统推理的前提，进入匹配模式的内外知识库信息方能启动推理机制。

（3）多模型数据模块需要综合算法研究并基于各种大数据进行实用的软件开发。由于频数计算通常是基于大规模语料库进行的，所以，完全开放的英语国家语料库——BNC 语料库及自建规模语料库都成为数据模块分析的基本条件。计算语言学中的分析方法（如 CFG，ATN，CYK 等）可用于建立花园幽径模式的实现步骤与算法，并用于借助程序语言进行模式解读的编程、调试，以及软件开发，其终极目标是提高系统的前瞻性，减少系统的回溯性，提高系统的能率性。

小　结

本章主要采用计算语言学方法的递归转移网络、良构子串表和花园幽径模式解码系统的理论分析进行了花园幽径句的解读。

通过递归转移网络在自然语言句法处理中的应用和对基于程序运行的歧义句法关系和花园幽径句法关系的异同分析可知：（1）拓展了句法研究的领域；（2）验证了心理学有关顿悟的论断，即具有跨越式解读特点的花园幽径现象占用系统资源较多、解码较复杂且蕴含"啊哈"体验；（3）证明了歧义现象具有语义宽松的多选特点和花园幽径现象具有语义触发的单选性折返机制；（4）为面向语言学实践的计算语言学由统计核心观回归到语言本体观提供了有效的思路。

良构子串表研究是自然语言处理的一个重要方面，是计算机科学、语言学、语义学等学科交叉研究的领域。适用于计算机科学的 NS 流程图具有程序化分析自然语言的特性，因此可用于对自然语言中的特殊现象进行结构性解读。花园幽径句是句法加工过程中能产生行进式错位且对前期模式破旧立新的特殊句式。通过借助具有选择算法剖析的 NS 流程图和对剖析过程具有结构保存特性的良构子串表，本章以实例验证了算法和程序对句法分析的重要性。

　　本章还简单讨论了花园幽径模式解码系统中的语言假设检验模块、多模型数据模块和解码规则模块，便于语言工作者从解码系统的技术路线图中分析错位效应生成的根本原因，最终从计算机科学领域推动语言学研究的发展。

第六章 花园幽径句测试及结果分析

语言在社会生活中有着重要作用。作为社会的人在交流时是离不开语言的，它是人类特有的符号系统。语言的编码和解码反映了人类复杂的心理认知活动。语言的传递是信息流的输入与输出，具有离散性的信息流可以将密封在认知系统中的语音、语义和句法结构等相关信息顺次提取，完成解码或编码。句子理解研究一直以来被语言学家认为是探寻认知系统解码模式的有效途径。花园幽径模式行进错位的研究主要是句法层面的研究。通过对被试在错位效应发生时的反应时变化以及固定反应时情况下被试理解的正确率的多少，研究者可以得到不同花园幽径句的难度系数。这方便对不同的花园幽径模式进行归类分析，找寻对不同句式系统自动解码的有效途径。

第一节 花园幽径句测试

花园幽径句在解码过程中，密封在认知系统中的句法信息、语义信息等会在较短时间内得到剖析和整合。这个过程是一种无意识的瞬间完成的过程，直到关键性启发信息的出现，这种无意识的解码行为才会停止。随着某一个启发点的出现，认知系统由无意识转为有意识，由自动转为受控。这种看起来简单的即时反应涉及复杂的心理过程。在被试阅读中，错位效应后的句法结构如何形成回溯并最终终止解码或实现跨越解码，将是我们通过实验需要进行验证的。

第二节 限定反应时花园幽径句测试研究

花园幽径句的测试主要包括四部分因素：被试、材料、程序与结果分析。

一、被试

（1）普通高等学校大二学生，身体健康，裸眼视力或矫正视力正常。

（2）学生具有良好的英语阅读能力，均具有英语专业四级水平。

（3）实验近期均无急性感染或服用过任何药物，对英语语料等实验数据具有良好认知。

（4）听从主试安排，并愿意参加语言测试实验，能保证实验的准确性和严肃性。

被试的选取：为保证实验的有效性，我们选取山东烟台某普通高校外国语学院 1990 年左右出生的 126 名大二的在校大学生，他们均具有至少 7 年左右的英语教育经历，并已经结束英语专业的第一年学习，具备英语专业四级水平。

二、材料

所有测试的语言材料为具有行进错位的花园幽径句或对照句，句长和词汇难度系数控制在英语专业四级范围内。根据花园幽径句的形成原因，我们将实验材料分为如下四类（引导词类错位、宾语辖域错位、嵌套错位、兼类错位），具体如下：

（1）引导词缺失导致的行进错位现象（引导词类错位），如：

正确句：The cotton which clothing is usually made of grows in Mississippi.

花园幽径句：The cotton clothing is usually made of grows in Mississippi.

（2）宾语辖域变化导致的行进错位现象（宾语辖域错位），如：

正确句：Mary gave the child that the dog bit a cake.

花园幽径句：Mary gave the child the dog bit a cake.

（3）主结构与嵌套结构变化导致的行进错位现象（嵌套错位），如：

正确句：The boat floated down the river and sank.

花园幽径句：The boat floated down the river sank.

（4）词的兼类结构导致的行进错位现象（兼类错位），如：

正确句：The building blocks the sun shining on the house.

花园幽径句：The building blocks the sun shining on the house faded are red.

三、程序

在实验过程中，被试需坐在距离电脑屏幕前的合适位置。由于实验采用的方法是限定反应时的测试方法（即要求被试在固定的反应时间内回答问题，超过反应时，问题将会从屏幕消失），测试中，被试需要具有不间断连续回答 100 道英语测试题的能力和体力。整个实验过程通过 Microsoft Power Point 设定的自动播放功能进行，刺激的呈现形式为深色背景上的浅色字体的英语句子。自动播放设定为间隔 5 秒的频率。每 10 个测试句为一个测试组。为减轻被试的视觉疲劳，每组间隔插入 10 秒的色彩变幻页作为缓解，并同时提醒被试 10 秒后开始新的测试组，直至最后测试结束。具体的测试程序如下：

让被试了解测试的过程，使其熟悉实验任务和程序。指导语为：下面测试中有 100 个英语句子，每个句子都将在屏幕上保留 10 秒时间（间隔 5 秒测试），请根据自己的理解选择：-1，0，+1，并将结果（限一项）勾画在方框内。10 秒过后，页面将会翻转至下一句子，没有作答的题目将作为错误处理。每 10 个句子为一组，每组限时 100 秒，共计 10 组。

示例如下：

例子 1：当屏幕出现句子 "The horse raced past the barn." 时，请根据自己的理解选择 3 个选项中的一个（此处是+1），并在选中的选项前打钩。

S A：Result：□-1；□0；√□+1.

例子 2：当屏幕出现句子 "The horse past the barn." 时，请根据自己的理解选择 3 个选项中的一个（此处是-1），并在选中的选项前打钩。

S B：Result：√□-1；□0；□+1.

这两个句子使用了标度上的最高值和最低值，请在适当的时候使用中间的值。"0" 表示你无法确定句子是否可以接受。

完成所有句子的限时判断大约需要 15~25 分钟。

四、结果与讨论

花园幽径句分为宽式和严式两种：宽式花园幽径句在基于概率的系统中可以得到正确剖析，如 "While the boy scratched the dog yawned loudly"（具体分析如下）；严式花园幽径句在系统中不能被成功剖析，如 "While the boy scratched the big and hairy dog yawned loudly"（具体分析如下）。两者的区分便于我们深入分析自然语言理解过程中被试的认知反应。请见两种类型在 Stanford Parser 中的具体剖析：

Your query

While the boy scratched the dog yawned loudly.

Tagging

While/IN   the/DT   boy/NN   scratched/VBZ   the/DT
dog/NN   yawned/VBD   loudly/NNS   ./.

Parse

```
(ROOT
  (S
    (SBAR(IN While)
      (S
        (NP(DT the)(NN boy))
        (VP(VBZ scratched))))
    (NP(DT the)(NN dog))
    (VP(VBD yawned)
      (NP(NNS loudly)))
    (..)))
```

Typed dependencies

mark(scratched-4,While-1)   det(boy-3,the-2)

nsubj(scratched-4,boy-3)   advcl(yawned-7,scratched-4)

det(dog-6,the-5)   nsubj(yawned-7,dog-6)

root(ROOT-0,yawned-7)   dobj(yawned-7,loudly-8)

 本例是宽式花园幽径句的代表。虽然字符串"scratched the dog"在剖析中由于缺少标点符号，具有被错位理解的可能，但是系统却能基本解码成功，尽管存在一些可以接受的不影响主体结构理解的剖析错误（scratched 被错误标注为动词三单现在时 VBZ，loudly 被错误标注为复数名词 NNS，yawned-7 和 loudly-8 被错位地理解为直接宾语 dobj 的依存关系）。句法结构和依存关系基本符合规则。

 如果"big and hairy"作为"dog"的修饰成分出现，该宽式花园幽径句将转变成严式，系统主体结构将无法正确解码。

Your query

While the boy scratched the big and hairy dog yawned loudly.

Tagging

While/IN	the/DT	boy/NN	scratched/VBZ	the/DT
big/JJ	and/CC	hairy/JJ	dog/NN	yawned/VBN
loudly/VBZ	./.			

Parse

```
( ROOT
  ( S
    ( SBAR( IN While)
    ( S
      ( NP( DT the) ( NN boy) )
      ( VP( VBZ scratched)
        ( NP
          ( NP( DT the) ( JJ big)
            ( CC and)
            ( JJ hairy) ( NN dog) )
          ( VP( VBN yawned) ) ) ) ) ) )
    ( VP( VBZ loudly) )
    ( .. ) ) )
```

Typed dependencies

mark(scratched-4,While-1)　　det(boy-3,the-2)　　nsubj(scratched-4,boy-3)

csubj(loudly-11,scratched-4)　det(dog-9,the-5)　　amod(dog-9,big-6)

cc(big-6,and-7)　　　　　　conj(big-6,hairy-8) dobj(scratched-4,dog-9)

vmod(dog-9,yawned-10)　　　root(ROOT-0,loudly-11)

　　本例是严式花园幽径句的代表。该句的句法和依存关系都出现了无法接受的剖析错误现象。首先，在词类标注中延续了先前的错误：scratched 仍被错误标注为动词三单现在时 VBZ，而 loudly 由原来的复数名词 NNS 错误转变为更无法接受的动词三单现在时 VBZ 标注。另外，yawned 由原来正确的结构核心表示过去式的 VBD 错误地转变为表示动词修饰成分的过去分词标注 VBN。依存关系更是混乱：系统错误地认为核心关系是 root(ROOT-0,loudly-11);动词 yawned 错误地变成了名词 dog 的修饰,即 vmod(dog-9,yawned-10)。这些都证明系统对严式花园幽径句的主体分析是失败的。通过对花园幽径句的宽、严式类型的区分可以使我们后续的语料测试分析更加精准化。

通过 126 名学生对 100 个花园幽径句和对照句(附录四)的理解,我们得到了被试在限定反应时状态下的理解测试结果。为了分析系统自动剖析状态下和二语习得者限时理解状态下的行进错位效应的理解偏误,我们选取系统不能成功剖析的严格意义的花园幽径句为分析域,讨论被试是否会出现与系统一样的行进错位反应,分析其产生错位的原因,以及根据统计学知识解读被试理解与错位类型之间的关系。

系统剖析器采用美国斯坦福大学的 Stanford Parser。通过将附录中的 1~100 个测试样例逐一进行系统剖析,我们可以得到系统无法正确解读的严式花园幽径句(具体请见附录五)。为了区分前面的样例,我们把这些测试的具有行进错位的系统剖析例子以 S(Sentence)开头并以 1~100 个测试样例的编号为代码。例如,在百句测试中,编号 3 的花园幽径句在系统剖析时具有行进错位效应,我们把这个英语句标记为 S3。除了系统的错位剖析,每个句子的单样本卡方检验值也在附录中得到了计算。根据卡方值公式可知,卡方值本身是没有正负之分的,但是,为了便于我们清楚地表示句子在理解过程中的偏误倾向,我们把偏向测试句为错句的卡方值标注为负值,偏向测试句为正确句的卡方值标注为正值。例如,如果观察频数中认为样例不可接受的占主,则标注为负;认为样例可接受的居多,则标注为正;如果卡方值处在不显著的赋值区间,则标注为正负。这样,我们就可以清楚地看出样句在测试中的偏向,即接受/不可接受/无法判定。具体句子编号和卡方值请见下表:

表 28　严式花园幽径句错位效应卡方值表

句子编号	卡方值	句子编号	卡方值
S3- Fat people eat accumulates.	+72.90	S5- I convinced her children are noisy.	+30.33
S8- I know the words to that song about the queen don't rhyme.	+24.33	S9- I told the girl that the cat that scratched Bill would help her.	+20.33
S11- I told the girl the cat that scratched Bill would help her.	+60.62	S13- Mary gave the child that the dog bit a cake.	+21.76

（续表）

句子编号	卡方值	句子编号	卡方值
S14- Mary gave the child the dog bit a cake.	- 32. 33	S15- Please have the students who failed the exam take the supplementary.	+45. 19
S26- The boat floated down the river sank.	+31. 86	S27- The building blocks the sun faded are red.	-7. 43
S28- The building blocks the sun shining on the house faded are red.	+37. 00	S36- The cotton clothing is made of grows in Mississippi.	+36. 90
S37- The cotton clothing is usually made of grows in Mississippi.	+24. 14	S41- The dog that I had really loved bones.	+144. 43
S47- The girl told the story cried.	-54. 33	S50- The government plans to raise taxes were defeated.	-37. 76
S55- I told the girl the cat scratched Bill would help her.	+23. 05	S58- The man whistling tunes pianos.	-15. 57
S68- The old dog the footsteps of the young.	- 133. 00	S69- The prime number few.	- 112. 05
S71- The prime people number few.	- 105. 57	S72- The raft floated down the river sank.	+41. 33
S82- The statue stands in the park are rusty.	+68. 90	S84- The stone rocks during the earthquake.	+61. 71
S87- The table rocks during the earthquake.	+98. 14	S88- The teacher told the children the ghost story had frightened that it wasn't true.	+19
S91- The tomcat curled up on the cushion seemed friendly.	+92. 05	S94- The toy rocks near the child quietly.	+35. 19
S95- The tycoon sold the offshore oil tracts for a lot of money wanted to kill JR.	+-2. 90	S100- When Fred eats food gets thrown.	-63. 05

　　如表所示，通过对系统自动剖析的结果分析，我们从100个样句中共得到30个严式花园幽径句。这些句子在斯坦福剖析器中都无法得到正确的解读。为便于统计分析，我们把这些句子按照卡方值由小到大进行排

序，请见下表。

表 29　严式花园幽径句卡方值排序表

N	X^2	N	X^2
S68	-133	S8	24.33
S69	-112.05	S5	30.33
S71	-105.57	S26	31.86
S100	-63.05	S94	35.19
S47	-54.33	S36	36.9
S50	-37.76	S28	37
S14	-32.33	S72	41.33
S58	-15.57	S15	45.19
S27	-7.43	S11	60.62
S95	+-2.9	S84	61.71
S88	19	S82	68.9
S9	20.33	S3	72.9
S13	21.76	S91	92.05
S55	23.05	S87	98.14
S37	24.14	S41	144.43

　　表中可见，在 p<.05，df=2，卡方检验临界值=5.99 的情况下，满足 $-5.99 \leqslant X^2 \leqslant +5.99$ 条件的样例只有 S95-The tycoon sold the offshore oil tracts for a lot of money wanted to kill JR。这表明该严式花园幽径句在系统自动剖析中无法正确解读，而在 126 个被试的人工解码中，该句正确与否的测试不具有显著差异，认为该句错误（40.48%）/无法测定（29.37%）/正确（30.15%）的被试频数大体相当，未达到产生差异性的卡方临界值。

　　在严式花园幽径句的卡方值列表中，共有 9 个标识为不可接受的句子，偏离度（绝对值）由大到小分别是：S68，S69，S71，S100，S47，S50，S14，S58，S27。这说明，这 9 个花园幽径句的人工理解与系统是一致的，均认为是不可接受的。偏离度最大的 S68-The old dog the footsteps of the young 表明该句最让被试困惑，标识为不可接受的频数是最大的。被试测试中对该句的标识比为：错误（81.75%）/无法测定（7.94%）/正确（10.31%）。偏离度最小的 S27-The building blocks the sun faded are red 表明虽然具有显著差异的被试认为该句是不可接受的，但已经有相当数量的被试认为该句是可以接受的。被试测试中对该句的标识比为：错误

（41.27%）/无法测定（22.22%）/正确（36.51%）。

卡方值列表中除了 9 个不可接受的句子和 1 个不具有显著差异的句子外，还有 20 个严式花园幽径句被标识为可接受。这个人工解码结果与机器剖析产生了矛盾。换句话说，这 20 个句子在系统自动剖析中是错误的，但在 126 个被试中却得到了具有显著性差异的正确结论。这些花园幽径句在人工剖析中没有遇到解码困难，但系统却由于各种原因无法跨越解读。如果系统能够像被试一样跨越行进错位进行正确解读，系统的解码效率将极大提高。按照偏离度（绝对值）水平由小到大分别是：S88，S9，S13，S55，S37，S8，S5，S26，S94，S36，S28，S72，S15，S11，S84，S82，S3，S91，S87，S41。

偏离度最小的 S88-The teacher told the children the ghost story had frightened that it wasn't true 中，虽然多数被试在解码中认为该句可接受，但认为该句不可以接受或无法判定的被试频数增多，标识比为：错误（37.3%）/无法测定（15.87%）/正确（46.83%）。

偏离度最大的 S41-The dog that I had really loved bones 表明该句中被试认为可接受的频数是最大的，人工解码难度非常低而准确率却很高，尽管系统自动剖析中不能成功对 S41 解码。标识比为：错误（14.29%）/无法测定（2.38%）/正确（83.33%）。

请见严式花园幽径句的卡方值对比图：

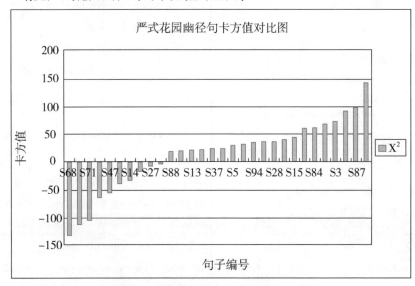

图 62　严式花园幽径句卡方值对比图

上图显著性水平的卡方临界值是$-5.99 \leqslant X^2 \leqslant +5.99$（$p<.05$, $df=2$），可以得到三种人工与系统解码的对照结果：（1）居于此区间的 S95 系统解码为错误，但人工解码标识为无法判定。（2）居于临界值下方的 9 个句子在系统和人工解码方面结果一致，均认为无法解读。这说明 9 个花园幽径句无论在系统和人工解码中都经历了无法成功解读的行进错位。（3）居于临界值上方的 20 个花园幽径句出现了解码的不一致：系统无法解读但人工解码却能够跨越行进错位获得剖析成功。偏离度水平由最小 S88 到最大 S41，认为可接受的被试频数不断增加，人工解码难度不断降低，与系统不可以解码的差异性增大。

在严式花园幽径句的剖析中，我们看到了三种不同的人机对照的解码结果，即系统解码失败的前提下，被试或解码成功，或解码失败，或无法判定。在宽式花园幽径句及对照句中，是否存在系统剖析与被试剖析的偏离？请见对 70 个宽式花园幽径句及对照句的卡方值检验。

表 30　非严式花园幽径句错位效应卡方值表

句子编号	卡方值	句子编号	卡方值
S1- Because he always jogs a mile seems a short distance to him.	0.90	S16- Returned to his house, the man was happy.	68.90
S2- Because he always jogs, a mile seems a short distance to him.	34.43	S17- She told me a little white lie will come back to haunt me.	7.00
S4- Fat that people eat accumulates.	-15.57	S18- She told me that a little white lie will come back to haunt me.	51.62
S6- I convinced her that children are noisy.	94.33	S19- Single and married soldiers and their families are housed in the complex.	26.33
S7- I know that the words to that song about the queen don't rhyme.	7.05	S20- The army stands on guard.	148.62
S10- I told the girl the cat scratched that Bill would help her.	51.57	S21- The author composed the novel and was likely to be a best-seller.	89.14
S12- I told the girl who was scratched by the cat that Bill would help her.	104.33	S22- The author wrote that the novel in question was likely to be a best-seller.	39.62

（续表）

句子编号	卡方值	句子编号	卡方值
S23- The author wrote the novel was likely to be a best-seller.	41.48	S45- The fat that people eat accumulates in their bodies.	-22.62
S24- The biggest rocks were by the seashore.	34.43	S46- The girl told the story and cried.	120.33
S25- The boat floated down the river quietly.	170.14	S48- The girl who was told the story cried.	118.71
S29- The building blocks the sun shining on the house.	32.57	S49- The government is planning to raise taxes, which was defeated.	137.33
S30- The building blocks the sun.	130.90	S51- The government's plans to raise taxes were defeated.	86.14
S31- The chestnut blocks are red.	141.14	S52- The large pins are bright red.	170.14
S32- The chestnut blocks the sink.	33.48	S53- The man came back to his house and was happy.	142.71
S33- The clothing, which is made of cotton, grows in Mississippi.	79.86	S54- The man pushed through the door fell.	-28.43
S34- The complex houses married and single soldiers and their families.	-24.57	S56- The man returned to his house was happy.	-44.33
S35- The cotton clothing is made in sunny Alabama.	155.76	S57- The man who was returned to his house was happy.	105.90
S38- The cotton that clothing is made of grows in Mississippi.	-21.33	S59- The man who hunts ducks out on weekends.	-22.90
S39- The cotton that clothing is usually made of grows in Mississippi.	14.90	S60- The man who is whistling melodies plays pianos.	142.05
S40- The dog that I had as a pet really loved bones.	113.71	S61- The man who whistles all the time tunes pianos for a living.	94.33
S42- The drink that was sour is from the ocean.	72.19	S62- The man, who hunts animals, ducks out on weekends.	130.90
S43- The fact that Jill is never here hurts me.	63.00	S63- The map pins are bright red.	107.76
S44- The fat that people eat accumulates.	-31.00	S64- The map pins onto the wall.	51.86

（续表）

句子编号	卡方值	句子编号	卡方值
S65- The men run through the arches and screamed.	112. 00	S81- The sour drink from the ocean.	-54. 33
S66- The men run through the arches screamed.	43. 86	S83- The statue stands in the park.	54. 05
S67- The old dog follows the footsteps of the young.	120. 57	S85- The stone rocks were by the seashore.	+-24. 14
S70- The prime number is forty.	206. 33	S86- The stopper blocks the sink.	67
S73- The raft that was floated down the river sank.	79. 86	S89- The teacher told the children the ghost story that she knew would frighten them.	72. 33
S74- The sentry stands are green.	92. 05	S90- The tomcat curled itself up on the cushion and seemed friendly.	37. 48
S75- The sentry stands on guard.	160. 33	S92- The tomcat that was curled up on the cushion seemed friendly.	156. 33
S76- The shotgun pins were rusty from the rain.	56. 33	S93- The toy rocks near the child are pink.	93. 14
S77- The sign pins onto the wall.	43. 19	S96- The tycoon, who was sold the offshore oil tracts for a lot of money, wanted to kill JR.	121. 86
S78- The sniper guards the victim in the woods.	39. 19	S97- The whistling man tunes pianos.	110. 05
S79- The sniper pins the victim in the woods.	43. 76	S98- Until the police arrest the drug dealers control the street.	-52. 76
S80- The sniper pins were rusty from the rain.	64. 19	S99- Until the police make the arrest, the drug dealers control the street.	75. 76

从上表可知，70个非严式花园幽径句的卡方值呈现不规则分布。卡方值本身没有正负，我们把认为可接受频数较多的样句卡方值标识为正，而将不可接受的频数较多的样句卡方值标识为负。为便于统计，我们将上表排序后形成下面的卡方值排序表：

表 31　非严式花园幽径句卡方值排序表

N	X^2	N	X^2	N	X^2	N	X^2
S81	- 54.33	S24	34.43	S42	72.19	S46	120.33
S98	- 52.76	S2	34.43	S89	72.33	S67	120.57
S56	- 44.33	S90	37.48	S99	75.76	S96	121.86
S44	- 31	S78	39.19	S33	79.86	S30	130.9
S54	- 28.43	S22	39.62	S73	79.86	S62	130.9
S34	- 24.57	S23	41.48	S51	86.14	S49	137.33
S85	- 24.14	S77	43.19	S21	89.14	S31	141.14
S59	- 22.9	S79	43.76	S74	92.05	S60	142.05
S45	- 22.62	S66	43.86	S93	93.14	S53	142.71
S38	- 21.33	S10	51.57	S61	94.33	S20	148.62
S4	- 15.57	S18	51.62	S6	94.33	S35	155.76
S1	0.9	S64	51.86	S12	104.33	S92	156.33
S17	7	S83	54.05	S57	105.9	S75	160.33
S7	7.05	S76	56.33	S63	107.76	S25	170.14
S39	14.9	S43	63	S97	110.05	S52	170.14
S19	26.33	S80	64.19	S65	112	S70	206.33
S29	32.57	S86	67	S40	113.71		
S32	33.48	S16	68.9	S48	118.71		

在上表的卡方值排序中，有11个句子被标识为不可接受，偏离度（绝对值）由大到小分别是：S81，S98，S56，S44，S54，S34，S85，S59，S45，S38，S4。偏离度（绝对值）最大的S81- The sour drink from the ocean 中，标识比为：错误（57.94%）/无法测定（4.76%）/正确（37.3%）。S81是我们用来进行认知解码对照的伪句，其核心结构是NP+PP。系统的自动剖析可以成功地将该结构剖析为NP+PP。从人工解码测试结果可以看出，具有显著性差异的大多数被试认为该结构是最不可以

接受的。偏离度（绝对值）最小的 S4- Fat that people eat accumulates 中，标识比为：错误(46.83%)/无法测定(18.25%)/正确(34.92%)。这表明 S4 的解码中，认为该句无法测定/正确的被试频数增多，已经接近接受零假设的卡方值临界值。尽管如此，多数被试仍认为 S4 是不可接受的。行进错位效应在这 11 个句子中得到凸显。

卡方值排序中有 1 个句子（S1）处在卡方临界值 5.99(p<.05, df=2)之下，接受零假设，即被试在判定 S1 是否可接受时表现出非显著性差异选择。标识比为：错误(30.95%)/无法测定(31.75%)/正确(37.3%)。

卡方值排序中有 58 个句子超过卡方临界值 5.99。卡方值偏离度最小的是 S17（卡方值为 7），最大的是 S70（卡方值为 206.33）。偏离度最小的 S17- She told me a little white lie will come back to haunt me 中，标识比为：错误(34.92%)/无法测定(23.02%)/正确(42.06%)。被试在 S17 人工解码中，卡方值接近临界值，即被试们对该句的理解出现较大分化，认为该句错误/无法测定/正确的频数趋于平衡。被试中标识该句为可以接受的频数居多，行进错位效应相对较小。偏离度最大的 S70- The prime number is forty 中，标识比为：错误(3.97%)/无法测定(2.38%)/正确(93.65%)。这说明人工解码中，该句是难度最小的，绝大多数被试认为该句符合认知，没有行进错位产生。

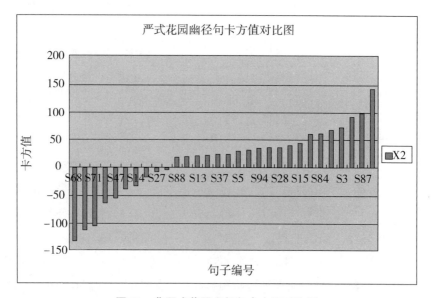

图 63　非严式花园幽径句卡方值对比图

在非严式花园幽径句卡方值对比图中，低于卡方临界值5.99（p<.05,df=2）的句子是S1，接受被试对该句正确与否的解码零假设，即错误/无法测定/正确的分类中频数趋于平衡，解码不具有显著性差异。虽然人工解码接受了零假设，但系统自动剖析却能够成功解码。

其他69个句子的人工与系统解码对照结果如下：（1）居于临界值下方的11个句子在系统和人工解码方面结果不一致。系统能够对这些句子成功解码，但被试却显著性地认为它们无法成功解读，行进错位效应形成。（2）居于临界值上方的58个句子的解读与系统一致，都认为这些句子符合语法且能够被系统或被试得到解读。行进错位效应未形成且不足以在解码中产生回溯。偏离度水平由最小S17到最大S70，被试可接受的频数相对集中，解码变得更加简单，与系统解读的一致性更加吻合。

表32　人机解码行进错位效应的交叉对照表

系统剖析＼被试解码		人工			
		错误	无法测定	正确	合计
机器	错误	9	1	20	30
	正确	11	1	58	70
	合计	20	2	78	100

从人机解码行进错位效应的交叉对照表中可以看出行进错位效应的层级性：

（1）人机解码均错误的9个句子是行进错位效应最为强烈的，属于I级错位强度，包括：S68，S69，S71，S100，S47，S50，S14，S58，S27。系统和被试对这些花园幽径句的解码具有最高的困惑度，是典型的花园幽径效应。

（2）系统解读错误但人工解码正确的20个句子，以及系统解读正确但人工解码错误的11个句子属于错位效应较为强烈的，属于II级错位强度。系统解读错误的标注为II-A，系统解读正确的标注为II-B。这些句子包括：S88，S9，S13，S55，S37，S8，S5，S26，S94，S36，S28，S72，S15，S11，S84，S82，S3，S91，S87，S41（20个）和S81，S98，S56，S44，S54，S34，S85，S59，S45，S38，S4（11个）。系统和被试对这些句子的解码具有选择性困惑。

（3）人工解码中无法测定的两例（S95 和 S1）属于接受零假设的非显著性差异的分类项。系统正确解读与否均未使被试在错误／无法测定／正确的选项中具有显著性的选择倾向。这些解码属于 III 级错位强度，解码困惑度较低。系统解读错误的标注为 III- A，系统解读正确的标注为 III- B。

（4）人机解码均正确的 58 个句子不具有行进错位效应，或错位效应极低不足以产生解码困惑，属于 IV 级错位强度。这些句子通常被认为是与花园幽径句相对的普通句，解码符合语法规则和认知原型，随着偏离度由小变大，解码难度逐渐降低，标识为可接受的被试频数逐渐增加。

为更好地分析花园幽径句中行进错位效应的起因和解决方法，我们着重讨论前三个级别错位的句子，找寻它们之间存在的共性，推进对花园幽径行进错位效应的深入分析。

第三节　花园幽径句行进错位效应分析

从前面的分析可知，花园幽径句行进错位主要分四类：引导词类错位、宾语辖域错位、嵌套错位、兼类错位。请见与错位强度相关的缩略和分类标注表：

句子编号（Number）：N

卡方值（Chi- square）：C

错位强度（Breakdown Intensity）：BI

引导词类错位（Complementizer Breakdown）：CB

宾语辖域错位（Object Breakdown）：OB

嵌套错位（Embedded Breakdown）：EB

兼类错位（Multi- category Breakdown）：MB

表 33　错位强度分类及频数分布表

N	C	BI	CB	OB	EB	MB
S68	- 133	I				1
S69	- 112.05	I				1
S71	- 105.57	I				1
S100	- 63.05	I		1		

（续表）

N	C	BI	CB	OB	EB	MB
S47	-54.33	I			1	
S50	-37.76	I				1
S14	-32.33	I		1		
S58	-15.57	I				1
S27	-7.43	I				1
S88	19	II-A		1		
S9	20.33	II-A			1	
S13	21.76	II-A			1	
S55	23.05	II-A	1			
S37	24.14	II-A	1			
S8	24.33	II-A	1			
S5	30.33	II-A		1		
S26	31.86	II-A			1	
S94	35.19	II-A				1
S36	36.9	II-A	1			
S28	37	II-A				1
S72	41.33	II-A			1	
S15	45.19	II-A			1	
S11	60.62	II-A	1			
S84	61.71	II-A				1
S82	68.9	II-A				1
S3	72.9	II-A	1			
S91	92.05	II-A			1	
S87	98.14	II-A				1
S41	144.43	II-A		1		
S81	-54.33	II-B				1
S98	-52.76	II-B				1
S56	-44.33	II-B			1	
S44	-31	II-B		1		

（续表）

N	C	BI	CB	OB	EB	MB
S54	-28.43	II-B			1	
S34	-24.57	II-B				1
S85	-24.14	II-B				1
S59	-22.9	II-B		1		
S45	-22.62	II-B		1		
S38	-21.33	II-B	1			
S4	-15.57	II-B		1		
S95	-2.9	III-A			1	
S1	0.9	III-B	1			
Total			8	9	10	15

从错位强度分类及频数分布表可知，在强度较高的 42 个花园幽径句中，行进错位的四个类别频数分别是引导词类错位 8，宾语辖域错位 9，嵌套错位 10，兼类错位 15。错位类别形成的卡方值 $X^2_{(3)}$ = 2.76 低于临界值 7.82，这说明行进错位的四个类别没有显著性差异。具体请见下表：

表 34　错位类别卡方值表

Category	Observed	Expected	Deviation	D^2/E
CB	8	10.5	2.5	0.60
OB	9	10.5	1.5	0.21
EB	10	10.5	0.5	0.02
MB	15	10.5	4.5	1.93
total	42	Chi-square		2.76

尽管 42 个严式花园幽径句的错位类别没有显著性差异，但 I 类强度、II-A 类强度、II-B 类强度以及 III 类强度的错位类别却有着各自不同的特点。对这些强度不同的错位类别的分析有助于揭示花园幽径的一些内在现象。

一、I 类强度兼类错位效应分析

在强度最高的 I 类错位中，兼类错位频数为 6，占 66.67%；宾语辖域错位频数为 2，占 22.22%；嵌套错位频数为 2，占 11.11%。这说明无论是系统还是人工解码，兼类词的灵活使用往往会产生最强烈的错位效应。为了更好地理解兼类活用带来的解码错位，我们利用 BNCweb 语料库的语料分析产生兼类错位的这 6 个具有代表性的兼类词的错位效应。

S68- The old ***dog*** the footsteps of the young

S69- The prime ***number*** few.

S71- The prime people ***number*** few.

S50- The government ***plans*** to raise taxes were defeated.

S58- The man whistling ***tunes*** pianos.

S27- The building ***blocks*** the sun faded are red.

表 35　兼类词在 BNCweb 语料库中的频数对照表

category	verb	noun	adjective	Total
dog	22	7821	0	7843
number	83	48716	6	48805
plan	2601	12157	0	14758
tune	219	1318	0	1537
block	757	3521	0	4278

表 36　兼类词不同义项的卡方值表

dog					
Category	Observed	Expected	Deviation	$(O-E)^2$	$(O-E)^2/E$
verb	22	3921.50	-3899.50	15206100.25	3877.62
noun	7821	3921.50	3899.50	15206100.25	3877.62
Total	7843				7755.25

number					
Category	Observed	Expected	Deviation	$(O-E)^2$	$(O-E)^2/E$
verb	83	16268.33	-16185.33	261965015.11	16102.76
noun	48716	16268.33	32447.67	1052851072.11	64717.82
adj	6	16268.33	-16262.33	264463485.44	16256.34
Total	48805				80820.58

（续表）

plan					
Category	Observed	Expected	Deviation	$(O-E)^2$	$(O-E)^2/E$
verb	2601	7379.00	-4778.00	22829284.00	3093.82
noun	12157	7379.00	4778.00	22829284.00	3093.82
Total	14758				6187.64

tune					
Category	Observed	Expected	Deviation	$(O-E)^2$	$(O-E)^2/E$
verb	219	768.50	-549.50	301950.25	392.91
noun	1318	768.50	549.50	301950.25	392.91
Total	1537				785.82

block					
Category	Observed	Expected	Deviation	$(O-E)^2$	$(O-E)^2/E$
verb	757	2139.00	-1382.00	1909924.00	892.91
noun	3521	2139.00	1382.00	1909924.00	892.91
Total	4278				1785.81

从上面两个表可以看出，兼类词的频数分布中卡方值均大于临界值，p<.05，因此拒绝零假设。

由此我们可以看出，在 I 类强度兼类错位效应分析中，超高频的名词义项使词类的划分呈现显著性差异。解码时，首先启动的是名词义项。行进错位效应发生后，回溯产生。如果超低频的动词义项能够替代名词义项进入解码程序，将获得成功。否则，解码失败。

二、II-A 类强度嵌套错位效应分析

在 II-A 类强度错位效应的 20 个句子中，引导词类错位 CB 的频数是 6，宾语辖域错位 OB 的频数是 3，嵌套错位 EB 的频数是 6，兼类错位 MB 的频数是 5。下面我们讨论嵌套错位的效应分析：

II-A 类强度错位是指系统解码困难但人工解码顺畅的句子。其中，具有嵌套错位的句子是 6 个，包括：S9，S13，S26，S72，S15，S91。

S9- I told the girl **_that_** the cat that scratched Bill would help her.

S13- Mary gave the child **_that_** the dog bit a cake.

S26- The boat **_floated_** down the river sank.

S72- The raft **_floated_** down the river sank.

S15- Please have the students **_who_** failed the exam take the supplementary.

S91- The tomcat **_curled_** up on the cushion seemed friendly.

在句子 S9 中，系统的句法剖析产生了错位。由于 tell+sb+CP 结构的存在，系统认为该句形成的是 tell+sb+(PP)+CP 的结构，即认为 that the cat 作为 PP 结构存在，而动词 scratched 作为 Bill 的定语存在。这种分析方式完全割裂了句子本身内在的联系。系统这种剖析适用于 "I told the girl on the bus that American Bill would help her"，而不适用于对 S9 的分析。系统的错误剖析结构如下：

Parse
(ROOT
　(S
　　(NP(PRP I))
　　(VP(VBD told)
　　　(NP
　　　　(NP(DT the) (NN girl))
　　　(**PP(IN that)**
　　　　(**NP(DT the) (NN cat)**)))
　　　(SBAR(IN that)
　　　　(S
　　　　　(NP (**NNP scratched**) (NNP Bill))
　　　　　(VP(MD would)
　　　　　　(VP(VB help)
　　　　　　　(NP(PRP her))))))))
　(. .)))

上述错误剖析中，做出标记的部分是系统错位明显的部分。根据上面的分析，第一个 that 引导的是从句而不是作为 PP 结构出现，而且

scratched 作为嵌套结构中的动词出现而不是作为定语出现。如果把这两部分进行调整，可以得到正确的系统解码结构。具体如下：

```
(ROOT
  (S
    (NP(PRP I))
    (VP(VBD told)
      (NP(DT the)(NN girl))
    (SBAR(IN that)
      (S
        (NP
          (NP(DT the)(NN cat))
          (SBAR
            (WHNP(WDT that))
            (S
              (VP(VBD scratched)
                (NP(NNP Bill))))))
        (VP(MD would)
          (VP(VB help)
            (NP(PRP her)))))))))))
```

类似这种嵌套结构引发的句子还包括 S13 和 S15。

在 S13 中，系统形成的是 gave+the child+CP 的错误结构（具体统计值请见附录五）。但正确的结构却是 gave+the child+（CP）+a cake。这样，a cake 由从句中的宾语位置提升为主句中的宾语，嵌套结构 that the dog bit 由标句词引导的主句宾语从句转变为修饰 the child 的定语从句。这种语法的转变对具有专业四级的被试来说可以接受，但系统在解码时却无法形成正确的句法生成式。

在 S15 中情况类似。系统生成的错误结构是 have+the students+CP（具体统计值请见附录五）。系统默认 the exam take the supplementary 生成的是 SBAR 的从句结构。但是，在认知中正确的结构却是 have+the students+（CP）+take the supplementary。从句 who failed the exam 应作为 the students 的定语存在。系统对嵌套结构的理解错位导致了剖析的失败。

上面三例的嵌套结构都与标句词引导的从句嵌套有关。下面三例则与过去式与过去分词的同形异义频数差异相关，最终导致非从句成分的嵌套错位。

在 S26 和 S72 中的动词 float，以及 S91 中的动词 curl，都具有过去式与过去分词同形的特点。请见基于 BNCweb 的频数测定：

表 37　floated 与 curled 的同形频数分布

category	VVD	VVN	Total
float	302	165	467
curl	378	121	499

表 38　floated 与 curled 的同形词卡方值表

floated					
Category	Observed	Expected	Deviation	$(O-E)^2$	$(O-E)^2/E$
VVD	302	233.50	68.50	4692.25	20.10
VVN	165	233.50	-68.50	4692.25	20.10
Total	467				40.19
curled					
Category	Observed	Expected	Deviation	$(O-E)^2$	$(O-E)^2/E$
VVD	378	249.50	128.50	16512.25	66.18
VVN	121	249.50	-128.50	16512.25	66.18
Total	499				132.36

从上表可见，同形词 floated 和 curled 的分类卡方值分别是 40.19 和 132.36。均大于临界值，所以拒绝零假设。这说明在语料库中动词过去式（VVD）和过去分词（VVN）的分类呈现显著性差异。频数较高的过去式具有解码的优先性。因此，在基于概率的剖析器中，系统默认的是首先启动动词的过去式而不是过去分词，这在系统解码中导致了行进错位效应的出现。请见系统错位状态下的错误剖析结果：

(ROOT
　(S
　　(NP(DT The)(NN boat))
　　(VP(VBD floated)

```
          (PRT(RP down))
          (SBAR
            (S
              (NP(DT the)(NN river))
              (VP(VBD sank)))))
        (..)))
(ROOT
  (S
    (NP(DT The)(NN tomcat))
    (VP(VBD curled)
      (PRT(RP up))
      (PP(IN on)
        (NP
          (NP(DT the)(NN cushion))
          (VP(VBN seemed)
            (S
              (ADJP(JJ friendly)))))))))
    (..)))
```

从上面的剖析可以看出，系统均把高频的过去式选项作为句子的主要动词（标记部分）。实际上，这两个动词都是过去分词状态，充当的是非谓成分而不是谓语动词成分。调整后的正确句法结构如下：

```
(ROOT
  (S
    (NP
      (NP(DT The)(NN boat))
      (VP(VBN floated)
        (PRT(RP down))
        (NP(DT the)(NN river))))
    (VP(VBD sank))
    (..)))
```

（ROOT

　（S

　　（NP

　　　（NP（DT The）（NN tomcat））

　　　（VP（VBN curled）

　　　（PRT（RP up））

　　　（PP（IN on）

　　　　（NP（DT the）（NN cushion）））））

　　（VP（VBD seemed）

　　（ADJP（JJ friendly）））

　　（. .）））

三、II-B 类强度宾语辖域错位效应分析

II-B 类强度错位效应句共有 11 个。这些句子在人工解码中出现了错位现象，但在系统解读中没有困难。这说明人机之间的解码程序具有一定的差异性。在错位分类频数中，引导词类错位 CB 是 1 个，宾语辖域错位 OB 是 4 个，嵌套错位 EB 是 2 个，兼类错位 MB 是 4 个。下面我们分析宾语辖域错位的 S44、S59、S45、S4 是如何产生错位效应的。

S44- The fat that people *eat* accumulates.

S59- The man who *hunts* ducks out on weekends.

S45- The fat that people *eat* accumulates in their bodies.

S4- Fat that people *eat* accumulates.

从上面的句子中我们可以看到，只要在 people 前添加标句词 that，fat 前有无限定词 the 以及 accumulates 后有无介词成分 in their bodies，均不会影响系统的正确解码。但这些却影响到了人工解码的变化。请见四个句子中人工解码的卡方值表：

表 39　S44 人工解码的卡方检验

Category	Observed	Expected	Deviation	$(O-E)^2$	$(O-E)^2/E$
反对	68	42	-26	676	16. 10
中立	17	42	25	625	14. 88

（续表）

Category	Observed	Expected	Deviation	$(O-E)^2$	$(O-E)^2/E$
赞成	41	42	1	1	0.02
总计	126				
p<.05, df=2, 卡方检验临界值=5.99				X^2	31.00

表 40　S59 人工解码的卡方检验

Category	Observed	Expected	Deviation	$(O-E)^2$	$(O-E)^2/E$
反对	58	42	-16	256	6.10
中立	17	42	25	625	14.88
赞成	51	42	-9	81	1.93
总计	126				
p<.05, df=2, 卡方检验临界值=5.99				X^2	22.90

表 41　S45 人工解码的卡方检验

Category	Observed	Expected	Deviation	$(O-E)^2$	$(O-E)^2/E$
反对	57	42	-15	225	5.36
中立	17	42	25	625	14.88
赞成	52	42	-10	100	2.38
总计	126				
p<.05, df=2, 卡方检验临界值=5.99				X^2	22.62

表 42　S4 人工解码的卡方检验

Category	Observed	Expected	Deviation	$(O-E)^2$	$(O-E)^2/E$
反对	59	42	-17	289	6.88
中立	23	42	19	361	8.60
赞成	44	42	-2	4	0.10
总计	126				
p<.05, df=2, 卡方检验临界值=5.99				X^2	15.57

从上面的卡方检验可见，持有反对意见、中立意见和赞成意见的被试频数呈现显著性差异。动词 eat 和 hunt 的及物动词和非及物动词的宾语辖域的更迭产生了错位效应。请见基于语料库的及物动词和非及物动词的频数对比（由于这两个动词不是出现在句尾，所以，语料库中"sorted on position +1 with tag-restriction any punctuation " 的频数不在统计之列）。

表 43　动词 eat 后续成分（+1）的及物与不及物频数统计表

category	verb	noun	adj	adv	article	conjunction	preposition	pronoun	Total
eat-VI	133			847		481	517		1978
eat-VT		716	881		604			1480	3681
									5659

如表所示，在 BNCweb 语料库中，我们采用 sorted on position +1 with tag-restriction +verb/noun/adj/adv/article/conjunction/preposition/pronoun 模式统计动词 eat 在语料库中的及物与不及物频数。由此形成的卡方值表如下：

表 44　动词 eat 的及物与不及物分类的卡方值表

Category	Observed	Expected	Deviation	$(O-E)^2$	$(O-E)^2/E$
eat-VI	1978	2829.50	-851.50	725052.25	256.25
eat-VT	3681	2829.50	851.50	725052.25	256.25
Total	5659				512.49

如表所示，动词 eat 的及物与不及物分类的卡方值为 512.49，超过了临界值（p<.05，df=1），拒绝零假设，及物与不及物分类具有显著性差异。这说明当 eat 后续有其他字符串出现的时候，高频结构 eat-VT 首先得到默认启动，直到系统无法成功解读时才会回溯并启动低频结构 eat-VI。这种低频替代高频的模式更迭导致行进错位的产生。

与动词 eat 相似，动词 hunt 的及物与不及物的分类也呈现显著性差异。在 BNCweb 语料库中，我们得到 hunt 的名词义项频数为 2079，动词义项的频数为 534。S59 中 hunt 出现在引导词 who 的后面，根据语法可知，hunt 的义项只能为动词。请见动词 hunt 的及物与不及物的具体频数分布（我们采用 hunt+noun 的模式进行统计）。

表 45　动词 hunt 的及物与不及物分类的卡方值表

Category	Observed	Expected	Deviation	$(O-E)^2$	$(O-E)^2/E$
hunt-VI	194	267.00	-73.00	5329.00	19.96
hunt-VT	340	267.00	73.00	5329.00	19.96
Total	534				39.92

由上表所示，$X^2 = 39.92$（p<.05，df = 1），拒绝零假设。及物动词 hunt 频数具有显著性差异。如果原型特征的及物动词被非优选的非原型模式替代，行进错位效应便会产生。

在 II-A 和 II-B 两类错位效应分析中可见，前者人工解码没有困难但系统无法解读，后者则正好相反。虽然目前我们无法解释为什么有的低频结构在颠覆高频结构后可以被系统接受，而有的却只能被人工接受，但我们发现了两者均有的共同之处：行进错位效应的发生主要源于低频非优选结构对高频优选结构的颠覆，但低频非优选结构对高频优选结构的颠覆却未必直接导致行进错位的发生，有时候错位发生在系统层面，有时候发生在人类认知方面。

小　结

本章讨论了花园幽径句的测试和结果分析。语言测试中被试选择的是普通高校外国语学院 1990 年左右出生的 126 名大二的在校学生，他们具有英语专业四级水平。与之进行解码对照的是英国国家语料库，其语料均来自于母语是英语的话语者。程序采用限时反应方法，并将词汇限定在专业四级水平难度。

通过对 100 个英语花园幽径句和对照句的测试分析可知：在花园幽径句行进错位效应分析中，错位类别主要包括四类：引导词类错位，宾语辖域错位，嵌套错位，兼类错位。这些错位类型在 42 个花园幽径句中的分类卡方值为 2.76，小于临界值 7.82（p<.05，df = 3），接受零假设，错位类型在花园幽径句中呈现非显著性差异。

无论是系统解码还是人工解码，行进错位效应均具有层级性。总体说分成四个强度级别：

（1）I 类强度是人机均出现的解码错位，强度最大。通过对 I 类强度中兼类词 dog，number，plan，tune 和 block 的分析可知，超高频的名词义项与低频的动词义项呈现显著性差异。解码初期，这种具有超高频的名词义项得到启动。行进错位效应发生后，认知被迫折返并启动低频的动词义项，产生了最强烈的认知过载现象。

（2）II-A 和 II-B 是人机解码中出现的单向错位，前者是系统错位而人工解码顺畅，后者则是人工错位而系统解码顺畅。通过对 S9、S13、

S26、S72、S15、S91 中的嵌套错位分析，我们发现 II-A 强度的错位与标句词引导的从句嵌套和同形异义频数差异导致的非句成分嵌套有关。II-B 强度 S44、S59、S45、S4 中的宾语辖域错位源于动词 eat 和 hunt 的及物动词和非及物动词的宾语辖域的更迭。这两类均出现了较强的错位效应。

（3）III 类是在"赞成/无法测定/反对"分类方面接受零假设的类型，意味着系统解读错误与否都无法影响被试对该类句子的解码，认为句子正确与否的被试频数呈现非显著性差异。

（4）IV 类强度的样例是作为测试对照句出现的，系统和人工具有解码的一致性和正确性，不出现错位或出现的错位没有导致解码出现偏误。

具体结论如下：（1）兼类错位频数最高，兼类活用带来解码错位并产生强烈的错位效应；（2）行进错位效应的产生与低频非优选结构和高频优选结构分布呈现非对称性；（3）错位效应必然源于低频对高频结构的更迭，但更迭却未必引发人机解码同时产生错位；（4）系统错位和人类认知错位不具有联动性。

结　语

本书在金博尔（J. Kimball）"语言计算观"的基础上从计算语言学视角分析了花园幽径模式的行进错位效应。分析认为：（1）花园幽径模式是解码过程中的特殊心理认知反应，是对初始原型模式的缺省化理解和对后期回溯模式的重构。（2）语言解码倾向于相关模式的高效速配，回溯性错位发生时方寻求更精准的完全匹配。（3）行进错位是新异模式诞生的动力和根源，理解轨迹呈现"循旧——破旧——立新"否定之否定的螺旋上升态势，其认知过程具有折返后的跨越解码特点。（4）基于事件相关电位（ERP）的研究表明行进错位效应可引发大脑显著性认知变化，认知试探性提取存留的潜在解码模式得以显性化，语言理解不是理想化结构而仅仅是恰当表达的观点得到证实。

以金博尔的七条原则为中心展开的讨论受到诸多学者的关注。自上而下原则便于解码者在初期就能意识到不符合语法情况的存在并及时调整，从而减轻认知负担。右侧连接原则是指向右扩展的语言节点通常习惯于和在语法树中最低的、非终点的节点进行连接，使处理模式符合认知省力原则。新兴节点原则是指提示新节点的引导词可以提升系统的剖析效率。双句饱和原则认为工作记忆的有限性决定了大脑同时处理句法节点的有限性，语法分析器如果超过可以同时处理的节点量，将加重认知负担并导致解码效率低下。尽早闭合原则是指符合语法规范的匹配模式有尽早进入认知存储器存贮的倾向，并以此释放更多的认知活性因子进行新信息的吸纳处理。如果对存贮成功的模式重新提取解读并再分配可增加解码的复杂度。固定结构原则是指解码中的认知固化。如果遵循这种固化模式，将符合认知的顺畅性，否则，破旧立新地构建新异模式将导致认知延迟、误解甚至解码中断。即时处理原则讨论的是短时记忆存贮空间的释放及时性。如果即时构建的认知模式通过语法语义等规则验证，将加速解码，否则，即时构建的认知模式将不得不被推倒，形成类似计算科学的回溯特征。基于这些原则，金博尔提出了语言计算观，暗合了计算科学和语言协同发展的新趋势。

花园幽径效应图式模型的构建是多成分融合的结果：既有语义关联、语义赋值、语义场构建等语义成分的参与，还有内外程序知识库等系统推理机制因素的参与。在行进错位效应的顿悟研究中，相似相生关系类型、闭合倾向关系类型、线性发展关系类型和整体倾向关系类型是蕴含行进错位的四个主要类型。语义触发是行进错位的前提，循环算法是行进错位的回溯性感知，认知折返是行进错位的认知归位和纠偏，螺旋跨越是行进错位效应的结果。

花园幽径模式具有多维层次性，词汇、句法、语义各层面均会产生行进错位。兼类等同形词的存在为词汇层面的花园幽径效应提供了认知基础。嵌套结构和限定词的辖域范围调整所引发的句式更迭成为导致行进错位效应出现的主要因素。语义错位产生的幽径效应是多方面的。既有与认知错位类似的原型模式颠覆，也有受前后语义结构影响而出现的语义框架重塑。行进错位时，常规语义属性常常被边缘语义属性所颠覆，完成了从普遍性到偶发性的跨越，最终实现认知错位的语义归位。

语言的形式化研究可推动花园幽径模式行进错位的解读并拓展句法研究的领域。花园幽径模式解读中，认知顿悟可引发行进式错位并能带来对原认知模式的反叛。在解码策略中，词序效应、单复数同形和兼类词的选择效应均可诱发行进错位。标句词的添加和语法标记的存在等可降低或消解错位效应的解码困惑。

通过对具有英语专业四级的普通高校外国语学院 1990 年左右出生的 126 名大二的在校学生进行的测试和基于英国国家语料库的系统测试可知：无论是系统解码还是人工解码，花园幽径模式行进错位效应具有层级性。I 类错位强度最大，人机均出现行进错位；II-A 和 II-B 错位强度较大，人机解码出现行进的单向错位，II-A 是系统错位而人工解码顺畅，II-B 是人工错位而系统解码顺畅；III 类是接受零假设的解码错位类型，系统解读与人工解码呈现非显著性差异；IV 类是人机解码均不出现行进错位的类型。测试中的引导词类错位、宾语辖域错位、嵌套错位和兼类错位不具有分类的显著性差异。兼类词的活用、低频非优选结构和高频优选结构的非对称性分布、系统错位和人类认知错位的非直接联动性表明：错位效应必然源于低频对高频结构的更迭，但更迭却未必引发人机解码同时产生错位。

最后得出结论：递归转移网络、良构子串表和 CYK 算法等计算语言学的形式化方法可用于阐释具有"由行渐顿，顿而后悟，悟终复行"的花园幽径模式行进错位效应。计算语言学为语言理论研究开辟了一条形式化之路，并最终为面向语言实践的计算语言学的语言本体观回归奠定了基础。

参考文献

一、外文文献

1. Altmann, G. , & Steedman, M. "Interaction with context during human sentence processing", *Cognition*, 1988, 30: 191~238.

2. Anick, P. G. & Vaithyanathan, S. "Exploiting clustering and phrases for context-based information retrieval", *Proceedings of the 20th ACM SIGIR Conference (SIGIR' 97)*, 1997.

3. Bader, M. & Haussler, J. "Resolving number ambiguities during language comprehension", *Journal of Memory and Language*, 2009, 08.

4. Bailey, K. G. D. & Ferreira, F. "Disfluencies affect the parsing of garden-path sentences", *Journal of Memory and Language*, 2003, 49: 183~200.

5. Basili, R. , Pazienza, M. T. & Velardi, P. "An empirical symbolic approach to natural language processing", *Artificial Intelligence*, August 1996, 85: 59~99.

6. Bateman, J. A. , Hois, J. , Ross, R. & Tenbrink, T. "A linguistic ontology of space for natural language processing," *Artificial Intelligence*, June 2010.

7. Beattie, J. D. "Natural language processing by computer", *International Journal of Man-Machine Studies*, July 1969, 1: 311~329.

8. Ben-David, A. & Frank, E. "Accuracy of machine learning models versus 'hand crafted' expert systems: A credit scoring case study," *Expert Systems with Applications*, April 2009, 36(1): 5264~5271.

9. Bever, T. G. "The cognitive basis for linguistic structures", In Hayes, J. R. (ed.), *Cognition and the Development of Language*, New York: John Wiley and Sons, 1970: 279~352.

10. Biber, D. , Conrad, S. & Reppen, R. *Corpus Linguistics: Investigating*

Language Structure and Use , Cambridge : Cambridge University Press , 1998.

11. Bohra , C. & Jacopini , G. " Flow diagrams , turing machines and languages with only two formation rules" , *Communication of the Association for Computing Machinery* , 1966 , 5 : 366~371.

12. Bornkessel , I. , et al. " Multi-dimensional contributions to garden path strength : dissociating phrase structure from case marking" , *Journal of Memory and Language* , 2004 , 51 : 495~522.

13. Burrows , J. " The Englishing of Juvenal : Computational stylistics and translated texts" , *Style* , 2002 , 36 : 677~99.

14. Camacho , D. O. , Mens , K. , Brand , van den M. & Vinju , J. "Automated generation of program translation and verification tools using annotated grammars" , *Science of Computer Programming* , January 2010 , 75 : 3~20.

15. Carroll , D. W. *Psychology of Language* (3rd ed.) , Beijing : Foreign Language Teaching and Research Press , 2000 : 156.

16. Carter , R. *Language and Literature : An Introductory Reader in Stylistics.* London : George Allen and Unwin Ltd. 1982.

17. Chomsky , N. *Language and Mind.* New York : Harcourt Brace Jovanovich , 1968.

18. Christensen , K. R. " Syntactic reconstruction and reanalysis , semantic dead ends , and prefrontal cortex. " *Brain and Cognition* , 2010 , 73(1) : 41~50.

19. Christianson , K. , et al. "Thematic roles assigned along the garden path linger" , *Cognitive Psychology* , 2001 , 42 : 368~407.

20. Christopher , B. *Statistics in Linguistics* , Boston : Basil Blackwell , 1985.

21. Clancy , P. M. , Thompson , S. A. , Suzuki , R. , et al. " The conversational use of reactive tokens in English , Japanese , and Mandarin" , *Journal of Pragmatics* , 1996 , 26 : 355~387.

22. Clark , H. & Clark , E. *Psychology and Language : An Introduction to Psycholinguistics* , New York : Harcourt Brace Jovanovich , Inc. , 1977.

23. Clifton , C. , Speer , S. & Abney , S. P. " Parsing arguments : Phrase structure and argument structure as determinants of initial parsing decisions" , *Journal of Memory and Language* , 1991 , 30 : 251~272.

24. Collins , A. M. & Quillian , M. R. " Retrieval time from semantic memory" , *Journal of Verbal Learning and Verbal Behavior* , 1969 , 08.

25. Crain, S. & Steedman, M. "On not being led up the garden path: the use of context by the psychological syntax processor", in Dowty, D., et al (eds.), *Natural Language Parsing: Psychological, Computational, and Theoretical Perspectives*, Cambridge: Cambridge University Press, 1985: 320~358.

26. Dahl, T. "Textual metadiscourse in research articles: A marker of national culture or of academic discipline", *Journal of Pragmatics*, 2004, 36: 1807~1825.

27. Daneman, M. & Carpenter, P. A. "Individual differences in working memory and reading", *Journal of Verbal Learning and Verbal Behavior*, 1980(19).

28. Davidovic, A., Warren, J. & Trichina, E. "Learning benefits of structural example based adaptive tutoring systems," *IEEE Transactions on Education*, 2003, 46: 241~251.

29. Dolezel, L. & Bally, R. W. *Statistics and Style*, New York: American Elsevier Publishing Co., 1969.

30. Dominey, P. F., Inui, T. & Hoen, M. "Neural network processing of natural language: Towards a unified model of corticostriatal function in learning sentence comprehension and non-linguistic sequencing," *Brain and Language*, May-June 2009, 109: 80~92.

31. Du, J. L. & Yu, P. F. "Cognitive deviation originating from the different systems between English and Chinese", *Sino-US English Teaching*, 2008, 5 (08): 40~44.

32. Du, J. L., Yu, P. F., Zhao, H. Y. & Xu, J. "Study on controllability of semantic accessibility scale from the internet-based system of automatic text summarization and evaluation", *Journal of Communication and Computer* (*USA*), 2008, 5(9): 54~60.

33. Du, J. L., Yu, P. F., Xu, J. & Zhao, H. Y. "Towards the processing breakdown of syntactic garden path phenomenon: A semantic perspective of natural language expert system", *Journal of Communication and Computer*, 2008, 5(11): 53~61.

34. Du, J. L. & Yu, P. F. "Machine learning for second language learning: Effects on syntactic processing in garden-path sentences", *Proceedings of CISE*, 2010.

35. Du, J. L. & Yu, P. F. "Syntax-directed machine translation of natural language: Effect of garden path phenomenon on sentence structure", *Proceedings of ISDEA*, 2010.

36. Du, J. L. & Yu, P. F. "Natural language understanding in syntax-based analysis of garden path sentence", *Proceedings of ICCEE*, 2010.

37. Du, J. L. & Yu, P. F. "Towards an algorithm-based intelligent tutoring system: Computing methods in syntactic management of garden path phenomenon", *Proceedings of ICIS*, 2010.

38. Du, J. L. & Yu, P. F. "Towards natural language processing: A well formed substring table approach to understanding garden sentence", *Proceedings of DBTA*, 2010.

39. Duch, W., Matykiewicz, P. & Pestian, J. "Neurolinguistic approach to natural language processing with applications to medical text analysis," *Neural Networks*, December 2008, 21:1500~1510.

40. Empson, W. *Seven Types of Ambiguity: A Study of Its Effects on English Verse*, London: Chatto & Windus, 1930.

41. Epstein, R., et al. "'Insight' in the pigeon: Antecedents and determinants of an intelligent performance", *Nature*, 1984, 308:61~62.

42. Fei, Z., Liu, J. & Wu, G. "Sentiment classification using phrase patterns", *Computer and Information Technology in the Fourth International Conference* (*CIT*), 2004, 04:1147~1152.

43. Fodor, J. A, Bever, T. G. & Garrett, M. F. *The Psychology of Language: An Introduction to Psycholinguistics and Generative Grammar*. New York: McGraw-Hill, 1974.

44. Fodor, J. A. *The Modularity of Mind*, Cambridge, MA: MIT Press, 1983.

45. Foss, D. J. & Jenkins, C. M. "Some effects of context on the comprehension of ambiguous sentences", *Journal of Verbal Learning and Verbal Behavior*, 1973, 12(5):577~589.

46. Frazier, L. & Fodor, J. D. "The sausage machine: A new two-stage parsing model", *Cognition*, 1978, 6(4):291~325.

47. Frazier, L. & Rayner, K. "Making and correcting errors during sentence comprehension: Eye movements in the analysis of structurally ambiguous sen-

tences", *Cognitive Psychology*, 1982, 14:178~210.

48. Frazier, L. & Clifton, C. "Construal: Overview motivation, and some new evidence", *Journal of Psycholinguistic Research*, 1997, 26(3).

49. Frazier, L., et al. "Scale structure: Processing minimum standard and maximum standard scalar adjectives", *Cognition*, 2008, 106:299~324.

50. Friederici, A. D., Steinhauer, K., Mecklinger, A., et al. "Working memory constraints on syntactic ambiguity resolution as revealed by electrical brain responses", *Biological psychology*, 1998, 47(3):193~221.

51. Furui, S., Nakamura, M., Ichiba, T., et al. "Analysis and recognition of spontaneous speech using corpus of spontaneous Japanese", *Speech Communication*, 2005, 47:208~219.

52. Gagne, R. *The Condition of Learning* (3rd Ed.), New York: Holt, Rinehart and Winston, 1977.

53. Gompel, R. P. G., et al. "The activation of inappropriate analyses in garden-path sentences: Evidence from structural priming", *Journal of Memory and Language*, 2006, 55:335~362.

54. Günel, K. & Aşlıyan, R. "Extracting learning concepts from educational texts in intelligent tutoring systems automatically," *Expert Systems with Applications*, July 2010, 37:5017~5022.

55. Halliday, M. *An Introduction to Functional Grammar* (2rd Edition), London: Edward Arnold, 1994.

56. Hatzilygeroudis, I. & Prentzas, J. "Using a hybrid rule-based approach in developing an intelligent tutoring system with knowledge acquisition and update capabilities," *Expert Systems with Applications*, May 2004, 26:477~492.

57. Herath, S., Ishizaki, S., Anzai, Y., Aiso, H. & Ikeda, T. " Machine processing of a natural language with interchangeable phrases," *Information Sciences*, December 1992, 66:139~165.

58. Hird, K. & Kirsner, K. " Objective measurement of fluency in natural language production: A dynamic systems approach," *Journal of Neurolinguistics*, March 2010.

59. Hoover, L. D. "Frequent word sequences and statistical stylistics", *Literary and Linguistic Computing*, 2002, 17(2):35~42.

60. Hwang, Y. S. , Finch, A. & Sasaki, Y. "Improving statistical machine transla-tion using shallow linguistic knowledge," *Computer Speech & Language*, April 2007, 21: 350~372.

61. Inhoff, A. W. "Parafoveal word perception during eye fixations in reading: Effets of visual salience and word structure", in M. Coltheart(ed.), *Attention and Performance XII: The Psychology of Reading*, Hove, England: Erlbaum, 1987.

62. Jeong, M. & Lee, G. G. " Practical use of non-local features for statistical spoken language understanding", *Computer Speech & Language*, April 2008, 22: 148~170.

63. Jefferis, V. E. & Fazio, R. H. "Accessibility as input: The use of construct accessibility as information to guide behavior. " *Journal of Experimental Social Psychology*, 2008, 44(4) : 1144~1150.

64. Jespersen, O. *Philosophy of Grammar*, London: Allen and Unwin, 1924.

65. Jin, Y. H. " Semantic analysis of Chinese garden- path sentences ", *Proceedings of the Fifth SIGHAN Workshop on Chinese Language Processing (Sydney)* , 2006, 7: 33~39.

66. Josephina, M. P. & Nkambou, R. "Hierarchical representation and evaluation of the student in an intelligent tutoring system ", in A. S. Cerri, G. Gouarderes, & F. Paraguacu (Eds.), *Proceedings of the Sixth International Conference on Intelligent Tutoring Systems—ITS 2002. LNCS*, Berlin: Springer, 2002: 708~717.

67. Just, M. A. & Carpenter, P. A. "A theory of reading: From eye fixations to comprehension", *Psychological Review*, 1980, 87: 329~354.

68. Kaan, E. & Swaab, T. Y. "Repair, revision, and complexity in syntactic anal-ysis: An electrophysiological differentiation," *Journal of Cognitive Neuro-science*, 2003, 15(1) : 98~110.

69. Kaplan, R. M. "Augmented transition networks as psychological models of sentence comprehension", *Artificial Intelligence*, 1972, 03: 77~100.

70. Kaplan, R. M. "On process models for sentence analysis", In: D. A. Norman, D. E. Rumelhart & the LNR Research Group(Eds.) *Explorations in Cogni-tion*. San Francisco: Freeman, 1975.

71. Karpicke, J. D. , et al. "False memories are not surprising: The subjective experience of an associative memory illusion", *Journal of Memory and Language*, 2008.

72. Katamba, F. *English Words: Structure, History, Usage*, New York: Routledge, 2005:263.

73. Keane, M. "Modeling problem solving in Gestalt 'insight' problems", *Irish Journal of Psychology*, 1989, 10:201~215.

74. Kempen, G. "Computational models of syntactic processing in human language comprehension", In: Dijkstra, T. & De Smedt, K. (Eds.), *Computational Psycholinguistics: Symbolic and Subsymbolic Models of Language Processing*. London: Taylor & Francis. 1996:192~220.

75. Kimball, J. "Seven principles of surface structure parsing in natural language", *Cognition*, 1973, 2:15~47.

76. Kishida, K. "Prediction of performance of cross-language information retrieval using automatic evaluation of translation", *Library & Information Science Research*, June 2008, 30:138~144.

77. Knutsson, O. , Pargman, T. C. , Eklundh, K. S. & Westlund, S. "Designing and developing a language environment for second language writers", *Computers & Education*, December 2007, 49:1122~1146.

78. Kohler, W. *The Mentality of Apes*, London: Routledge & Kegan Paul, 1925. (The original German publication was in 1917)

79. Kroeger, P. *Analyzing grammar: An introduction*. Cambridge University Press, 2005.

80. Kucera, H. & Francis, W. N. *Computational Analysis of Present-Day American English*, Providence: Brown University Press, 1967.

81. Lai, C. C. "An empirical study of three machine learning methods for spam filtering", *Knowledge-Based Systems*, April 2007, 20:249~254.

82. Lau, E. F. & Ferreira, F. "Lingering effects of disfluent material on comprehension of garden path sentences", *Language and Cognitive Processes*, 2005, 20:633~666.

83. Lee, K. J. , Choi, Y. S. & Kim, J. E. "Building an automated English sentence evaluation system for students learning English as a second lan-

guage", *Computer Speech & Language*, May 2010.

84. Lee, K. S. , Kageura, K. & Choi, K. S. "Implicit ambiguity resolution using incremental clustering in cross-language information retrieval", *Information Processing and Management*, 2004, 40: 145~159.

85. Leech, G. N. *A Linguistic Guide to English Poetry*. Beijing: Foreign Language Teaching and Research Press, 1969/2001.

86. Léon, J. "Preference and 'bias' in the format of French news interviews: The semantic analysis of question-answer pairs in conversation", *Journal of Pragmatics*, 2004, 36: 1885~1920.

87. Lewis, D. M. "Arguing in English and French asynchronous online discussion", *Journal of Pragmatics*, 2005, 37: 1801~1818.

88. Liddy, E. D. "Anaphora in natural language processing and information retrieval," *Information Processing & Management*, 1990, 26: 39~52.

89. Lin, C. C. & Bever, T. G. "Garden path and the comprehension of head-final relative clauses. " *Processing and producing head-final structures*. Springer Netherlands, 2011: 277~297.

90. Lockman, A. & Klappholz, D. "The control of inferencing in natural language understanding", *Computers & Mathematics with Applications*, 1983, 9: 59~70.

91. López-Cózar, R. , Callejas, Z. & Griol, D. " Using knowledge of misunderstandings to increase the robustness of spoken dialogue systems", *Knowledge-Based Systems*, July 2010, 23: 471~485.

92. Luchins, A. S. & Luchins, E. H. "New experimental attempts at preventing mechanization in problem solving", *Journal of General Psychology*, 1950, 42: 279~297.

93. Lykourentzou, I. , Giannoukos, I. , Nikolopoulos, V. , Mpardis, G. & Loumos, V. "Dropout prediction in e-learning courses through the combination of machine learning techniques", *Computers & Education*, November 2009, 53: 950~965.

94. Lyons, J. *Structural Semantics*, Oxford: Blackwell, 1963.

95. Lyons, J. *Semantics*, Cambridge: Cambridge University Press, 1977.

96. Lyons, J. *Linguistic Semantics: An Introduction*, Cambridge: Cambridge Uni-

versity Press,1995./北京:外语教学与研究出版社, 2000。

97. Ma,Q. ,Kanzaki,K. ,Zhang,Y. ,et al. "Self-organizing semantic maps and its application to word alignment in Japanese-Chinese parallel corpora", *Neural Networks* ,2004 ,17:1241~1253.

98. Madden,C. ,Hoen,M. & Dominey,P. F. "A cognitive neuroscience perspective on embodied language for human-robot cooperation" , *Brain and Language* ,March 2010 ,112:180~188.

99. Martin,J. & Rose,D. *Working with Discourse—Meaning beyond the Clause* , www. grammarian. com ,2003.

100. Maxfield,N. D. ,Lyon,J. M. & Silliman,E. R. " Disfluencies along the garden path:Brain electrophysiological evidence of disrupted sentence processing", *Brain and Language* ,November 2009 ,111:86~100.

101. Menchetti,S. ,Costa,F. ,Frasconi,P. & Pontil,M. " Wide coverage natural language processing using kernel methods and neural networks for structured data ", *Pattern Recognition Letters* , September 2005, 26: 1896~1906.

102. Métais,E. "Enhancing information systems management with natural language processing techniques" , *Data & Knowledge Engineering* ,June 2002 , 41:247~272.

103. Miller,G. A. "Some psychological studies of grammar" , *American Psychologist* ,1962 ,17(11):748~762.

104. Miller,G. A. ,& McKean,K. O. "A chronometric study of some relations between sentences" , *The Quarterly Journal of Experimental Psychology* , 1964 ,16(4):297~308.

105. Miller,J. *Semantics and Syntax:Parallels and Connections* , Cambridge: Cambridge University Press ,1985.

106. Milne,R. "Predicting garden path sentences" , *Cognitive Science* ,1982(6): 349~373.

107. Morris,A. H. ,Kasper,G. M. & Adams,D. A. "The effects and limitations of automated text condensing on reading comprehension performance" , *Information Systems Research* ,1992 ,3(1):17~35.

108. Morris,J. & Hirst,G. "Lexical cohesion,the thesaurus,and the structure of

text", *Computational Linguistics*, 1991, 17(1):21~48.

109. Možina, M., Žabkar, J. & Bratko, I. "Argument based machine learning", *Artificial Intelligence*, July 2007, 171:922~937.

110. Nakamura, S., Markov, K., Nakaiwa, H., et al., "The ATR multilingual speech-to-speech translation system", in *IEEE Trans. on Audio, Speech, and Language Processing*, 2006, 14(2), 365~376.

111. Nassi, I. & Shneiderman, B. "Flowchart techniques for structured programming", *ACM SIGPLAN Notices*, 1973, 8:12~26.

112. Nasukawa, T. & Jeonghee, Y. "Sentiment analysis: Capturing favorability using natural language processing", *Proceedings of the 2nd International Conference on Knowledge Capture*, America, 2003, 70~77.

113. Newmeyer, F. J. *Linguistic Theory in America* (2nd ed.). Orlando, FL: Academic Press, 1986.

114. Nitta, Y. "Problems of machine translation systems: Effect of cultural differences on sentence structure", *Future Generation Computer Systems*, June 1986, 2:101~115.

115. O'Brien, E. J., Shank, D. M., Myers, J. L. & Rayner, K. "Elaborative inferences during reading: Do they occur online?" *Journal of Experimental Psychology: Learning, Memory, and Cognition*, 1988, 14:410~420.

116. Oard, D. W. & Resnik, P. "Support for interactive document selection in cross-language information retrieval", *Information Processing and Management*, 1999, 35:363~379.

117. Oard, D. W., He, D. & Wang, J. "User-assisted query translation for interactive cross-language information retrieval", *Information Processing & Management*, January 2008, 44:181~211.

118. Ogden, C. K. & Richards, I. A. *The Meaning of Meaning* (10th edition), London: Routledge & Kegan Paul Ltd., 1923/1949.

119. Osterhout, L. & Holcomb, P. J. "Event-related potentials and syntactic anomaly: Evidence of anomaly detection during the perception of continuous speech," *Language and Cognitive Processes*, 1993, 8(4):413~437.

120. O'Sullivan, Í. & Chambers, A. "Learners' writing skills in French: Corpus consultation and learner evaluation", *Journal of Second Language Writing*,

2006,15:49~68.

121. Palmer, F. R. *Semantics* (*2nd edition*), Cambridge: Cambridge University Press,1981.

122. Partington, A. *Patterns and Meanings*, Philadelphia: John Benjamins Publishing Company,1996:34~37.

123. Patson, N. D. & Ferreira, F. "Conceptual plural information is used to guide early parsing decisions: Evidence from garden- path sentences with reciprocal verbs", *Journal of Memory and Language*, May 2009, 60: 464~486.

124. Patson, N. D. , Darowski, E. S. , Moon, N. & Ferreira, F. "Lingering misinterpretations in garden-path sentences: Evidence from a paraphrasing task", *Journal of Experimental Psychology*: *Learning*, *Memory*, *and Cognition*, Jan. 2009,35:280~285.

125. Perrin, L. , Deshaies, D. & Paradis, C. "Pragmatic functions of local diaphonic repetitions in conversation", *Journal of Pragmatics*, 2003, 35: 1843~1860.

126. Pritchett, B. L. "Garden path phenomena and the grammatical basis of language processing", *Language*, 1988,64:539~576.

127. Pulman, S. G. "Chart parsing and well-formed substring tables", *Encyclopedia of Language & Linguistics*, 2006:302~306.

128. Pynte, J. & Kennedy, A. "An influence over eye movements in reading exerted from beyond the level of the word: Evidence from reading English and French", *Vision Research*, 2006,46:3786~3801.

129. Roark, B. "Robust garden path parsing", *Natural Language Engineering*, 2004, 10:1~24.

130. Rodríguez, L. , García- Varea, I. & Gámez, J. A. "On the application of different evolutionary algorithms to the alignment problem in statistical machine translation", *Neurocomputing*, 2008,71:755~765.

131. Saeed, J. I. *Semantics*. Foreign Language Teaching and Research Press & Blackwell Publishers Ltd,1997/2000.

132. Sakamoto, K. , Terai, A. & Nakagawa, M. " Computational models of inductive reasoning using a statistical analysis of a Japanese corpus", *Co-*

gnitive Systems Research, 2007, 8：282~299.

133. Schank, R. C. "Conceptual dependency：A theory of natural language understanding", *Cognitive Psychology*, October 1972, 3：552~631.

134. Schooler, J. W., Ohlsson, S. & Brooks, K. "Thoughts beyond words：When language overshadows insight", *Journal of Experimental psychology: General*, 1993, 122：166~183.

135. Sharkey, N. E. & Mitchell, D. C. "Word recognition in a functional context：The use of scripts in reading", *Journal of Memory and Language*, 1985, 24：253~270.

136. Shin, J., Georgiou, P. G. & Narayanan, S. "Towards modeling user behavior in interactions mediated through an automated bidirectional speech translation system", *Computer Speech & Language*, April 2010, 24：232~256.

137. Shon, T. & Moon, J. "A hybrid machine learning approach to network anomaly detection", *Information Sciences*, September 2007, 177：3799~3821.

138. Siewierska, A. *Functional Grammar*, London：Routledge, 1992.

139. Sinclair, J. *Corpus*, *Concordance*, *Collocation*, Oxford：Oxford University Press, 1991：170.

140. Smith, S. M. "Getting into and out of mental ruts：A theory of fixation, incubation, and insight", In Sternberg, R. J. & Davidson, J. E., *The Nature of Insight*, Cambridge, Massachusetts：the MIT Press, 1995：229~251.

141. Soderland, M. S., Etzioni, O., Weld, D. S., Reiter, K., Skinner, M., Sammer, M. & Bilmes, J. "Panlingual lexical translation via probabilistic inference", *Artificial Intelligence*, June 2010, 174：619~637.

142. Steiner, E. "Some remarks on a functional level for machine translation", *Language Sciences*, October 1992, 14：607~621.

143. Storch, N. "The impact of studying in a second language(L2) medium university on the development of L2 writing", *Journal of Second Language Writing*, June 2009, 18：103~118.

144. Sturt, P. & Crocker, M. W. "Monotonic syntactic processing：A cross-linguistic study of attachment and analysis", *Language and Cognitive Processes*, 1996, 11.

145. Sturt, P. & Crocker, M. W. "Thematic monotonicity", *Journal of Psycholin-*

guistic Research, 1997, 26(3).

146. Sturt, P. "Semantic re-interpretation and garden path recovery", *Cognition*, November 2007, 105: 477~488.

147. Suárez, O. S., Riudavets, F. J. C., Figueroa, Z. H. & Cabrera, A. C. G. "Integration of an XML electronic dictionary with linguistic tools for natural language processing", *Information Processing & Management*, July 2007, 43: 946~957.

148. Temmerman, M. "Communicative aspects of definitions in classroom interaction: Learning to define in class for first and second language learners", *Linguistics and Education*, June 2009, 20: 126~144.

149. Thompson, G. *Introducing Functional Grammar*, Beijing: Foreign Language, 2000.

150. Tou, J. T. "An intelligent full-text Chinese-English translation system", *Information Sciences*, June 2000, 125: 1~18.

151. Weinberg, A. "Parameters in the theory of sentence processing: Minimal commitment theory goes east", *Journal of Psycholinguistic Research*, 1993 (22): 339~363.

152. Wertheimer, M. *Productive Thinking*, New York: Harper, 1959.

153. Whitelock, P., Wood, M., Somers, H., Johnson, R. & Bennett, P. *Linguistic Theory and Computer Applications*, London: Academic Press, 1987.

154. Wilks, Y. "A position note on natural language understanding and artificial intelligence", *Cognition*, July-August 1981, 10: 337~340.

155. Wilson, F. C. The MIT Encyclopedia of the Cognitive Sciences, Cambridge: MIT Press, 2001: 15.

156. Wong, F., Dong, M. & Hu, D. "Machine translation using constraint-based synchronous grammar", *Tsinghua Science & Technology*, June 2006, 11: 295~306.

157. Woods, A., Fletcher, P. & Hughes, A. *Statistics in Language Studies*, Cambridge: Cambridge University Press, 2000.

158. Woods, W. A. "Transition network grammars for natural language analysis", *Communications of the ACM*, 1970, 13: 591~606.

159. Wu, W. L., Lu, R. Z., Duan, J. Y., Liu, H., Gao, F. & Chen, Y. Q.

"Spoken language understanding using weakly supervised learning", *Computer Speech & Language*, April 2010, 24:358~382.

160. Yang, C. C. & Li, K. W. "Building parallel corpora by automatic title alignment using length-based and text-based approaches", *Information Processing and Management*, 2004, 40:939~955.

161. Yannakoudakis, E. J., Tsomokos, I. & Hutton, P. J. "N-grams and their implication to natural language understanding", *Pattern Recognition*, 1990, 23:509~528.

162. Ye, Q., Zhang, Z. & Law, R. "Sentiment classification of online reviews to travel destinations by supervised machine learning approaches", *Expert Systems with Applications*, April 2009, 36(2):6527~6535.

163. Yu, P. F. & Du, J. L. "Automatic analysis of textual garden path phenomenon: A computational perspective", *Journal of Communication and Computer*, 2008, 5(10):58~65.

164. Zola, D. "Redundancy and word perception during reading", *Perception and Psychophysics*, 1984, 36:277~284.

二、中文文献

（一）论著：

1. 常欣：《认知神经语言学视野下的句子理解》，科学出版社 2009 年版。

2. 杜家利、于屏方：《迷失与折返—海明威文本"花园幽径现象"研究》，中国社会科学出版社 2008 年版。

3. 冯志伟：《自然语言的计算机处理》，上海外语教育出版社 1996 年版。

4. 冯志伟：《机器翻译研究》，中国对外翻译出版公司 2004 年版。

5. 冯志伟：《机器翻译今昔谈》，语文出版社 2007 年版。

6. 冯志伟：《计算语言学基础》，商务印书馆 2008 年版。

7. 桂诗春、宁春岩：《语言学方法论》，外语教学与研究出版社 2002 年版。

8. 桂诗春：《新编心理语言学》，上海外语教育出版社 2004 年版。

9. 韩宝成：《外语教学科研中的统计方法》，外语教学与研究出版社 2000 年版。

10. 贾德林、秦洪林：《语义歧义研究》，江苏教育出版社 1991 年版。

11. 贾彦德：《汉语语义学》，北京大学出版社 1999 年版。

12. 江铭虎：《自然语言处理》，高等教育出版社 2006 年版。

13. 金立鑫：《语法的多视角研究》，上海外语教育出版社 2000 年版。

14. 李绍山：《语言研究中的统计学》，西安交通大学出版社 2001 年版。

15. 李战子：《话语的人际意义研究》，上海外语教育出版社 2002 年版。

16. 刘海涛：《依存语法的理论与实践》，科学出版社 2009 年版。

17. 刘利、庞月光：《语法应用通则》，春风文艺出版社 1999 年版。

18. 马广惠：《外国语言学及应用语言学统计方法》，西北农林科技大学出版社 2003 年版。

19. 马希文：《逻辑·语言·计算》，商务印书馆 2003 年版。

20. 苗传江：《HNC（概念层次网络）理论导论》，清华大学出版社 2005 年版。

21. 钱锋、陈光磊：《关于发展汉语计算风格学的献议》，载于《修辞学发凡与中国修辞学》，复旦大学出版社 1983 年版。

22. 秦晓晴：《外语教学研究中的定量数据分析》，华中科技大学出版社 2003 年版。

23. 石纯一等：《人工智能原理》，清华大学出版社 2003 年版。

24. 宋柔：《对外汉语教学中的信息资源和信息处理》，北京大学出版社 2008 年版。

25. 王甦、汪安圣：《认知心理学》，北京大学出版社/剑桥大学出版社 2005 年版。

26. 卫乃兴：《词语搭配的界定与研究体系》，上海交通大学出版社 2002 年版。

27. 卫乃兴、李文中、濮建中：《语料库应用研究》，上海外语教育出版社 2005 年版。

28. 温宾利：《当代句法学导论》，外语教学与研究出版社 2002 年版。

29. 文秋芳、王立非、梁茂诚：《中国学生口笔语语料库》，外语教学与研究出版社 2005 年版。

30. 翁富良、王野翔：《计算语言学导论》，中国社会科学出版社 1998 年版。

31. 伍谦光：《语义学导论》，湖南教育出版社 1994 年版。

32. 徐烈炯：《生成语法理论》，上海外语教育出版社 1998 年版。

33. 杨惠中：《语料库语言学导论》，上海外语教育出版社 2002 年版。

34. 易绵竹、南振兴编：《计算语言学》，上海外语教育出版社 2005 年版。

35. 俞士汶：《计算语言学概论》，商务印书馆 2003 年版。

36. 袁毓林：《基于认知的汉语计算语言学研究》，北京大学出版社 2008 年版。

37. 张今、张克定：《英汉语信息结构对比研究》，河南大学出版社 1998 年版。

38. 张克亮：《面向机器翻译的汉英句类及句式转换》，河南大学出版社 2007 年版。

39. 张志毅、张庆云：《词汇语义学》，商务印书馆 2001 年版。

40. 邹韶华：《语用频率效用研究》，商务印书馆 2001 年版。

（二）期刊：

1. 白学军、沈德立：《初学阅读者和熟练阅读者阅读课文时眼动特征的比较研究》，《心理发展与教育》1995 年第 2 期。

2. 曹贵康、杨东、张庆林：《顿悟问题解决的原型事件激活：自动还是控制》，《心理科学》2006 年第 5 期。

3. 曹建芬：《基于语法信息的汉语韵律结构预测》，《中文信息学报》2003 年第 3 期。

4. 陈海叶：《汉语花园幽径电子幽默：关联论的阐释》，《新乡师范高等专科学校学报》2003 年第 4 期。

5. 陈喜富：《言语幽默的多维解读——基于实例分析》，《漳州师范学院学报》（哲学社会科学版）2008 年第 4 期。

6. 陈玉东：《汉语韵律层级中小距的中枢地位和调节作用》，《汉语学习》2005 年第 2 期。

7. 陈治平、尤文虎：《义素分析法在日语计算机处理中的基础性应用》，《解放军外国语学院学报》2001 年第 3 期。

8. 程秀苹：《英语花园幽径现象研究》，《考试周刊》2008 年第 24 期。

9. 董安君、李世明：《直觉思维与灵感之异同刍见》，《心理学探新》1988 年第 1 期。

10. 窦东徽、沃建中：《顿悟问题解决过程中抑制解除理论有效性的实验研究》，《心理科学》2007 年第 2 期。

11. 窦东徽、金萍、蔡亮：《基于线索的顿悟问题解决：图式和表征操作的影响》，《心理发展与教育》2007 年第 4 期。

12. 杜慧颖：《关联理论视角下的幽默理解》，《昭通师范高等专科学校学报》2009 年第 6 期。

13. 杜家利：《"细读方法"对语句"花园幽径现象"的指明作用》，《达县师范高等专科学校学报》2006 年第 1 期。

14. 杜家利：《句法层面中"花园幽径现象"的认知心理学阐释》，《通化师范学院学报》2006 年第 3 期。

15. 杜家利：《义位层面意义的不确定性分析》，《语文学刊》2006 年第 11 期。

16. 杜家利、于屏方：《NLES 对句层"花园幽径现象"的规避类型研究——基于 NV 互动型的探讨》，《计算机工程与应用》2008 年第 25 期。

17. 杜家利、于屏方：《自然语言文本语义接受度的在线系统评价研究》，《计算机工程与应用》2008 年第 26 期。

18. 杜家利、于屏方：《日语文本语义接受度评价研究》，《计算机工程与应用》2009 年第 23 期。

19. 杜家利、于屏方：《英日语料库语义接受度对比研究》，《计算机工程与应用》2009 年第 24 期。

20. 杜家利、于屏方：《法语料库文本语义接受度评价研究》，《计算机工程与应用》2009 年第 29 期。

21. 杜家利、于屏方：《基于算法的英语歧义句和花园幽径句自动辨析研究》，《鲁东大学学报》2010 年第 5 期。

22. 杜家利、于屏方：《花园幽径现象层级存在性的认知解读》，《青海民族大学学报》2011 年第 1 期。

23. 杜家利、于屏方：《花园幽径现象顿悟性的认知解读》，《外语与外语教学》2011 年第 6 期。

24. 杜家利：《非对称性信息补偿假说——花园幽径模式的困惑商研究》，中国传媒大学博士论文 2013 年 6 月。

25. 冯胜利：《论汉语的韵律结构及其对句法构造的制约》，《语言研究》1996 年第 1 期。

26. 冯志伟：《论歧义结构的潜在性》，《中文信息学报》1995 年第 4 期。

27. 冯志伟：《确定切词单位的某些非语法因素》，《中文信息学报》2001

年第 5 期。

28. 冯志伟：《框架核心语法与自然语言的计算机处理》，《汉语学习》2002 年第 2 期。

29. 冯志伟：《线图分析法》，《当代语言学》2002 年第 4 期。

30. 冯志伟、许福吉：《花园幽径句初探》2003 年 5 月在 HNC (第二届) 学术研讨会宣读论文。

31. 冯志伟：《花园幽径句的自动分析算法》，《当代语言学》2003 年第 4 期。

32. 冯志伟：《一种无回溯的自然语言分析算法》，《语言文字应用》2003 年第 1 期。

33. 冯志伟：《应用语言学的三大支柱》，《暨南大学华文学院学报》2003 年第 1 期。

34. 冯志伟：《LFG 中从词汇结构到功能结构的转换》，《语言文字应用》2004 年第 4 期。

35. 冯志伟：《词义排歧方法研究》，《术语标准化与信息技术》2004 年第 1 期。

36. 冯志伟：《从知识本体谈自然语言处理的人文性》，《语言文字应用》2005 年第 4 期。

37. 冯志伟：《自然语言处理中的概率语法》，《当代语言学》2005 年第 2 期。

38. 冯志伟：《汉语术语描述中的三种结构》，《科技术语研究》2005 年第 3 期。

39. 冯志伟：《自然语言处理的学科定位》，《解放军外国语学院学报》2005 年第 3 期。

40. 冯志伟：《当前自然语言处理发展的几个特点》，《暨南大学华文学院学报》2006 年第 1 期。

41. 冯志伟：《汉语科技术语中的潜在歧义》，《科技术语研究》2006 年第 1 期。

42. 冯志伟：《汉语科技术语中的潜在歧义 (续)》，《科技术语研究》2006 年第 2 期。

43. 冯志伟：《从格语法到框架网络》，《解放军外国语学院学报》2006 年第 3 期。

44. 冯志伟：《用上下文无关语法来描述汉字结构》，《语言科学》2006 年第 3 期。

45. 冯志伟：《论语言符号的八大特性》，《暨南大学华文学院学报》2007 年第 1 期。

46. 冯志伟：《自然语言处理中理性主义和经验主义的利弊得失》，《长江学术》2007 年第 2 期。

47. 冯志伟：《机器翻译与语言研究(上)》，《术语标准化与信息技术》2007 年第 3 期。

48. 冯志伟：《机器翻译与语言研究(下)》，《术语标准化与信息技术》2007 年第 4 期。

49. 傅间莲、陈群秀：《一种新的自动文摘系统评价方法》，《计算机工程与应用》2006 年第 18 期。

50. 傅小兰：《探讨顿悟的心理过程与大脑机制——评罗劲的〈顿悟的大脑机制〉》，《心理学报》2004 年第 2 期。

51. 顾琦一、程秀苹：《中国英语学习者的花园幽径句理解——与工作记忆容量和语言水平的相关研究》，《现代外语》2010 年第 3 期。

52. 韩迎春、莫雷：《有关歧义消解的句子加工理论》，《广东教育学院学报》2008 年第 2 期。

53. 韩玉花：《现代汉语中的"花园幽径"现象》，《成都大学学报》(教育科学版)2007 年第 2 期。

54. 胡双宝：《汉语研究的新视点——评〈汉语的韵律、用法与句法〉》，《汉语学习》1998 年第 2 期。

55. 黄碧蓉：《幽默话语"花园幽径现象"的关联论阐释》，《外语研究》2007 年第 6 期。

56. 黄怀飞、李荣宝：《英语句法歧义句的认知模型》，《泉州师范学院学报》2008 年第 5 期。

57. 江铭虎、朱小燕、袁保宗：《一种适应域的汉语 N-gram 语言模型平滑算法》，《清华大学学报》(自然科学版)1999 年第 9 期。

58. 姜德杰、尹洪山：《英语"花园幽径"现象的触发性因素》，《青岛科技大学学报》(社会科学版)2006 年第 2 期。

59. 蒋祖康：《"花园幽径现象"研究综述》，《外语教学与研究》2000 年第 4 期。

60. 李建会：《走向计算主义》，《自然辩证法通讯》2003 年第 145 期。

61. 李瑞萍、康慧：《英语"花园幽径"句的认知解读》，《河北理工大学学报》（社会科学版）2009 年第 2 期。

62. 李文中：《基于学习者英语语料库的主题词研究》，《现代外语》2003 年第 2 期。

63. 李祥华、黄阳：《以计算语言学为视角浅谈对语义形式化的探索》，《四川教育学院学报》2009 年第 1 期。

64. 李小兵、杨一平等：《面向主题的概念检索研究》，《计算机工程与应用》2005 年第 34 期。

65. 李晓黎等：《概念推理网及其在文本分类中的应用》，《计算机研究与发展》2000 年第 9 期。

66. 李玉经：《直觉与灵感》，《齐齐哈尔医学院学报》1991 年第 2 期。

67. 刘聪：《试论"渐修顿悟"与"格物贯通"的异同》，《江淮论坛》2007 年第 2 期。

68. 刘国辉、石锡书：《花园幽径句的特殊思维激活图式浅析》，《外语学刊》2005 年第 5 期。

69. 刘海涛：《计算语言学不仅仅是计算——读冯志伟〈计算语言学探索〉》，《语言文字应用》2003 年第 3 期。

70. 刘海涛、冯志伟：《自然语言处理的概率配价模式理论》，《语言科学》2007 年第 3 期。

71. 刘海涛：《汉语句法网络的复杂性研究》，《复杂系统与复杂性科学》2007 年第 4 期。

72. 刘彦生、吕剑：《简论直觉顿悟的思维特征和形成基础》，《天津大学学报》（社会科学版）2005 年第 3 期。

73. 刘莹：《叙事文本中"花园幽径句"的认知机制》，《外语学刊》2009 年第 5 期。

74. 鲁忠义：《阅读理解的过程和影响理解的因素》，《外语教学与研究》1989 年第 4 期。

75. 鲁忠义、彭聃龄：《故事图式在故事理解中加工机制的初步实验研究》，《心理学报》1990 年第 3 期。

76. 鲁忠义、彭聃龄：《故事阅读中句子加工时间与理解的研究》，《心理学报》1996 年第 4 期。

77. 鲁忠义：《语篇阅读理解的推理机制的研究》，《心理学报》1999 年第 3 期。

78. 罗劲：《顿悟的大脑机制》，《心理学报》2004 年第 2 期。

79. 罗劲、张秀玲：《从困境到超越：顿悟的脑机制研究》，《心理科学进展》2006 年第 4 期。

80. 罗跃嘉：《揭开顿悟奥秘的一道曙光——评罗劲的〈顿悟的大脑机制〉》，《心理学报》2004 年第 2 期。

81. 马冰洁、商卫星：《佛教的顿悟心理思想》，《内蒙古师范大学学报》（哲学社会科学版）2007 年第 6 期。

82. 马明：《论句子句法加工过程的模块性》，《东北大学学报》（社会科学版）2004 年第 2 期。

83. 买晓琴、罗劲、吴建辉、罗跃嘉：《猜谜作业中顿悟的 ERP 效应》，《心理学报》2005 年第 1 期。

84. 那剑、赵成平：《反语语用机制再考察——传统语用学与认知语用学对反语语用机制考察对比浅析》，《重庆电力高等专科学校学报》2006 年第 2 期。

85. 牛熠等：《计算主义思辨》，《西安电子科技大学学报》（社会科学版）2004 年第 1 期。

86. 彭健伯：《顿悟思维方法理论与开发顿悟创造能力研究——三论开发自主创造能力的对策：开发顿悟创造能力》，《攀枝花学院学报》2008 年第 2 期。

87. 钱文、刘明：《顿悟研究及顿悟与智力超常的关系》，《心理科学》2001 年第 1 期。

88. 邱江、罗跃嘉、吴真真、张庆林：《再探猜谜作业中"顿悟"的 ERP 效应》，《心理学报》2006 年第 4 期。

89. 曲涛、王准宁：《浅析花园幽径现象》，《吉林省教育学院学报》2006 年第 8 期。

90. 任国防、邱江、曹贵康、张庆林：《顿悟：是进程监控还是表征转换》，《心理科学》2007 年第 5 期。

91. 沈贵鹏：《格式塔派学习观评析》，《盐城师范学院学报》（人文社会科学版）1990 年第 3 期。

92. 师保国、张庆林：《顿悟思维：意识的还是潜意识的》，《华东师范大学学报》（教育科学版）2004 年第 3 期。

93. 石锡书：《花园幽径效应探析》，《山东外语教学》2005 年第 3 期。

94. 司联合：《〈概念层次网络理论〉HNC 述评》，《语言科学》2003 年第 4 期。

95. 孙爱珍：《计算文体学工作模式探究》，河南大学 2008 年博士论文。

96. 孙肇春：《花园幽径句的最简方案解释》，《内蒙古民族大学学报》 2006 年第 3 期。

97. 田正玲：《花园幽径句式歧义现象分析》，《唐山学院学报》2007 年第 1 期。

98. 王诚、张璟：《基于语义的 Web 信息检索》，《计算机应用研究》2005 年第 8 期。

99. 王丹、郑博、杨玉芳：《韵律特征对句法结构歧义解歧作用的实验研究》，《心理科学》2003 年第 4 期。

100. 王冬玲：《句法处理与花园幽径句》，《延安教育学院学报》2001 年第 2 期。

101. 王璠：《英汉花园幽径句与汉语相声小品中花园幽径初探》，《科教文汇》（下旬刊）2009 年第 1 期。

102. 王谷、周海荣：《科学知觉和顿悟的关系》，《今日南国》（理论创新版）2008 年第 5 期。

103. 王金铨、王克非：《计算语言学视角下的翻译研究》，《外国语》 2008 年第 3 期。

104. 王克俭：《创作灵感潜意识动因说述评》，《浙江师范大学学报》（社会科学版）1988 年第 3 期。

105. 王亚非、高越：《花园幽径在拇指文学中的应用浅析》，《北京邮电大学学报》（社会科学版）2008 年第 1 期。

106. 王应解：《面向主题的搜索引擎研究》，北京大学 2003 年博士论文。

107. 王云、郭智颖：《花园幽径现象认知分析》，《四川教育学院学报》 2007 年第 11 期。

108. 魏永峰：《关于思维和问题解决的几种研究评析》，《钦州师范高等专科学校学报》2003 年第 3 期。

109. 吴红岩：《花园幽径句的优选句法分析》，《广东外语外贸大学学报》 2006 年第 4 期。

110. 吴平：《计算语言学中语义表达的基本问题》，《外语与外语教学》2002 年第 6 期。

111. 吴先少、王利琳：《英语"花园幽径句"刍议》，《郑州航空工业管理学院学报》（社会科学版）2007 年第 3 期。

112. 吴云芳、俞士汶：《信息处理用词语义项区分的原则和方法》，《语言文字应用》2006 年第 2 期。

113. 吴真真、邱江、张庆林：《顿悟的原型启发效应机制探索》，《心理发展与教育》2008 年第 1 期。

114. 吴真真、邱江、张庆林：《顿悟脑机制的实验范式探索》，《心理科学》2009 年第 1 期。

115. 肖瑶：《顿悟研究的两种取向》，《科技信息》（科学教研）2008 年第 17 期。

116. 邢强、黄伟东、张庆林：《顿悟研究述评及其展望》，《广州大学学报》（社会科学版）2006 年第 1 期。

117. 邢强、曹贵康、张庆林：《顿悟认知机制研究述评》，《天水师范学院学报》2006 年第 3 期。

118. 邢强、周雪雯：《时间知觉对顿悟问题解决的影响研究》，《广州大学学报》（自然科学版）2007 年第 5 期。

119. 邢强、黄伟东：《认知负荷对顿悟问题解决的影响》，《心理科学》2008 年第 4 期。

120. 邢强：《顿悟：心理学的解释、困境与出路》，《宁波大学学报》（教育科学版）2008 年第 6 期。

121. 徐艳红：《花园幽径现象的原型范畴理论阐释》，《内蒙古民族大学学报》2010 年第 6 期。

122. 徐章宏：《"花园幽径现象"的认知语用学解释》，《广东外语外贸大学学报》2004 年第 3 期。

123. 阎国利：《不同年级学生阅读科技文章的眼动过程研究》，《心理科学》1999 年第 3 期。

124. 阎力：《浅析科学创造中的直觉、灵感和顿悟》，《哲学研究》1988 年第 8 期。

125. 晏小琴：《中国大学生英语暂时句法歧义加工的定性研究》，《山东外语教学》2007 年第 5 期。

126. 晏小琴：《英语花园幽径句加工的定性研究》，《外国语言文学》2008 年第 1 期。

127. 姚海娟、沈德立：《顿悟问题解决的心理机制的验证性研究》，《心理与行为研究》2005 年第 3 期。

128. 姚海娟、沈德立：《启发信息对个体顿悟问题解决影响的眼动研究》，《心理与行为研究》2006 年第 3 期。

129. 姚海娟、白学军、沈德立：《认知灵活性和顿悟表征转换：练习类型的影响》，《心理学探新》2008 年第 4 期。

130. 尤肖南：《英语中的"花园幽径句"探析》，《高等函授学报》（哲学社会科学版)2005 年第 1 期。

131. 于根元：《应用语言学前沿问题说略》，《长江学术》2006 年第 4 期。

132. 于屏方、杜家利：《文本排歧语义图式的自动获取与选择》，《计算机工程与应用》2007 年第 31 期。

133. 于屏方、杜家利：《良构子串表在自然语言处理中的程序化应用》，《中文信息学报》2012 年第 6 期。

134. 于祺明：《试论科学顿悟与思维方法》，《科学技术与辩证法》2004 年第 6 期。

135. 俞士汶、柏晓静：《计算语言学与外语教学》，《外语电化教学》2006 年第 5 期。

136. 俞士汶、朱学锋：《计算语言学浅介》，《术语标准化与信息技术》2009 年第 3 期。

137. 袁晓松：《脑科学的发展对认知心理学的深刻影响》，《阴山学刊》2007 年第 6 期。

138. 袁毓林：《计算语言学的理论方法和研究取向》，《中国社会科学》2001 年第 4 期。

139. 张殿恩：《英语"花园幽径句"探究》，《涪陵师范学院学报》2006 年第 2 期。

140. 张帆：《"试误"与"顿悟"在外语教学过程中的运用》，《绵阳经济技术高等专科学校学报》1999 年第 S1 期。

141. 张勉：《运用格式塔心理学进行英语教学》，《上海师范大学学报 》（哲学社会科学版)1988 年第 3 期。

142. 张奇、王霞：《顿悟与顿悟问题研究》，《宁波大学学报》（教育科学版)2006 年第 1 期。

143. 张庆林、邱江、曹贵康：《顿悟认知机制的研究述评与理论构想》，《心理科学》2004 年第 6 期。

144. 张庆林、邱江：《顿悟与源事件中启发信息的激活》，《心理科学》2005 年第 1 期。

145. 张亚旭、舒华、张厚粲、周晓林：《话语参照语境条件下汉语歧义短语的加工》，《心理学报》2002 年第 2 期。

146. 周发勤：《阅读理解中的顿悟》，《甘肃教育学院学报》（社会科学版）2002 年第 S2 版。

147. 周韧：《汉语信息焦点结构的韵律解释》，《语言科学》2006 年第 3 期。

148. 朱先明：《从文学、心理分析和计算语言学角度释解英语歧义的地位》，《淮北煤炭师范学院学报》（哲学社会科学版）2007 年第 4 期。

149. 朱智贤：《心理学的方法论问题》，《北京师范大学学报》（社会科学版）1987 年第 1 期。

150. 邹俊飞：《对由词汇歧义导致的花园幽径句的探析》，《疯狂英语》（教师版）2008 年第 1 期。

附录一:The Penn Treebank 词类标记集

1.	CC	Coordinating conjunction	连词
2.	CD	Cardinal number	基数词
3.	DT	Determiner	限定词
4.	EX	Existential there	存在句
5.	FW	Foreign word	外来词
6.	IN	Preposition/subordinating conjunction	介词或从属连词
7.	JJ	Adjective	形容词
8.	JJR	Adjective, comparative	形容词比较级
9.	JJS	Adjective, superlative	形容词最高级
10.	LS	List item marker	列表标识
11.	MD	Modal	情态助动词
12.	NN	Noun, singular or mass	个体或集体并列名词
13.	NNS	Noun, plural	复数名词
14.	NNP	Proper noun, singular	单数专有名词
15.	NNPS	Proper noun, plural	复数专有名词
16.	PDT	Predeterminer	前位限定词
17.	POS	Possessive ending	所有格标记
18.	PRP	Personal pronoun	人称代词
19.	PP $	Possessive pronoun	所有格代词
20.	RB	Adverb	副词
21.	RBR	Adverb, comparative	副词比较级
22.	RBS	Adverb, superlative	副词最高级
23.	RP	Particle	小品词
24.	SYM	Symbol(mathematical or scientific)	数学或科学符号

25.	TO	to	单词 to
26.	UH	Interjection	插入语
27.	VB	Verb, base form	动词基本形式
28.	VBD	Verb, past tense	动词过去式
29.	VBG	Verb, gerund/present participle	动词现在分词
30.	VBN	Verb, past participle	动词过去分词
31.	VBP	Verb, non-3rd ps. sing. present	动词非三单现在时
32.	VBZ	Verb, 3rd ps. sing. Present	动词三单现在时
33.	WDT	wh-determiner	wh 限定词
34.	WP	wh-pronoun	wh 代词
35.	WP $	Possessive wh-pronoun	wh 所有格代词
36.	WRB	wh-adverb	wh 副词
37.	#	Pound sign	
38.	$	Dollar sign	
39.	.	Sentence-final punctuation	
40.	,	Comma	
41.	:	Colon, semi-colon	
42.	(	Left bracket character	
43.	)	Right bracket character	
44.	"	Straight double quote	
45.	'	Left open single quote	
46.	"	Left open double quote	
47.	'	Right close single quote	
48.	"	Right close double quote	

(Marcus et al, 1993)

部分补充更新代码：

Marcus et al, 1994, The Penn Treebank: Annotating Predicate Argument Structure[J] from http://www. ldc. upenn. edu/Catalog/desc/addenda/LDC1999T42/

1.	*	"Understood" subject of infinitive or imperative
2.	*EXP*	expletive
3.	*ICH*	interpret constituent here
4.	*PPA*	permanent predictable ambiguity

5. * RNR *   right node raising

6. 0   Zero variant of that in subordinate clauses

7. ADJP   Adjective phrase

8. ADV   clausal and NP adverbials

9. ADVP   Adverb phrase

10. CLF   true clefts

11. CLR   closely related

12. DIR   direction & trajectory

13. ETC   the second conjunct after UCP

14. FRAG   pieces of text

15. HLN   headlines and datelines

16. IMP   clauses with empty subjects

17. INTJ   interjection

18. LGS   logical subjects in passives

19. LOC   location

20. LST   list markers

21. MNR   manner

22. NBAR   phrasal nodes

23. NIL   Marks position where preposition is interpreted in pied-piping contexts

24. NOM   non NPs that function as NPs

25. NP   Noun phrase

26. PP   Prepositional phrase

27. PRD   non VP predicates

28. PRP   purpose and reason

29. S   Simple declarative clause

30. SBAR   Clause introduced by subordinating conjunction or 0, top level labelling apart from S, usually for complete structure

31. SBARQ   Direct question introduced by wh-word or wh-phrase, WH-questions, top level labelling apart from S, usually for complete structure

32. SBJ	surface subject
33. SINV	Declarative sentence with subject-aux inversion, top level labelling apart from S, usually for complete structure
34. SQ	Subconstituent of SBARQ excluding wh-word or wh-phrase, auxiliary inverted structures, top level labelling apart from S, usually for complete structure
35. T	Trace-marks position where moved wh-constituent is interpreted
36. TMP	temporal phrases
37. TRC	topicalized and fronted constituents
38. TTL	titles
39. UCP	unlike conjoined phrase
40. UNF	unfinished constituents
41. VOC	vocatives
42. VP	Verb phrase
43. WHADVP	wh-adverb phrase
44. WHNP	wh-noun phrase
45. WHPP	wh-prepositional phrase
46. X	Constituent of unknown or uncertain category

附录二:Stanford Parser 的依存关系代码与解析

    Stanford Parser 依存关系均指统领成分(governor, regent or head)和依附成分(dependent)两者间的关系。下面的代码按照字母顺序排列。定义采用 Penn Treebank 词类和短语标签。

关系代码:

abbrev—	abbreviation modifier
acomp—	adjectival complement
advcl—	adverbial clause modifier
advmod—	adverbial modifier
agent—	agent
amod—	adjectival modifier
appos—	appositional modifier
arg—	argument
attr—	attributive
aux—	auxiliary
auxpass—	passive auxiliary
cc—	coordination
ccomp—	clausal complement with internal subject
comp—	complement
complm—	complementizer
conj—	conjunct
cop—	copula
csubj—	clausal subject
csubjpass—	passive clausal subject
dep—	dependent

det—	determiner
dobj—	direct object
expl—	expletive(expletive "there")
infmod—	infinitival modifier
iobj—	indirect object
mark—	marker (word introducing an advcl)
mod—	modifier
mwe—	multi-word expression modifier
neg—	negation modifier
nn—	noun compound modifier
npadvmod-	noun phrase adverbial modifier
nsubj—	nominal subject
nsubjpass—	passive nominal subject
num—	numeric modifier
number—	element of compound number
obj—	object
parataxis—	parataxis
partmod—	participial modifier
pobj—	object of preposition
poss—	possession modifier
possessive-	possessive modifier('s)
preconj—	preconjunct
predet—	predeterminer
prep—	prepositional modifier
prt—	phrasal verb particle
punct—	punctuation
purpcl—	purpose clause modifier
quantmod-	quantifier modifier
rcmod—	relative clause modifier
ref—	referent
rel—	relative(word introducing a rcmod)
root—	root

subj—	subject
tmod—	temporal modifier
xcomp—	clausal complement with external subject
xsubj—	controlling subject

关系代码解析：

abbrev：abbreviation modifier 缩略语修饰关系。名词短语的缩略形式通过将名词添加圆括号的方式来表示，如 "The Australian Broadcasting Corporation（ABC）" 表示为 abbrev（Corporation，ABC）。

acomp：adjectival complement 动词的形容化补语关系。动词的形容化补语形式是指具有补语功能的形容性动词。如 "She looks very beautiful" 表示为 acomp（looks，beautiful）。

advcl：adverbial clause modifier 副词性从句修饰关系。动词短语或句子的副词性修饰成分是指用来修饰动词的附属成分，包括条件从句、时间从句等。如 "The accident happened as the night was falling" 可表示为 advcl（happened，falling），　"If you know who did it，you should tell the teacher" 可表示为 advcl（tell，know）。

advmod：adverbial modifier 副词性修饰关系。词的副词性修饰成分是指用来修饰单个词的副词或副词词组。如 "Genetically modified food" 可表示为 advmod（modified，genetically），"less often" 可表示为 advmod（often，less）。

agent：施事关系。动作的发出者，常出现在表被动的介词 by 的后面。如 "The man has been killed by the police" 可表示为 agent（killed，police），"Effects caused by the protein are important" 可表示为 agent（caused，protein）。

amod：adjectival modifier 形容词性修饰关系。词的形容词性修饰成分是指用来修饰名词及短语的形容词。如 "Sam eats red meat" 可表示为 amod（meat，red）。

appos：appositional modifier 同位语修饰关系。具有相同指称的同位语成分。如 "Sam，my brother" 可表示为 appos（Sam，brother），"Bill（John's cousin）" 可表示为 appos（Bill，cousin）。

attr：attributive 系动词补语关系。常出现在 "to be" "to seem" "to appear" 等句式中作为补语出现，如 "What is that?" 可表示为 attr（is，

What）。

aux：auxiliary 助动关系。在句中起到助动词作用，如 "Reagan has died" 可表示为 aux（died, has），"He should leave" 可表示为 aux（leave, should）。

auxpass：passive auxiliary 被动性助动关系。在句中包含了助动词的被动信息，如 "Kennedy has been killed" 可表示为 auxpass（killed, been）和 aux（killed, has），"Kennedy was/got killed" 可表示为 auxpass（killed, was/got）。

cc：coordination 并列关系。具有并列功能，通常把连词前第一个成分作为统领成分，如 "Bill is big and honest" 可表示为 cc（big, and），"They either ski or snowboard" 可表示为 cc（ski, or）。

ccomp：clausal complement 从句性补语关系。动词、形容词等的从句性补语成分是指从句中具有内在主谓关系，整个从句充当补语，通常被修饰的词是 "fact""report" 等，如 "He says that you like to swim" 可表示为 ccomp（says, like），"I am certain that he did it" 可表示为 ccomp（certain, did），"I admire the fact that you are honest" 可表示为 ccomp（fact, honest）。

complm：complementizer 标句关系。在从句性补语关系（ccomp）中存在，通常包括从属连词 "that""whether"，如 "He says that you like to swim" 可表示为 complm（like, that）。

conj：conjunct 合取式关系。通过并列连词 "and""or" 等连接的关系，通常把连词前第一个成分作为统领成分，其他部分为附属，如 "Bill is big and honest" 可表示为 conj（big, honest），"They either ski or snowboard" 可表示为 conj（ski, snowboard）。

cop：copula 系词关系。指系动词与表语成分之间的关系，通常把表语成分作为统领，如 "Bill is big" 可表示为 cop（big, is），"Bill is an honest man" 可表示为 cop（man, is）。

csubj：clausal subject 从句性主语关系。主语由从句充当，当主句动词是实意动词时，实意动词为统领成分。当主句动词是系动词时，后面的表语成分作为统领。如 "What she said makes sense" 可表示为 csubj（makes, said），"What she said is not true" 可表示为 csubj（true, said）。

csubjpass：clausal passive subject 从句式被动主语关系。从句在被动主句中充当主语，如 "That she lied was suspected by everyone" 可表示为

csubjpass(suspected,lied)。

dep：dependent 依附关系。当系统由于各种原因无法在两词间判定它们清晰的依存关系时采用的标注关系。如"Then, as if to show that he could,..."可表示为 dep(show, if)

det：determiner 限定词关系。通常出现在名词前，如"The man is here"可表示为 det(man, the)，"Which book do you prefer?"可表示为 det(book, which)。

dobj：direct object 直接宾语关系。如"She gave me a raise"可表示为 dobj(gave, raise)，"They win the lottery"可表示为 dobj(win, lottery)。

expl：expletive 存在补足关系。通常出现在表存在的"there be"句式中，动词作为统领成分，如"There is a ghost in the room"可表示为 expl(is, There)。

infmod：infinitival modifier 名词性不定式关系。用来修饰名词的不定式关系，如"Points to establish are…"可表示为 infmod(points, establish)，"I don't have anything to say"可表示为 infmod(anything, say)。

iobj：indirect object 间接宾语关系。如"She gave me a raise"可表示为 iobj(gave, me)。

mark：marker 标记关系。存在于副词性从句修饰关系(advcl)中，通常指"because""when""although"等具有引领功能的从属连词，但不包括"that""whether"等，如"Forces engaged in fighting after insurgents attacked"可表示为 mark(attacked, after)。

mwe：multi-word expression 多词表达关系。多个词构成独立整体统一使用时出现的关系，包括 rather than, as well as, such as, because of, instead of, in addition to, all but, such as, due to 等。如"I like dogs as well as cats"mwe(well, as) 可表示为 mwe(well, as)，"He cried because of you"可表示为 mwe(of, because)。

neg：negation modifier 否定性关系。否定词和被否定成分间的关系，如"Bill is not a scientist"可表示为 neg(scientist, not)，"Bill doesn't drive"可表示为 neg(drive, n't)。

nn：noun compound modifier 复合名词关系。多名词组合后共同修饰某一名词时形成的关系，通常最右侧名词作为统领成分，如"Oil price futures"可表示为 nn(futures, oil)，nn(futures, price)。

npadvmod：noun phrase as adverbial modifier 名词词组作为副词修饰关系。当名词词组在句中具有副词功用时形成的关系，包括(i) 测量类词组，用来表示形容词词组 （ADJP）/副词词组 （ADVP）/介词词组 （PP） 中心词与测量词之间的关系(ii)。当名词词组出现在动词词组中却又不充当宾语时，(iii) 经济类建构词，通常出现在副词或类似介词的名词词组中，如 "＄5 a share" "per sha re"；（iv） 浮动性反身代词；（v） 其他固有名词表达方式。如 "The director is 65 years old" 可表示为 npadvmod(old,years)，"6 feet long" 可表示为 npadvmod(long,feet)，"Shares eased a fraction" 可表示为 npadvmod(eased,fraction)，"IBM earned ＄ 5 a share" 可表示为 npadvmod(＄,share)，"The silence is itself significant" 可表示为 npadvmod(significant,itself)，"90% of Australians like him,the most of any country" 可表示为 npadvmod(like,most)。

nsubj：nominal subject 名词主语关系。如 "Clinton defeated Dole" 可表示为 nsubj(defeated,Clinton)，"The baby is cute" 可表示为 nsubj(cute,baby)。

nsubjpass：passive nominal subject 被动性名词主语关系，如 "Dole was defeated by Clinton" 可表示为 nsubjpass(defeated,Dole)。

num：numeric modifier 数词关系。用来指数词与其修饰名词间所形成的关系。如 "Sam eats 3 sheep" 可表示为 num(sheep,3)。

number：element of compound number 复合数词成分关系。在构成复合数词时形成的部分与整体的关系。如 "I lost ＄ 3.2 billion" 可表示为 number(＄,billion)。

parataxis：parataxis 意合关系。源自希腊文中 "place side by side"，意指两个成分关系非常亲密，一般同时出现，包括括号关系、句子成分与分号或冒号间形成的关系等。如 "The guy,John said,left early in the morning" 可表示为 parataxis(left,said)。

partmod：participial modifier 分词关系。用来修饰名词或句子时所形成的分词关系，如 "Truffles picked during the spring are tasty" 可表示为 partmod(truffles,picked)，"Bill tried to shoot demonstrating his incompetence" 可表示为 partmod(shoot,demonstrating)。

pcomp：prepositional complement 介词补语关系。当介词的补语成分是从句或是介词词组 （偶尔也会是副词词组） 时形成的关系，如 "We have no information on whether users are at risk"可表示为 pcomp(on, are)，"They heard about you missing classes"可表示为 pcomp(about, missing)。

pobj：object of a preposition 介词宾语成分。如"I sat on the chair"可表示为 pobj(on, chair)。

poss：possession modifier 所有权关系。如"their offices"可表示为 poss(offices, their)，"Bill's clothes"可表示为 poss(clothes, Bill)。

possessive：possessive modifier 所有格关系。如"Bill's clothes"可表示为 possessive(Bill, 's)。

preconj：preconjunct 前合关系。通常出现在名词前，作为连词组合体的一个前奏成分出现，具有强调功能，包括"either""both""neither"等。如"Both the boys and the girls are here"可表示为 preconj(boys, both)。

predet：predeterminer 前限定关系。在对限定词修饰时形成的关系。如"All the boys are here"可表示为 predet(boys, all)。

prep：prepositional modifier 介词性修饰关系。动词、形容词或名词的介词性修饰关系是指它们与修饰它们的介词词组间形成的关系，如"I saw a cat in a hat"可表示为 prep(cat, in)，"I saw a cat with a telescope"可表示为 prep(saw, with)，"He is responsible for meals"可表示为 prep(responsible, for)。

prepc：prepositional clausal modifier 介词从句性修饰关系。动词、形容词或名词的介词从句性修饰关系是指它们与修饰它们的介词从句间形成的关系，如"He purchased it without paying a premium"可表示为 prepc without(purchased, paying)。

prt：phrasal verb particle 词组性动助词关系。动词词组中动词与它的附属成分间形成的关系，如"They shut down the station"可表示为 prt(shut, down)。

punct：punctuation 标点关系。如"Go home!"可表示为 punct(Go, !)。

purpcl：purpose clause modifier 目的性从句修饰关系。动词的目的性从句修饰关系是指动词与表示目的的带有"in order to"或"to"的词之间形成的关系。如"He talked to him in order to secure the account"可表示为 purpcl(talked, secure)。

quantmod：quantifier phrase modifier 量词组修饰关系。通常修饰数词时形成的关系。如"About 200 people came to the party"可表示为

quantmod(200, About)。

rcmod：relative clause modifier 相关从句修饰关系。名词的相关从句修饰关系是修饰性从句与被修饰的名词词组之间的关系，"I saw the man you love"可表示为 rcmod(man, love)，"I saw the book which you bought"可表示为 rcmod(book, bought)。

ref：referent 所指关系。指示词与被指词间形成的关系，如"I saw the book which you bought"可表示为 ref(book, which)。

rel：relative 相关性关系。关系从句中的相关性关系通常由 WH-phrase 引领，而且关系词不充当从句主语，如"I saw the man whose wife you love"可表示为 rel(love, wife)。

root：root 根源关系。指句子的主根关系，通常用"ROOT"来做统领成分。如"I love French fries"可表示为 root(ROOT, love)，"Bill is an honest man"可表示为 root(ROOT, man)。

tmod：temporal modifier 时间修饰关系。如"Last night, I swam in the pool"可表示为 tmod(swam, night)。

xcomp：open clausal complement 开放性从句补充关系。动词或者形容词的开放性从句补充关系是附属句自身没有主语但却被外在主语所限制的一种关系。如"He says that you like to swim"可表示为 xcomp(like, swim)，"I am ready to leave"可表示为 xcomp(ready, leave)。

xsubj：controlling subject 控制性主语关系。是指出现在开放性从句补充关系（xcomp）中统领成分与外在主语间的关系。如"Tom likes to eat fish"可表示为 xsubj(eat, Tom)。

附录三："She told me a little white lie will come back to haunt me" 算法程序

行进错位的 CYK 算法程序（非良构模式）

n: = 13

   for j: = 1 to string length(13)

   lexical_chart_fill(j-1,j)

    for i:j-2 down to 0

       syntactic_chart_fill(i,j)

Fill the field(j-1,j) in the chart with the word j which belongs to the preterminal category.

  chart(j-1,j): = {X|X→ word$_j$ ∈ P}

    j-1=0,j=1,chart(0,1): = {She}

    j-1=1,j=2,chart(1,2): = {told }

    j-1=2,j=3,chart(2,3): = {me}

    j-1=3,j=4,chart(3,4): = {a}

    j-1=4,j=5,chart(4,5): = {little}

    j-1=5,j=6,chart(5,6): = {white }

    j-1=6,j=7,chart(6,7): = {lie}

    j-1=7,j=8,chart(7,8): = {will}

    j-1=8,j=9,chart(8,9): = {come}

    j-1=9,j=10,chart(9,10): = { back}

    j-1=10,j=11,chart(10,11): = {to}

    j-1=11,j=12,chart(11,12): = {haunt}

$$j\text{-}1=12, j=13, \text{chart}(12,13) := \{me\}$$

The reduction steps abide by the syntactic rules by which the reduced symbols cover the string from i to j.

syntactic_chart_fill(i , j)

for i : = 0 to 13

$$\text{chart}(i,j) = \left\{ A \left| \begin{array}{l} A \rightarrow BC \in P \\ i<k<j \\ AB \in \text{chart}(i,k) \\ C \in \text{chart}(k,j) \end{array} \right. \right\}$$

chart(i , j) : = { }

for k : = i+1 to j-1

for every $A \rightarrow BC \in P$

if $B \in \text{chart}(i,k)$ and $C \in \text{chart}(k,j)$ then

chart(i , j) : = chart(i , j) $\cup \{A\}$

If $S \in \text{chart}(0,n)$ then accept else reject.

The processing procedures are shown below.

chart(j-1 , j) : = { X | X $\rightarrow$ word$_j$ $\in$ P }

j : = 1 to string length

i : = j-2 down to 0

k : = i+1 to j-1

j=1 , chart(0,1) : = { She }

j=1 , i=$\emptyset$, k=$\emptyset$, chart(0,1) = { P }

j=2 , chart(1,2) : = { told }

j=2 , i=0 , k=1 , chart(0,1) $\cup$ chart(1,2) : = { P } $\cup$ { V } = { }

j=3 , chart(2,3) : = { me }

j=3 , i=0 , k=1 , chart(0,1) $\cup$ chart(1,3) : = { P } $\cup$ { } = { }

j=3 , i=0 , k=2 , chart(0,2) $\cup$ chart(2,3) : = { } $\cup$ { P } = { }

j=3 , i=1 , k=2 , chart(1,2) $\cup$ chart(2,3) : = { V } $\cup$ { P } = { }

j=4 , chart(3,4) : = { a }

j=4 , i=0 , k=1 , chart(0,1) $\cup$ chart(1,4) : = { P } $\cup$ { } = { }

$j=4,i=0,k=2,\mathrm{chart}(0,2)\cup\mathrm{chart}(2,4):=\{\}\cup\{\}=\{\}$

$j=4,i=0,k=3,\mathrm{chart}(0,3)\cup\mathrm{chart}(3,4):=\{\}\cup\{D\}=\{\}$

$j=4,i=1,k=2,\mathrm{chart}(1,2)\cup\mathrm{chart}(2,4):=\{V\}\cup\{\}=\{\}$

$j=4,i=1,k=3,\mathrm{chart}(1,3)\cup\mathrm{chart}(3,4):=\{\}\cup\{D\}=\{\}$

$j=4,i=2,k=3,\mathrm{chart}(2,3)\cup\mathrm{chart}(3,4):=\{P\}\cup\{D\}=\{\}$

$j=5,\mathrm{chart}(4,5):=\{\mathrm{little}\}$

$j=5,i=0,k=1,\mathrm{chart}(0,1)\cup\mathrm{chart}(1,5):=\{P\}\cup\{\}=\{\}$

$j=5,i=0,k=2,\mathrm{chart}(0,2)\cup\mathrm{chart}(2,5):=\{\}\cup\{\}=\{\}$

$j=5,i=0,k=3,\mathrm{chart}(0,3)\cup\mathrm{chart}(3,5):=\{\}\cup\{D\}=\{\}$

$j=5,i=0,k=4,\mathrm{chart}(0,4)\cup\mathrm{chart}(4,5):=\{\}\cup\{A\}=\{\}$

$j=5,i=1,k=2,\mathrm{chart}(1,2)\cup\mathrm{chart}(2,5):=\{V\}\cup\{\}=\{\}$

$j=5,i=1,k=3,\mathrm{chart}(1,3)\cup\mathrm{chart}(3,5):=\{\}\cup\{D\}=\{\}$

$j=5,i=1,k=4,\mathrm{chart}(1,4)\cup\mathrm{chart}(4,5):=\{\}\cup\{A\}=\{\}$

$j=5,i=2,k=3,\mathrm{chart}(2,3)\cup\mathrm{chart}(3,5):=\{P\}\cup\{D\}=\{\}$

$j=5,i=2,k=4,\mathrm{chart}(2,4)\cup\mathrm{chart}(4,5):=\{\}\cup\{A\}=\{\}$

$j=5,i=3,k=4,\mathrm{chart}(3,4)\cup\mathrm{chart}(4,5):=\{D\}\cup\{A\}=\{D\}$

$j=6,\mathrm{chart}(5,6):=\{\mathrm{white}\}$

$j=6,i=0,k=1,\mathrm{chart}(0,1)\cup\mathrm{chart}(1,6):=\{P\}\cup\{\}=\{\}$

$j=6,i=0,k=2,\mathrm{chart}(0,2)\cup\mathrm{chart}(2,6):=\{\}\cup\{\}=\{\}$

$j=6,i=0,k=3,\mathrm{chart}(0,3)\cup\mathrm{chart}(3,6):=\{\}\cup\{\}=\{\}$

$j=6,i=0,k=4,\mathrm{chart}(0,4)\cup\mathrm{chart}(4,6):=\{\}\cup\{\}=\{\}$

$j=6,i=0,k=5,\mathrm{chart}(0,5)\cup\mathrm{chart}(5,6):=\{\}\cup\{A\}=\{\}$

$j=6,i=1,k=2,\mathrm{chart}(1,2)\cup\mathrm{chart}(2,6):=\{V\}\cup\{\}=\{\}$

$j=6,i=1,k=3,\mathrm{chart}(1,3)\cup\mathrm{chart}(3,6):=\{\}\cup\{\}=\{\}$

$j=6,i=1,k=4,\mathrm{chart}(1,4)\cup\mathrm{chart}(4,6):=\{\}\cup\{\}=\{\}$

$j=6,i=1,k=5,\mathrm{chart}(1,5)\cup\mathrm{chart}(5,6):=\{\}\cup\{A\}=\{\}$

$j=6,i=2,k=3,\mathrm{chart}(2,3)\cup\mathrm{chart}(3,6):=\{P\}\cup\{\}=\{\}$

$j=6,i=2,k=4,\mathrm{chart}(2,4)\cup\mathrm{chart}(4,6):=\{\}\cup\{\}=\{\}$

$j=6,i=2,k=5,\mathrm{chart}(2,5)\cup\mathrm{chart}(5,6):=\{\}\cup\{A\}=\{\}$

$j=6,i=3,k=4,\mathrm{chart}(3,4)\cup\mathrm{chart}(4,6):=\{D\}\cup\{\}=\{\}$

$j=6,i=3,k=5,\mathrm{chart}(3,5)\cup\mathrm{chart}(5,6):=\{D\}\cup\{A\}=\{\}$

$j=6,i=4,k=5,\mathrm{chart}(4,5)\cup\mathrm{chart}(5,6):=\{A\}\cup\{A\}=\{\}$

$j=7,\mathrm{chart}(6,7):=\{\mathrm{lie}\}$

$j=7,i=0,k=1,\mathrm{chart}(0,1)\cup\mathrm{chart}(1,7):=\{P\}\cup\{VP\}=\{S\}$

$j=7,i=0,k=2,\mathrm{chart}(0,2)\cup\mathrm{chart}(2,7):=\{\}\cup\{\}=\{\}$

$j=7,i=0,k=3,\mathrm{chart}(0,3)\cup\mathrm{chart}(3,7):=\{\}\cup\{NP\}=\{\}$

$j=7,i=0,k=4,\mathrm{chart}(0,4)\cup\mathrm{chart}(4,7):=\{\}\cup\{\}=\{\}$

$j=7,i=0,k=5,\mathrm{chart}(0,5)\cup\mathrm{chart}(5,7):=\{\}\cup\{NP\}=\{\}$

$j=7,i=0,k=6,\mathrm{chart}(0,6)\cup\mathrm{chart}(6,7):=\{\}\cup\{N\}=\{\}$

$j=7,i=1,k=2,\mathrm{chart}(1,2)\cup\mathrm{chart}(2,7):=\{V\}\cup\{PP\}=\{VP\}$

$j=7,i=1,k=3,\mathrm{chart}(1,3)\cup\mathrm{chart}(3,7):=\{\}\cup\{NP\}=\{\}$

$j=7,i=1,k=4,\mathrm{chart}(1,4)\cup\mathrm{chart}(4,7):=\{\}\cup\{\}=\{\}$

$j=7,i=1,k=5,\mathrm{chart}(1,5)\cup\mathrm{chart}(5,7):=\{\}\cup\{NP\}=\{\}$

$j=7,i=1,k=6,\mathrm{chart}(1,6)\cup\mathrm{chart}(6,7):=\{\}\cup\{N\}=\{\}$

$j=7,i=2,k=3,\mathrm{chart}(2,3)\cup\mathrm{chart}(3,7):=\{P\}\cup\{NP\}=\{\}$

$j=7,i=2,k=4,\mathrm{chart}(2,4)\cup\mathrm{chart}(4,7):=\{\}\cup\{\}=\{\}$

$j=7,i=2,k=5,\mathrm{chart}(2,5)\cup\mathrm{chart}(5,7):=\{\}\cup\{NP\}=\{\}$

$j=7,i=2,k=6,\mathrm{chart}(2,6)\cup\mathrm{chart}(6,7):=\{\}\cup\{N\}=\{\}$

$j=7,i=3,k=4,\mathrm{chart}(3,4)\cup\mathrm{chart}(4,7):=\{D\}\cup\{\}=\{\}$

$j=7,i=3,k=5,\mathrm{chart}(3,5)\cup\mathrm{chart}(5,7):=\{D\}\cup\{NP\}=\{NP\}$

$j=7,i=3,k=6,\mathrm{chart}(3,6)\cup\mathrm{chart}(6,7):=\{\}\cup\{N\}=\{\}$

$j=7,i=4,k=5,\mathrm{chart}(4,5)\cup\mathrm{chart}(5,7):=\{A\}\cup\{NP\}=\{\}$

$j=7,i=4,k=6,\mathrm{chart}(4,6)\cup\mathrm{chart}(6,7):=\{\}\cup\{N\}=\{\}$

$j=7,i=5,k=6,\mathrm{chart}(5,6)\cup\mathrm{chart}(6,7):=\{A\}\cup\{N\}=\{NP\}$

$j=8,\mathrm{chart}(7,8):=\{\mathrm{will}\}$

$j=8,i=0,k=1,\mathrm{chart}(0,1)\cup\mathrm{chart}(1,8):=\{P\}\cup\{\}=\{\}$

$j=8,i=0,k=2,\mathrm{chart}(0,2)\cup\mathrm{chart}(2,8):=\{\}\cup\{\}=\{\}$

$j=8,i=0,k=3,\mathrm{chart}(0,3)\cup\mathrm{chart}(3,8):=\{\}\cup\{\}=\{\}$

$j=8,i=0,k=4,\mathrm{chart}(0,4)\cup\mathrm{chart}(4,8):=\{\}\cup\{\}=\{\}$

$j=8,i=0,k=5,\mathrm{chart}(0,5)\cup\mathrm{chart}(5,8):=\{\}\cup\{\}=\{\}$

$j=8,i=0,k=6,\mathrm{chart}(0,6)\cup\mathrm{chart}(6,8):=\{\}\cup\{\}=\{\}$

$j=8,i=0,k=7,\mathrm{chart}(0,7)\cup\mathrm{chart}(7,8):=\{S\}\cup\{A\}=\{\}$

$j=8,i=1,k=2,\mathrm{chart}(1,2)\cup\mathrm{chart}(2,8):=\{V\}\cup\{\}=\{\}$

$j=8,i=1,k=3,\mathrm{chart}(1,3)\cup\mathrm{chart}(3,8):=\{\}\cup\{\}=\{\}$

$j=8, i=1, k=4, \text{chart}(1,4) \cup \text{chart}(4,8) := \{\} \cup \{\} = \{\}$

$j=8, i=1, k=5, \text{chart}(1,5) \cup \text{chart}(5,8) := \{\} \cup \{\} = \{\}$

$j=8, i=1, k=6, \text{chart}(1,6) \cup \text{chart}(6,8) := \{\} \cup \{\} = \{\}$

$j=8, i=1, k=7, \text{chart}(1,7) \cup \text{chart}(7,8) := \{VP\} \cup \{A\} = \{\}$

$j=8, i=2, k=3, \text{chart}(2,3) \cup \text{chart}(3,8) := \{P\} \cup \{\} = \{\}$

$j=8, i=2, k=4, \text{chart}(2,4) \cup \text{chart}(4,8) := \{\} \cup \{\} = \{\}$

$j=8, i=2, k=5, \text{chart}(2,5) \cup \text{chart}(5,8) := \{\} \cup \{\} = \{\}$

$j=8, i=2, k=6, \text{chart}(2,6) \cup \text{chart}(6,8) := \{\} \cup \{\} = \{\}$

$j=8, i=2, k=7, \text{chart}(2,7) \cup \text{chart}(7,8) := \{\} \cup \{A\} = \{\}$

$j=8, i=3, k=4, \text{chart}(3,4) \cup \text{chart}(4,8) := \{D\} \cup \{\} = \{\}$

$j=8, i=3, k=5, \text{chart}(3,5) \cup \text{chart}(5,8) := \{D\} \cup \{\} = \{\}$

$j=8, i=3, k=6, \text{chart}(3,6) \cup \text{chart}(6,8) := \{\} \cup \{\} = \{\}$

$j=8, i=3, k=7, \text{chart}(3,7) \cup \text{chart}(7,8) := \{NP\} \cup \{A\} = \{\}$

$j=8, i=4, k=5, \text{chart}(4,5) \cup \text{chart}(5,8) := \{A\} \cup \{\} = \{\}$

$j=8, i=4, k=6, \text{chart}(4,6) \cup \text{chart}(6,8) := \{\} \cup \{\} = \{\}$

$j=8, i=4, k=7, \text{chart}(4,7) \cup \text{chart}(7,8) := \{\} \cup \{A\} = \{\}$

$j=8, i=5, k=6, \text{chart}(5,6) \cup \text{chart}(6,8) := \{A\} \cup \{\} = \{\}$

$j=8, i=5, k=7, \text{chart}(5,7) \cup \text{chart}(7,8) := \{NP\} \cup \{A\} = \{\}$

$j=8, i=6, k=7, \text{chart}(6,7) \cup \text{chart}(7,8) := \{N\} \cup \{A\} = \{\}$

$j=9, \text{chart}(8,9) := \{come\}$

$j=9, i=0, k=1, \text{chart}(0,1) \cup \text{chart}(1,9) := \{P\} \cup \{\} = \{\}$

$j=9, i=0, k=2, \text{chart}(0,2) \cup \text{chart}(2,9) := \{\} \cup \{\} = \{\}$

$j=9, i=0, k=3, \text{chart}(0,3) \cup \text{chart}(3,9) := \{\} \cup \{\} = \{\}$

$j=9, i=0, k=4, \text{chart}(0,4) \cup \text{chart}(4,9) := \{\} \cup \{\} = \{\}$

$j=9, i=0, k=5, \text{chart}(0,5) \cup \text{chart}(5,9) := \{\} \cup \{\} = \{\}$

$j=9, i=0, k=6, \text{chart}(0,6) \cup \text{chart}(6,9) := \{\} \cup \{\} = \{\}$

$j=9, i=0, k=7, \text{chart}(0,7) \cup \text{chart}(7,9) := \{S\} \cup \{VP\} = \{\}$

$j=9, i=0, k=8, \text{chart}(0,8) \cup \text{chart}(8,9) := \{\} \cup \{V\} = \{\}$

$j=9, i=1, k=2, \text{chart}(1,2) \cup \text{chart}(2,9) := \{V\} \cup \{\} = \{\}$

$j=9, i=1, k=3, \text{chart}(1,3) \cup \text{chart}(3,9) := \{\} \cup \{\} = \{\}$

$j=9, i=1, k=4, \text{chart}(1,4) \cup \text{chart}(4,9) := \{\} \cup \{\} = \{\}$

$j=9, i=1, k=5, \text{chart}(1,5) \cup \text{chart}(5,9) := \{\} \cup \{\} = \{\}$

$j=9,i=1,k=6,\text{chart}(1,6)\cup\text{chart}(6,9):=\{\}\cup\{\}=\{\}$

$j=9,i=1,k=7,\text{chart}(1,7)\cup\text{chart}(7,9):=\{VP\}\cup\{VP\}=\{\}$

$j=9,i=1,k=8,\text{chart}(1,8)\cup\text{chart}(8,9):=\{\}\cup\{V\}=\{\}$

$j=9,i=2,k=3,\text{chart}(2,3)\cup\text{chart}(3,9):=\{P\}\cup\{\}=\{\}$

$j=9,i=2,k=4,\text{chart}(2,4)\cup\text{chart}(4,9):=\{\}\cup\{\}=\{\}$

$j=9,i=2,k=5,\text{chart}(2,5)\cup\text{chart}(5,9):=\{\}\cup\{\}=\{\}$

$j=9,i=2,k=6,\text{chart}(2,6)\cup\text{chart}(6,9):=\{\}\cup\{\}=\{\}$

$j=9,i=2,k=7,\text{chart}(2,7)\cup\text{chart}(7,9):=\{\}\cup\{VP\}=\{\}$

$j=9,i=2,k=8,\text{chart}(2,8)\cup\text{chart}(8,9):=\{\}\cup\{V\}=\{\}$

$j=9,i=3,k=4,\text{chart}(3,4)\cup\text{chart}(4,9):=\{D\}\cup\{\}=\{\}$

$j=9,i=3,k=5,\text{chart}(3,5)\cup\text{chart}(5,9):=\{D\}\cup\{\}=\{\}$

$j=9,i=3,k=6,\text{chart}(3,6)\cup\text{chart}(6,9):=\{\}\cup\{\}=\{\}$

$j=9,i=3,k=7,\text{chart}(3,7)\cup\text{chart}(7,9):=\{NP\}\cup\{VP\}=\{\}$

$j=9,i=3,k=8,\text{chart}(3,8)\cup\text{chart}(8,9):=\{\}\cup\{V\}=\{\}$

$j=9,i=4,k=5,\text{chart}(4,5)\cup\text{chart}(5,9):=\{A\}\cup\{\}=\{\}$

$j=9,i=4,k=6,\text{chart}(4,6)\cup\text{chart}(6,9):=\{\}\cup\{\}=\{\}$

$j=9,i=4,k=7,\text{chart}(4,7)\cup\text{chart}(7,9):=\{\}\cup\{VP\}=\{\}$

$j=9,i=4,k=8,\text{chart}(4,8)\cup\text{chart}(8,9):=\{\}\cup\{V\}=\{\}$

$j=9,i=5,k=6,\text{chart}(5,6)\cup\text{chart}(6,9):=\{A\}\cup\{\}=\{\}$

$j=9,i=5,k=7,\text{chart}(5,7)\cup\text{chart}(7,9):=\{NP\}\cup\{VP\}=\{\}$

$j=9,i=5,k=8,\text{chart}(5,8)\cup\text{chart}(8,9):=\{\}\cup\{V\}=\{\}$

$j=9,i=6,k=7,\text{chart}(6,7)\cup\text{chart}(7,9):=\{N\}\cup\{VP\}=\{\}$

$j=9,i=6,k=8,\text{chart}(6,8)\cup\text{chart}(8,9):=\{\}\cup\{V\}=\{\}$

$j=9,i=7,k=8,\text{chart}(7,8)\cup\text{chart}(8,9):=\{A\}\cup\{V\}=\{VP\}$

$j=10,\text{chart}(9,10):=\{back\}$

$j=10,i=0,k=1,\text{chart}(0,1)\cup\text{chart}(1,10):=\{P\}\cup\{\}=\{\}$

$j=10,i=0,k=2,\text{chart}(0,2)\cup\text{chart}(2,10):=\{\}\cup\{\}=\{\}$

$j=10,i=0,k=3,\text{chart}(0,3)\cup\text{chart}(3,10):=\{\}\cup\{\}=\{\}$

$j=10,i=0,k=4,\text{chart}(0,4)\cup\text{chart}(4,10):=\{\}\cup\{\}=\{\}$

$j=10,i=0,k=5,\text{chart}(0,5)\cup\text{chart}(5,10):=\{\}\cup\{\}=\{\}$

$j=10,i=0,k=6,\text{chart}(0,6)\cup\text{chart}(6,10):=\{\}\cup\{\}=\{\}$

$j=10,i=0,k=7,\text{chart}(0,7)\cup\text{chart}(7,10):=\{S\}\cup\{VP\}=\{\}$

$j=10,i=0,k=8,\text{chart}(0,8)\cup\text{chart}(8,10):=\{\}\cup\{\}=\{\}$

$j=10,i=0,k=9,\text{chart}(0,9)\cup\text{chart}(9,10):=\{\}\cup\{A\}=\{\}$

$j=10,i=1,k=2,\text{chart}(1,2)\cup\text{chart}(2,10):=\{V\}\cup\{\}=\{\}$

$j=10,i=1,k=3,\text{chart}(1,3)\cup\text{chart}(3,10):=\{\}\cup\{\}=\{\}$

$j=10,i=1,k=4,\text{chart}(1,4)\cup\text{chart}(4,10):=\{\}\cup\{\}=\{\}$

$j=10,i=1,k=5,\text{chart}(1,5)\cup\text{chart}(5,10):=\{\}\cup\{\}=\{\}$

$j=10,i=1,k=6,\text{chart}(1,6)\cup\text{chart}(6,10):=\{\}\cup\{\}=\{\}$

$j=10,i=1,k=7,\text{chart}(1,7)\cup\text{chart}(7,10):=\{VP\}\cup\{VP\}=\{\}$

$j=10,i=1,k=8,\text{chart}(1,8)\cup\text{chart}(8,10):=\{\}\cup\{\}=\{\}$

$j=10,i=1,k=9,\text{chart}(1,9)\cup\text{chart}(9,10):=\{\}\cup\{A\}=\{\}$

$j=10,i=2,k=3,\text{chart}(2,3)\cup\text{chart}(3,10):=\{P\}\cup\{\}=\{\}$

$j=10,i=2,k=4,\text{chart}(2,4)\cup\text{chart}(4,10):=\{\}\cup\{\}=\{\}$

$j=10,i=2,k=5,\text{chart}(2,5)\cup\text{chart}(5,10):=\{\}\cup\{\}=\{\}$

$j=10,i=2,k=6,\text{chart}(2,6)\cup\text{chart}(6,10):=\{\}\cup\{\}=\{\}$

$j=10,i=2,k=7,\text{chart}(2,7)\cup\text{chart}(7,10):=\{\}\cup\{VP\}=\{\}$

$j=10,i=2,k=8,\text{chart}(2,8)\cup\text{chart}(8,10):=\{\}\cup\{\}=\{\}$

$j=10,i=2,k=9,\text{chart}(2,9)\cup\text{chart}(9,10):=\{\}\cup\{A\}=\{\}$

$j=10,i=3,k=4,\text{chart}(3,4)\cup\text{chart}(4,10):=\{D\}\cup\{\}=\{\}$

$j=10,i=3,k=5,\text{chart}(3,5)\cup\text{chart}(5,10):=\{D\}\cup\{\}=\{\}$

$j=10,i=3,k=6,\text{chart}(3,6)\cup\text{chart}(6,10):=\{\}\cup\{\}=\{\}$

$j=10,i=3,k=7,\text{chart}(3,7)\cup\text{chart}(7,10):=\{NP\}\cup\{VP\}=\{\}$

$j=10,i=3,k=8,\text{chart}(3,8)\cup\text{chart}(8,10):=\{\}\cup\{\}=\{\}$

$j=10,i=3,k=9,\text{chart}(3,9)\cup\text{chart}(9,10):=\{\}\cup\{A\}=\{\}$

$j=10,i=4,k=5,\text{chart}(4,5)\cup\text{chart}(5,10):=\{A\}\cup\{\}=\{\}$

$j=10,i=4,k=6,\text{chart}(4,6)\cup\text{chart}(6,10):=\{\}\cup\{\}=\{\}$

$j=10,i=4,k=7,\text{chart}(4,7)\cup\text{chart}(7,10):=\{\}\cup\{VP\}=\{\}$

$j=10,i=4,k=8,\text{chart}(4,8)\cup\text{chart}(8,10):=\{\}\cup\{\}=\{\}$

$j=10,i=4,k=9,\text{chart}(4,9)\cup\text{chart}(9,10):=\{\}\cup\{A\}=\{\}$

$j=10,i=5,k=6,\text{chart}(5,6)\cup\text{chart}(6,10):=\{A\}\cup\{\}=\{\}$

$j=10,i=5,k=7,\text{chart}(5,7)\cup\text{chart}(7,10):=\{NP\}\cup\{VP\}=\{\}$

$j=10,i=5,k=8,\text{chart}(5,8)\cup\text{chart}(8,10):=\{\}\cup\{\}=\{\}$

$j=10,i=5,k=9,\text{chart}(5,9)\cup\text{chart}(9,10):=\{\}\cup\{A\}=\{\}$

$j=10, i=6, k=7, chart(6,7) \cup chart(7,10) := \{N\} \cup \{VP\} = \{\}$

$j=10, i=6, k=8, chart(6,8) \cup chart(8,10) := \{\} \cup \{\} = \{\}$

$j=10, i=6, k=9, chart(6,9) \cup chart(9,10) := \{\} \cup \{A\} = \{\}$

$j=10, i=7, k=8, chart(7,8) \cup chart(8,10) := \{A\} \cup \{\} = \{\}$

$j=10, i=7, k=9, chart(7,9) \cup chart(9,10) := \{VP\} \cup \{A\} = \{VP\}$

$j=10, i=8, k=9, chart(8,9) \cup chart(9,10) := \{V\} \cup \{A\} = \{\}$

$j=11, chart(10,11) := \{\ to\ \}$

$j=11, i=0, k=1, chart(0,1) \cup chart(1,11) := \{P\} \cup \{\} = \{\}$

$j=11, i=0, k=2, chart(0,2) \cup chart(2,11) := \{\} \cup \{\} = \{\}$

$j=11, i=0, k=3, chart(0,3) \cup chart(3,11) := \{\} \cup \{\} = \{\}$

$j=11, i=0, k=4, chart(0,4) \cup chart(4,11) := \{\} \cup \{\} = \{\}$

$j=11, i=0, k=5, chart(0,5) \cup chart(5,11) := \{\} \cup \{\} = \{\}$

$j=11, i=0, k=6, chart(0,6) \cup chart(6,11) := \{\} \cup \{\} = \{\}$

$j=11, i=0, k=7, chart(0,7) \cup chart(7,11) := \{S\} \cup \{\} = \{\}$

$j=11, i=0, k=8, chart(0,8) \cup chart(8,11) := \{\} \cup \{\} = \{\}$

$j=11, i=0, k=9, chart(0,9) \cup chart(9,11) := \{\} \cup \{\} = \{\}$

$j=11, i=0, k=10, chart(0,10) \cup chart(10,11) := \{\} \cup \{A\} = \{\}$

$j=11, i=1, k=2, chart(1,2) \cup chart(2,11) := \{V\} \cup \{\} = \{\}$

$j=11, i=1, k=3, chart(1,3) \cup chart(3,11) := \{\} \cup \{\} = \{\}$

$j=11, i=1, k=4, chart(1,4) \cup chart(4,11) := \{\} \cup \{\} = \{\}$

$j=11, i=1, k=5, chart(1,5) \cup chart(5,11) := \{\} \cup \{\} = \{\}$

$j=11, i=1, k=6, chart(1,6) \cup chart(6,11) := \{\} \cup \{\} = \{\}$

$j=11, i=1, k=7, chart(1,7) \cup chart(7,11) := \{VP\} \cup \{\} = \{\}$

$j=11, i=1, k=8, chart(1,8) \cup chart(8,11) := \{\} \cup \{\} = \{\}$

$j=11, i=1, k=9, chart(1,9) \cup chart(9,11) := \{\} \cup \{\} = \{\}$

$j=11, i=1, k=10, chart(1,10) \cup chart(10,11) := \{\} \cup \{A\} = \{\}$

$j=11, i=2, k=3, chart(2,3) \cup chart(3,11) := \{P\} \cup \{\} = \{\}$

$j=11, i=2, k=4, chart(2,4) \cup chart(4,11) := \{\} \cup \{\} = \{\}$

$j=11, i=2, k=5, chart(2,5) \cup chart(5,11) := \{\} \cup \{\} = \{\}$

$j=11, i=2, k=6, chart(2,6) \cup chart(6,11) := \{\} \cup \{\} = \{\}$

$j=11, i=2, k=7, chart(2,7) \cup chart(7,11) := \{\} \cup \{\} = \{\}$

$j=11, i=2, k=8, chart(2,8) \cup chart(8,11) := \{\} \cup \{\} = \{\}$

$j=11, i=2, k=9, \text{chart}(2,9) \cup \text{chart}(9,11) := \{\} \cup \{\} = \{\}$

$j=11, i=2, k=10, \text{chart}(2,10) \cup \text{chart}(10,11) := \{\} \cup \{A\} = \{\}$

$j=11, i=3, k=4, \text{chart}(3,4) \cup \text{chart}(4,11) := \{D\} \cup \{\} = \{\}$

$j=11, i=3, k=5, \text{chart}(3,5) \cup \text{chart}(5,11) := \{D\} \cup \{\} = \{\}$

$j=11, i=3, k=6, \text{chart}(3,6) \cup \text{chart}(6,11) := \{\} \cup \{\} = \{\}$

$j=11, i=3, k=7, \text{chart}(3,7) \cup \text{chart}(7,11) := \{NP\} \cup \{\} = \{\}$

$j=11, i=3, k=8, \text{chart}(3,8) \cup \text{chart}(8,11) := \{\} \cup \{\} = \{\}$

$j=11, i=3, k=9, \text{chart}(3,9) \cup \text{chart}(9,11) := \{\} \cup \{\} = \{\}$

$j=11, i=3, k=10, \text{chart}(3,10) \cup \text{chart}(10,11) := \{\} \cup \{A\} = \{\}$

$j=11, i=4, k=5, \text{chart}(4,5) \cup \text{chart}(5,11) := \{A\} \cup \{\} = \{\}$

$j=11, i=4, k=6, \text{chart}(4,6) \cup \text{chart}(6,11) := \{\} \cup \{\} = \{\}$

$j=11, i=4, k=7, \text{chart}(4,7) \cup \text{chart}(7,11) := \{\} \cup \{\} = \{\}$

$j=11, i=4, k=8, \text{chart}(4,8) \cup \text{chart}(8,11) := \{\} \cup \{\} = \{\}$

$j=11, i=4, k=9, \text{chart}(4,9) \cup \text{chart}(9,11) := \{\} \cup \{\} = \{\}$

$j=11, i=4, k=10, \text{chart}(4,10) \cup \text{chart}(10,11) := \{\} \cup \{A\} = \{\}$

$j=11, i=5, k=6, \text{chart}(5,6) \cup \text{chart}(6,11) := \{A\} \cup \{\} = \{\}$

$j=11, i=5, k=7, \text{chart}(5,7) \cup \text{chart}(7,11) := \{NP\} \cup \{\} = \{\}$

$j=11, i=5, k=8, \text{chart}(5,8) \cup \text{chart}(8,11) := \{\} \cup \{\} = \{\}$

$j=11, i=5, k=9, \text{chart}(5,9) \cup \text{chart}(9,11) := \{\} \cup \{\} = \{\}$

$j=11, i=5, k=10, \text{chart}(5,10) \cup \text{chart}(10,11) := \{\} \cup \{A\} = \{\}$

$j=11, i=6, k=7, \text{chart}(6,7) \cup \text{chart}(7,11) := \{N\} \cup \{\} = \{\}$

$j=11, i=6, k=8, \text{chart}(6,8) \cup \text{chart}(8,11) := \{\} \cup \{\} = \{\}$

$j=11, i=6, k=9, \text{chart}(6,9) \cup \text{chart}(9,11) := \{\} \cup \{\} = \{\}$

$j=11, i=6, k=10, \text{chart}(6,10) \cup \text{chart}(10,11) := \{\} \cup \{A\} = \{\}$

$j=11, i=7, k=8, \text{chart}(7,8) \cup \text{chart}(8,11) := \{A\} \cup \{\} = \{\}$

$j=11, i=7, k=9, \text{chart}(7,9) \cup \text{chart}(9,11) := \{VP\} \cup \{\} = \{\}$

$j=11, i=7, k=10, \text{chart}(7,10) \cup \text{chart}(10,11) := \{VP\} \cup \{A\} = \{\}$

$j=11, i=8, k=9, \text{chart}(8,9) \cup \text{chart}(9,11) := \{V\} \cup \{\} = \{\}$

$j=11, i=8, k=10, \text{chart}(8,10) \cup \text{chart}(10,11) := \{\} \cup \{A\} = \{\}$

$j=11, i=9, k=10, \text{chart}(9,10) \cup \text{chart}(10,11) := \{A\} \cup \{A\} = \{\}$

$j=12, \text{chart}(11,12) := \{\text{haunt}\}$

$j=12, i=0, k=1, \text{chart}(0,1) \cup \text{chart}(1,12) := \{P\} \cup \{\} = \{\}$

$j=12, i=0, k=2, \text{chart}(0,2) \cup \text{chart}(2,12) := \{\} \cup \{\} = \{\}$

$j=12, i=0, k=3, \text{chart}(0,3) \cup \text{chart}(3,12) := \{\} \cup \{\} = \{\}$

$j=12, i=0, k=4, \text{chart}(0,4) \cup \text{chart}(4,12) := \{\} \cup \{\} = \{\}$

$j=12, i=0, k=5, \text{chart}(0,5) \cup \text{chart}(5,12) := \{\} \cup \{\} = \{\}$

$j=12, i=0, k=6, \text{chart}(0,6) \cup \text{chart}(6,12) := \{\} \cup \{\} = \{\}$

$j=12, i=0, k=7, \text{chart}(0,7) \cup \text{chart}(7,12) := \{S\} \cup \{\} = \{\}$

$j=12, i=0, k=8, \text{chart}(0,8) \cup \text{chart}(8,12) := \{\} \cup \{\} = \{\}$

$j=12, i=0, k=9, \text{chart}(0,9) \cup \text{chart}(9,12) := \{\} \cup \{\} = \{\}$

$j=12, i=0, k=10, \text{chart}(0,10) \cup \text{chart}(10,12) := \{\} \cup \{\} = \{\}$

$j=12, i=0, k=11, \text{chart}(0,11) \cup \text{chart}(11,12) := \{\} \cup \{V\} = \{\}$

$j=12, i=1, k=2, \text{chart}(1,2) \cup \text{chart}(2,12) := \{V\} \cup \{\} = \{\}$

$j=12, i=1, k=3, \text{chart}(1,3) \cup \text{chart}(3,12) := \{\} \cup \{\} = \{\}$

$j=12, i=1, k=4, \text{chart}(1,4) \cup \text{chart}(4,12) := \{\} \cup \{\} = \{\}$

$j=12, i=1, k=5, \text{chart}(1,5) \cup \text{chart}(5,12) := \{\} \cup \{\} = \{\}$

$j=12, i=1, k=6, \text{chart}(1,6) \cup \text{chart}(6,12) := \{\} \cup \{\} = \{\}$

$j=12, i=1, k=7, \text{chart}(1,7) \cup \text{chart}(7,12) := \{VP\} \cup \{\} = \{\}$

$j=12, i=1, k=8, \text{chart}(1,8) \cup \text{chart}(8,12) := \{\} \cup \{\} = \{\}$

$j=12, i=1, k=9, \text{chart}(1,9) \cup \text{chart}(9,12) := \{\} \cup \{\} = \{\}$

$j=12, i=1, k=10, \text{chart}(1,10) \cup \text{chart}(10,12) := \{\} \cup \{\} = \{\}$

$j=12, i=1, k=11, \text{chart}(1,11) \cup \text{chart}(11,12) := \{\} \cup \{V\} = \{\}$

$j=12, i=2, k=3, \text{chart}(2,3) \cup \text{chart}(3,12) := \{P\} \cup \{\} = \{\}$

$j=12, i=2, k=4, \text{chart}(2,4) \cup \text{chart}(4,12) := \{\} \cup \{\} = \{\}$

$j=12, i=2, k=5, \text{chart}(2,5) \cup \text{chart}(5,12) := \{\} \cup \{\} = \{\}$

$j=12, i=2, k=6, \text{chart}(2,6) \cup \text{chart}(6,12) := \{\} \cup \{\} = \{\}$

$j=12, i=2, k=7, \text{chart}(2,7) \cup \text{chart}(7,12) := \{\} \cup \{\} = \{\}$

$j=12, i=2, k=8, \text{chart}(2,8) \cup \text{chart}(8,12) := \{\} \cup \{\} = \{\}$

$j=12, i=2, k=9, \text{chart}(2,9) \cup \text{chart}(9,12) := \{\} \cup \{\} = \{\}$

$j=12, i=2, k=10, \text{chart}(2,10) \cup \text{chart}(10,12) := \{\} \cup \{\} = \{\}$

$j=12, i=2, k=11, \text{chart}(2,11) \cup \text{chart}(11,12) := \{\} \cup \{V\} = \{\}$

$j=12, i=3, k=4, \text{chart}(3,4) \cup \text{chart}(4,12) := \{D\} \cup \{\} = \{\}$

$j=12, i=3, k=5, \text{chart}(3,5) \cup \text{chart}(5,12) := \{D\} \cup \{\} = \{\}$

$j=12, i=3, k=6, \text{chart}(3,6) \cup \text{chart}(6,12) := \{\} \cup \{\} = \{\}$

$j=12,i=3,k=7,\text{chart}(3,7)\cup\text{chart}(7,12):=\{NP\}\cup\{\}=\{\}$

$j=12,i=3,k=8,\text{chart}(3,8)\cup\text{chart}(8,12):=\{\}\cup\{\}=\{\}$

$j=12,i=3,k=9,\text{chart}(3,9)\cup\text{chart}(9,12):=\{\}\cup\{\}=\{\}$

$j=12,i=3,k=10,\text{chart}(3,10)\cup\text{chart}(10,12):=\{\}\cup\{\}=\{\}$

$j=12,i=3,k=11,\text{chart}(3,11)\cup\text{chart}(11,12):=\{\}\cup\{V\}=\{\}$

$j=12,i=4,k=5,\text{chart}(4,5)\cup\text{chart}(5,12):=\{A\}\cup\{\}=\{\}$

$j=12,i=4,k=6,\text{chart}(4,6)\cup\text{chart}(6,12):=\{\}\cup\{\}=\{\}$

$j=12,i=4,k=7,\text{chart}(4,7)\cup\text{chart}(7,12):=\{\}\cup\{\}=\{\}$

$j=12,i=4,k=8,\text{chart}(4,8)\cup\text{chart}(8,12):=\{\}\cup\{\}=\{\}$

$j=12,i=4,k=9,\text{chart}(4,9)\cup\text{chart}(9,12):=\{\}\cup\{\}=\{\}$

$j=12,i=4,k=10,\text{chart}(4,10)\cup\text{chart}(10,12):=\{\}\cup\{\}=\{\}$

$j=12,i=4,k=11,\text{chart}(4,11)\cup\text{chart}(11,12):=\{\}\cup\{V\}=\{\}$

$j=12,i=5,k=6,\text{chart}(5,6)\cup\text{chart}(6,12):=\{A\}\cup\{\}=\{\}$

$j=12,i=5,k=7,\text{chart}(5,7)\cup\text{chart}(7,12):=\{NP\}\cup\{\}=\{\}$

$j=12,i=5,k=8,\text{chart}(5,8)\cup\text{chart}(8,12):=\{\}\cup\{\}=\{\}$

$j=12,i=5,k=9,\text{chart}(5,9)\cup\text{chart}(9,12):=\{\}\cup\{\}=\{\}$

$j=12,i=5,k=10,\text{chart}(5,10)\cup\text{chart}(10,12):=\{\}\cup\{\}=\{\}$

$j=12,i=5,k=11,\text{chart}(5,11)\cup\text{chart}(11,12):=\{\}\cup\{V\}=\{\}$

$j=12,i=6,k=7,\text{chart}(6,7)\cup\text{chart}(7,12):=\{N\}\cup\{\}=\{\}$

$j=12,i=6,k=8,\text{chart}(6,8)\cup\text{chart}(8,12):=\{\}\cup\{\}=\{\}$

$j=12,i=6,k=9,\text{chart}(6,9)\cup\text{chart}(9,12):=\{\}\cup\{\}=\{\}$

$j=12,i=6,k=10,\text{chart}(6,10)\cup\text{chart}(10,12):=\{\}\cup\{\}=\{\}$

$j=12,i=6,k=11,\text{chart}(6,11)\cup\text{chart}(11,12):=\{\}\cup\{V\}=\{\}$

$j=12,i=7,k=8,\text{chart}(7,8)\cup\text{chart}(8,12):=\{A\}\cup\{\}=\{\}$

$j=12,i=7,k=9,\text{chart}(7,9)\cup\text{chart}(9,12):=\{VP\}\cup\{\}=\{\}$

$j=12,i=7,k=10,\text{chart}(7,10)\cup\text{chart}(10,12):=\{VP\}\cup\{\}=\{\}$

$j=12,i=7,k=11,\text{chart}(7,11)\cup\text{chart}(11,12):=\{\}\cup\{V\}=\{\}$

$j=12,i=8,k=9,\text{chart}(8,9)\cup\text{chart}(9,12):=\{V\}\cup\{\}=\{\}$

$j=12,i=8,k=10,\text{chart}(8,10)\cup\text{chart}(10,12):=\{\}\cup\{\}=\{\}$

$j=12,i=8,k=11,\text{chart}(8,11)\cup\text{chart}(11,12):=\{\}\cup\{V\}=\{\}$

$j=12,i=9,k=10,\text{chart}(9,10)\cup\text{chart}(10,12):=\{A\}\cup\{\}=\{\}$

$j=12,i=9,k=11,\text{chart}(9,11)\cup\text{chart}(11,12):=\{\}\cup\{V\}=\{\}$

$j=12,i=10,k=11,\text{chart}(10,11)\cup\text{chart}(11,12):=\{\}\cup\{V\}=\{\}$

$j=13,\text{chart}(12,13):=\{me\}$

$j=13,i=0,k=1,\text{chart}(0,1)\cup\text{chart}(1,13):=\{P\}\cup\{\}=\{\}$

$j=13,i=0,k=2,\text{chart}(0,2)\cup\text{chart}(2,13):=\{\}\cup\{\}=\{\}$

$j=13,i=0,k=3,\text{chart}(0,3)\cup\text{chart}(3,13):=\{\}\cup\{\}=\{\}$

$j=13,i=0,k=4,\text{chart}(0,4)\cup\text{chart}(4,13):=\{\}\cup\{\}=\{\}$

$j=13,i=0,k=5,\text{chart}(0,5)\cup\text{chart}(5,13):=\{\}\cup\{\}=\{\}$

$j=13,i=0,k=6,\text{chart}(0,6)\cup\text{chart}(6,13):=\{\}\cup\{\}=\{\}$

$j=13,i=0,k=7,\text{chart}(0,7)\cup\text{chart}(7,13):=\{S\}\cup\{VP\}=\{\}$

$j=13,i=0,k=8,\text{chart}(0,8)\cup\text{chart}(8,13):=\{\}\cup\{\}=\{\}$

$j=13,i=0,k=9,\text{chart}(0,9)\cup\text{chart}(9,13):=\{\}\cup\{\}=\{\}$

$j=13,i=0,k=10,\text{chart}(0,10)\cup\text{chart}(10,13):=\{\}\cup\{SC\}=\{\}$

$j=13,i=0,k=11,\text{chart}(0,11)\cup\text{chart}(11,13):=\{\}\cup\{VP\}=\{\}$

$j=13,i=0,k=12,\text{chart}(0,12)\cup\text{chart}(12,13):=\{\}\cup\{P\}=\{\}$

$j=13,i=1,k=2,\text{chart}(1,2)\cup\text{chart}(2,13):=\{V\}\cup\{\}=\{\}$

$j=13,i=1,k=3,\text{chart}(1,3)\cup\text{chart}(3,13):=\{\}\cup\{\}=\{\}$

$j=13,i=1,k=4,\text{chart}(1,4)\cup\text{chart}(4,13):=\{\}\cup\{\}=\{\}$

$j=13,i=1,k=5,\text{chart}(1,5)\cup\text{chart}(5,13):=\{\}\cup\{\}=\{\}$

$j=13,i=1,k=6,\text{chart}(1,6)\cup\text{chart}(6,13):=\{\}\cup\{\}=\{\}$

$j=13,i=1,k=7,\text{chart}(1,7)\cup\text{chart}(7,13):=\{VP\}\cup\{VP\}=\{\}$

$j=13,i=1,k=8,\text{chart}(1,8)\cup\text{chart}(8,13):=\{\}\cup\{\}=\{\}$

$j=13,i=1,k=9,\text{chart}(1,9)\cup\text{chart}(9,13):=\{\}\cup\{\}=\{\}$

$j=13,i=1,k=10,\text{chart}(1,10)\cup\text{chart}(10,13):=\{\}\cup\{SC\}=\{\}$

$j=13,i=1,k=11,\text{chart}(1,11)\cup\text{chart}(11,13):=\{\}\cup\{VP\}=\{\}$

$j=13,i=1,k=12,\text{chart}(1,12)\cup\text{chart}(12,13):=\{\}\cup\{P\}=\{\}$

$j=13,i=2,k=3,\text{chart}(2,3)\cup\text{chart}(3,13):=\{P\}\cup\{\}=\{\}$

$j=13,i=2,k=4,\text{chart}(2,4)\cup\text{chart}(4,13):=\{\}\cup\{\}=\{\}$

$j=13,i=2,k=5,\text{chart}(2,5)\cup\text{chart}(5,13):=\{\}\cup\{\}=\{\}$

$j=13,i=2,k=6,\text{chart}(2,6)\cup\text{chart}(6,13):=\{\}\cup\{\}=\{\}$

$j=13,i=2,k=7,\text{chart}(2,7)\cup\text{chart}(7,13):=\{\}\cup\{VP\}=\{\}$

$j=13,i=2,k=8,\text{chart}(2,8)\cup\text{chart}(8,13):=\{\}\cup\{\}=\{\}$

$j=13,i=2,k=9,\text{chart}(2,9)\cup\text{chart}(9,13):=\{\}\cup\{\}=\{\}$

$j=13,i=2,k=10,\text{chart}(2,10)\cup\text{chart}(10,13):=\{\}\cup\{SC\}=\{\}$

$j=13,i=2,k=11,\text{chart}(2,11)\cup\text{chart}(11,13):=\{\}\cup\{VP\}=\{\}$

$j=13,i=2,k=12,\text{chart}(2,12)\cup\text{chart}(12,13):=\{\}\cup\{P\}=\{\}$

$j=13,i=3,k=4,\text{chart}(3,4)\cup\text{chart}(4,13):=\{D\}\cup\{\}=\{\}$

$j=13,i=3,k=5,\text{chart}(3,5)\cup\text{chart}(5,13):=\{D\}\cup\{\}=\{\}$

$j=13,i=3,k=6,\text{chart}(3,6)\cup\text{chart}(6,13):=\{\}\cup\{\}=\{\}$

$j=13,i=3,k=7,\text{chart}(3,7)\cup\text{chart}(7,13):=\{NP\}\cup\{VP\}=\{\}$

$j=13,i=3,k=8,\text{chart}(3,8)\cup\text{chart}(8,13):=\{\}\cup\{\}=\{\}$

$j=13,i=3,k=9,\text{chart}(3,9)\cup\text{chart}(9,13):=\{\}\cup\{\}=\{\}$

$j=13,i=3,k=10,\text{chart}(3,10)\cup\text{chart}(10,13):=\{\}\cup\{SC\}=\{\}$

$j=13,i=3,k=11,\text{chart}(3,11)\cup\text{chart}(11,13):=\{\}\cup\{VP\}=\{\}$

$j=13,i=3,k=12,\text{chart}(3,12)\cup\text{chart}(12,13):=\{\}\cup\{P\}=\{\}$

$j=13,i=4,k=5,\text{chart}(4,5)\cup\text{chart}(5,13):=\{A\}\cup\{\}=\{\}$

$j=13,i=4,k=6,\text{chart}(4,6)\cup\text{chart}(6,13):=\{\}\cup\{\}=\{\}$

$j=13,i=4,k=7,\text{chart}(4,7)\cup\text{chart}(7,13):=\{\}\cup\{VP\}=\{\}$

$j=13,i=4,k=8,\text{chart}(4,8)\cup\text{chart}(8,13):=\{\}\cup\{\}=\{\}$

$j=13,i=4,k=9,\text{chart}(4,9)\cup\text{chart}(9,13):=\{\}\cup\{\}=\{\}$

$j=13,i=4,k=10,\text{chart}(4,10)\cup\text{chart}(10,13):=\{\}\cup\{SC\}=\{\}$

$j=13,i=4,k=11,\text{chart}(4,11)\cup\text{chart}(11,13):=\{\}\cup\{VP\}=\{\}$

$j=13,i=4,k=12,\text{chart}(4,12)\cup\text{chart}(12,13):=\{\}\cup\{P\}=\{\}$

$j=13,i=5,k=6,\text{chart}(5,6)\cup\text{chart}(6,13):=\{A\}\cup\{\}=\{\}$

$j=13,i=5,k=7,\text{chart}(5,7)\cup\text{chart}(7,13):=\{NP\}\cup\{VP\}=\{\}$

$j=13,i=5,k=8,\text{chart}(5,8)\cup\text{chart}(8,13):=\{\}\cup\{\}=\{\}$

$j=13,i=5,k=9,\text{chart}(5,9)\cup\text{chart}(9,13):=\{\}\cup\{\}=\{\}$

$j=13,i=5,k=10,\text{chart}(5,10)\cup\text{chart}(10,13):=\{\}\cup\{SC\}=\{\}$

$j=13,i=5,k=11,\text{chart}(5,11)\cup\text{chart}(11,13):=\{\}\cup\{VP\}=\{\}$

$j=13,i=5,k=12,\text{chart}(5,12)\cup\text{chart}(12,13):=\{\}\cup\{P\}=\{\}$

$j=13,i=6,k=7,\text{chart}(6,7)\cup\text{chart}(7,13):=\{N\}\cup\{VP\}=\{\}$

$j=13,i=6,k=8,\text{chart}(6,8)\cup\text{chart}(8,13):=\{\}\cup\{\}=\{\}$

$j=13,i=6,k=9,\text{chart}(6,9)\cup\text{chart}(9,13):=\{\}\cup\{\}=\{\}$

$j=13,i=6,k=10,\text{chart}(6,10)\cup\text{chart}(10,13):=\{\}\cup\{SC\}=\{\}$

$j=13,i=6,k=11,\text{chart}(6,11)\cup\text{chart}(11,13):=\{\}\cup\{VP\}=\{\}$

$j=13,i=6,k=12,\mathrm{chart}(6,12)\cup\mathrm{chart}(12,13):=\{\}\cup\{P\}=\{\}$

$j=13,i=7,k=8,\mathrm{chart}(7,8)\cup\mathrm{chart}(8,13):=\{A\}\cup\{\}=\{\}$

$j=13,i=7,k=9,\mathrm{chart}(7,9)\cup\mathrm{chart}(9,13):=\{VP\}\cup\{\}=\{\}$

$j=13,i=7,k=10,\mathrm{chart}(7,10)\cup\mathrm{chart}(10,13):=\{VP\}\cup\{SC\}=\{VP\}$

$j=13,i=7,k=11,\mathrm{chart}(7,11)\cup\mathrm{chart}(11,13):=\{\}\cup\{VP\}=\{\}$

$j=13,i=7,k=12,\mathrm{chart}(7,12)\cup\mathrm{chart}(12,13):=\{\}\cup\{P\}=\{\}$

$j=13,i=8,k=9,\mathrm{chart}(8,9)\cup\mathrm{chart}(9,13):=\{V\}\cup\{\}=\{\}$

$j=13,i=8,k=10,\mathrm{chart}(8,10)\cup\mathrm{chart}(10,13):=\{\}\cup\{SC\}=\{\}$

$j=13,i=8,k=11,\mathrm{chart}(8,11)\cup\mathrm{chart}(11,13):=\{\}\cup\{VP\}=\{\}$

$j=13,i=8,k=12,\mathrm{chart}(8,12)\cup\mathrm{chart}(12,13):=\{\}\cup\{P\}=\{\}$

$j=13,i=9,k=10,\mathrm{chart}(9,10)\cup\mathrm{chart}(10,13):=\{A\}\cup\{SC\}=\{\}$

$j=13,i=9,k=11,\mathrm{chart}(9,11)\cup\mathrm{chart}(11,13):=\{\}\cup\{VP\}=\{\}$

$j=13,i=9,k=12,\mathrm{chart}(9,12)\cup\mathrm{chart}(12,13):=\{\}\cup\{P\}=\{\}$

$j=13,i=10,k=11,\mathrm{chart}(10,11)\cup\mathrm{chart}(11,13):=\{A\}\cup\{VP\}=\{SC\}$

$j=13,i=10,k=12,\mathrm{chart}(10,12)\cup\mathrm{chart}(12,13):=\{\}\cup\{P\}=\{\}$

$j=13,i=11,k=12,\mathrm{chart}(11,12)\cup\mathrm{chart}(12,13):=\{V\}\cup\{P\}=\{VP\}$

FAIL

BREAKDOWN AND BACKTRACKING

花园幽径的 CYK 算法程序（良构模式）

$n:=13$

for $j:=1$ to string length(13)

lexical_chart_fill$(j\text{-}1,j)$

for $i:j\text{-}2$ down to 0

syntactic_chart_fill(i,j)

Fill the field$(j\text{-}1,j)$ in the chart with the word j which belongs to the preterminal category.

$\mathrm{chart}(j\text{-}1,j):=\{X\,|\,X\rightarrow \mathrm{word}_j \in P\}$

$j\text{-}1=0,j=1,\mathrm{chart}(0,1):=\{She\}$

$j\text{-}1=1,j=2,\mathrm{chart}(1,2):=\{told\}$

$j\text{-}1=2,j=3,\mathrm{chart}(2,3):=\{me\}$

$j\text{-}1=3,j=4,\mathrm{chart}(3,4):=\{a\}$

$j\text{-}1=4,j=5,\mathrm{chart}(4,5):=\{little\}$

$j-1=5, j=6, \text{chart}(5,6) := \{\text{white}\}$

$j-1=6, j=7, \text{chart}(6,7) := \{\text{lie}\}$

$j-1=7, j=8, \text{chart}(7,8) := \{\text{will}\}$

$j-1=8, j=9, \text{chart}(8,9) := \{\text{come}\}$

$j-1=9, j=10, \text{chart}(9,10) := \{\text{back}\}$

$j-1=10, j=11, \text{chart}(10,11) := \{\text{to}\}$

$j-1=11, j=12, \text{chart}(11,12) := \{\text{haunt}\}$

$j-1=12, j=13, \text{chart}(12,13) := \{\text{me}\}$

The reduction steps abide by the syntactic rules by which the reduced symbols cover the string from i to j.

syntactic_chart_fill(i,j)

for $i := 0$ to 13

$$\text{chart}(i,j) = \left\{ A \,\middle|\, \begin{array}{l} A \to BC \in P \\ i < k < j \\ AB \in \text{chart}(i,k) \\ C \in \text{chart}(k,j) \end{array} \right\}$$

chart$(i,j) := \{\}$

for $k := i+1$ to $j-1$

    for every $A \to BC \in P$

        if $B \in \text{chart}(i,k)$ and $C \in \text{chart}(k,j)$ then

           chart$(i,j) := \text{chart}(i,j) \cup \{A\}$

If $S \in \text{chart}(0,n)$ then accept else reject.

The processing procedures are shown below.

chart$(j-1,j) := \{X \mid X \to \text{word}_j \in P\}$

$j := 1$ to string length

$i := j-2$ down to 0

$k := i+1$ to $j-1$

$j=1, \text{chart}(0,1) := \{\text{She}\}$

$j=1, i=\varnothing, k=\varnothing, \text{chart}(0,1) = \{P\}$

$j=2, \text{chart}(1,2) := \{\text{told}\}$

$j=2, i=0, k=1, \text{chart}(0,1) \cup \text{chart}(1,2) := \{P\} \cup \{V\} = \{\}$

$j=3, \text{chart}(2,3) := \{me\}$

$j=3, i=0, k=1, \text{chart}(0,1) \cup \text{chart}(1,3) := \{P\} \cup \{VP\} = \{\}$

$j=3, i=0, k=2, \text{chart}(0,2) \cup \text{chart}(2,3) := \{\} \cup \{P\} = \{\}$

$j=3, i=1, k=2, \text{chart}(1,2) \cup \text{chart}(2,3) := \{V\} \cup \{P\} = \{VP\}$

$j=4, \text{chart}(3,4) := \{a\}$

$j=4, i=0, k=1, \text{chart}(0,1) \cup \text{chart}(1,4) := \{P\} \cup \{\} = \{\}$

$j=4, i=0, k=2, \text{chart}(0,2) \cup \text{chart}(2,4) := \{\} \cup \{\} = \{\}$

$j=4, i=0, k=3, \text{chart}(0,3) \cup \text{chart}(3,4) := \{\} \cup \{D\} = \{\}$

$j=4, i=1, k=2, \text{chart}(1,2) \cup \text{chart}(2,4) := \{V\} \cup \{\} = \{\}$

$j=4, i=1, k=3, \text{chart}(1,3) \cup \text{chart}(3,4) := \{VP\} \cup \{D\} = \{\}$

$j=4, i=2, k=3, \text{chart}(2,3) \cup \text{chart}(3,4) := \{P\} \cup \{D\} = \{\}$

$j=5, \text{chart}(4,5) := \{little\}$

$j=5, i=0, k=1, \text{chart}(0,1) \cup \text{chart}(1,5) := \{P\} \cup \{\} = \{\}$

$j=5, i=0, k=2, \text{chart}(0,2) \cup \text{chart}(2,5) := \{\} \cup \{\} = \{\}$

$j=5, i=0, k=3, \text{chart}(0,3) \cup \text{chart}(3,5) := \{\} \cup \{D\} = \{\}$

$j=5, i=0, k=4, \text{chart}(0,4) \cup \text{chart}(4,5) := \{\} \cup \{A\} = \{\}$

$j=5, i=1, k=2, \text{chart}(1,2) \cup \text{chart}(2,5) := \{V\} \cup \{\} = \{\}$

$j=5, i=1, k=3, \text{chart}(1,3) \cup \text{chart}(3,5) := \{VP\} \cup \{D\} = \{\}$

$j=5, i=1, k=4, \text{chart}(1,4) \cup \text{chart}(4,5) := \{\} \cup \{A\} = \{\}$

$j=5, i=2, k=3, \text{chart}(2,3) \cup \text{chart}(3,5) := \{P\} \cup \{D\} = \{\}$

$j=5, i=2, k=4, \text{chart}(2,4) \cup \text{chart}(4,5) := \{\} \cup \{A\} = \{\}$

$j=5, i=3, k=4, \text{chart}(3,4) \cup \text{chart}(4,5) := \{D\} \cup \{A\} = \{D\}$

$j=6, \text{chart}(5,6) := \{white\}$

$j=6, i=0, k=1, \text{chart}(0,1) \cup \text{chart}(1,6) := \{P\} \cup \{\} = \{\}$

$j=6, i=0, k=2, \text{chart}(0,2) \cup \text{chart}(2,6) := \{\} \cup \{\} = \{\}$

$j=6, i=0, k=3, \text{chart}(0,3) \cup \text{chart}(3,6) := \{\} \cup \{\} = \{\}$

$j=6, i=0, k=4, \text{chart}(0,4) \cup \text{chart}(4,6) := \{\} \cup \{\} = \{\}$

$j=6, i=0, k=5, \text{chart}(0,5) \cup \text{chart}(5,6) := \{\} \cup \{A\} = \{\}$

$j=6, i=1, k=2, \text{chart}(1,2) \cup \text{chart}(2,6) := \{V\} \cup \{\} = \{\}$

$j=6, i=1, k=3, \text{chart}(1,3) \cup \text{chart}(3,6) := \{VP\} \cup \{\} = \{\}$

$j=6, i=1, k=4, \text{chart}(1,4) \cup \text{chart}(4,6) := \{\} \cup \{\} = \{\}$

$j=6,i=1,k=5,\text{chart}(1,5)\cup\text{chart}(5,6):=\{\}\cup\{A\}=\{\}$

$j=6,i=2,k=3,\text{chart}(2,3)\cup\text{chart}(3,6):=\{P\}\cup\{\}=\{\}$

$j=6,i=2,k=4,\text{chart}(2,4)\cup\text{chart}(4,6):=\{\}\cup\{\}=\{\}$

$j=6,i=2,k=5,\text{chart}(2,5)\cup\text{chart}(5,6):=\{\}\cup\{A\}=\{\}$

$j=6,i=3,k=4,\text{chart}(3,4)\cup\text{chart}(4,6):=\{D\}\cup\{\}=\{\}$

$j=6,i=3,k=5,\text{chart}(3,5)\cup\text{chart}(5,6):=\{D\}\cup\{A\}=\{\}$

$j=6,i=4,k=5,\text{chart}(4,5)\cup\text{chart}(5,6):=\{A\}\cup\{A\}=\{\}$

$j=7,\text{chart}(6,7):=\{\text{lie}\}$

$j=7,i=0,k=1,\text{chart}(0,1)\cup\text{chart}(1,7):=\{P\}\cup\{\}=\{\}$

$j=7,i=0,k=2,\text{chart}(0,2)\cup\text{chart}(2,7):=\{\}\cup\{\}=\{\}$

$j=7,i=0,k=3,\text{chart}(0,3)\cup\text{chart}(3,7):=\{\}\cup\{NP\}=\{\}$

$j=7,i=0,k=4,\text{chart}(0,4)\cup\text{chart}(4,7):=\{\}\cup\{\}=\{\}$

$j=7,i=0,k=5,\text{chart}(0,5)\cup\text{chart}(5,7):=\{\}\cup\{NP\}=\{\}$

$j=7,i=0,k=6,\text{chart}(0,6)\cup\text{chart}(6,7):=\{\}\cup\{N\}=\{\}$

$j=7,i=1,k=2,\text{chart}(1,2)\cup\text{chart}(2,7):=\{V\}\cup\{\}=\{\}$

$j=7,i=1,k=3,\text{chart}(1,3)\cup\text{chart}(3,7):=\{VP\}\cup\{NP\}=\{\}$

$j=7,i=1,k=4,\text{chart}(1,4)\cup\text{chart}(4,7):=\{\}\cup\{\}=\{\}$

$j=7,i=1,k=5,\text{chart}(1,5)\cup\text{chart}(5,7):=\{\}\cup\{NP\}=\{\}$

$j=7,i=1,k=6,\text{chart}(1,6)\cup\text{chart}(6,7):=\{\}\cup\{N\}=\{\}$

$j=7,i=2,k=3,\text{chart}(2,3)\cup\text{chart}(3,7):=\{P\}\cup\{NP\}=\{\}$

$j=7,i=2,k=4,\text{chart}(2,4)\cup\text{chart}(4,7):=\{\}\cup\{\}=\{\}$

$j=7,i=2,k=5,\text{chart}(2,5)\cup\text{chart}(5,7):=\{\}\cup\{NP\}=\{\}$

$j=7,i=2,k=6,\text{chart}(2,6)\cup\text{chart}(6,7):=\{\}\cup\{N\}=\{\}$

$j=7,i=3,k=4,\text{chart}(3,4)\cup\text{chart}(4,7):=\{D\}\cup\{\}=\{\}$

$j=7,i=3,k=5,\text{chart}(3,5)\cup\text{chart}(5,7):=\{D\}\cup\{NP\}=\{NP\}$

$j=7,i=3,k=6,\text{chart}(3,6)\cup\text{chart}(6,7):=\{\}\cup\{N\}=\{\}$

$j=7,i=4,k=5,\text{chart}(4,5)\cup\text{chart}(5,7):=\{A\}\cup\{NP\}=\{\}$

$j=7,i=4,k=6,\text{chart}(4,6)\cup\text{chart}(6,7):=\{\}\cup\{N\}=\{\}$

$j=7,i=5,k=6,\text{chart}(5,6)\cup\text{chart}(6,7):=\{A\}\cup\{N\}=\{NP\}$

$j=8,\text{chart}(7,8):=\{\text{will}\}$

$j=8,i=0,k=1,\text{chart}(0,1)\cup\text{chart}(1,8):=\{P\}\cup\{\}=\{\}$

$j=8,i=0,k=2,\text{chart}(0,2)\cup\text{chart}(2,8):=\{\}\cup\{\}=\{\}$

$j=8,i=0,k=3,\text{chart}(0,3)\cup\text{chart}(3,8):=\{\}\cup\{\}=\{\}$

$j=8,i=0,k=4,\text{chart}(0,4)\cup\text{chart}(4,8):=\{\}\cup\{\}=\{\}$

$j=8,i=0,k=5,\text{chart}(0,5)\cup\text{chart}(5,8):=\{\}\cup\{\}=\{\}$

$j=8,i=0,k=6,\text{chart}(0,6)\cup\text{chart}(6,8):=\{\}\cup\{\}=\{\}$

$j=8,i=0,k=7,\text{chart}(0,7)\cup\text{chart}(7,8):=\{\}\cup\{A\}=\{\}$

$j=8,i=1,k=2,\text{chart}(1,2)\cup\text{chart}(2,8):=\{V\}\cup\{\}=\{\}$

$j=8,i=1,k=3,\text{chart}(1,3)\cup\text{chart}(3,8):=\{VP\}\cup\{\}=\{\}$

$j=8,i=1,k=4,\text{chart}(1,4)\cup\text{chart}(4,8):=\{\}\cup\{\}=\{\}$

$j=8,i=1,k=5,\text{chart}(1,5)\cup\text{chart}(5,8):=\{\}\cup\{\}=\{\}$

$j=8,i=1,k=6,\text{chart}(1,6)\cup\text{chart}(6,8):=\{\}\cup\{\}=\{\}$

$j=8,i=1,k=7,\text{chart}(1,7)\cup\text{chart}(7,8):=\{\}\cup\{A\}=\{\}$

$j=8,i=2,k=3,\text{chart}(2,3)\cup\text{chart}(3,8):=\{P\}\cup\{\}=\{\}$

$j=8,i=2,k=4,\text{chart}(2,4)\cup\text{chart}(4,8):=\{\}\cup\{\}=\{\}$

$j=8,i=2,k=5,\text{chart}(2,5)\cup\text{chart}(5,8):=\{\}\cup\{\}=\{\}$

$j=8,i=2,k=6,\text{chart}(2,6)\cup\text{chart}(6,8):=\{\}\cup\{\}=\{\}$

$j=8,i=2,k=7,\text{chart}(2,7)\cup\text{chart}(7,8):=\{\}\cup\{A\}=\{\}$

$j=8,i=3,k=4,\text{chart}(3,4)\cup\text{chart}(4,8):=\{D\}\cup\{\}=\{\}$

$j=8,i=3,k=5,\text{chart}(3,5)\cup\text{chart}(5,8):=\{D\}\cup\{\}=\{\}$

$j=8,i=3,k=6,\text{chart}(3,6)\cup\text{chart}(6,8):=\{\}\cup\{\}=\{\}$

$j=8,i=3,k=7,\text{chart}(3,7)\cup\text{chart}(7,8):=\{NP\}\cup\{A\}=\{\}$

$j=8,i=4,k=5,\text{chart}(4,5)\cup\text{chart}(5,8):=\{A\}\cup\{\}=\{\}$

$j=8,i=4,k=6,\text{chart}(4,6)\cup\text{chart}(6,8):=\{\}\cup\{\}=\{\}$

$j=8,i=4,k=7,\text{chart}(4,7)\cup\text{chart}(7,8):=\{\}\cup\{A\}=\{\}$

$j=8,i=5,k=6,\text{chart}(5,6)\cup\text{chart}(6,8):=\{A\}\cup\{\}=\{\}$

$j=8,i=5,k=7,\text{chart}(5,7)\cup\text{chart}(7,8):=\{NP\}\cup\{A\}=\{\}$

$j=8,i=6,k=7,\text{chart}(6,7)\cup\text{chart}(7,8):=\{N\}\cup\{A\}=\{\}$

$j=9,\text{chart}(8,9):=\{\text{come}\}$

$j=9,i=0,k=1,\text{chart}(0,1)\cup\text{chart}(1,9):=\{P\}\cup\{\}=\{\}$

$j=9,i=0,k=2,\text{chart}(0,2)\cup\text{chart}(2,9):=\{\}\cup\{\}=\{\}$

$j=9,i=0,k=3,\text{chart}(0,3)\cup\text{chart}(3,9):=\{\}\cup\{\}=\{\}$

$j=9,i=0,k=4,\text{chart}(0,4)\cup\text{chart}(4,9):=\{\}\cup\{\}=\{\}$

$j=9,i=0,k=5,\text{chart}(0,5)\cup\text{chart}(5,9):=\{\}\cup\{\}=\{\}$

$j=9, i=0, k=6, \text{chart}(0,6) \cup \text{chart}(6,9) := \{\} \cup \{\} = \{\}$

$j=9, i=0, k=7, \text{chart}(0,7) \cup \text{chart}(7,9) := \{\} \cup \{VP\} = \{\}$

$j=9, i=0, k=8, \text{chart}(0,8) \cup \text{chart}(8,9) := \{\} \cup \{V\} = \{\}$

$j=9, i=1, k=2, \text{chart}(1,2) \cup \text{chart}(2,9) := \{V\} \cup \{\} = \{\}$

$j=9, i=1, k=3, \text{chart}(1,3) \cup \text{chart}(3,9) := \{VP\} \cup \{\} = \{\}$

$j=9, i=1, k=4, \text{chart}(1,4) \cup \text{chart}(4,9) := \{\} \cup \{\} = \{\}$

$j=9, i=1, k=5, \text{chart}(1,5) \cup \text{chart}(5,9) := \{\} \cup \{\} = \{\}$

$j=9, i=1, k=6, \text{chart}(1,6) \cup \text{chart}(6,9) := \{\} \cup \{\} = \{\}$

$j=9, i=1, k=7, \text{chart}(1,7) \cup \text{chart}(7,9) := \{\} \cup \{VP\} = \{\}$

$j=9, i=1, k=8, \text{chart}(1,8) \cup \text{chart}(8,9) := \{\} \cup \{V\} = \{\}$

$j=9, i=2, k=3, \text{chart}(2,3) \cup \text{chart}(3,9) := \{P\} \cup \{\} = \{\}$

$j=9, i=2, k=4, \text{chart}(2,4) \cup \text{chart}(4,9) := \{\} \cup \{\} = \{\}$

$j=9, i=2, k=5, \text{chart}(2,5) \cup \text{chart}(5,9) := \{\} \cup \{\} = \{\}$

$j=9, i=2, k=6, \text{chart}(2,6) \cup \text{chart}(6,9) := \{\} \cup \{\} = \{\}$

$j=9, i=2, k=7, \text{chart}(2,7) \cup \text{chart}(7,9) := \{\} \cup \{VP\} = \{\}$

$j=9, i=2, k=8, \text{chart}(2,8) \cup \text{chart}(8,9) := \{\} \cup \{V\} = \{\}$

$j=9, i=3, k=4, \text{chart}(3,4) \cup \text{chart}(4,9) := \{D\} \cup \{\} = \{\}$

$j=9, i=3, k=5, \text{chart}(3,5) \cup \text{chart}(5,9) := \{D\} \cup \{\} = \{\}$

$j=9, i=3, k=6, \text{chart}(3,6) \cup \text{chart}(6,9) := \{\} \cup \{\} = \{\}$

$j=9, i=3, k=7, \text{chart}(3,7) \cup \text{chart}(7,9) := \{NP\} \cup \{VP\} = \{\}$

$j=9, i=3, k=8, \text{chart}(3,8) \cup \text{chart}(8,9) := \{\} \cup \{V\} = \{\}$

$j=9, i=4, k=5, \text{chart}(4,5) \cup \text{chart}(5,9) := \{A\} \cup \{\} = \{\}$

$j=9, i=4, k=6, \text{chart}(4,6) \cup \text{chart}(6,9) := \{\} \cup \{\} = \{\}$

$j=9, i=4, k=7, \text{chart}(4,7) \cup \text{chart}(7,9) := \{\} \cup \{VP\} = \{\}$

$j=9, i=4, k=8, \text{chart}(4,8) \cup \text{chart}(8,9) := \{\} \cup \{V\} = \{\}$

$j=9, i=5, k=6, \text{chart}(5,6) \cup \text{chart}(6,9) := \{A\} \cup \{\} = \{\}$

$j=9, i=5, k=7, \text{chart}(5,7) \cup \text{chart}(7,9) := \{NP\} \cup \{VP\} = \{\}$

$j=9, i=5, k=8, \text{chart}(5,8) \cup \text{chart}(8,9) := \{\} \cup \{V\} = \{\}$

$j=9, i=6, k=7, \text{chart}(6,7) \cup \text{chart}(7,9) := \{N\} \cup \{VP\} = \{\}$

$j=9, i=6, k=8, \text{chart}(6,8) \cup \text{chart}(8,9) := \{\} \cup \{V\} = \{\}$

$j=9, i=7, k=8, \text{chart}(7,8) \cup \text{chart}(8,9) := \{A\} \cup \{V\} = \{VP\}$

$j=10, \text{chart}(9,10) := \{\text{back}\}$

$j=10, i=0, k=1, \text{chart}(0,1) \cup \text{chart}(1,10) := \{P\} \cup \{\} = \{\}$

$j=10, i=0, k=2, \text{chart}(0,2) \cup \text{chart}(2,10) := \{\} \cup \{\} = \{\}$

$j=10, i=0, k=3, \text{chart}(0,3) \cup \text{chart}(3,10) := \{\} \cup \{\} = \{\}$

$j=10, i=0, k=4, \text{chart}(0,4) \cup \text{chart}(4,10) := \{\} \cup \{\} = \{\}$

$j=10, i=0, k=5, \text{chart}(0,5) \cup \text{chart}(5,10) := \{\} \cup \{\} = \{\}$

$j=10, i=0, k=6, \text{chart}(0,6) \cup \text{chart}(6,10) := \{\} \cup \{\} = \{\}$

$j=10, i=0, k=7, \text{chart}(0,7) \cup \text{chart}(7,10) := \{\} \cup \{VP\} = \{\}$

$j=10, i=0, k=8, \text{chart}(0,8) \cup \text{chart}(8,10) := \{\} \cup \{\} = \{\}$

$j=10, i=0, k=9, \text{chart}(0,9) \cup \text{chart}(9,10) := \{\} \cup \{A\} = \{\}$

$j=10, i=1, k=2, \text{chart}(1,2) \cup \text{chart}(2,10) := \{V\} \cup \{\} = \{\}$

$j=10, i=1, k=3, \text{chart}(1,3) \cup \text{chart}(3,10) := \{VP\} \cup \{\} = \{\}$

$j=10, i=1, k=4, \text{chart}(1,4) \cup \text{chart}(4,10) := \{\} \cup \{\} = \{\}$

$j=10, i=1, k=5, \text{chart}(1,5) \cup \text{chart}(5,10) := \{\} \cup \{\} = \{\}$

$j=10, i=1, k=6, \text{chart}(1,6) \cup \text{chart}(6,10) := \{\} \cup \{\} = \{\}$

$j=10, i=1, k=7, \text{chart}(1,7) \cup \text{chart}(7,10) := \{\} \cup \{VP\} = \{\}$

$j=10, i=1, k=8, \text{chart}(1,8) \cup \text{chart}(8,10) := \{\} \cup \{\} = \{\}$

$j=10, i=1, k=9, \text{chart}(1,9) \cup \text{chart}(9,10) := \{\} \cup \{A\} = \{\}$

$j=10, i=2, k=3, \text{chart}(2,3) \cup \text{chart}(3,10) := \{P\} \cup \{\} = \{\}$

$j=10, i=2, k=4, \text{chart}(2,4) \cup \text{chart}(4,10) := \{\} \cup \{\} = \{\}$

$j=10, i=2, k=5, \text{chart}(2,5) \cup \text{chart}(5,10) := \{\} \cup \{\} = \{\}$

$j=10, i=2, k=6, \text{chart}(2,6) \cup \text{chart}(6,10) := \{\} \cup \{\} = \{\}$

$j=10, i=2, k=7, \text{chart}(2,7) \cup \text{chart}(7,10) := \{\} \cup \{VP\} = \{\}$

$j=10, i=2, k=8, \text{chart}(2,8) \cup \text{chart}(8,10) := \{\} \cup \{\} = \{\}$

$j=10, i=2, k=9, \text{chart}(2,9) \cup \text{chart}(9,10) := \{\} \cup \{A\} = \{\}$

$j=10, i=3, k=4, \text{chart}(3,4) \cup \text{chart}(4,10) := \{D\} \cup \{\} = \{\}$

$j=10, i=3, k=5, \text{chart}(3,5) \cup \text{chart}(5,10) := \{D\} \cup \{\} = \{\}$

$j=10, i=3, k=6, \text{chart}(3,6) \cup \text{chart}(6,10) := \{\} \cup \{\} = \{\}$

$j=10, i=3, k=7, \text{chart}(3,7) \cup \text{chart}(7,10) := \{NP\} \cup \{VP\} = \{\}$

$j=10, i=3, k=8, \text{chart}(3,8) \cup \text{chart}(8,10) := \{\} \cup \{\} = \{\}$

$j=10, i=3, k=9, \text{chart}(3,9) \cup \text{chart}(9,10) := \{\} \cup \{A\} = \{\}$

$j=10, i=4, k=5, \text{chart}(4,5) \cup \text{chart}(5,10) := \{A\} \cup \{\} = \{\}$

$j=10, i=4, k=6, \text{chart}(4,6) \cup \text{chart}(6,10) := \{\} \cup \{\} = \{\}$

$j=10,i=4,k=7,\text{chart}(4,7)\cup\text{chart}(7,10):=\{\}\cup\{VP\}=\{\}$

$j=10,i=4,k=8,\text{chart}(4,8)\cup\text{chart}(8,10):=\{\}\cup\{\}=\{\}$

$j=10,i=4,k=9,\text{chart}(4,9)\cup\text{chart}(9,10):=\{\}\cup\{A\}=\{\}$

$j=10,i=5,k=6,\text{chart}(5,6)\cup\text{chart}(6,10):=\{A\}\cup\{\}=\{\}$

$j=10,i=5,k=7,\text{chart}(5,7)\cup\text{chart}(7,10):=\{NP\}\cup\{VP\}=\{\}$

$j=10,i=5,k=8,\text{chart}(5,8)\cup\text{chart}(8,10):=\{\}\cup\{\}=\{\}$

$j=10,i=5,k=9,\text{chart}(5,9)\cup\text{chart}(9,10):=\{\}\cup\{A\}=\{\}$

$j=10,i=6,k=7,\text{chart}(6,7)\cup\text{chart}(7,10):=\{N\}\cup\{VP\}=\{\}$

$j=10,i=6,k=8,\text{chart}(6,8)\cup\text{chart}(8,10):=\{\}\cup\{\}=\{\}$

$j=10,i=6,k=9,\text{chart}(6,9)\cup\text{chart}(9,10):=\{\}\cup\{A\}=\{\}$

$j=10,i=7,k=8,\text{chart}(7,8)\cup\text{chart}(8,10):=\{A\}\cup\{\}=\{\}$

$j=10,i=7,k=9,\text{chart}(7,9)\cup\text{chart}(9,10):=\{VP\}\cup\{A\}=\{VP\}$

$j=10,i=8,k=9,\text{chart}(8,9)\cup\text{chart}(9,10):=\{V\}\cup\{A\}=\{\}$

$j=11,\text{chart}(10,11):=\{\ to\ \}$

$j=11,i=0,k=1,\text{chart}(0,1)\cup\text{chart}(1,11):=\{P\}\cup\{\}=\{\}$

$j=11,i=0,k=2,\text{chart}(0,2)\cup\text{chart}(2,11):=\{\}\cup\{\}=\{\}$

$j=11,i=0,k=3,\text{chart}(0,3)\cup\text{chart}(3,11):=\{\}\cup\{\}=\{\}$

$j=11,i=0,k=4,\text{chart}(0,4)\cup\text{chart}(4,11):=\{\}\cup\{\}=\{\}$

$j=11,i=0,k=5,\text{chart}(0,5)\cup\text{chart}(5,11):=\{\}\cup\{\}=\{\}$

$j=11,i=0,k=6,\text{chart}(0,6)\cup\text{chart}(6,11):=\{\}\cup\{\}=\{\}$

$j=11,i=0,k=7,\text{chart}(0,7)\cup\text{chart}(7,11):=\{\}\cup\{\}=\{\}$

$j=11,i=0,k=8,\text{chart}(0,8)\cup\text{chart}(8,11):=\{\}\cup\{\}=\{\}$

$j=11,i=0,k=9,\text{chart}(0,9)\cup\text{chart}(9,11):=\{\}\cup\{\}=\{\}$

$j=11,i=0,k=10,\text{chart}(0,10)\cup\text{chart}(10,11):=\{\}\cup\{A\}=\{\}$

$j=11,i=1,k=2,\text{chart}(1,2)\cup\text{chart}(2,11):=\{V\}\cup\{\}=\{\}$

$j=11,i=1,k=3,\text{chart}(1,3)\cup\text{chart}(3,11):=\{VP\}\cup\{\}=\{\}$

$j=11,i=1,k=4,\text{chart}(1,4)\cup\text{chart}(4,11):=\{\}\cup\{\}=\{\}$

$j=11,i=1,k=5,\text{chart}(1,5)\cup\text{chart}(5,11):=\{\}\cup\{\}=\{\}$

$j=11,i=1,k=6,\text{chart}(1,6)\cup\text{chart}(6,11):=\{\}\cup\{\}=\{\}$

$j=11,i=1,k=7,\text{chart}(1,7)\cup\text{chart}(7,11):=\{\}\cup\{\}=\{\}$

$j=11,i=1,k=8,\text{chart}(1,8)\cup\text{chart}(8,11):=\{\}\cup\{\}=\{\}$

$j=11,i=1,k=9,\text{chart}(1,9)\cup\text{chart}(9,11):=\{\}\cup\{\}=\{\}$

$j=11, i=1, k=10, \text{chart}(1,10) \cup \text{chart}(10,11) := \{\} \cup \{A\} = \{\}$

$j=11, i=2, k=3, \text{chart}(2,3) \cup \text{chart}(3,11) := \{P\} \cup \{\} = \{\}$

$j=11, i=2, k=4, \text{chart}(2,4) \cup \text{chart}(4,11) := \{\} \cup \{\} = \{\}$

$j=11, i=2, k=5, \text{chart}(2,5) \cup \text{chart}(5,11) := \{\} \cup \{\} = \{\}$

$j=11, i=2, k=6, \text{chart}(2,6) \cup \text{chart}(6,11) := \{\} \cup \{\} = \{\}$

$j=11, i=2, k=7, \text{chart}(2,7) \cup \text{chart}(7,11) := \{\} \cup \{\} = \{\}$

$j=11, i=2, k=8, \text{chart}(2,8) \cup \text{chart}(8,11) := \{\} \cup \{\} = \{\}$

$j=11, i=2, k=9, \text{chart}(2,9) \cup \text{chart}(9,11) := \{\} \cup \{\} = \{\}$

$j=11, i=2, k=10, \text{chart}(2,10) \cup \text{chart}(10,11) := \{\} \cup \{A\} = \{\}$

$j=11, i=3, k=4, \text{chart}(3,4) \cup \text{chart}(4,11) := \{D\} \cup \{\} = \{\}$

$j=11, i=3, k=5, \text{chart}(3,5) \cup \text{chart}(5,11) := \{D\} \cup \{\} = \{\}$

$j=11, i=3, k=6, \text{chart}(3,6) \cup \text{chart}(6,11) := \{\} \cup \{\} = \{\}$

$j=11, i=3, k=7, \text{chart}(3,7) \cup \text{chart}(7,11) := \{NP\} \cup \{\} = \{\}$

$j=11, i=3, k=8, \text{chart}(3,8) \cup \text{chart}(8,11) := \{\} \cup \{\} = \{\}$

$j=11, i=3, k=9, \text{chart}(3,9) \cup \text{chart}(9,11) := \{\} \cup \{\} = \{\}$

$j=11, i=3, k=10, \text{chart}(3,10) \cup \text{chart}(10,11) := \{\} \cup \{A\} = \{\}$

$j=11, i=4, k=5, \text{chart}(4,5) \cup \text{chart}(5,11) := \{A\} \cup \{\} = \{\}$

$j=11, i=4, k=6, \text{chart}(4,6) \cup \text{chart}(6,11) := \{\} \cup \{\} = \{\}$

$j=11, i=4, k=7, \text{chart}(4,7) \cup \text{chart}(7,11) := \{\} \cup \{\} = \{\}$

$j=11, i=4, k=8, \text{chart}(4,8) \cup \text{chart}(8,11) := \{\} \cup \{\} = \{\}$

$j=11, i=4, k=9, \text{chart}(4,9) \cup \text{chart}(9,11) := \{\} \cup \{\} = \{\}$

$j=11, i=4, k=10, \text{chart}(4,10) \cup \text{chart}(10,11) := \{\} \cup \{A\} = \{\}$

$j=11, i=5, k=6, \text{chart}(5,6) \cup \text{chart}(6,11) := \{A\} \cup \{\} = \{\}$

$j=11, i=5, k=7, \text{chart}(5,7) \cup \text{chart}(7,11) := \{NP\} \cup \{\} = \{\}$

$j=11, i=5, k=8, \text{chart}(5,8) \cup \text{chart}(8,11) := \{\} \cup \{\} = \{\}$

$j=11, i=5, k=9, \text{chart}(5,9) \cup \text{chart}(9,11) := \{\} \cup \{\} = \{\}$

$j=11, i=5, k=10, \text{chart}(5,10) \cup \text{chart}(10,11) := \{\} \cup \{A\} = \{\}$

$j=11, i=6, k=7, \text{chart}(6,7) \cup \text{chart}(7,11) := \{N\} \cup \{\} = \{\}$

$j=11, i=6, k=8, \text{chart}(6,8) \cup \text{chart}(8,11) := \{\} \cup \{\} = \{\}$

$j=11, i=6, k=9, \text{chart}(6,9) \cup \text{chart}(9,11) := \{\} \cup \{\} = \{\}$

$j=11, i=6, k=10, \text{chart}(6,10) \cup \text{chart}(10,11) := \{\} \cup \{A\} = \{\}$

$j=11, i=7, k=8, \text{chart}(7,8) \cup \text{chart}(8,11) := \{A\} \cup \{\} = \{\}$

$j=11, i=7, k=9, \text{chart}(7,9) \cup \text{chart}(9,11) := \{VP\} \cup \{\} = \{\}$

$j=11, i=7, k=10, \text{chart}(7,10) \cup \text{chart}(10,11) := \{VP\} \cup \{A\} = \{\}$

$j=11, i=8, k=9, \text{chart}(8,9) \cup \text{chart}(9,11) := \{V\} \cup \{\} = \{\}$

$j=11, i=8, k=10, \text{chart}(8,10) \cup \text{chart}(10,11) := \{\} \cup \{A\} = \{\}$

$j=11, i=9, k=10, \text{chart}(9,10) \cup \text{chart}(10,11) := \{A\} \cup \{A\} = \{\}$

$j=12, \text{chart}(11,12) := \{\text{haunt}\}$

$j=12, i=0, k=1, \text{chart}(0,1) \cup \text{chart}(1,12) := \{P\} \cup \{\} = \{\}$

$j=12, i=0, k=2, \text{chart}(0,2) \cup \text{chart}(2,12) := \{\} \cup \{\} = \{\}$

$j=12, i=0, k=3, \text{chart}(0,3) \cup \text{chart}(3,12) := \{\} \cup \{\} = \{\}$

$j=12, i=0, k=4, \text{chart}(0,4) \cup \text{chart}(4,12) := \{\} \cup \{\} = \{\}$

$j=12, i=0, k=5, \text{chart}(0,5) \cup \text{chart}(5,12) := \{\} \cup \{\} = \{\}$

$j=12, i=0, k=6, \text{chart}(0,6) \cup \text{chart}(6,12) := \{\} \cup \{\} = \{\}$

$j=12, i=0, k=7, \text{chart}(0,7) \cup \text{chart}(7,12) := \{\} \cup \{\} = \{\}$

$j=12, i=0, k=8, \text{chart}(0,8) \cup \text{chart}(8,12) := \{\} \cup \{\} = \{\}$

$j=12, i=0, k=9, \text{chart}(0,9) \cup \text{chart}(9,12) := \{\} \cup \{\} = \{\}$

$j=12, i=0, k=10, \text{chart}(0,10) \cup \text{chart}(10,12) := \{\} \cup \{\} = \{\}$

$j=12, i=0, k=11, \text{chart}(0,11) \cup \text{chart}(11,12) := \{\} \cup \{V\} = \{\}$

$j=12, i=1, k=2, \text{chart}(1,2) \cup \text{chart}(2,12) := \{V\} \cup \{\} = \{\}$

$j=12, i=1, k=3, \text{chart}(1,3) \cup \text{chart}(3,12) := \{VP\} \cup \{\} = \{\}$

$j=12, i=1, k=4, \text{chart}(1,4) \cup \text{chart}(4,12) := \{\} \cup \{\} = \{\}$

$j=12, i=1, k=5, \text{chart}(1,5) \cup \text{chart}(5,12) := \{\} \cup \{\} = \{\}$

$j=12, i=1, k=6, \text{chart}(1,6) \cup \text{chart}(6,12) := \{\} \cup \{\} = \{\}$

$j=12, i=1, k=7, \text{chart}(1,7) \cup \text{chart}(7,12) := \{\} \cup \{\} = \{\}$

$j=12, i=1, k=8, \text{chart}(1,8) \cup \text{chart}(8,12) := \{\} \cup \{\} = \{\}$

$j=12, i=1, k=9, \text{chart}(1,9) \cup \text{chart}(9,12) := \{\} \cup \{\} = \{\}$

$j=12, i=1, k=10, \text{chart}(1,10) \cup \text{chart}(10,12) := \{\} \cup \{\} = \{\}$

$j=12, i=1, k=11, \text{chart}(1,11) \cup \text{chart}(11,12) := \{\} \cup \{V\} = \{\}$

$j=12, i=2, k=3, \text{chart}(2,3) \cup \text{chart}(3,12) := \{P\} \cup \{\} = \{\}$

$j=12, i=2, k=4, \text{chart}(2,4) \cup \text{chart}(4,12) := \{\} \cup \{\} = \{\}$

$j=12, i=2, k=5, \text{chart}(2,5) \cup \text{chart}(5,12) := \{\} \cup \{\} = \{\}$

$j=12, i=2, k=6, \text{chart}(2,6) \cup \text{chart}(6,12) := \{\} \cup \{\} = \{\}$

$j=12, i=2, k=7, \text{chart}(2,7) \cup \text{chart}(7,12) := \{\} \cup \{\} = \{\}$

$j=12,i=2,k=8,\text{chart}(2,8)\cup\text{chart}(8,12):=\{\}\cup\{\}=\{\}$

$j=12,i=2,k=9,\text{chart}(2,9)\cup\text{chart}(9,12):=\{\}\cup\{\}=\{\}$

$j=12,i=2,k=10,\text{chart}(2,10)\cup\text{chart}(10,12):=\{\}\cup\{\}=\{\}$

$j=12,i=2,k=11,\text{chart}(2,11)\cup\text{chart}(11,12):=\{\}\cup\{V\}=\{\}$

$j=12,i=3,k=4,\text{chart}(3,4)\cup\text{chart}(4,12):=\{D\}\cup\{\}=\{\}$

$j=12,i=3,k=5,\text{chart}(3,5)\cup\text{chart}(5,12):=\{D\}\cup\{\}=\{\}$

$j=12,i=3,k=6,\text{chart}(3,6)\cup\text{chart}(6,12):=\{\}\cup\{\}=\{\}$

$j=12,i=3,k=7,\text{chart}(3,7)\cup\text{chart}(7,12):=\{NP\}\cup\{\}=\{\}$

$j=12,i=3,k=8,\text{chart}(3,8)\cup\text{chart}(8,12):=\{\}\cup\{\}=\{\}$

$j=12,i=3,k=9,\text{chart}(3,9)\cup\text{chart}(9,12):=\{\}\cup\{\}=\{\}$

$j=12,i=3,k=10,\text{chart}(3,10)\cup\text{chart}(10,12):=\{\}\cup\{\}=\{\}$

$j=12,i=3,k=11,\text{chart}(3,11)\cup\text{chart}(11,12):=\{\}\cup\{V\}=\{\}$

$j=12,i=4,k=5,\text{chart}(4,5)\cup\text{chart}(5,12):=\{A\}\cup\{\}=\{\}$

$j=12,i=4,k=6,\text{chart}(4,6)\cup\text{chart}(6,12):=\{\}\cup\{\}=\{\}$

$j=12,i=4,k=7,\text{chart}(4,7)\cup\text{chart}(7,12):=\{\}\cup\{\}=\{\}$

$j=12,i=4,k=8,\text{chart}(4,8)\cup\text{chart}(8,12):=\{\}\cup\{\}=\{\}$

$j=12,i=4,k=9,\text{chart}(4,9)\cup\text{chart}(9,12):=\{\}\cup\{\}=\{\}$

$j=12,i=4,k=10,\text{chart}(4,10)\cup\text{chart}(10,12):=\{\}\cup\{\}=\{\}$

$j=12,i=4,k=11,\text{chart}(4,11)\cup\text{chart}(11,12):=\{\}\cup\{V\}=\{\}$

$j=12,i=5,k=6,\text{chart}(5,6)\cup\text{chart}(6,12):=\{A\}\cup\{\}=\{\}$

$j=12,i=5,k=7,\text{chart}(5,7)\cup\text{chart}(7,12):=\{NP\}\cup\{\}=\{\}$

$j=12,i=5,k=8,\text{chart}(5,8)\cup\text{chart}(8,12):=\{\}\cup\{\}=\{\}$

$j=12,i=5,k=9,\text{chart}(5,9)\cup\text{chart}(9,12):=\{\}\cup\{\}=\{\}$

$j=12,i=5,k=10,\text{chart}(5,10)\cup\text{chart}(10,12):=\{\}\cup\{\}=\{\}$

$j=12,i=5,k=11,\text{chart}(5,11)\cup\text{chart}(11,12):=\{\}\cup\{V\}=\{\}$

$j=12,i=6,k=7,\text{chart}(6,7)\cup\text{chart}(7,12):=\{N\}\cup\{\}=\{\}$

$j=12,i=6,k=8,\text{chart}(6,8)\cup\text{chart}(8,12):=\{\}\cup\{\}=\{\}$

$j=12,i=6,k=9,\text{chart}(6,9)\cup\text{chart}(9,12):=\{\}\cup\{\}=\{\}$

$j=12,i=6,k=10,\text{chart}(6,10)\cup\text{chart}(10,12):=\{\}\cup\{\}=\{\}$

$j=12,i=6,k=11,\text{chart}(6,11)\cup\text{chart}(11,12):=\{\}\cup\{V\}=\{\}$

$j=12,i=7,k=8,\text{chart}(7,8)\cup\text{chart}(8,12):=\{A\}\cup\{\}=\{\}$

$j=12,i=7,k=9,\text{chart}(7,9)\cup\text{chart}(9,12):=\{VP\}\cup\{\}=\{\}$

$j=12, i=7, k=10, \text{chart}(7,10) \cup \text{chart}(10,12) := \{VP\} \cup \{\} = \{\}$

$j=12, i=7, k=11, \text{chart}(7,11) \cup \text{chart}(11,12) := \{\} \cup \{V\} = \{\}$

$j=12, i=8, k=9, \text{chart}(8,9) \cup \text{chart}(9,12) := \{V\} \cup \{\} = \{\}$

$j=12, i=8, k=10, \text{chart}(8,10) \cup \text{chart}(10,12) := \{\} \cup \{\} = \{\}$

$j=12, i=8, k=11, \text{chart}(8,11) \cup \text{chart}(11,12) := \{\} \cup \{V\} = \{\}$

$j=12, i=9, k=10, \text{chart}(9,10) \cup \text{chart}(10,12) := \{A\} \cup \{\} = \{\}$

$j=12, i=9, k=11, \text{chart}(9,11) \cup \text{chart}(11,12) := \{\} \cup \{V\} = \{\}$

$j=12, i=10, k=11, \text{chart}(10,11) \cup \text{chart}(11,12) := \{A\} \cup \{V\} = \{\}$

$j=13, \text{chart}(12,13) := \{me\}$

$j=13, i=0, k=1, \text{chart}(0,1) \cup \text{chart}(1,13) := \{P\} \cup \{VP\} = \{S\}$

$j=13, i=0, k=2, \text{chart}(0,2) \cup \text{chart}(2,13) := \{\} \cup \{\} = \{\}$

$j=13, i=0, k=3, \text{chart}(0,3) \cup \text{chart}(3,13) := \{\} \cup \{IP\} = \{\}$

$j=13, i=0, k=4, \text{chart}(0,4) \cup \text{chart}(4,13) := \{\} \cup \{\} = \{\}$

$j=13, i=0, k=5, \text{chart}(0,5) \cup \text{chart}(5,13) := \{\} \cup \{\} = \{\}$

$j=13, i=0, k=6, \text{chart}(0,6) \cup \text{chart}(6,13) := \{\} \cup \{\} = \{\}$

$j=13, i=0, k=7, \text{chart}(0,7) \cup \text{chart}(7,13) := \{\} \cup \{VP\} = \{\}$

$j=13, i=0, k=8, \text{chart}(0,8) \cup \text{chart}(8,13) := \{\} \cup \{\} = \{\}$

$j=13, i=0, k=9, \text{chart}(0,9) \cup \text{chart}(9,13) := \{\} \cup \{\} = \{\}$

$j=13, i=0, k=10, \text{chart}(0,10) \cup \text{chart}(10,13) := \{\} \cup \{SC\} = \{\}$

$j=13, i=0, k=11, \text{chart}(0,11) \cup \text{chart}(11,13) := \{\} \cup \{VP\} = \{\}$

$j=13, i=0, k=12, \text{chart}(0,12) \cup \text{chart}(12,13) := \{\} \cup \{P\} = \{\}$

$j=13, i=1, k=2, \text{chart}(1,2) \cup \text{chart}(2,13) := \{V\} \cup \{\} = \{\}$

$j=13, i=1, k=3, \text{chart}(1,3) \cup \text{chart}(3,13) := \{VP\} \cup \{IP\} = \{VP\}$

$j=13, i=1, k=4, \text{chart}(1,4) \cup \text{chart}(4,13) := \{\} \cup \{\} = \{\}$

$j=13, i=1, k=5, \text{chart}(1,5) \cup \text{chart}(5,13) := \{\} \cup \{\} = \{\}$

$j=13, i=1, k=6, \text{chart}(1,6) \cup \text{chart}(6,13) := \{\} \cup \{\} = \{\}$

$j=13, i=1, k=7, \text{chart}(1,7) \cup \text{chart}(7,13) := \{\} \cup \{VP\} = \{\}$

$j=13, i=1, k=8, \text{chart}(1,8) \cup \text{chart}(8,13) := \{\} \cup \{\} = \{\}$

$j=13, i=1, k=9, \text{chart}(1,9) \cup \text{chart}(9,13) := \{\} \cup \{\} = \{\}$

$j=13, i=1, k=10, \text{chart}(1,10) \cup \text{chart}(10,13) := \{\} \cup \{SC\} = \{\}$

$j=13, i=1, k=11, \text{chart}(1,11) \cup \text{chart}(11,13) := \{\} \cup \{VP\} = \{\}$

$j=13, i=1, k=12, \text{chart}(1,12) \cup \text{chart}(12,13) := \{\} \cup \{P\} = \{\}$

$j = 13, i = 2, k = 3, \mathrm{chart}(2,3) \cup \mathrm{chart}(3,13) := \{P\} \cup \{\} = \{\}$

$j = 13, i = 2, k = 4, \mathrm{chart}(2,4) \cup \mathrm{chart}(4,13) := \{\} \cup \{\} = \{\}$

$j = 13, i = 2, k = 5, \mathrm{chart}(2,5) \cup \mathrm{chart}(5,13) := \{\} \cup \{\} = \{\}$

$j = 13, i = 2, k = 6, \mathrm{chart}(2,6) \cup \mathrm{chart}(6,13) := \{\} \cup \{\} = \{\}$

$j = 13, i = 2, k = 7, \mathrm{chart}(2,7) \cup \mathrm{chart}(7,13) := \{\} \cup \{VP\} = \{\}$

$j = 13, i = 2, k = 8, \mathrm{chart}(2,8) \cup \mathrm{chart}(8,13) := \{\} \cup \{\} = \{\}$

$j = 13, i = 2, k = 9, \mathrm{chart}(2,9) \cup \mathrm{chart}(9,13) := \{\} \cup \{\} = \{\}$

$j = 13, i = 2, k = 10, \mathrm{chart}(2,10) \cup \mathrm{chart}(10,13) := \{\} \cup \{SC\} = \{\}$

$j = 13, i = 2, k = 11, \mathrm{chart}(2,11) \cup \mathrm{chart}(11,13) := \{\} \cup \{VP\} = \{\}$

$j = 13, i = 2, k = 12, \mathrm{chart}(2,12) \cup \mathrm{chart}(12,13) := \{\} \cup \{P\} = \{\}$

$j = 13, i = 3, k = 4, \mathrm{chart}(3,4) \cup \mathrm{chart}(4,13) := \{D\} \cup \{\} = \{\}$

$j = 13, i = 3, k = 5, \mathrm{chart}(3,5) \cup \mathrm{chart}(5,13) := \{D\} \cup \{\} = \{\}$

$j = 13, i = 3, k = 6, \mathrm{chart}(3,6) \cup \mathrm{chart}(6,13) := \{\} \cup \{\} = \{\}$

$j = 13, i = 3, k = 7, \mathrm{chart}(3,7) \cup \mathrm{chart}(7,13) := \{NP\} \cup \{VP\} = \{IP\}$

$j = 13, i = 3, k = 8, \mathrm{chart}(3,8) \cup \mathrm{chart}(8,13) := \{\} \cup \{\} = \{\}$

$j = 13, i = 3, k = 9, \mathrm{chart}(3,9) \cup \mathrm{chart}(9,13) := \{\} \cup \{\} = \{\}$

$j = 13, i = 3, k = 10, \mathrm{chart}(3,10) \cup \mathrm{chart}(10,13) := \{\} \cup \{SC\} = \{\}$

$j = 13, i = 3, k = 11, \mathrm{chart}(3,11) \cup \mathrm{chart}(11,13) := \{\} \cup \{VP\} = \{\}$

$j = 13, i = 3, k = 12, \mathrm{chart}(3,12) \cup \mathrm{chart}(12,13) := \{\} \cup \{P\} = \{\}$

$j = 13, i = 4, k = 5, \mathrm{chart}(4,5) \cup \mathrm{chart}(5,13) := \{A\} \cup \{\} = \{\}$

$j = 13, i = 4, k = 6, \mathrm{chart}(4,6) \cup \mathrm{chart}(6,13) := \{\} \cup \{\} = \{\}$

$j = 13, i = 4, k = 7, \mathrm{chart}(4,7) \cup \mathrm{chart}(7,13) := \{\} \cup \{VP\} = \{\}$

$j = 13, i = 4, k = 8, \mathrm{chart}(4,8) \cup \mathrm{chart}(8,13) := \{\} \cup \{\} = \{\}$

$j = 13, i = 4, k = 9, \mathrm{chart}(4,9) \cup \mathrm{chart}(9,13) := \{\} \cup \{\} = \{\}$

$j = 13, i = 4, k = 10, \mathrm{chart}(4,10) \cup \mathrm{chart}(10,13) := \{\} \cup \{SC\} = \{\}$

$j = 13, i = 4, k = 11, \mathrm{chart}(4,11) \cup \mathrm{chart}(11,13) := \{\} \cup \{VP\} = \{\}$

$j = 13, i = 4, k = 12, \mathrm{chart}(4,12) \cup \mathrm{chart}(12,13) := \{\} \cup \{P\} = \{\}$

$j = 13, i = 5, k = 6, \mathrm{chart}(5,6) \cup \mathrm{chart}(6,13) := \{A\} \cup \{\} = \{\}$

$j = 13, i = 5, k = 7, \mathrm{chart}(5,7) \cup \mathrm{chart}(7,13) := \{NP\} \cup \{VP\} = \{\}$

$j = 13, i = 5, k = 8, \mathrm{chart}(5,8) \cup \mathrm{chart}(8,13) := \{\} \cup \{\} = \{\}$

$j = 13, i = 5, k = 9, \mathrm{chart}(5,9) \cup \mathrm{chart}(9,13) := \{\} \cup \{\} = \{\}$

$j = 13, i = 5, k = 10, \mathrm{chart}(5,10) \cup \mathrm{chart}(10,13) := \{\} \cup \{SC\} = \{\}$

$j=13,i=5,k=11,\text{chart}(5,11)\cup\text{chart}(11,13):=\{\}\cup\{VP\}=\{\}$

$j=13,i=5,k=12,\text{chart}(5,12)\cup\text{chart}(12,13):=\{\}\cup\{P\}=\{\}$

$j=13,i=6,k=7,\text{chart}(6,7)\cup\text{chart}(7,13):=\{N\}\cup\{VP\}=\{\}$

$j=13,i=6,k=8,\text{chart}(6,8)\cup\text{chart}(8,13):=\{\}\cup\{\}=\{\}$

$j=13,i=6,k=9,\text{chart}(6,9)\cup\text{chart}(9,13):=\{\}\cup\{\}=\{\}$

$j=13,i=6,k=10,\text{chart}(6,10)\cup\text{chart}(10,13):=\{\}\cup\{SC\}=\{\}$

$j=13,i=6,k=11,\text{chart}(6,11)\cup\text{chart}(11,13):=\{\}\cup\{VP\}=\{\}$

$j=13,i=6,k=12,\text{chart}(6,12)\cup\text{chart}(12,13):=\{\}\cup\{P\}=\{\}$

$j=13,i=7,k=8,\text{chart}(7,8)\cup\text{chart}(8,13):=\{A\}\cup\{\}=\{\}$

$j=13,i=7,k=9,\text{chart}(7,9)\cup\text{chart}(9,13):=\{VP\}\cup\{\}=\{\}$

$j=13,i=7,k=10,\text{chart}(7,10)\cup\text{chart}(10,13):=\{VP\}\cup\{SC\}=\{VP\}$

$j=13,i=7,k=11,\text{chart}(7,11)\cup\text{chart}(11,13):=\{\}\cup\{VP\}=\{\}$

$j=13,i=7,k=12,\text{chart}(7,12)\cup\text{chart}(12,13):=\{\}\cup\{P\}=\{\}$

$j=13,i=8,k=9,\text{chart}(8,9)\cup\text{chart}(9,13):=\{V\}\cup\{\}=\{\}$

$j=13,i=8,k=10,\text{chart}(8,10)\cup\text{chart}(10,13):=\{\}\cup\{SC\}=\{\}$

$j=13,i=8,k=11,\text{chart}(8,11)\cup\text{chart}(11,13):=\{\}\cup\{VP\}=\{\}$

$j=13,i=8,k=12,\text{chart}(8,12)\cup\text{chart}(12,13):=\{\}\cup\{P\}=\{\}$

$j=13,i=9,k=10,\text{chart}(9,10)\cup\text{chart}(10,13):=\{A\}\cup\{SC\}=\{\}$

$j=13,i=9,k=11,\text{chart}(9,11)\cup\text{chart}(11,13):=\{\}\cup\{VP\}=\{\}$

$j=13,i=9,k=12,\text{chart}(9,12)\cup\text{chart}(12,13):=\{\}\cup\{P\}=\{\}$

$j=13,i=10,k=11,\text{chart}(10,11)\cup\text{chart}(11,13):=\{A\}\cup\{VP\}=\{SC\}$

$j=13,i=10,k=12,\text{chart}(10,12)\cup\text{chart}(12,13):=\{\}\cup\{P\}=\{\}$

$j=13,i=11,k=12,\text{chart}(11,12)\cup\text{chart}(12,13):=\{V\}\cup\{P\}=\{VP\}$

SUCCESS

附录四：花园幽径句和对照句测试样例

1. Because he always jogs a mile seems a short distance to him.

2. Because he always jogs, a mile seems a short distance to him.

3. Fat people eat accumulates.

4. Fat that people eat accumulates.

5. I convinced her children are noisy.

6. I convinced her that children are noisy.

7. I know that the words to that song about the queen don't rhyme.

8. I know the words to that song about the queen don't rhyme.

9. I told the girl that the cat that scratched Bill would help her.

10. I told the girl the cat scratched that Bill would help her.

11. I told the girl the cat that scratched Bill would help her.

12. I told the girl who was scratched by the cat that Bill would help her.

13. Mary gave the child that the dog bit a cake.

14. Mary gave the child the dog bit a cake.

15. Please have the students who failed the exam take the supplementary.

16. Returned to his house, the man was happy.

17. She told me a little white lie will come back to haunt me.

18. She told me that a little white lie will come back to haunt me.

19. Single and married soldiers and their families are housed in the complex.

20. The army stands on guard.

21. The author composed the novel and was likely to be a best-seller.

22. The author wrote that the novel in question was likely to be a best-seller.

23. The author wrote the novel was likely to be a best-seller.

24. The biggest rocks were by the seashore.

25. The boat floated down the river quietly.

26. The boat floated down the river sank.

27. The building blocks the sun faded are red.

28. The building blocks the sun shining on the house faded are red.

29. The building blocks the sun shining on the house.

30. The building blocks the sun.

31. The chestnut blocks are red.

32. The chestnut blocks the sink.

33. The clothing, which is made of cotton, grows in Mississippi.

34. The complex houses married and single soldiers and their families.

35. The cotton clothing is made in sunny Alabama.

36. The cotton clothing is made of grows in Mississippi.

37. The cotton clothing is usually made of grows in Mississippi.

38. The cotton that clothing is made of grows in Mississippi.

39. The cotton that clothing is usually made of grows in Mississippi.

40. The dog that I had as a pet really loved bones.

41. The dog that I had really loved bones.

42. The drink that was sour is from the ocean.

43. The fact that Jill is never here hurts me.

44. The fat that people eat accumulates.

45. The fat that people eat accumulates in their bodies.

46. The girl told the story and cried.

47. The girl told the story cried.

48. The girl who was told the story cried.

49. The government is planning to raise taxes, which was defeated.

50. The government plans to raise taxes were defeated.

51. The government's plans to raise taxes were defeated.

52. The large pins are bright red.

53. The man came back to his house and was happy.

54. The man pushed through the door fell.

55. I told the girl the cat scratched Bill would help her.

56. The man returned to his house was happy.

57. The man who was returned to his house was happy.

58. The man whistling tunes pianos.

59. The man who hunts ducks out on weekends.

60. The man who is whistling melodies plays pianos.

61. The man who whistles all the time tunes pianos for a living.

62. The man, who hunts animals, ducks out on weekends.

63. The map pins are bright red.

64. The map pins onto the wall.

65. The men run through the arches and screamed.

66. The men run through the arches screamed.

67. The old dog follows the footsteps of the young.

68. The old dog the footsteps of the young.

69. The prime number few.

70. The prime number is forty.

71. The prime people number few.

72. The raft floated down the river sank.

73. The raft that was floated down the river sank.

74. The sentry stands are green.

75. The sentry stands on guard.

76. The shotgun pins were rusty from the rain.

77. The sign pins onto the wall.

78. The sniper guards the victim in the woods.

79. The sniper pins the victim in the woods.

80. The sniper pins were rusty from the rain.

81. The sour drink from the ocean.

82. The statue stands in the park are rusty.

83. The statue stands in the park.

84. The stone rocks during the earthquake.

85. The stone rocks were by the seashore.

86. The stopper blocks the sink.

87. The table rocks during the earthquake.

88. The teacher told the children the ghost story had frightened that it wasn't

true.

89. The teacher told the children the ghost story that she knew would frighten them.

90. The tomcat curled itself up on the cushion and seemed friendly.

91. The tomcat curled up on the cushion seemed friendly.

92. The tomcat that was curled up on the cushion seemed friendly.

93. The toy rocks near the child are pink.

94. The toy rocks near the child quietly.

95. The tycoon sold the offshore oil tracts for a lot of money wanted to kill JR.

96. The tycoon, who was sold the offshore oil tracts for a lot of money, wanted to kill JR.

97. The whistling man tunes pianos.

98. Until the police arrest the drug dealers control the street.

99. Until the police make the arrest, the drug dealers control the street.

100. When Fred eats food gets thrown.

附录五：严式花园幽径句错位效应系统测试和卡方值表

S3- Fat people eat accumulates.

Your query

Fat people eat accumulates.

Tagging

Fat/NNP　　people/NNS　　eat/VBP　　accumulates/NNS　　./.

Parse

(ROOT
　(S
　　(NP(NNP Fat)(NNS people))
　　(VP(VBP eat)
　　　(NP(NNS accumulates)))
　　(..)))

Typed dependencies

nn(people-2,Fat-1)　　　　　nsubj(eat-3,people-2)

root(ROOT-0,eat-3)　　　　　dobj(eat-3,accumulates-4)

Category	Observed	Expected	Deviation	(O-E)^2	(O-E)^2/E
反对	16	42	26	676	16.10
中立	23	42	19	361	8.60
赞成	87	42	-45	2025	48.21
总计	126				
p<.05,df=2,卡方检验临界值=5.99				X^2	72.90

S5- I convinced her children are noisy.

Your query

I convinced her children are noisy.

Tagging

I/PRP   convinced/VBD   her/PRP $ children/NNS   are/VBP
noisy/JJ   ./.

Parse

(ROOT
  (S
    (NP(PRP I))
    (VP(VBD convinced)
      (SBAR
        (S
          (NP(PRP $ her)(NNS children))
          (VP(VBP are)
            (ADJP(JJ noisy))))))
    (. .)))

Typed dependencies

nsubj(convinced-2,I-1)   root(ROOT-0,convinced-2)

poss(children-4,her-3)   nsubj(noisy-6,children-4)

cop(noisy-6,are-5)   ccomp(convinced-2,noisy-6)

Category	Observed	Expected	Deviation	$(O-E)^2$	$(O-E)^2/E$
反对	38	42	4	16	0.38
中立	19	42	23	529	12.60
赞成	69	42	-27	729	17.36
总计	126				
p<.05,df=2,卡方检验临界值=5.99				X^2	30.33

S8- I know the words to that song about the queen don't rhyme.

Your query

I know the words to that song about the queen don't rhyme.

Tagging

I/PRP   know/VBP   the/DT   words/NNS   to/TO   that/WDT song/NN   about/RB   the/DT   queen/NN   do/VBP   n't/RB

rhyme/VB   ./.

Parse

（ROOT

  （S

    （NP（PRP I））

    （VP（VBP know）

     （NP

      （NP（DT the）（NNS words））

      （SBAR

       （WHPP（TO to）

        （WHNP（WDT that）（NN song）））

       （S

        （NP（RB about）（DT the）（NN queen））

        （VP（VBP do）（RB n't）

         （VP（VB rhyme）)))))))

    （..）))

Typed dependencies

nsubj（know-2,I-1）   root（ROOT-0,know-2）

det（words-4,the-3）   dobj（know-2,words-4）

prep（rhyme-13,to-5）   det（song-7,that-6）

pobj（to-5,song-7）   advmod（queen-10,about-8）

det（queen-10,the-9）   nsubj（rhyme-13,queen-10）

aux（rhyme-13,do-11）   neg（rhyme-13,n't-12）

rcmod（words-4,rhyme-13）

Category	Observed	Expected	Deviation	$(O-E)^2$	$(O-E)^2/E$
反对	23	42	19	361	8.60
中立	36	42	6	36	0.86
赞成	67	42	-25	625	14.88
总计	126				
p<.05,df=2,卡方检验临界值=5.99				X^2	24.33

S9- I told the girl that the cat that scratched Bill would help her.

Your query

I told the girl that the cat that scratched Bill would help her.

Tagging

I/PRP	told/VBD	the/DT	girl/NN	that/IN	the/DT	cat/NN
that/IN	scratched/NNPB	ill/NNP	would/MD	help/VB	her/PRP	./.

Parse

```
(ROOT
  (S
    (NP(PRP I))
    (VP(VBD told)
      (NP
        (NP(DT the)(NN girl))
        (PP(IN that)
          (NP(DT the)(NN cat))))
      (SBAR(IN that)
        (S
          (NP(NNP scratched)(NNP Bill))
          (VP(MD would)
            (VP(VB help)
              (NP(PRP her)))))))
    (..)))
```

Typed dependencies

nsubj(told-2,I-1) root(ROOT-0,told-2) det(girl-4,the-3)

dobj(told-2,girl-4) prep(girl-4,that-5) det(cat-7,the-6)

pobj(that-5,cat-7) mark(help-12,that-8) nn(Bill-10,scratched-9)

nsubj(help-12,Bill-10) aux(help-12,would-11) ccomp(told-2,help-12)

dobj(help-12,her-13)

Category	Observed	Expected	Deviation	$(O-E)^2$	$(O-E)^2/E$
反对	36	42	6	36	0.86
中立	25	42	17	289	6.88

（续表）

Category	Observed	Expected	Deviation	$(O-E)^2$	$(O-E)^2/E$
赞成	65	42	-23	529	12.60
总计	126				
p<.05,df=2,卡方检验临界值=5.99				X^2	20.33

S11- I told the girl the cat that scratched Bill would help her.

Your query

I told the girl the cat that scratched Bill would help her.

Tagging

I/PRP   told/VBD   the/DT   girl/NN   the/DT   cat/NN   that/IN
scratched/NNP   Bill/NNP   would/MD   help/VB   her/PRP   ./.

Parse

```
(ROOT
  (S
    (NP(PRP I))
    (VP(VBD told)
      (NP(DT the)(NN girl))
      (SBAR
        (NP(DT the)(NN cat))
        (IN that)
        (S
          (NP(NNP scratched)(NNP Bill))
          (VP(MD would)
            (VP(VB help)
              (NP(PRP her)))))))
    (. .)))
```

Typed dependencies

nsubj(told-2,I-1)   root(ROOT-0,told-2)   det(girl-4,the-3)

dobj(told-2,girl-4)   det(cat-6,the-5)   dep(help-11,cat-6)

mark(help-11,that-7)   nn(Bill-9,scratched-8)   nsubj(help-11,Bill-9)

aux(help-11,would-10)   dep(told-2,help-11)   dobj(help-11,her-12)

Category	Observed	Expected	Deviation	$(O-E)^2$	$(O-E)^2/E$
反对	18	42	24	576	13.71
中立	25	42	17	289	6.88
赞成	83	42	-41	1681	40.02
总计	126				
p<.05,df=2,卡方检验临界值=5.99				X^2	60.62

S13- Mary gave the child that the dog bit a cake.

Your query

Mary gave the child that the dog bit a cake.

Tagging

Mary/NNP   gave/VBD   the/DT   child/NN   that/IN   the/DT
    dog/NN

bit/VBD   a/DT   cake/NN   ./.

Parse

(ROOT
  (S
    (NP(NNP Mary))
    (VP(VBD gave)
      (NP(DT the)(NN child))
      (SBAR(IN that)
        (S
          (NP(DT the)(NN dog))
          (VP(VBD bit)
            (NP(DT a)(NN cake))))))))
    (..)))

Typed dependencies

nsubj(gave-2,Mary-1)   root(ROOT-0,gave-2)   det(child-4,the-3)

dobj(gave-2,child-4)   mark(bit-8,that-5)   det(dog-7,the-6)

nsubj(bit-8,dog-7)   ccomp(gave-2,bit-8)   det(cake-10,a-9)

dobj(bit-8,cake-10)

Category	Observed	Expected	Deviation	$(O-E)^2$	$(O-E)^2/E$
反对	49	42	-7	49	1.17
中立	18	42	24	576	13.71
赞成	59	42	-17	289	6.88
总计	126				
p<.05,df=2,卡方检验临界值=5.99				X^2	21.76

S14- Mary gave the child the dog bit a cake.

Your query

Mary gave the child the dog bit a cake.

Tagging

Mary/NNP   gave/VBD   the/DT   child/NN   the/DT   dog/NN   bit/RB
a/DT   cake/NN   ./.

Parse

(ROOT
　(S
　　(NP(NNP Mary))
　　(VP(VBD gave)
　　　(NP(DT the) (NN child))
　　　(NP(DT the) (NN dog))
　　　(ADVP(RB bit)
　　　　(NP(DT a) (NN cake))))
　　(..)))

Typed dependencies

nsubj(gave-2, Mary-1)　　　root(ROOT-0, gave-2)　　　det(child-4, the-3)

iobj(gave-2, child-4)　　　det(dog-6, the-5)　　　dobj(gave-2, dog-6)

advmod(gave-2, bit-7)　　　det(cake-9, a-8)　　　pobj(bit-7, cake-9)

Category	Observed	Expected	Deviation	$(O-E)^2$	$(O-E)^2/E$
反对	69	42	-27	729	17.36
中立	17	42	25	625	14.88
赞成	40	42	2	4	0.10
总计	126				
p<.05,df=2,卡方检验临界值=5.99				X^2	32.33

S15- Please have the students who failed the exam take the supplementary.

Your query

Please have the students who failed the exam take the supplementary.

Tagging

Please/UH have/VB the/DT   students/NNS who/WP   failed/VBD
the/DT   exam/NN take/VBP the/DT   supplementary/NN ./.

Parse

(ROOT
  (S
    (INTJ(UH Please))
    (VP(VB have)
      (NP
        (NP(DT the)(NNS students))
        (SBAR
          (WHNP(WP who))
          (S
            (VP(VBD failed)
              (SBAR
                (S
                  (NP(DT the)(NN exam))
                  (VP(VBP take)
                    (NP(DT the)(NN supplementary))))))))))
    (. .)))

Typed dependencies

discourse(have-2,Please-1)   root(ROOT-0,have-2)

det(students-4,the-3)   dobj(have-2,students-4)

nsubj(failed-6,who-5)   rcmod(students-4,failed-6)

det(exam-8,the-7)   nsubj(take-9,exam-8)

ccomp(failed-6,take-9)   det(supplementary-11,the-10)

dobj(take-9,supplementary-11)

Category	Observed	Expected	Deviation	$(O-E)^2$	$(O-E)^2/E$
反对	19	42	23	529	12. 60
中立	30	42	12	144	3. 43
赞成	77	42	-35	1225	29. 17
总计	126				
p<. 05, df=2, 卡方检验临界值=5. 99				X^2	45. 19

S26- The boat floated down the river sank.

Your query

The boat floated down the river sank.

Tagging

The/DT   boat/NN   floated/VBD   down/RP   the/DT   river/NN
sank/VBD   ./.

Parse

(ROOT
  (S
    (NP(DT The)(NN boat))
    (VP(VBD floated)
      (PRT(RP down))
      (SBAR
        (S
          (NP(DT the)(NN river))
          (VP(VBD sank)))))
    (..)))

Typed dependencies

det(boat-2,The-1)   nsubj(floated-3,boat-2)   root(ROOT-0,floated-3)

prt(floated-3,down-4)   det(river-6,the-5)   nsubj(sank-7,river-6)

ccomp(floated-3,sank-7)

Category	Observed	Expected	Deviation	$(O-E)^2$	$(O-E)^2/E$
反对	47	42	-5	25	0. 60
中立	14	42	28	784	18. 67

（续表）

Category	Observed	Expected	Deviation	$(O-E)^2$	$(O-E)^2/E$
赞成	65	42	-23	529	12.60
总计	126				
p<.05,df=2,卡方检验临界值=5.99				X^2	31.86

S27- The building blocks the sun faded are red.

Your query

The building blocks the sun faded are red.

Tagging

The/DT   building/NN   blocks/VBZ   the/DT   sun/NN

faded/VBD   are/VBP   red/JJ   ./.

Parse

（ROOT

　（S

　　（NP（DT The）（NN building））

　　（VP（VBZ blocks）

　　　（SBAR

　　　　（S

　　　　　（NP（DT the）（NN sun））

　　　　　（VP（VBD faded）

　　　　　　（SBAR

　　　　　　　（S

　　　　　　　　（VP（VBP are）

　　　　　　　　　（ADJP（JJ red）））））））））

　　（..）））

Typed dependencies

det（building-2,The-1）   nsubj（blocks-3,building-2）

root（ROOT-0,blocks-3）   det（sun-5,the-4）

nsubj（faded-6,sun-5）   ccomp（blocks-3,faded-6）

cop（red-8,are-7）   ccomp（faded-6,red-8）

Category	Observed	Expected	Deviation	$(O-E)^2$	$(O-E)^2/E$
反对	52	42	-10	100	2.38
中立	28	42	14	196	4.67
赞成	46	42	-4	16	0.38
总计	126				
$p<.05,df=2,$卡方检验临界值$=5.99$				X^2	7.43

S28- The building blocks the sun shining on the house faded are red.

Your query

The building blocks the sun shining on the house faded are red.

Tagging

The/DT   building/NN   blocks/VBZ   the/DT   sun/NN   shining/VBG

on/IN   the/DT   house/NN   faded/VBN   are/VBP   red/JJ

  ./.

Parse

(ROOT
  (S
    (NP(DT The)(NN building))
    (VP(VBZ blocks)
      (SBAR
        (S
          (NP
            (NP(DT the)(NN sun))
            (VP(VBG shining)
              (PP(IN on)
                (NP
                  (NP(DT the)(NN house))
                  (VP(VBN faded))))))
          (VP(VBP are)
            (ADJP(JJ red))))))
    (..)))

Typed dependencies

det(building-2,The-1)   nsubj(blocks-3,building-2)   root(ROOT-0,blocks-3)

det(sun-5,the-4)   nsubj(red-12,sun-5)   vmod(sun-5,shining-6)

prep(shining-6,on-7)   det(house-9,the-8)   pobj(on-7,house-9)

vmod(house-9,faded-10)   cop(red-12,are-11)   ccomp(blocks-3,red-12)

Category	Observed	Expected	Deviation	$(O-E)^2$	$(O-E)^2/E$
反对	29	42	13	169	4.02
中立	23	42	19	361	8.60
赞成	74	42	-32	1024	24.38
总计	126				
p<.05,df=2,卡方检验临界值=5.99				X^2	37.00

S36- The cotton clothing is made of grows in Mississippi.

Your query

The cotton clothing is made of grows in Mississippi.

Tagging

The/DT   cotton/NN   clothing/NN   is/VBZ   made/VBN   of/IN
    grows/NNP

in/IN   Mississippi/NNP   . /.

Parse

(ROOT

  (S

    (NP(DT The) (NN cotton) (NN clothing))

    (VP(VBZ is)

      (VP(VBN made)

        (PP(IN of)

          (NP(NNP grows)))

        (PP(IN in)

          (NP(NNP Mississippi))))))

    (. .)))

Typed dependencies

det(clothing-3,The-1)   nn(clothing-3,cotton-2)   nsubjpass(made-5,clothing-3) auxpass(made-5,is-4) root(ROOT-0,made-5) prep(made-5,of-6)

pobj(of-6,grows-7) prep(made-5,in-8) pobj(in-8,Mississippi-9)

Category	Observed	Expected	Deviation	$(O-E)^2$	$(O-E)^2/E$
反对	47	42	-5	25	0.60
中立	12	42	30	900	21.43
赞成	67	42	-25	625	14.88
总计	126				
p<.05,df=2,卡方检验临界值=5.99				X^2	36.90

S37- The cotton clothing is usually made of grows in Mississippi.

Your query

The cotton clothing is usually made of grows in Mississippi.

Tagging

The/DT cotton/NN clothing/NN is/VBZ usually/RB made/VBN
of/IN grows/NNP in/IN Mississippi/NNP ./.

Parse

(ROOT
  (S
    (NP(DT The)(NN cotton)(NN clothing))
    (VP(VBZ is)
      (ADVP(RB usually))
      (VP(VBN made)
        (PP(IN of)
          (NP(NNP grows)))
        (PP(IN in)
          (NP(NNP Mississippi)))))
    (..)))

Typed dependencies

det(clothing-3,The-1) nn(clothing-3,cotton-2)

nsubjpass(made-6,clothing-3) auxpass(made-6,is-4)

advmod(made-6,usually-5) root(ROOT-0,made-6)

prep(made-6,of-7)   pobj(of-7,grows-8)

prep(made-6,in-9)   pobj(in-9,Mississippi-10)

Category	Observed	Expected	Deviation	$(O-E)^2$	$(O-E)^2/E$
反对	41	42	1	1	0.02
中立	20	42	22	484	11.52
赞成	65	42	-23	529	12.60
总计	126				
p<.05,df=2,卡方检验临界值=5.99				X^2	24.14

S41- The dog that I had really loved bones.

Your query

The dog that I had really loved bones.

Tagging

The/DT   dog/NN   that/IN   I/PRP   had/VBD   really/RB   loved/VBN
bones/NNS   ./.

Parse

(ROOT
  (NP(DT The)(NN dog)
    (SBAR(IN that)
      (S
        (NP(PRP I))
        (VP(VBD had)
          (ADVP(RB really))
          (VP(VBN loved)
            (NP(NNS bones))))))))
    (..)))

Typed dependencies

det(dog-2,The-1)   root(ROOT-0,dog-2)   mark(loved-7,that-3)

nsubj(loved-7,I-4)   aux(loved-7,had-5)   advmod(loved-7,really-6)

ccomp(dog-2,loved-7)   dobj(loved-7,bones-8)

Category	Observed	Expected	Deviation	$(O-E)^2$	$(O-E)^2/E$
反对	18	42	24	576	13.71
中立	3	42	39	1521	36.21
赞成	105	42	-63	3969	94.50
总计	126				
p<.05,df=2,卡方检验临界值=5.99				X^2	144.43

S47- The girl told the story cried.

Your query

The girl told the story cried.

Tagging

The/DT   girl/NN   told/VBD   the/DT   story/NN   cried/VBD   ./.

Parse

(ROOT
  (S
    (NP(DT The)(NN girl))
    (VP(VBD told)
      (SBAR
        (S
          (NP(DT the)(NN story))
          (VP(VBD cried)))))
    (..)))

Typed dependencies

det(girl-2,The-1)   nsubj(told-3,girl-2)   root(ROOT-0,told-3)

det(story-5,the-4)   nsubj(cried-6,story-5)   ccomp(told-3,cried-6)

Category	Observed	Expected	Deviation	$(O-E)^2$	$(O-E)^2/E$
反对	73	42	-31	961	22.88
中立	6	42	36	1296	30.86
赞成	47	42	-5	25	0.60
总计	126				
p<.05,df=2,卡方检验临界值=5.99				X^2	54.33

S50- The government plans to raise taxes were defeated.

Your query

The government plans to raise taxes were defeated.

Tagging

The/DT	government/NN	plans/VBZ
to/TO	raise/VB	taxes/NNS
were/VBD	defeated/VBN	./.

Parse

```
( ROOT
  ( S
    ( NP( DT The )( NN government ) )
    ( VP( VBZ plans )
      ( S
        ( VP( TO to )
          ( VP( VB raise )
            ( SBAR
              ( S
                ( NP( NNS taxes ) )
                ( VP( VBD were )
                  ( VP( VBN defeated ) ) ) ) ) ) ) ) )
    ( . . ) ) )
```

Typed dependencies

det(government-2,The-1)   nsubj(plans-3,government-2)

root(ROOT-0,plans-3)   aux(raise-5,to-4)

xcomp(plans-3,raise-5)   nsubjpass(defeated-8,taxes-6)

auxpass(defeated-8,were-7)   ccomp(raise-5,defeated-8)

Category	Observed	Expected	Deviation	$(O-E)^2$	$(O-E)^2/E$
反对	66	42	-24	576	13.71
中立	11	42	31	961	22.88
赞成	49	42	-7	49	1.17
总计	126				
p<.05,df=2,卡方检验临界值=5.99				X^2	37.76

S55- I told the girl the cat scratched Bill would help her.

Your query

I told the girl the cat scratched Bill would help her.

Tagging

I/PRP	told/VBD	the/DT
girl/NN	the/DT	cat/NNP
scratched/NNP	Bill/NNP	would/MD
help/VB	her/PRP	./.

Parse

```
( ROOT
  ( S
    ( NP( PRP I))
    ( VP( VBD told)
      ( NP
        ( NP( DT the)( NN girl))
        ( SBAR
          ( S
            ( NP( DT the)( NNP cat)( NNP scratched)( NNP Bill))
            ( VP( MD would)
              ( VP( VB help)
                ( NP( PRP her)))))))))
    ( .. )))
```

Typed dependencies

nsubj(told-2,I-1)	root(ROOT-0,told-2)	det(girl-4,the-3)
dobj(told-2,girl-4)	det(Bill-8,the-5)	nn(Bill-8,cat-6)
nn(Bill-8,scratched-7)	nsubj(help-10,Bill-8)	
aux(help-10,would-9)	rcmod(girl-4,help-10)	dobj(help-10,her-11)

Category	Observed	Expected	Deviation	$(O-E)^2$	$(O-E)^2/E$
反对	42	42	0	0	0.00
中立	20	42	22	484	11.52
赞成	64	42	-22	484	11.52

（续表）

Category	Observed	Expected	Deviation	$(O-E)^2$	$(O-E)^2/E$
总计	126				
p<.05,df=2,卡方检验临界值=5.99				X^2	23.05

S58- The man whistling tunes pianos.

Your query

The man whistling tunes pianos.

Tagging

The/DT   man/NN   whistling/NN   tunes/VBZ   pianos/NNS   ./.

Parse

(ROOT
  (S
    (NP(DT The)(NN man)(NN whistling))
    (VP(VBZ tunes)
      (NP(NNS pianos)))
     (..)))

Typed dependencies

det(whistling-3,The-1)   nn(whistling-3,man-2)   nsubj(tunes-4,whistling-3)

root(ROOT-0,tunes-4)   dobj(tunes-4,pianos-5)

Category	Observed	Expected	Deviation	$(O-E)^2$	$(O-E)^2/E$
反对	59	42	-17	289	6.88
中立	23	42	19	361	8.60
赞成	44	42	-2	4	0.10
总计	126				
p<.05,df=2,卡方检验临界值=5.99				X^2	15.57

S68- The old dog the footsteps of the young.

Your query

The old dog the footsteps of the young.

Tagging

The/DT   old/JJ   dog/NN

the/DT   footsteps/NNS   of/IN

the/DT   young/JJ   ./.

Parse

（ROOT
  （NP
    （NP（DT The）（JJ old）（NN dog））
    （NP
      （NP（DT the）（NNS footsteps））
      （PP（IN of)
        （NP（DT the）（JJ young))))
    （..)))

Typed dependencies

det（dog-3,The-1)   amod（dog-3,old-2)   root（ROOT-0,dog-3)

det（footsteps-5,the-4)   dep（dog-3,footsteps-5)   prep（footsteps-5,of-6)

det（young-8,the-7)   pobj（of-6,young-8)

Category	Observed	Expected	Deviation	$(O\text{-}E)^2$	$(O\text{-}E)^2/E$
反对	103	42	-61	3721	88.60
中立	10	42	32	1024	24.38
赞成	13	42	29	841	20.02
总计	126				
p<.05,df=2,卡方检验临界值=5.99				X^2	133.00

S69- The prime number few.

Your query

The prime number few.

Tagging

The/DT   prime/JJ   number/NN   few/JJ   ./.

Parse

（ROOT
  （NP
    （NP（DT The）（JJ prime）（NN number））
    （NP（JJ few））
    （..)))

Typed dependencies

det(number-3, The-1)   amod(number-3, prime-2)   root(ROOT-0, number-3)

dep(number-3, few-4)

Category	Observed	Expected	Deviation	$(O-E)^2$	$(O-E)^2/E$
反对	98	42	-56	3136	74. 67
中立	13	42	29	841	20. 02
赞成	15	42	27	729	17. 36
总计	126				
p<.05, df=2, 卡方检验临界值=5. 99				X^2	112. 05

S71- The prime people number few.

Your query

The prime people number few.

Tagging

The/DT   prime/JJ   people/NNS   number/NN   few/JJ   ./.

Parse

(ROOT

  (S

    (NP(DT The) (JJ prime) (NNS people) (NN number))

    (ADJP(JJ few))

    (. .)))

Typed dependencies

det(number-4, The-1)   amod(number-4, prime-2)   nn(number-4, people-3)

dep(few-5, number-4)   root(ROOT-0, few-5)

Category	Observed	Expected	Deviation	$(O-E)^2$	$(O-E)^2/E$
反对	95	42	-53	2809	66. 88
中立	5	42	37	1369	32. 60
赞成	26	42	16	256	6. 10
总计	126				
p<.05, df=2, 卡方检验临界值=5. 99				X^2	105. 57

S72- The raft floated down the river sank.

Your query

The raft floated down the river sank.

Tagging

The/DT	raft/NN	floated/VBD
down/RP	the/DT	river/NN
sank/VBD	./.	

Parse

```
(ROOT
  (S
    (NP(DT The)(NN raft))
    (VP(VBD floated)
      (PRT(RP down))
      (SBAR
        (S
          (NP(DT the)(NN river))
          (VP(VBD sank)))))))
  (..)))
```

Typed dependencies

det(raft-2,The-1)　　　nsubj(floated-3,raft-2)　　　root(ROOT-0,floated-3)

prt(floated-3,down-4)　　det(river-6,the-5)　　　nsubj(sank-7,river-6)

ccomp(floated-3,sank-7)

Category	Observed	Expected	Deviation	$(O-E)^2$	$(O-E)^2/E$
反对	48	42	-6	36	0.86
中立	10	42	32	1024	24.38
赞成	68	42	-26	676	16.10
总计	126				
p<.05,df=2,卡方检验临界值=5.99				X^2	41.33

S82- The statue stands in the park are rusty.

Your query

The statue stands in the park are rusty.

Tagging

The/DT   statue/NN   stands/VBZ   in/IN   the/DT   park/NN

are/VBP   rusty/JJ   . /.

Parse

(ROOT
  (S
    (NP (DT The) (NN statue))
    (VP (VBZ stands)
     (SBAR (IN in)
      (S
       (NP (DT the) (NN park))
       (VP (VBP are)
        (ADJP (JJ rusty))))))
    (. .)))

Typed dependencies

det (statue-2 , The-1)   nsubj (stands-3 , statue-2)   root (ROOT-0 , stands-3)

mark (rusty-8 , in-4)   det (park-6 , the-5)   nsubj (rusty-8 , park-6)

cop (rusty-8 , are-7)   advcl (stands-3 , rusty-8)

Category	Observed	Expected	Deviation	$(O-E)^2$	$(O-E)^2/E$
反对	40	42	2	4	0. 10
中立	5	42	37	1369	32. 60
赞成	81	42	-39	1521	36. 21
总计	126				
p<. 05 , df=2 , 卡方检验临界值=5. 99				X^2	68. 90

S84- The stone rocks during the earthquake.

Your query

The stone rocks during the earthquake.

Tagging

The/DT   stone/NN   rocks/NNS

during/IN   the/DT   earthquake/NN

. /.

Parse

(ROOT

  (NP

    (NP(DT The)(NN stone)(NNS rocks))

    (PP(IN during)

      (NP(DT the)(NN earthquake)))

    (..)))

Typed dependencies

det(rocks-3,The-1)　　nn(rocks-3,stone-2)　　root(ROOT-0,rocks-3)

prep(rocks-3,during-4)　det(earthquake-6,the-5)　pobj(during-4,earthquake-6)

Category	Observed	Expected	Deviation	$(O\text{-}E)^2$	$(O\text{-}E)^2/E$
反对	42	42	0	0	0.00
中立	6	42	36	1296	30.86
赞成	78	42	-36	1296	30.86
总计	126				
p<.05,df=2,卡方检验临界值=5.99				X^2	61.71

S87- The table rocks during the earthquake.

Your query

The table rocks during the earthquake.

Tagging

The/DT　　　　　　table/NN　　　　　　rocks/NNS

during/IN　　　　　the/DT　　　　　　earthquake/NN

./.

Parse

(ROOT

  (NP

    (NP(DT The)(NN table)(NNS rocks))

    (PP(IN during)

      (NP(DT the)(NN earthquake)))

    (..)))

Typed dependencies

det(rocks-3,The-1)   nn(rocks-3,table-2)   root(ROOT-0,rocks-3)

prep(rocks-3,during-4) det(earthquake-6,the-5) pobj(during-4,earthquake-6)

Category	Observed	Expected	Deviation	$(O\text{-}E)^2$	$(O\text{-}E)^2/E$
反对	27	42	15	225	5. 36
中立	6	42	36	1296	30. 86
赞成	93	42	-51	2601	61. 93
总计	126				
p<. 05,df=2,卡方检验临界值=5. 99				X^2	98. 14

S88- The teacher told the children the ghost story had frightened that it wasn't true.

Your query

The teacher told the children the ghost story had frightened that it wasn't true.

Tagging

The/DT   teacher/NN   told/VBD

the/DT   children/NNS   the/DT

ghost/NN   story/NN   had/VBD

frightened/VBD   that/IN   it/PRP

was/VBD   n't/RB   true/JJ

. /.

Parse

(ROOT

  (S

    (NP(DT The) (NN teacher))

    (VP(VBD told)

      (NP

        (NP(DT the) (NNS children))

        (SBAR

          (S

            (NP(DT the) (NN ghost) (NN story))

            (VP(VBD had)

```
( VP( VBD frightened)
  ( SBAR( IN that)
    ( S
      ( NP( PRP it))
      ( VP( VBD was)( RB n't)
        ( ADJP( JJ true))))))))))))))
( ..)))
```

Typed dependencies

det(teacher-2,The-1)　　　　　　nsubj(told-3,teacher-2)

root(ROOT-0,told-3)　　　　　　det(children-5,the-4)

dobj(told-3,children-5)　　　　　det(story-8,the-6)

nn(story-8,ghost-7)　　　　　　nsubj(frightened-10,story-8)

aux(frightened-10,had-9)　　　　rcmod(children-5,frightened-10)

mark(true-15,that-11)　　　　　nsubj(true-15,it-12)

cop(true-15,was-13)　　　　　　neg(true-15,n't-14)

ccomp(frightened-10,true-15)

Category	Observed	Expected	Deviation	$(O-E)^2$	$(O-E)^2/E$
反对	47	42	-5	25	0.60
中立	20	42	22	484	11.52
赞成	59	42	-17	289	6.88
总计	126				
p<.05,df=2,卡方检验临界值=5.99				X^2	19

S91- The tomcat curled up on the cushion seemed friendly.

Your query

The tomcat curled up on the cushion seemed friendly.

Tagging

The/DT　　　　　　tomcat/NN　　　　　　curled/VBD

up/RP　　　　　　on/IN　　　　　　　the/DT

cushion/NN　　　　seemed/VBN　　　　friendly/JJ

./.

Parse

```
(ROOT
  (S
    (NP(DT The)(NN tomcat))
    (VP(VBD curled)
      (PRT(RP up))
      (PP(IN on)
        (NP
          (NP(DT the)(NN cushion))
          (VP(VBN seemed)
            (S
              (ADJP(JJ friendly)))))))))
    (..)))
```

Typed dependencies

det(tomcat-2,The-1)   nsubj(curled-3,tomcat-2)

root(ROOT-0,curled-3)   prt(curled-3,up-4)

prep(curled-3,on-5)   det(cushion-7,the-6)

pobj(on-5,cushion-7)   vmod(cushion-7,seemed-8)

acomp(seemed-8,friendly-9)

Category	Observed	Expected	Deviation	$(O-E)^2$	$(O-E)^2/E$
反对	29	42	13	169	4.02
中立	6	42	36	1296	30.86
赞成	91	42	-49	2401	57.17
总计	126				
p<.05,df=2,卡方检验临界值=5.99				X^2	92.05

S94- The toy rocks near the child quietly.

Your query

The toy rocks near the child quietly.

Tagging

The/DT   toy/NN   rocks/NNS

near/IN   the/DT   child/NN

quietly/RB   ./.

Parse

(ROOT

  (NP

    (NP(DT The) (NN toy) (NNS rocks))

    (PP(IN near)

      (NP(DT the) (NN child)))

    (ADVP(RB quietly))

    (..)))

Typed dependencies

det(rocks-3, The-1)   nn(rocks-3, toy-2)   root(ROOT-0, rocks-3)

prep(rocks-3, near-4)   det(child-6, the-5)   pobj(near-4, child-6)

advmod(rocks-3, quietly-7)

Category	Observed	Expected	Deviation	$(O-E)^2$	$(O-E)^2/E$
反对	49	42	-7	49	1. 17
中立	12	42	30	900	21. 43
赞成	65	42	-23	529	12. 60
总计	126				
p<. 05, df=2, 卡方检验临界值=5. 99				X^2	35. 19

S95- The tycoon sold the offshore oil tracts for a lot of money wanted to kill JR.

Your query

The tycoon sold the offshore oil tracts for a lot of money wanted to kill JR.

Tagging

The/DT   tycoon/NN   sold/VBD   the/DT   offshore/JJ   oil/NN

tracts/NNS   for/IN   a/DT   lot/NN   of/IN   money/NN

wanted/VBD   to/TO   kill/VB   JR. /NNP   ./.

Parse

(ROOT

  (S

    (NP(DT The) (NN tycoon))

    (VP(VBD sold)

```
(SBAR
  (S
    (NP
      (NP(DT the)(JJ offshore)(NN oil)(NNS tracts))
      (PP(IN for)
        (NP
          (NP(DT a)(NN lot))
          (PP(IN of)
            (NP(NN money))))))
    (VP(VBD wanted)
      (S
        (VP(TO to)
          (VP(VB kill)
            (NP(NNP JR.)))))))))
  (..)))
```

Typed dependencies

det(tycoon-2,The-1)   nsubj(sold-3,tycoon-2)

root(ROOT-0,sold-3)   det(tracts-7,the-4)

amod(tracts-7,offshore-5)   nn(tracts-7,oil-6)

nsubj(wanted-13,tracts-7)   prep(tracts-7,for-8)

det(lot-10,a-9)   pobj(for-8,lot-10)

prep(lot-10,of-11)   pobj(of-11,money-12)

ccomp(sold-3,wanted-13)   aux(kill-15,to-14)

xcomp(wanted-13,kill-15)   dobj(kill-15,JR.-16)

Category	Observed	Expected	Deviation	$(O-E)^2$	$(O-E)^2/E$
反对	51	42	-9	81	1.93
中立	38	42	4	16	0.38
赞成	37	42	5	25	0.60
总计	126				
p<.05,df=2,卡方检验临界值=5.99				X^2	2.90

S100- When Fred eats food gets thrown.

Your query

When Fred eats food gets thrown.

Tagging

When/WRB Fred/NNP eats/VBZ food/NN gets/VBZ thrown/VBN
   . /.

Parse

（ROOT
  （S
    （SBAR
      （WHADVP（WRB When））
      （S
        （NP（NNP Fred））
        （VP（VBZ eats）
          （NP（NN food）))))）
    （VP（VBZ gets）
      （VP（VBN thrown）））
    （..）))）

Typed dependencies

advmod（eats-3,When-1）   nsubj（eats-3,Fred-2）

advcl（thrown-6,eats-3）   dobj（eats-3,food-4）

auxpass（thrown-6,gets-5）   root（ROOT-0,thrown-6）

Category	Observed	Expected	Deviation	$(O-E)^2$	$(O-E)^2/E$
反对	84	42	-42	1764	42.00
中立	20	42	22	484	11.52
赞成	22	42	20	400	9.52
总计	126				
p<.05,df=2,卡方检验临界值=5.99				X^2	63.05

附录六:宽式花园幽径句及对照句的卡方值表

S1- Because he always jogs a mile seems a short distance to him.

Category	Observed	Expected	Deviation	$(O-E)^2$	$(O-E)^2/E$
反对	39	42	3	9	0.21
中立	40	42	2	4	0.10
赞成	47	42	-5	25	0.60
总计	126				
p<.05,df=2,卡方检验临界值=5.99				X^2	0.90

S2- Because he always jogs,a mile seems a short distance to him.

Category	Observed	Expected	Deviation	$(O-E)^2$	$(O-E)^2/E$
反对	11	42	31	961	22.88
中立	59	42	-17	289	6.88
赞成	56	42	-14	196	4.67
总计	126				
p<.05,df=2,卡方检验临界值=5.99				X^2	34.43

S4- Fat that people eat accumulates.

Category	Observed	Expected	Deviation	$(O-E)^2$	$(O-E)^2/E$
反对	59	42	-17	289	6.88
中立	23	42	19	361	8.60
赞成	44	42	-2	4	0.10
总计	126				
p<.05,df=2,卡方检验临界值=5.99				X^2	15.57

S6- I convinced her that children are noisy.

Category	Observed	Expected	Deviation	$(O-E)^2$	$(O-E)^2/E$
反对	22	42	20	400	9.52
中立	11	42	31	961	22.88
赞成	93	42	-51	2601	61.93
总计	126				
p<.05,df=2,卡方检验临界值=5.99				X^2	94.33

S7- I know that the words to that song about the queen don't rhyme.

Category	Observed	Expected	Deviation	$(O-E)^2$	$(O-E)^2/E$
反对	36	42	6	36	0.86
中立	34	42	8	64	1.52
赞成	56	42	-14	196	4.67
总计	126				
p<.05,df=2,卡方检验临界值=5.99				X^2	7.05

S10- I told the girl the cat scratched that Bill would help her.

Category	Observed	Expected	Deviation	$(O-E)^2$	$(O-E)^2/E$
反对	31	42	11	121	2.88
中立	16	42	26	676	16.10
赞成	79	42	-37	1369	32.60
总计	126				
p<.05,df=2,卡方检验临界值=5.99				X^2	51.57

S12- I told the girl who was scratched by the cat that Bill would help her.

Category	Observed	Expected	Deviation	$(O-E)^2$	$(O-E)^2/E$
反对	13	42	29	841	20.02
中立	17	42	25	625	14.88
赞成	96	42	-54	2916	69.43
总计	126				
p<.05,df=2,卡方检验临界值=5.99				X^2	104.33

S16- Returned to his house, the man was happy.

Category	Observed	Expected	Deviation	$(O-E)^2$	$(O-E)^2/E$
反对	40	42	2	4	0.10
中立	5	42	37	1369	32.60
赞成	81	42	-39	1521	36.21
总计	126				
p<.05,df=2,卡方检验临界值=5.99				X^2	68.90

S17- She told me a little white lie will come back to haunt me.

Category	Observed	Expected	Deviation	$(O-E)^2$	$(O-E)^2/E$
反对	44	42	-2	4	0.10
中立	29	42	13	169	4.02
赞成	53	42	-11	121	2.88
总计	126				
p<.05,df=2,卡方检验临界值=5.99				X^2	7.00

S18- She told me that a little white lie will come back to haunt me.

Category	Observed	Expected	Deviation	$(O-E)^2$	$(O-E)^2/E$
反对	24	42	18	324	7.71
中立	22	42	20	400	9.52
赞成	80	42	-38	1444	34.38
总计	126				
p<.05,df=2,卡方检验临界值=5.99				X^2	51.62

S19- Single and married soldiers and their families are housed in the complex.

Category	Observed	Expected	Deviation	$(O-E)^2$	$(O-E)^2/E$
反对	18	42	24	576	13.71
中立	43	42	-1	1	0.02
赞成	65	42	-23	529	12.60
总计	126				
p<.05,df=2,卡方检验临界值=5.99				X^2	26.33

S20- The army stands on guard.

Category	Observed	Expected	Deviation	$(O-E)^2$	$(O-E)^2/E$
反对	17	42	25	625	14.88
中立	3	42	39	1521	36.21
赞成	106	42	-64	4096	97.52
总计	126				
p<.05,df=2,卡方检验临界值=5.99				X^2	148.62

S21- The author composed the novel and was likely to be a best-seller.

Category	Observed	Expected	Deviation	$(O-E)^2$	$(O-E)^2/E$
反对	30	42	12	144	3.43
中立	6	42	36	1296	30.86
赞成	90	42	-48	2304	54.86
总计	126				
p<.05,df=2,卡方检验临界值=5.99				X^2	89.14

S22- The author wrote that the novel in question was likely to be a best-seller.

Category	Observed	Expected	Deviation	$(O-E)^2$	$(O-E)^2/E$
反对	34	42	8	64	1.52
中立	18	42	24	576	13.71
赞成	74	42	-32	1024	24.38
总计	126				
p<.05,df=2,卡方检验临界值=5.99				X^2	39.62

S23- The author wrote the novel was likely to be a best-seller.

Category	Observed	Expected	Deviation	$(O-E)^2$	$(O-E)^2/E$
反对	43	42	-1	1	0.02
中立	12	42	30	900	21.43
赞成	71	42	-29	841	20.02
总计	126				
p<.05,df=2,卡方检验临界值=5.99				X^2	41.48

S24- The biggest rocks were by the seashore.

Category	Observed	Expected	Deviation	$(O-E)^2$	$(O-E)^2/E$
反对	56	42	-14	196	4.67
中立	11	42	31	961	22.88
赞成	59	42	-17	289	6.88
总计	126				
p<.05,df=2,卡方检验临界值=5.99				X^2	34.43

S25- The boat floated down the river quietly.

Category	Observed	Expected	Deviation	$(O-E)^2$	$(O-E)^2/E$
反对	6	42	36	1296	30.86
中立	9	42	33	1089	25.93
赞成	111	42	-69	4761	113.36
总计	126				
p<.05,df=2,卡方检验临界值=5.99				X^2	170.14

S29- The building blocks the sun shining on the house.

Category	Observed	Expected	Deviation	$(O-E)^2$	$(O-E)^2/E$
反对	30	42	12	144	3.43
中立	24	42	18	324	7.71
赞成	72	42	-30	900	21.43
总计	126				
p<.05,df=2,卡方检验临界值=5.99				X^2	32.57

S30- The building blocks the sun.

Category	Observed	Expected	Deviation	$(O-E)^2$	$(O-E)^2/E$
反对	19	42	23	529	12.60
中立	5	42	37	1369	32.60
赞成	102	42	-60	3600	85.71
总计	126				
p<.05,df=2,卡方检验临界值=5.99				X^2	130.90

S31- The chestnut blocks are red.

Category	Observed	Expected	Deviation	$(O-E)^2$	$(O-E)^2/E$
反对	20	42	22	484	11. 52
中立	2	42	40	1600	38. 10
赞成	104	42	-62	3844	91. 52
总计	126				
p<. 05, df=2, 卡方检验临界值=5. 99				X^2	141. 14

S32- The chestnut blocks the sink.

Category	Observed	Expected	Deviation	$(O-E)^2$	$(O-E)^2/E$
反对	43	42	-1	1	0. 02
中立	15	42	27	729	17. 36
赞成	68	42	-26	676	16. 10
总计	126				
p<. 05, df=2, 卡方检验临界值=5. 99				X^2	33. 48

S33- The clothing, which is made of cotton, grows in Mississippi.

Category	Observed	Expected	Deviation	$(O-E)^2$	$(O-E)^2/E$
反对	35	42	7	49	1. 17
中立	5	42	37	1369	32. 60
赞成	86	42	-44	1936	46. 10
总计	126				
p<. 05, df=2, 卡方检验临界值=5. 99				X^2	79. 86

S34- The complex houses married and single soldiers and their families.

Category	Observed	Expected	Deviation	$(O-E)^2$	$(O-E)^2/E$
反对	68	42	-26	676	16. 10
中立	26	42	16	256	6. 10
赞成	32	42	10	100	2. 38
总计	126				
p<. 05, df=2, 卡方检验临界值=5. 99				X^2	24. 57

S35- The cotton clothing is made in sunny Alabama.

Category	Observed	Expected	Deviation	$(O-E)^2$	$(O-E)^2/E$
反对	7	42	35	1225	29.17
中立	11	42	31	961	22.88
赞成	108	42	-66	4356	103.71
总计	126				
p<.05,df=2,卡方检验临界值=5.99				X^2	155.76

S38- The cotton that clothing is made of grows in Mississippi.

Category	Observed	Expected	Deviation	$(O-E)^2$	$(O-E)^2/E$
反对	58	42	-16	256	6.10
中立	18	42	24	576	13.71
赞成	50	42	-8	64	1.52
总计	126				
p<.05,df=2,卡方检验临界值=5.99				X^2	21.33

S39- The cotton that clothing is usually made of grows in Mississippi.

Category	Observed	Expected	Deviation	$(O-E)^2$	$(O-E)^2/E$
反对	45	42	-3	9	0.21
中立	23	42	19	361	8.60
赞成	58	42	-16	256	6.10
总计	126				
p<.05,df=2,卡方检验临界值=5.99				X^2	14.90

S40- The dog that I had as a pet really loved bones.

Category	Observed	Expected	Deviation	$(O-E)^2$	$(O-E)^2/E$
反对	8	42	34	1156	27.52
中立	20	42	22	484	11.52
赞成	98	42	-56	3136	74.67
总计	126				
p<.05,df=2,卡方检验临界值=5.99				X^2	113.71

S42- The drink that was sour is from the ocean.

Category	Observed	Expected	Deviation	$(O-E)^2$	$(O-E)^2/E$
反对	28	42	14	196	4.67
中立	12	42	30	900	21.43
赞成	86	42	-44	1936	46.10
总计	126				
p<.05,df=2,卡方检验临界值=5.99				X^2	72.19

S43- The fact that Jill is never here hurts me.

Category	Observed	Expected	Deviation	$(O-E)^2$	$(O-E)^2/E$
反对	36	42	6	36	0.86
中立	9	42	33	1089	25.93
赞成	81	42	-39	1521	36.21
总计	126				
p<.05,df=2,卡方检验临界值=5.99				X^2	63.00

S44- The fat that people eat accumulates.

Category	Observed	Expected	Deviation	$(O-E)^2$	$(O-E)^2/E$
反对	68	42	-26	676	16.10
中立	17	42	25	625	14.88
赞成	41	42	1	1	0.02
总计	126				
p<.05,df=2,卡方检验临界值=5.99				X^2	31.00

S45- The fat that people eat accumulates in their bodies.

Category	Observed	Expected	Deviation	$(O-E)^2$	$(O-E)^2/E$
反对	57	42	-15	225	5.36
中立	17	42	25	625	14.88
赞成	52	42	-10	100	2.38
总计	126				
p<.05,df=2,卡方检验临界值=5.99				X^2	22.62

S46- The girl told the story and cried.

Category	Observed	Expected	Deviation	$(O-E)^2$	$(O-E)^2/E$
反对	23	42	19	361	8.60
中立	4	42	38	1444	34.38
赞成	99	42	-57	3249	77.36
总计	126				
p<.05,df=2,卡方检验临界值=5.99				X^2	120.33

S48- The girl who was told the story cried.

Category	Observed	Expected	Deviation	$(O-E)^2$	$(O-E)^2/E$
反对	21	42	21	441	10.50
中立	6	42	36	1296	30.86
赞成	99	42	-57	3249	77.36
总计	126				
p<.05,df=2,卡方检验临界值=5.99				X^2	118.71

S49- The government is planning to raise taxes,which was defeated.

Category	Observed	Expected	Deviation	$(O-E)^2$	$(O-E)^2/E$
反对	10	42	32	1024	24.38
中立	12	42	30	900	21.43
赞成	104	42	-62	3844	91.52
总计	126				
p<.05,df=2,卡方检验临界值=5.99				X^2	137.33

S51- The government's plans to raise taxes were defeated.

Category	Observed	Expected	Deviation	$(O-E)^2$	$(O-E)^2/E$
反对	27	42	15	225	5.36
中立	9	42	33	1089	25.93
赞成	90	42	-48	2304	54.86
总计	126				
p<.05,df=2,卡方检验临界值=5.99				X^2	86.14

S52- The large pins are bright red.

Category	Observed	Expected	Deviation	$(O-E)^2$	$(O-E)^2/E$
反对	9	42	33	1089	25.93
中立	6	42	36	1296	30.86
赞成	111	42	-69	4761	113.36
总计	126				
p<.05,df=2,卡方检验临界值=5.99				X^2	170.14

S53- The man came back to his house and was happy.

Category	Observed	Expected	Deviation	$(O-E)^2$	$(O-E)^2/E$
反对	15	42	27	729	17.36
中立	6	42	36	1296	30.86
赞成	105	42	-63	3969	94.50
总计	126				
p<.05,df=2,卡方检验临界值=5.99				X^2	142.71

S54- The man pushed through the door fell.

Category	Observed	Expected	Deviation	$(O-E)^2$	$(O-E)^2/E$
反对	59	42	-17	289	6.88
中立	14	42	28	784	18.67
赞成	53	42	-11	121	2.88
总计	126				
p<.05,df=2,卡方检验临界值=5.99				X^2	28.43

S56- The man returned to his house was happy.

Category	Observed	Expected	Deviation	$(O-E)^2$	$(O-E)^2/E$
反对	73	42	-31	961	22.88
中立	12	42	30	900	21.43
赞成	41	42	1	1	0.02
总计	126				
p<.05,df=2,卡方检验临界值=5.99				X^2	44.33

S57- The man who was returned to his house was happy.

Category	Observed	Expected	Deviation	$(O-E)^2$	$(O-E)^2/E$
反对	30	42	12	144	3.43
中立	2	42	40	1600	38.10
赞成	94	42	-52	2704	64.38
总计	126				
p<.05,df=2,卡方检验临界值=5.99				X^2	105.90

S59- The man who hunts ducks out on weekends.

Category	Observed	Expected	Deviation	$(O-E)^2$	$(O-E)^2/E$
反对	58	42	-16	256	6.10
中立	17	42	25	625	14.88
赞成	51	42	-9	81	1.93
总计	126				
p<.05,df=2,卡方检验临界值=5.99				X^2	22.90

S60- The man who is whistling melodies plays pianos.

Category	Observed	Expected	Deviation	$(O-E)^2$	$(O-E)^2/E$
反对	13	42	29	841	20.02
中立	8	42	34	1156	27.52
赞成	105	42	-63	3969	94.50
总计	126				
p<.05,df=2,卡方检验临界值=5.99				X^2	142.05

S61- The man who whistles all the time tunes pianos for a living.

Category	Observed	Expected	Deviation	$(O-E)^2$	$(O-E)^2/E$
反对	22	42	20	400	9.52
中立	11	42	31	961	22.88
赞成	93	42	-51	2601	61.93
总计	126				
p<.05,df=2,卡方检验临界值=5.99				X^2	94.33

S62- The man , who hunts animals , ducks out on weekends.

Category	Observed	Expected	Deviation	$(O-E)^2$	$(O-E)^2/E$
反对	19	42	23	529	12. 60
中立	5	42	37	1369	32. 60
赞成	102	42	-60	3600	85. 71
总计	126				
p<.05,df=2,卡方检验临界值=5.99				X^2	130. 90

S63- The map pins are bright red.

Category	Observed	Expected	Deviation	$(O-E)^2$	$(O-E)^2/E$
反对	28	42	14	196	4. 67
中立	3	42	39	1521	36. 21
赞成	95	42	-53	2809	66. 88
总计	126				
p<.05,df=2,卡方检验临界值=5.99				X^2	107. 76

S64- The map pins onto the wall.

Category	Observed	Expected	Deviation	$(O-E)^2$	$(O-E)^2/E$
反对	42	42	0	0	0. 00
中立	9	42	33	1089	25. 93
赞成	75	42	-33	1089	25. 93
总计	126				
p<.05,df=2,卡方检验临界值=5.99				X^2	51. 86

S65- The men run through the arches and screamed.

Category	Observed	Expected	Deviation	$(O-E)^2$	$(O-E)^2/E$
反对	14	42	28	784	18. 67
中立	14	42	28	784	18. 67
赞成	98	42	-56	3136	74. 67
总计	126				
p<.05,df=2,卡方检验临界值=5.99				X^2	112. 00

S66- The men run through the arches screamed.

Category	Observed	Expected	Deviation	$(O-E)^2$	$(O-E)^2/E$
反对	58	42	-16	256	6.10
中立	7	42	35	1225	29.17
赞成	61	42	-19	361	8.60
总计	126				
p<.05,df=2,卡方检验临界值=5.99				X^2	43.86

S67- The old dog follows the footsteps of the young.

Category	Observed	Expected	Deviation	$(O-E)^2$	$(O-E)^2/E$
反对	16	42	26	676	16.10
中立	10	42	32	1024	24.38
赞成	100	42	-58	3364	80.10
总计	126				
p<.05,df=2,卡方检验临界值=5.99				X^2	120.57

S70- The prime number is forty.

Category	Observed	Expected	Deviation	$(O-E)^2$	$(O-E)^2/E$
反对	5	42	37	1369	32.60
中立	3	42	39	1521	36.21
赞成	118	42	-76	5776	137.52
总计	126				
p<.05,df=2,卡方检验临界值=5.99				X^2	206.33

S73- The raft that was floated down the river sank.

Category	Observed	Expected	Deviation	$(O-E)^2$	$(O-E)^2/E$
反对	35	42	7	49	1.17
中立	5	42	37	1369	32.60
赞成	86	42	-44	1936	46.10
总计	126				
p<.05,df=2,卡方检验临界值=5.99				X^2	79.86

S74- The sentry stands are green.

Category	Observed	Expected	Deviation	$(O-E)^2$	$(O-E)^2/E$
反对	29	42	13	169	4. 02
中立	6	42	36	1296	30. 86
赞成	91	42	-49	2401	57. 17
总计	126				
p<.05,df=2,卡方检验临界值=5. 99				X^2	92. 05

S75- The sentry stands on guard.

Category	Observed	Expected	Deviation	$(O-E)^2$	$(O-E)^2/E$
反对	9	42	33	1089	25. 93
中立	8	42	34	1156	27. 52
赞成	109	42	-67	4489	106. 88
总计	126				
p<.05,df=2,卡方检验临界值=5. 99				X^2	160. 33

S76- The shotgun pins were rusty from the rain.

Category	Observed	Expected	Deviation	$(O-E)^2$	$(O-E)^2/E$
反对	16	42	26	676	16. 10
中立	29	42	13	169	4. 02
赞成	81	42	-39	1521	36. 21
总计	126				
p<.05,df=2,卡方检验临界值=5. 99				X^2	56. 33

S77- The sign pins onto the wall.

Category	Observed	Expected	Deviation	$(O-E)^2$	$(O-E)^2/E$
反对	35	42	7	49	1. 17
中立	16	42	26	676	16. 10
赞成	75	42	-33	1089	25. 93
总计	126				
p<.05,df=2,卡方检验临界值=5. 99				X^2	43. 19

S78- The sniper guards the victim in the woods.

Category	Observed	Expected	Deviation	$(O-E)^2$	$(O-E)^2/E$
反对	23	42	19	361	8.60
中立	28	42	14	196	4.67
赞成	75	42	-33	1089	25.93
总计	126				
p<.05,df=2,卡方检验临界值=5.99				X^2	39.19

S79- The sniper pins the victim in the woods.

Category	Observed	Expected	Deviation	$(O-E)^2$	$(O-E)^2/E$
反对	25	42	17	289	6.88
中立	24	42	18	324	7.71
赞成	77	42	-35	1225	29.17
总计	126				
p<.05,df=2,卡方检验临界值=5.99				X^2	43.76

S80- The sniper pins were rusty from the rain.

Category	Observed	Expected	Deviation	$(O-E)^2$	$(O-E)^2/E$
反对	26	42	16	256	6.10
中立	16	42	26	676	16.10
赞成	84	42	-42	1764	42.00
总计	126				
p<.05,df=2,卡方检验临界值=5.99				X^2	64.19

S81- The sour drink from the ocean.

Category	Observed	Expected	Deviation	$(O-E)^2$	$(O-E)^2/E$
反对	73	42	-31	961	22.88
中立	6	42	36	1296	30.86
赞成	47	42	-5	25	0.60
总计	126				
p<.05,df=2,卡方检验临界值=5.99				X^2	54.33

S83- The statue stands in the park.

Category	Observed	Expected	Deviation	$(O-E)^2$	$(O-E)^2/E$
反对	9	42	33	1089	25.93
中立	8	42	34	1156	27.52
赞成	47	42	-5	25	0.60
总计	64				
p<.05,df=2,卡方检验临界值=5.99				X^2	54.05

S85- The stone rocks were by the seashore.

Category	Observed	Expected	Deviation	$(O-E)^2$	$(O-E)^2/E$
反对	55	42	-13	169	4.02
中立	16	42	26	676	16.10
赞成	55	42	-13	169	4.02
总计	126				
p<.05,df=2,卡方检验临界值=5.99				X^2	24.14

S86- The stopper blocks the sink.

Category	Observed	Expected	Deviation	$(O-E)^2$	$(O-E)^2/E$
反对	25	42	17	289	6.88
中立	16	42	26	676	16.10
赞成	85	42	-43	1849	44.02
总计	126				
p<.05,df=2,卡方检验临界值=5.99				X^2	67.00

S89- The teacher told the children the ghost story that she knew would frighten them.

Category	Observed	Expected	Deviation	$(O-E)^2$	$(O-E)^2/E$
反对	9	42	33	1089	25.93
中立	32	42	10	100	2.38
赞成	85	42	-43	1849	44.02
总计	126				
p<.05,df=2,卡方检验临界值=5.99				X^2	72.33

S90- The tomcat curled itself up on the cushion and seemed friendly.

Category	Observed	Expected	Deviation	$(O-E)^2$	$(O-E)^2/E$
反对	15	42	27	729	17.36
中立	40	42	2	4	0.10
赞成	71	42	-29	841	20.02
总计	126				
p<.05,df=2,卡方检验临界值=5.99				X^2	37.48

S92- The tomcat that was curled up on the cushion seemed friendly.

Category	Observed	Expected	Deviation	$(O-E)^2$	$(O-E)^2/E$
反对	13	42	29	841	20.02
中立	5	42	37	1369	32.60
赞成	108	42	-66	4356	103.71
总计	126				
p<.05,df=2,卡方检验临界值=5.99				X^2	156.33

S93- The toy rocks near the child are pink.

Category	Observed	Expected	Deviation	$(O-E)^2$	$(O-E)^2/E$
反对	26	42	16	256	6.10
中立	8	42	34	1156	27.52
赞成	92	42	-50	2500	59.52
总计	126				
p<.05,df=2,卡方检验临界值=5.99				X^2	93.14

S96- The tycoon, who was sold the offshore oil tracts for a lot of money, wanted to kill JR.

Category	Observed	Expected	Deviation	$(O-E)^2$	$(O-E)^2/E$
反对	19	42	23	529	12.60
中立	7	42	35	1225	29.17
赞成	100	42	-58	3364	80.10
总计	126				
p<.05,df=2,卡方检验临界值=5.99				X^2	121.86

S97- The whistling man tunes pianos.

Category	Observed	Expected	Deviation	$(O-E)^2$	$(O-E)^2/E$
反对	21	42	21	441	10.50
中立	8	42	34	1156	27.52
赞成	97	42	-55	3025	72.02
总计	126				
p<.05,df=2,卡方检验临界值=5.99				X^2	110.05

S98- Until the police arrest the drug dealers control the street.

Category	Observed	Expected	Deviation	$(O-E)^2$	$(O-E)^2/E$
反对	80	42	-38	1444	34.38
中立	18	42	24	576	13.71
赞成	28	42	14	196	4.67
总计	126				
p<.05,df=2,卡方检验临界值=5.99				X^2	52.76

S99- Until the police make the arrest, the drug dealers control the street.

Category	Observed	Expected	Deviation	$(O-E)^2$	$(O-E)^2/E$
反对	28	42	14	196	4.67
中立	11	42	31	961	22.88
赞成	87	42	-45	2025	48.21
总计	126				
p<.05,df=2,卡方检验临界值=5.99				X^2	75.76

附录七:外国人名中英文对照表①

A

Abney S. P.	阿布尼
Adams D. A.	亚当斯
Aiso H.	艾索
Altmann G.	奥尔特曼
Anick	埃尼克
Anzai Y.	安西
Aşlıyan R.	阿斯里彦

B

Bader M.	巴德
Bailey K. G. D.	贝利
Bally R. W.	巴利
Basili R.	巴西利
Bateman J. A.	贝特曼
Beattie J. D.	贝蒂
Ben-David A.	本戴维
Bennett P.	班尼特
Bever T. G.	贝弗
Biber D.	拜伯
Bilmes J.	比尔米斯
Black M.	布莱克

① 译名参照了《英语姓名译名手册》(第四版),商务印书馆 2004 年。同时参照了 http://translate. google. cn/和 http://fanyi. baidu. com/#auto/zh/。

Daneman M.	达内门
Darowski E. S.	达罗斯基
Davidovic A.	达维多维奇
Deshaies D.	德赛
Dolezel L.	杜勒泽
Dominey P. F.	多米尼
Duch W.	杜赫

E

Eklundh K. S.	埃克隆德
Empson W.	燕卜荪
Epstein R.	爱泼斯坦
Etzioni O.	埃齐奥尼
Eubulides	尤布利德斯

F

Fazio R. H.	法齐奥
Ferreira F.	费雷拉
Figueroa Z. H.	菲格罗亚
Finch A.	芬奇
Fletcher P.	弗莱彻
Fodor J. D.	福多尔
Foss D. J.	福斯
Francis W. N.	弗朗西斯
Frank E.	弗兰克
Frasconi P.	弗拉斯科尼
Frazier L.	弗雷泽
Friederici A. D.	弗里德里西
Furui S.	古井

G

Gagne R.	加涅
Gámez J. A.	加梅斯

García-Varea I.　　　　　　　加西亚瓦里

Garrett M. F.　　　　　　　　加勒特

Georgiou P. G.　　　　　　　乔治奥

Giannoukos I.　　　　　　　　詹尼努克斯

Gibson E. A. F.　　　　　　　吉布森

Gompel R. P. G.　　　　　　　冈珀

Grain S.　　　　　　　　　　格兰

Grice　　　　　　　　　　　　格赖斯

Griffith T.　　　　　　　　　格里菲思

Griol D.　　　　　　　　　　格里奥尔

Günel K.　　　　　　　　　　古内尔

H

Halliday M.　　　　　　　　　韩礼德

Hatzilygeroudis I.　　　　　　哈特斯格诺迪斯

Haussler J.　　　　　　　　　豪斯勒

Hayes D. P.　　　　　　　　　海斯

Hendrick R.　　　　　　　　　亨德里克

Herath S.　　　　　　　　　　贺拉斯

Hird K.　　　　　　　　　　　赫德

Hirst G.　　　　　　　　　　赫斯特

Hoen M.　　　　　　　　　　　霍恩

Hois J.　　　　　　　　　　　霍伊斯

Holcomb P. J.　　　　　　　　霍尔库姆

Hoover L. D.　　　　　　　　胡佛

Hughes A.　　　　　　　　　　休斯

Hutton P. J.　　　　　　　　　赫顿

Hwang Y. S.　　　　　　　　　黄

I

Ichiba T.　　　　　　　　　　艾其巴

Ikeda T.　　　　　　　　　　池田

Inhoff A. W.　　　　　　　　英霍夫

| Inui T. | 彦 |
| Ishizaki S. | 石崎 |

J

Jacopini G.	贾柯皮
Jaeger T. F.	耶格
Jefferis V. E.	杰弗里斯
Jenkins C. M.	詹金斯
Jeong M.	郑
Jeonghee Y.	詹恩吉
Jespersen O.	叶斯柏森
Jin Y. H.	金
Johnson R.	约翰逊
Josephina M. P.	约瑟夫娜
Just M. A.	贾斯特

K

Kaan E.	卡恩
Kageura K.	卡格拉
Kanzaki K.	神崎
Kaplan R. M.	卡普兰
Karpicke J. D.	卡尔匹克
Kasper G. M.	卡斯帕
Katamba F.	凯特姆巴
Keane M.	基恩
Kempen G.	肯普恩
Kennedy A.	肯尼迪
Kim J. E.	金
Kimball J.	金博尔
Kirsner K.	柯斯内尔
Kishida K.	岸田
Klappholz D.	克拉普茨
Knutsson O.	克努特松

Kohler W.	科勒
Kroeger P.	克勒格尔
Kucera H.	库切拉

L

Lai C. C.	赖
Lau E. F.	刘
Lee G. G.	李
Lee K. J.	李
Leech G. N.	利奇
Léon J.	莱昂
Lewis D. M.	刘易斯
Liddy E. D.	利迪
Lin C. C.	林
Lockman A.	洛克曼
López-Cózar R.	洛佩斯库泽尔
Loumos V.	劳默斯
Luchins A. S.	路金斯
Luchins E. H.	路金斯
Lykourentzou I.	莱克仁祖
Lyon J. M.	莱昂斯

M

Ma Q.	马
Madden C.	马登
Marcus M. P.	马库斯
Markov K.	马尔可夫
Martin J.	马丁
Matykiewicz P.	马蒂契夫斯基
Maxfield N. D.	马克斯菲尔德
McKean K. O.	麦基恩
Mecklinger A.	梅克林格
Menchetti S.	门切蒂

Mens K.	蒙斯
Métais E.	梅塔斯
Miller G. A.	米勒
Miller J.	米勒
Milne R.	米尔恩
Mitchell D. C.	米切尔
Moon J.	穆恩
Morris A. H.	莫里斯
Morris J.	莫里斯
Možina M.	莫齐纳
Mpardis G.	姆帕蒂斯
Myers J. L.	迈尔斯

N

Nakagawa M.	中川
Nakaiwa H.	纳凯瓦
Nakamura M.	中村
Nakamura S.	中村
Narayanan S.	纳拉亚南
Nassi I.	纳西
Nasukawa T.	纳索卡瓦
Newmeyer F. J.	纽迈耶
Nikolopoulos V.	尼古拉珀斯
Nitta Y.	尼特
Nkambou R.	纳姆博

O

O'Brien E. J.	奥布莱恩
Oard D. W.	奥德
Ogden C. K.	奥格登
Ohlsson S.	奥尔森
Osterhout L.	奥斯特豪特
O'Sullivan Í	奥沙利文

P

Palmer F. R.	帕尔默
Paradis C.	帕拉迪丝
Pargman T. C.	帕盖曼
Partington A.	帕廷顿
Patson N. D.	帕特森
Pazienza M. T.	帕琴扎
Pearlmutter N. J.	帕尔玛特
Pearson J.	皮尔逊
Peirce	波尔斯
Perrin L.	佩兰
Pestian J.	佩斯蒂尔
Pickering M. J.	皮克林
Pontil M.	庞特尔
Prentzas J.	普伦特斯
Pritchett B. L.	普里切特
Pulman S. G.	普尔曼
Pynte J.	派恩特

Q

Quillian M. R.	奎安

R

Rayner K.	雷纳
Reiter K.	瑞特
Reppen R.	瑞彭
Resnik P.	雷斯尼克
Richards I. A.	理查兹
Riudavets F. J. C.	里乌达维奇
Roark B.	洛克
Rodríguez L.	罗德里格斯
Rose D.	罗斯

Ross R.	罗斯
Russell V.	罗素

S

Saeed J. I.	赛义德
Sakamoto K.	坂本
Sammer M.	萨默尔
Sasaki Y.	佐佐木
Schank R. C.	尚克
Schooler J. W.	斯科勒
Shank D. M.	尚克
Sharkey N. E.	夏基
Shin J.	申
Shneiderman B.	施奈德曼
Shon T.	肖恩
Siewierska A.	西沃尔斯卡
Silliman E. R.	西利曼
Sinclair J.	辛克莱
Skinner M.	斯金纳
Smith S. M.	史密斯
Soderland M. S.	索德兰德
Somers H.	萨默斯
Speer S.	施佩尔
Spivey M. J.	斯皮维
Steedman M.	斯蒂德曼
Steiner E.	斯坦纳
Steinhauer K.	斯坦豪尔
Storch N.	斯托奇
Stowe K.	斯托
Sturt P.	斯特尔特
Suárez O. S.	苏亚雷斯
Suzuki R.	铃木
Swaab T. Y.	斯瓦柏

Swets B.   斯威茨

T

Tanenhaus M.   塔嫩豪斯
Temmerman M.   帝莫曼
Tenbrink T.   坦布林克
Terai A.   特莱
Thompson G.   汤普森
Thompson S. A.   汤普森
Tou J. T.   图
Traxler M. J.   特拉克斯勒
Trichina E.   特里切娜
Trueswell J. C.   特鲁斯威尔
Tsomokos I.   楚默克斯

V

Vaithyanathan   韦得亚内森
Van Gompel R. P. G.   冯冈普尔
Velardi P.   维拉蒂
Vinju J.   文杻
Vuong L. C.   武昂

W

Warren J.   沃伦
Waters G. S.   沃特斯
Weinberg A.   温伯格
Weld D. S.   韦尔德
Wells J. B.   韦尔斯
Wertheimer M.   韦特海默
Westlund S.   韦斯特兰德
Whitelock P.   怀特洛克
Wilks Y.   威尔克斯
Williams R. S.   威廉斯

Wilson F. C.   威尔逊

Wood M.   伍德

Woods A.   伍兹

Y

Yannakoudakis E. J.   扬纳库达契斯

Z

Žabkar J.   扎布卡尔

Zadeh L.   扎德

Zhang Y.   张

Zola D.   佐拉

后　记

八年前,我有幸在中国社会科学出版社出版了第一本讨论花园幽径现象的专著《迷失与折返》。此后,围绕这种行进错位现象,我进行了深入研究。如今,在国家社科基金(12FYY019)的资助下,多年的研究成果《花园幽径句行进错位的计算语言学研究》得以在商务印书馆付梓。逝去的八年,承载了我"欲穷千里目"的梦想,也得到了"更上一层楼"的回报。一路走来,得到诸多师长的关照、提携和奖掖,也因他们才有了"向阳花木易为春"的景象。

感谢教育部语言文字应用研究所冯志伟教授。冯先生是我的博士生导师。三年来,先生"鹤发银丝映日月,丹心热血沃新花",使我在计算语言学的道路上确定了学术方向,汲取了丰富的学术营养。每当先生从国外讲学回来,我们就有机会到朝内南小街府上拜会先生,师母郑初阳都会早早地准备好水果和酒菜,让我们这些来北京求学的学生边打牙祭边与老师谈天说地。不经意间,老师便把我们近期的学术状况了解得清清楚楚,并把论文写作过程中的难点一一阐释,让人如饮醍醐。除了学术,先生还与我们畅谈人生。"行到水穷处,坐看云起时",这种淡泊名利的精神境界深深地感召着我。每次聚会临走,师母总不忘拎出大小不等、色彩斑斓的国外礼包,并嘱咐这是给我龙凤胎女儿声悦的,那是给儿子声誉的。礼物从德国的音乐盒到瑞士的手表,从比利时的巧克力到英国的甜点,从自由翻转的飞机模型到晶莹剔透的水晶钢琴模型,形形色色,不一而足。如今,孩子们已不再是追着我们要礼物的小学生了,女儿变得亭亭玉立,儿子也长成1.85米的山东大汉,但在他们的个人房间中仍摆着郑奶奶几年前从国外买来的玩具。有师如此,三生有幸。

感谢广东外语外贸大学词典中心的黄建华教授和章宜华教授。承蒙两位教授的抬举,我们夫妇得以作为引进人才来到广外。宝剑锋从磨砺出,梅花香自苦寒来。多年来的辛勤耕耘,让我们收获了累累硕果,实现了自己人生和学术的两大跨越。

感谢南京大学外国语学院词典中心的魏向清教授。作为博士后的合作导师,她积极推进我在计算语言学方面的研究,并提供了难得的机会,让我在南京大学的讲台上给博士生们讲授计算语言学课程,为我荣获中国博士后一等资助项目奠定了基础。

感谢对这本书的出版做出贡献的国外学者们。感谢英国伯明翰大学的 Wolfgang Teubert 教授,他曾在到访北京时专门给我带来了很多花园幽径的英语例句。感谢美国麻省理工的 Edward Gibson 教授,他的博士论文曾如明灯般指引着我的前进,在后期的电邮来往中他曾提供珍贵的学术建议。感谢英国邓迪大学的 Roger van-Gompel 博士,他对我的研究计划提出了修改意见。感谢雅典国立大学的 Christina Alexandris 博士,她积极参与花园幽径模式的计算语言学研究,并对我发表在国外期刊的有关论文提出过中肯的审稿意见。

感谢父亲杜振璞和母亲韩明香、岳父于潮嘉和岳母于维叶。他们在我们夫妻异地求学期间,承担了抚养两个孩子的责任。如今父母已近八十高龄,岳父母已近七十,谨以此书祝他们福寿绵绵,松柏齐肩。

感谢兄弟姐妹,他们在我们远走广州定居的情况下,担当起在烟台照顾老人的重任,使我们能够安心地在穗工作学习。

感谢妻子于屏方教授。她在这本书中倾注了大量的心血——进行了数据核实和英汉语校对。感谢我的龙凤胎儿女,是他们给了我不断前进的动力。我希望通过自己的努力能给他们一个奋进的榜样,让他们通过勤奋描绘自己最美的人生蓝图。

春色的白云山,绿意盎然,生机勃发。吾当长风破浪,直挂云帆。

杜家利于广外相思河畔

2015 年 4 月 20 日

图书在版编目(CIP)数据

花园幽径句行进错位的计算语言学研究/杜家利,
于屏方著.—北京:商务印书馆,2015
ISBN 978 - 7 - 100 - 11440 - 0

Ⅰ.①花… Ⅱ.①杜…②于… Ⅲ.①计算语言
学—研究 Ⅳ.①H087

中国版本图书馆 CIP 数据核字(2015)第 155220 号

花园幽径句行进错位的计算语言学研究

杜家利 于屏方 著

商 务 印 书 馆 出 版
(北京王府井大街 36 号 邮政编码 100710)
商 务 印 书 馆 发 行
北 京 冠 中 印 刷 厂 印 刷
ISBN 978 - 7 - 100 - 11440 - 0

2015 年 10 月第 1 版 开本 787×1092 1/16
2015 年 10 月北京第 1 次印刷 印张 26½
定价:62.00 元